婚姻與家庭

彭懷真 著

國家圖書館出版品預行編目（CIP）資料

婚姻與家庭/彭懷真著. -- 五版. -- 高雄市：巨流圖書股份有限公司, 2023.10
　面；　公分
ISBN 978-957-732-693-5(平裝)
1.CST: 婚姻 2.CST: 兩性關係 3.CST: 家庭
544.3　　　112010843

婚姻與家庭（第五版）

作　　　者　彭懷真
發　行　人　楊曉華
編　　　輯　林瑜璇
封 面 設 計　毛湘萍
內 文 排 版　黃士豪

出　版　者　巨流圖書股份有限公司
　　　　　　802019 高雄市苓雅區五福一路 57 號 2 樓之 2
　　　　　　電話：07-2265267
　　　　　　傳真：07-2233073
　　　　　　購書專線：07-2265267 轉 236
　　　　　　E-mail：order@liwen.com.tw
　　　　　　LINE ID：@sxs1780d
　　　　　　線上購書：https://www.chuliu.com.tw/
臺北分公司　100003 臺北市中正區重慶南路一段 57 號 10 樓之 12
　　　　　　電話：02-29222396
　　　　　　傳真：02-29220464
法 律 顧 問　林廷隆律師
　　　　　　電話：02-29658212

刷　　　次　五版一刷・2023 年 10 月
定　　　價　500 元
Ｉ Ｓ Ｂ Ｎ　978-957-732-693-5（平裝）

彭 P 邀請吃幸福大餐：第五版序言

　　我 7 月底從東海大學退休，這幾個月各路人馬紛紛請吃飯，吃了好多大餐。藉著此書，我要送上十六場「婚姻與家庭」筵席，每一場，都有前菜、主食，還有飯後的甜點。彭 P 如同餐廳的大廚，希望讀者都飽嚐一頓又一頓的幸福大餐。

　　婚姻，如果經營好，最可能得到幸福的關係。家庭，如果安排好，是最幸福的地方。我推動幸福家庭工作超過 30 年，又負責 3 年多的直轄市社會局，主管各項婚姻、家庭的政策任務。研究此領域超過 40 年，比較知道與婚姻、與家庭的各種理論、方法、資源。

　　1995 年，《婚姻與家庭》的第一版上市，持續受到師生好評，我陸續配合社會變遷及學術研究成果加以更新。14 年後，此書的第四版問世。又過了 14 年，2023 年，此書徹底修正，歸納為十六章主題，涵蓋了當代與性別、婚姻、家庭有關的眾多議題。婚姻和家庭各八章，每章都是三節。修正的特色有：

1. 呈現多元且新興的形式：包括婚姻的多元選擇，除了傳統的各類型，也說明跨國婚、兩岸婚、同性婚、卒婚等；也介紹家庭的新興方式：如未婚生子、寄養、頂客族、雙老家庭、80/50 家庭等，還探討 AI 等科技對各種關係的衝擊。

2. 整理官方統計：婚姻、家庭的現象，處處都在改變。有三十四個表、兩個圖。我在各官方網站找尋種種數據，重新列表，加上新的分析，扼要說明表格中呈現的事實。經過進一步整理與解釋，能大致呈現臺灣婚姻、家庭的現況及過去至今的變化。

3. 說明法律條文和行政規定：14 年來，有的法律條文修正了，有的廢止；有的法律名稱改變；有的法律新制訂……。另有些行政部門的處理辦法，修正、廢止、新增，一一核對及整理。

前菜、主食、飯後甜點

　　每章的前菜很特別，前八章環繞「婚姻」各主題，每章的引言都以「過日子」開場，只要找對方法，不同的安排都可以過好日子。至於後八章，配合該章主題説明有些相同部首的國字、相同字首的英文單字，還有數學公式。由於從出生就由我密集照顧的外孫女正在讀小學，她常用辭典：中文、英文乃至數學，我跟著學習及引用，藉著各種名詞、公式，扼要分析家庭幸福之道。

　　在正文方面，與前四版大不相同，先用減法：

※ 大量減少國外的資料

※ 刪除中英文名詞對照表

※ 刪除透過電影看婚姻與家庭的專題

※ 減少對理論、教科書的整理

※ 早期的數據

※ 減少表與圖

※ 作者自己的觀點

　　最重要的，加上：

※ 法令：尤其是《民法》、《家事事件法》、《家庭暴力防治法》

※ 官方統計

※ 對統計數據的分析

※ 家庭生命週期的變化

※ 新興議題的整理

　　我對於少子化、高齡化、跨國婚、同性婚、AI情人、科技挑戰等，詳加研究，也多念一些與自己切身相關的論文：老年、長照、遺產等。以「冷靜的腦」結合「熱切分享的心」，在文字與數字之中，整理、撰寫、編輯，希望給讀者更好、更具時效的新書。

　　更精彩的是每章收尾之處，既然是幸福大餐，飯後的甜點與飲料絕對不能差，精心設計「實踐、研究和推廣，更幸福」單元。為何如此用心呢？在進行此書第五版編寫時，抽空看《鄧小平改變中國》。他的名

言很多，我也用某些說法當作修正的參考。例如：

「**不管黑貓白貓，能抓耗子竟是好貓。**」不管什麼性別、婚姻、家庭等理論，能解決問題，就是好理論。

「**摸著石子過河。**」擇偶、婚姻、家庭，都在不斷摸索中，都得找些方法，更重要的，都得過河，不能停留在原地。

「**實踐是檢驗真理的唯一標準。**」我是實務工作者，帶領相關團體及社會局，檢驗過各種理論與方法。

我在東海大學擔任主管的第一個職位在幸福家庭研究推廣中心，我從事公益最久的是在中華民國幸福家庭促進協會，透過這兩個平臺持續投入與婚姻、與家庭有關的工作。本書累積經驗，希望透過各方面、長時間、不同領域的經驗，協助讀者對性別關係、對擇偶、對婚姻、對家庭有全面的認識，進而採取比較好的方法去實踐。

因此本書每一章的收尾，先簡要說明自己對該章主題所做的研究和推廣經驗，接著列出各引述的出處。

大廚為何叫彭 P ？

臺中市社會局局長，來來去去，彭 P 只有一位。我在此職位 3 年多，大量運用媒體，以彭 P 為名，主持一百多集的 15 分鐘短片，透過臉書、YT、LINE 群組，廣泛行銷，致力使政府成為家庭的助力，臉書的粉絲由 9,000 多人快速增加到 30,000 多人每週追蹤。臺中有 282 萬市民、上百萬個家庭，到任時社會局只有 700 多位同仁，1 年大約 120 億的預算。我想方設法，社會局同仁快速增加到將近 1,000 位專職，還透過各種方案與民間各種組織、機構、單位、學校、據點，超過 2,000 位專職、上萬名志工，一起幫助市民。預算在 3 年內持續快速成長，突破 200 億。

許多人稱我彭 P，不僅因為我擔任大學老師（professor），更尊重我善用權力（power）所創造的聲望（prestige）。

婚姻，帶給我莫大的祝福，使我能夠因此在事業上有些成績，獲得

各種上述的 P。但當代婚姻的複雜性顯然被多數人低估，因此我認真修改這本書，希望讀者能瞭解這些的複雜性，進而追求幸福。

在這本書出版第四版之後，我經歷了人生幾個重要的轉變，因而對婚姻和家庭的複雜度有多些體驗及研究。首先是家父在家母安息主懷 5 年後也過世；其次是 2007 年有了孫子，2011 年有了孫女，2015 年有了外孫女；第三為內人摔傷不良於行……這些私人領域的經驗刻骨銘心，體會到幸福固然珍貴卻並不容易持續保有，更瞭解婚姻與家庭裡的挑戰，每天每時都存在。

在職業角色方面，擔任了二十幾年中華民國幸福家庭促進協會祕書長、8 年理事長。60 歲，準備雲淡風輕之際，被東海大學的王校長邀請兼任圖書館的館長，因而對資訊化的種種議題有所認識，對各種科技如何影響每一個人、每對伴侶、無數家庭，深入理解。各處的圖書館均在沒落，因為人手一機，如何挽救圖書館，吸引師生進入？是最大的挑戰。我因此大手筆改造空間，又規劃吸引幼兒一直到老人走進圖書館的方案、展覽，鼓勵家人攜伴走進來，把書借出去。

然後，臺中市盧市長邀請我這位社會福利界的老兵到政府體系當新兵。我最關心的是：市民和家庭如何幸福？

兼顧情、理、法

「國、家、個人」三者彼此連動，我開始研究婚姻與家庭時，政府的角色很弱。30 年來，隨著家庭的功能不彰，更需要國幫助家。然而政府的規定越來越多，法令多如牛毛，基本上是好的但不應刁難，讓民眾受罪。政府因為要處理的事情太多，公務員要執行的政策十分複雜，以致民眾無所適從，甚至可能因此觸法，被政府處罰。當越來越多的法令入家門之後，做孩子的父母、做長輩的子女、做配偶的另一半，沒那麼簡單了！都得考慮某個行為是否觸犯法令，某些作為是否疏忽或虐待，每個人在家裡扮演的角色，也受到公權力的規範和約束，要謹慎一些。

當然並非每個人都要熟讀法條，才知道該怎麼與家人相處，畢竟家人之間有著其他地方都欠缺，也是人生裡最珍貴的，就是「情」。婚姻裡的愛情、兩代之間的親情，才是維繫家庭的最大動能。然而，還要加一個要素——理，這本書仔細說明婚姻和家庭的理。

最簡單的經營方法，就是「通情達理合法」。處處講理，事事講理，理靠溝通。任何一組的家人關係，在互動時多溝通，把自己的想法說出來，又聽聽對方的想法，彼此一定會找出好方法。講理，最好雙方立在平等的地位，避免一方高高在上另一方忍氣吞聲。

基督教的信仰支撐著自己：始終相信婚姻的可貴，認同家庭的價值，絕不能灰心。在幸福家庭促進協會帶領團隊時，多半處理棘手的負面事件，包括到地方法院經營家庭暴力事件服務處。常常遇到家庭暴力、兒童虐待、長輩受虐的個案，夫妻失和、兄弟鬩牆等，因此更思考如何幫助家庭與個人避免不幸福，找到最適合的方式經營下去。

完成此次修正的初稿在 5 月 15 日，這一天恰巧是聯合國所訂的「國際家庭日」，也是我與內人相識 46 週年的日子。一早，收到兒子、媳婦、孫子、孫女歡慶母親節的多張照片，又瀏覽女兒、女婿、外孫女的合影，覺得好幸福。

要幸福嗎？彭 P 邀請您享受一場又一場的盛宴，歡迎大家透過此書，找到好方法。

第五版的修正過程中，特別感謝東海社工系張志嘉研究生和巨流圖書林瑜璇編輯的用心幫助。

彭懷真
序於東海大學宿舍

掌握全貌・瞭解細節

「涵蓋廣泛、綱舉目張，層次分明，簡明清楚」為本書編寫方式。用兩大篇、十六章、四十八節，呈現與婚姻、與家庭有關的各種主題。每一章、每一節的標題，力求簡要明確，但彼此相關，放在一起更容易全面瞭解。

每一章都有三大部分：前言、正文、實踐心得。每一章正文都是三節，都在一萬兩千字左右。

前八章為婚姻篇。21 世紀，人們的婚姻關係劇烈變化，到了第三個 10 年，處處與 20 世紀差異甚大。核心的概念為「選擇」，前八章按照發展階段說明一個人如何不斷面對與婚姻有關的選擇。

第一章做男人或女人而有的性別角色、選擇如何談戀愛。第二章選擇透過約會和自由戀愛，選擇訂定婚約乃至結婚。第三至第五章介紹九大類、十幾種的選擇，可以傳統也可以新興，還有各種不結婚但類似婚姻。第六章討論如何瞭解婚姻裡的家務、權力、財富等經營，選擇使婚姻加分的方法。第七章說明使婚姻扣分的狀況，各種危機、外遇，可能使婚姻消滅。第八章探討離婚，有六方面的選擇。

後八章為家庭篇。21 世紀，家庭也快速改變，但變遷狀況沒有婚姻那麼劇烈。婚姻的本質為「關係」，個人的選擇度大；家庭的本質為「制度」，制度的穩定度高一些。

第九章先全盤呈現與家庭有關的架構，介紹瞭解家庭的八個基本概念，還有 8W1H 的方法。第十章解釋家與戶的不同及各種分類，包括非傳統的。第十一至十二章說明小家庭和大家族。第十三至十五章以三個重要概念——功能、週期、系統，深入探討。第十六章從法律、社工、諮商等專業分析如何防治最嚴重的家庭問題——家庭暴力。

目次

婚 姻 篇

家庭篇

表與圖總說明

　　分成表與圖，圖只有兩個，從個別角度列出單一家庭的面貌。表分成兩類，一類是幫助讀者運用某種架構認識相關的概念，另一類從整體角度呈現全貌。列出官方的種種統計數據，進而說明數據背後的豐富意義，尤其是變化的趨勢。

　　各官方數據的表格出處統一呈現在表次下方。

表次

圖次

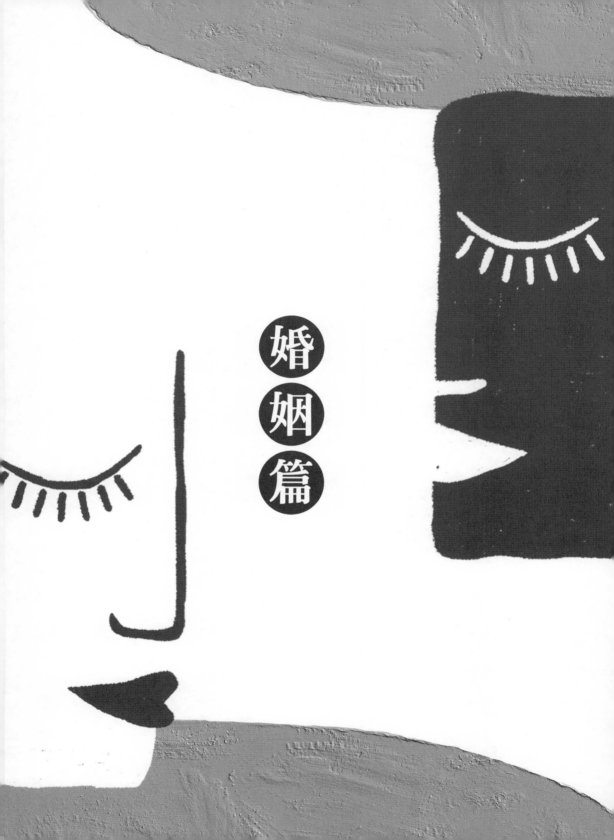

婚姻篇

第 *1* 章
男女和擇偶

人，都要過日子。男人要過日子，女人要過日子。你／妳是個完整的人，應該按照自己的個性、人格、喜好、能力，過適合自己的日子。

或許讀者是妳，女人；或許是你，男人。女人男人都是人，卻因為染色體有一點的不同，在生理、心理乃至社會面，都有些不同，過日子的方法，也有差異。

人，追求成功幸福。有些概念是一組一組的，例如「事業」是與「成功」連在一起，「個人」常與「成長」連在一起，「學校」與「進步」連在一起。那麼，「幸福」要與什麼連在一起？多數人認為「幸福」要與「家庭」連在一起。許多人都經歷：家庭裡的愛最深刻、最持久，使人能長期幸福。家庭不是追求成功、尋求成長或追求進步的地方，家庭主要的功能是提供幸福。

過日子，有人一天花 2、300 塊就處理衣食等基本需要，有人花上萬的錢，不僅安適還享樂，顯示自己成功了。成功為了什麼？為了過好日子！一個人過日子，挺好！找個伴，一起過，日子更好過。問題是：找誰？到哪裡找？怎麼知道某個人最適合？幾十年前，這件人生大事，多由長輩做主。現在得自己主動點，積極安排。

擇偶，選擇配偶，是進入婚姻、建立家庭的關鍵。在各種電影主題之中，「約會與擇偶」為最常見的主題，無數的電影都是「男追女、女追男、男女相識到相戀到成婚」的劇情。電視連續劇也常見到「你愛一個人，對方卻不愛你；但也別太難過，還是有人愛你，只是你未必愛對方」這類的情節。所謂的偶像劇，常常就是偶像明星彼此之間的愛情追逐。各種浪漫小說，少不了描寫男女之間的情與愛。

當然，真實的人生不等於電影、連續劇或小說，擇偶似乎越來越難，考驗越來越多。進入婚姻的比例漸漸降低，擇偶順利而結成連理的平均年齡慢慢延後。

本章先說明性別角色，然後探討緣分和戀愛，分析感情發展的階段與擇偶的過程。因為臺灣少子化又高齡化，越來越少的孩子和越來越多的老人，對家庭、社會乃至人口結構產生了劇烈的影響。各界關注擇偶的議題，因此有種種「婚活」，政府、民間乃至網路，紛紛加入，試著給予協助。

第一節 性別角色

一、基本概念

　　男女，有生物性的差異，稱為性別（sex），又有社會及心理特質的差異，sex 也稱為性別，但在英文是 gender（也可譯為「性相」[①]）。這兩個名詞的區分，顯示男性或女性的氣質是由社會而生，非由遺傳單獨決定。所有由社會建構設計的非生物性角色安排，都屬 gender 的範圍。當然，無法把人的生物性和社會性截然區分，每個人表現的，都得考慮社會性。

　　角色（role）與地位（status）、職責（task）相關連[②]。角色有其職責，有角色行為。性別角色（gender role），或譯為性相角色[③]，社會均界定相關的性別角色行為。有幾個重要的名詞需先瞭解[④]：

（一）**性別角色**：指一個文化對不同角色應有態度和活動的設定，也指一個社會認定男性需有男性特質，女性需有女性特質，兩性有不同的任務及活動範圍。也被認為是有關男性或女性適當行為、態度、活動的期待。

（二）**性別階層化（gender stratification）**：指社會中經濟資源和政治權力的分配，通常是基於男支配而女服從的原則。也指一個社會對兩性財富、權力、特權的不平等安排。另可表示在社會階層中，女性在勞動市場、政治體系、家庭地位中的不平等位置。

（三）**性別歧視（sexism）**：認為某一性別無可避免會優於另一種性別的信念。也指基於性別的不平等安排，通常會導致對女性的刻板化印象和歧視。

（四）**性別刻板化（gender stereotype）**：對男性或女性特質過度簡化，但非常堅定的觀念。

（五）**性指向（sexual orientation）**：或稱「性取向」，以男性或女性為其性對象，基本上是先天的作用，也受到後天學習的影響。

二、傳統的束縛

　　我國傳統社會中的人際關係，強調角色的定位，所謂「君君、臣臣、父父、子子」表示做什麼要像什麼，是什麼角色就要表現出符合該種角色的行為。傳統社會中的角色組合，配合威權社會，上下尊卑的定位清楚，甚至有些僵化，因此產生了許多的不平等，性別角色就是其中明顯的一項。

　　性別角色的差異在我們的文化中根深蒂固，男與女不只有生理上的差異，更因為心理面、社會面有所不同。早在《禮記‧禮運大同篇》中所規劃的理想境界裡，兩性就被規定要扮演不同的角色，即「男有分、女有歸」。歷代的諸多規範，均基於男與女的性別角色差異來設計。

　　在美國，也有不同的兩性設計。傳統的核心家庭裡，父母總是扮演不同但互補的角色⑤。照顧孩子主要是媽媽的責任——她是溫暖與養育的泉源；父親的主要角色則需培養孩子的獨立性，向孩子傳授外在世界的訊息⑥。對美國家庭社會化模式的研究中發現：父親總是比母親強硬——父親是紀律的來源，母親則充滿愛心，對孩子的需要反應敏銳⑦。但父母在家庭中角色的不同，未必自然，更不是不可改變的。在現代化的過程中，兩性的性別角色都已經在改變，美國如此，我國也如此。

三、行為科學的解釋

　　可從行為科學的三大學科——心理學、社會學和人類學不同的角度加以探討。

　　心理學重視個體在發展過程中對性別的認同過程。孩子首先瞭解自己是男生或女生，稱為性別認定（gender identity）；接著認識到自己的性別不會改變，即使長大還是相同，這是性別固定（gender stability）；然後，孩子接受自己的性別，並在行為上表現出像個男生或女生，稱為性別一致性（gender consistency）。多數兒童到小學入學時，在人格發展上進入性別角色的固定階段⑧，但性別角色的一致性則是要持續學習的。

每個人在各發展階段繼續扮演性別角色，隨著生命週期而有不同的社會化歷程，也有不同的問題。社會學研究性別角色如何受到各種社會化媒介的影響及性別認同的學習，一旦習得，則影響到學習能力、兩性互動、工作選擇和生活適應等方面[9]。

佛洛依德（Freud）用性心理發展加以解釋，在性器期，女孩和男孩一樣地探索自己的身體，產生「陽具欽羨」（penis envy），以致自尊心受損，產生了自卑感。佛氏分析女性常見的人格特質有：自戀——強烈地需要被愛；虛榮——注意身體外表的吸引力；羞愧——來自於性器的缺陷；自虐性傾向——可能以弱者姿態尋求滿足[10]。但新精神分析理論認為上述這些現象主要是社會文化因素造成，人類歷史創造的男女關係彷彿主人和奴隸間的隸屬關係[11]。

人類學則注意到體質狀況、文化薰陶、生態環境等因素對性別角色的不同影響。對男女的性別差異，人類學有先天或後天的爭論，先天論者認為男性生來即較具支配性、獨立性、攻擊性，適合從事家庭外面的工作。女性則是順服的、情感依賴的、溫和的，適合養育子女及從事家務。先天論者認為此種角色分野十分普遍，源自生物性[12]。但後天論者以女性人類學家瑪格麗特·米德（Margaret Mead）為代表，她考察新幾內亞島上的三個部落——阿拉比西、曼都古默斯、特仙布利之後，得出結論：「人的本質具有可塑性，兩性性格的差異乃是來自文化的創造，生活於其中的世世代代都被訓練去符合那個規範。[13]」

社會學的三大理論，都解釋性別角色理論。首先從功能學派來看，派深思（Parsons）認為性別角色的差異有助於使男女之間發揮互補性，使競爭緩和[14]。為維持社會的和諧，兩性應扮演不同的角色任務，男性應扮演工具性角色（instrumentality），連結家庭和其他社會系統，負責維持家庭此一系統的生計。女性則應扮演情感性角色（expressiveness），維持家庭內部的和諧[15]。此種論點和中國傳統以來「男主外、女主內」的觀念接近，功能論者發現許多社會也是如此運作。綜合功能論的看法主要有三[16]：

（一）現代性別角色起源於傳統社會中就形成的以性別為基礎的勞動分
　　　工。男主外——以體力的優勢獲得食物來源，女主內——主要是
　　　照顧家庭和子女。此種明確的勞動分工是有效的社會安排，也已
　　　經在世界多數社會的價值觀和規範體系中被制度化了。

（二）借用小團體的觀念，如果一個小團體想要有效地發揮作用，通常
　　　有兩種領袖——工具性領袖和情感性領袖。如果把家庭視為一個
　　　小團體，工具性領袖主要由父親扮演，情感性領袖則由母親扮演。

（三）以家的穩定性和對子女的社會化來看，一個個親密家人關係的家
　　　庭對社會有重要意義，是社會安定的基礎之一。因此，母親扮演
　　　傳統母性角色有助於孩子人格的穩定，對社會整體有利。

　　從衝突論的角度，認為傳統性別角色在現代社會中已經過時了。當
社會結構隨著經濟和技術因素改變時，性別角色的安排一定有所變化。
綜合相關學者[17]，衝突論對性別角色的看法是：

（一）過去限制女性無法扮演工具性角色的理由，如缺乏控制生育的手
　　　段、女性體弱力薄等，已有根本的轉變。阻礙女性完全進入勞動
　　　力市場的經濟因素和技術限制也逐漸消除。

（二）男性不願放棄長久以來的支配地位，處處限制女性介入男性已享
　　　有優勢的社會、政治和經濟等方面的權力，這基本上是男性既得
　　　利益的優勢團體心態。用馬克思派別的架構看，男性有如資產階
　　　級，女性則像無產階級，長期處於不利的地位。

（三）有些男性把婦女視為能控制的社會經濟資源，是一種私有財產，
　　　這些男性認為唯有持續傳統的兩性角色才能繼續掌握私有財產。
　　　因此，這種視女性為私有財產的觀念必須由新的性別角色來徹底
　　　改變。

　　功能論和衝突論都探討性別角色的重要性，而且兩派理論都主張應
將性別角色的解釋放在社會變遷的過程中做一整體性的思考。這兩派理
論都偏向社會學理論中鉅視（macro）的層面，但在實際生活中，每一
個人的性別角色如何運作，屬微視（micro）的層面。

　　符號互動論以微視的角度分析性別角色，該理論從日常生活中觀察兩性差異，論點較接近衝突論 [18]。例如該學派的研究發現：兩性間溝通的中斷和干擾主要來自男性，男性在談話中常改變話題、男性比較忽略女性所提出來的主題、男性較貶損女性在溝通討論中的貢獻。即使女性擁有優勢的地位，具有專業人員的身分，她們講話依然常被男性同仁所打斷。女性因為不似男性懂得掌握會議狀況，較少擔任會議主席，較少爭取到發言權及投票優勢，而在爭取權力上不利。在語言的表達上，女性被證實具備卓越的能力，用字較為豐富、生動、感性，但依然無法在溝通的成果上佔優勢。綜言之，在日常生活的語言互動中，女性通常居於劣勢。

四、性別角色社會化

　　社會化（socialization）（或譯為教化）指一個人一生的社會經驗學習歷程，在歷程中，一個人發展自己各種能力並學習有關文化模式的行為要求 [19]。男性和女性性別角色的學習和養成，就是性別的社會化，以下從四個角度加以探討：

（一）瞿海源 [20] 從家庭結構的角度分析性別角色的認同過程。他認為在父系社會裡，由於父親在外工作的時間較長，小男孩與父親接觸的時間短，不易具體而清楚地學習男性的性別角色。相對的，女孩在性別角色社會化方面的情況比較單純，因為她的學習對象——母親，經常和她在一起，她可以具體向母親學習。男孩子則在角色學習上比較間接、比較抽象、比較困難。

（二）從傳統心理分析學的角度，依楊庸一 [21] 之說明，在父權社會中，男孩子有戀母恨父情結，女孩則有戀父恨母情結。性別認同透過複雜的性心理情緒的轉化而成，男孩在閹割焦慮下，為維持與母親的關係，逐步向父親認同以增強自己的競爭能力。女孩會效法母親的行為以增加自己的吸引力，藉以獲得父親的喜愛。

（三）從動機的角度和特質來看。女性的生活目標偏重追求社會性的贊同（social approval），女性的親和動機（affiliative motive）大於成就動機（achievement motive）[22]。李美枝[23]的研究指出臺灣地區大學生認為適合女性的人格特質如：富同情心的、討人喜歡的、溫暖的、斯文的、遵守傳統的等，均可說明女性的社會性動機。相對的，適合男性的人格特質則是：富領導力的、願意冒險的、擅長分析的、積極進取的、有主見的等。至於兩性互相吸引的特質：女性所重視的男性特質多數偏向男性本身的自我成長，或與其未來有關的工具性特質；而男性所重視的女性特質則偏向情感性特質。在男女相互的期望方面，女性對男性的期望，明顯高於男性對女性的期望，女性較依賴男性，尤其需要溫暖，而且感情表達力也較強[24]。

（四）在認知功能上，男性較具場地獨立的特性，女性較有場地依賴性。男性的空間感較強，源自於男性在角色學習過程中常有抽象學習的經驗，而女性多在具體狀況下學習[25]。性別認同是認知成長的結果，經由認知發展的差異，兩性性別角色有不同的認同過程。潘正德[26]就發現：人們習慣於依據對兩性角色行為的期望，加以價值評量，因此當期望的行為出現時，即增強，如此行為出現的次數將增加，漸成為一種習慣；反之，則因削弱而減少，有了「男兒有淚不輕彈」、「男兒志在四方」等性別角色觀念。

五、性的發展

分析年輕人性觀念與行為發展的來源，大致可以分為三個階段[27]：

（一）**第一階段**：主要的影響力是來自父母和師長。父母、師長教導性方面的規範與標準。從其中，一個年輕人得以瞭解自己的性別角色，此階段，也大致建立了與愛與性有關的價值觀。

（二）**第二階段**：主要的影響來源是同輩朋友。朋友之間彼此的交談，提供年輕人主要性知識的訊息。從其中，一個年輕人也明白朋友的性態度，漸漸建立自己的行為標準。在現代社會，朋友對年輕

人的影響是不斷增強的，而且逐漸地超過父母的影響力。由於長一輩的人基本上還視「性」為禁忌，鮮少與其子女討論，年輕人在無法從父母師長獲得充足知識的情況，更會求助於朋友，使同輩的影響力變得更大。在這時期，傳播媒介的影響，也逐漸增強，電影、電視、臉書、IG、雜誌、網路……都提出性的訊息，但多半是感官的、煽情的，因此影響多半是負面的。

（三）**第三階段**：是實際的行為表現，這方面主要視伴侶的行為表現而決定，也就是約會的雙方在互動過程中逐漸形成的。

第二節　緣分及戀愛

一、緣與分

　　擇偶對於每個人來說都有心裡的標準和條件，人們常說「緣分」，包括「緣」與「分」。男女的擇偶是有「緣」，彼此相識是緣，是種「機會」（chance），也可稱為「邂逅」（encounter）。能持續交往是靠「分」，分有四種意義：

（一）表示「地位」（status）相近；

（二）指「條件」（condition），男女雙方有相互配合的條件；

（三）指「分享」（share），雙方樂於交談，持續溝通，維持關係；

（四）指「規範」（norm），符合社會期待者較易存在，相對的，踰越規範的男女之情容易中斷。

　　文化中最主要的規範力量有三：民俗、民德和法律，其中以法律最具強制力，例如《民法》對婚姻就有諸多規定。文化的規範也會區隔結婚的適當組合，大致約束了適合成婚的狀況，用通俗的觀念，可視為緣分的「分」，分原本就包括「規範」的意思。

　　如果這四方面都在進展，則互動的雙方可能往婚姻之路快速前進。

　　進入婚姻之前，不論男女以條件做為擇偶標準在所難免，若「條件」

難以達成一致，產生了更大的隔閡差距，想拉近這兩者間的距離得做出許多努力。

過去女性傾向「向上擇偶」，選擇條件較好的對象，然而女性在自身的條件變高了之後，自然找對象時也反映在要求對方的條件上，難以脫離婚後依賴丈夫經濟權的想法。但是能夠符合女性理想配偶的男性人數不僅稀少，男性對於理想的結婚對象也是以傳統型女性為主，與重視提升自我的女性又形成了差距。在這樣的差距下，女性的婚齡逐漸延後。

結婚與就業類似受到自由化影響，未婚者的增多造成了結婚年齡變得參差不齊的「晚婚」化，以及想結婚卻無法結婚的「非婚」化。對男性來說，對婚後生活的不安，還有撫育孩子的各種壓力讓他們對婚姻望之卻步。因經濟的因素，女性在兼顧家庭和工作時，希望和男性在家事上可以取得平衡，但男性卻還普遍欠缺應當一同分擔家務的意識。在育兒時也認為母親扮演主要角色希望養育小孩是女性的義務。

當代男女的選擇增加，卻對如何去選擇更無所適從了。因為社會經濟狀況已在改變，但對於婚姻的意識和觀念卻仍處在過去。像是：女性在經濟上想依附男性，或不積極去做些什麼就水到渠成可以結婚。但許多男性則是遭遇挫折就放棄，並仍抱持著「男主外、女主內」的想法。以致擇偶乃至成婚的難度，越來越高。

二、愛情的好，無與倫比

莎士比亞（Shakespeare）在一首詩中問了一句成千上萬的人都想知道答案的問題：「愛情是什麼？」以前的人結婚是經由媒妁之言、奉父母之命，為了傳宗接代讓子孫綿延而結婚，而現代兩人結婚最常見的理由就是「我們深深相愛」，因此人們希望在社會所定的制度——家庭，以及社會所定的關係——婚姻之中持續愛與被愛。

馬斯洛（Maslow）把人的需要分為七個層級，最低一級是生理需要，如餓了、渴了；第二級：安全感的需要，能感覺安全，避免危險；第三

級：愛與歸屬的需要，人人都期待和其他人交往，更被其他人接納；第四級：成就感的需要，希望有成就，獲得認可；第五級：認知的需要，去認知、瞭解和發現；第六級：美學的需要，希望秩序、和諧、美麗；最高一級是自我實現，希望能充分展現自己的潛力 [28]。

愛的可貴，就在於愛能實現人的七級需要，它與人的種種需要都有關。從上述第一級，愛能滿足人的基本生理需要，在愛中的性是人生至高的享受。第二級，愛使人有安全感，以愛為基礎的家庭正是人生風浪的庇護所。第三級，愛使人有所歸屬，愛使相愛的人結合，經由婚姻彼此接納。第四級，愛是某種成就，有愛情，可以獲得人們的認可。第五級，愛增添新知，它使人認識自己、瞭解異性和兩性關係。第六級，愛也是美麗的，在戀愛中的人更是神采飛揚，讓人羨慕。最後，愛更是一種自我實現，經由愛，生命得以延續，自我的理想得以在自我的骨肉中繼續。

愛如此深刻地滿足人們內在的需求，無怪乎人們會急於愛與被愛，期待擇偶，乃至成婚。婚姻關係是唯一能確保愛能持續的社會設計。一對以愛為基礎，在社會規定的儀式下互相允諾終身廝守的夫妻，最可能保持「愛」的生命力。

三、自由戀愛，其實未必自由

擇偶一事因為太過重要，所以過去多由成婚者的父母或長輩做決定，而要結婚的主角因為年紀較輕、涉世未深，反成為擇偶過程中的配角。再加上傳統社會強調安定，任何男婚女嫁對原有的社會秩序及社會結構均不宜破壞，兩家聯姻也要考慮這種現實，所以真正的擇偶只是由媒人協助，兩家在有限的人選中做決定。

現代社會則強調「自由戀愛」，每一個人的活動空間擴大了，選擇機會增多了，當事人擇偶時年紀較長，如何擇偶的主要責任落到要結婚的人身上了。但當事人絕非有無限的選擇機會，古德（Goode）指明：「每個社會都有其控制擇偶的方法，近親間禁止通婚就是其中最明顯的

一項。㉙」社會的控制，主要由兩種途徑進行：一是結構的限制，如制定法律；一是規範的指引，各種社會化媒介呈現符合社會期待的配合方式㉚。例如：大眾媒體宣傳「人應當為愛而結婚」，每個人擇偶過程中就會重視愛的分量，有愛的感覺者會肯定對方是自己的合適對象，雙方比較可能往婚姻的路上走。如果媒體顯示的是「人應當為利益而結婚」，則愛在擇偶過程中的重要性就下降。

　　王國維在《人間詞話》中所提的人生三境界也說明擇偶的歷程影響了一些人。王國維的原文是：古今之成大事業大學問者，必經過三種之境界：「昨夜西風凋碧樹，獨上高樓，望盡天涯路。」此第一境也；「衣帶漸寬終不悔，為伊消得人憔悴。」此第二境也；「眾裡尋他千百度，驀然回首，那人卻在，燈火闌珊處。」此第三境也。其中第三境最為人所熟知，原文出自宋代詞人辛棄疾（稼軒）的《青玉案·元夕》，該詞的內容是：

　　　　東風夜放花千樹，
　　　　更吹落、星如雨。
　　　　寶馬雕車香滿路，
　　　　鳳簫聲動，玉壺光轉，一夜魚龍舞。
　　　　蛾兒雪柳黃金縷，
　　　　笑語盈盈暗香去。
　　　　眾裡尋他千百度，
　　　　驀然回首，那人卻在，燈火闌珊處。

　　最後三句描述作者對「絕對美」的執著與追求，林明德分析：固然，「美人」已消失於幽香中，可是稼軒並不悵惘，卻更積極的追尋。「眾裡尋他千百度」大有踏破鐵鞋無覓處的感慨，可見詞人對理想——絕對美——追尋的艱辛。「驀然回首」，反映詞人經歷千辛萬苦突然獲得的驚喜。「那人」，即「美人」、「絕對美」、「理想」；當然也意味著

「適當的距離」（這是「美」存在的先決條件）。「燈火闌珊處」，明點燈火幽黯，也呼應「暗香」，暗示孤寂。這是稼軒心目中的「理想」，「她」不在熱鬧的人群中，而在孤獨的地方。經歷艱辛，當然感受必定複雜[31]。

　　王國維品味辛棄疾的詞，配合個人的聯想力推論出的三境界，再被有聯想力的人引申為任何追求真善美的艱辛經歷與獲得後的驚喜。擇偶常常就是這樣的一段歷程嗎？若此種「驀然回首」的概念都被接受了，年輕人在擇偶過程當然會有尋尋覓覓並體會回首之美的想法。從另一層來想，在尋覓的過程中或許並不需要遠求，而近在咫尺，身邊的人往往被忽略！

　　愛提供高峰經驗（peak experience），馬斯洛指出努力後成功、困思後的創作、信仰後的感動，以及在愛與被愛後的真情表露中獲得的心悸陣動都屬「高峰經驗」[32]，驀然回首正是心悸陣動的高峰經驗，非常可貴。

第三節　選擇及婚活

一、選擇的難題

　　戀愛是美的，約會是迷人的，但要結婚則是現實的考驗，是一連串的抉擇。人生要做無數次抉擇，但最重要的選擇應是「擇偶」，選擇一個結婚的對象等於選擇第二個家庭（第一個家是原生家庭），也明顯影響未來。擇偶成婚後，要和所選擇的人生活在一起，當然屬頭等大事。

　　擇偶（mate selection）就是選擇伴侶（martial choice）。有人在擇偶過程中，沒有選擇的餘地（如由父母決定或指腹為婚），但是大多數的人總多多少少有選擇配偶的機會，今日的社會提供人們許多機會選擇可能的結婚對象。問題是：有選擇也是一種困擾，或許是年輕人最大的困擾。每個年輕人都常要思考以下與擇偶相關的現實難題：

（一）如何選擇各種條件適合的伴侶？如何在各種可能人選中找到合適的對象？

（二）如何在社會允許的情況中好好談戀愛？

（三）一定要結婚嗎？只有婚姻關係才能維持長遠的愛情嗎？

（四）如何在殘酷的婚姻現實中，創造更多愛？

（五）如何將個人對婚姻的期待與真實世界的限制做適當的安排？

（六）婚姻是不是保證一生幸福的首要，甚至是唯一選擇？

（七）我的婚姻是否會以離婚收場？一旦遭逢婚姻危機，我該怎麼辦？要不要重新選擇？

二、相關理論

每個社會都有特殊、精細卻不一定清楚的擇偶規則，種種規則多多少少限制了一個人可以接受的擇偶人口群。這些擇偶規則發展出不少擇偶理論，較重要的有[33]：

（一）**佛洛依德的心理分析（psychoanalysis）理論**：孩童在家中與父母親的關係會影響到成年後的伴侶選擇，而且所選擇的伴侶在外表及心理方面與父母有相似之處。

（二）**溫奇（Winch）的互補需要（complementary）理論**：每一個人會選擇最能滿足其需要的人為配偶。

（三）**深德斯（Centers）的工具式（instrumental）理論**：每個人的需要因特質或種類上有所不同，產生許多不同的行為，彼此的需要和才能應有所互補。

（四）**墨斯登（Murstein）的刺激—價值—角色（stimulus－value－role）理論**：每個人先將對方的優缺點有所瞭解，加減之後考慮各候選人的得分來決定。

（五）謝弗（Schaefer）與拉姆（Lamm）用希臘文「endon」和「exo」這兩個概念說明擇偶，前者指「在一定內部範圍之內」，如選擇相同膚色、種族、宗教的成員。也同時存在後者，即「在某種範

　　圍之外」，如不能選擇和某些親戚結婚。

（六）彭駕騂[34]引述米切爾（Mitchell）與海特（Heit）的同質性
　　（compatibility）理論，歸納出同質性擇偶的十五個因素：

1.　類似的價值觀。
2.　類似的人生目標。
3.　類似的教育背景。
4.　雙方類似的人生觀點。
5.　彼此之間良好的溝通能力。
6.　相互的生理吸引力。
7.　對婚姻與性的健全態度。
8.　對婚姻的高度承諾與期許。
9.　對養育子女有接近的看法。
10.　類似的人格特質。
11.　雙方都有固定的經濟來源。
12.　年齡接近。
13.　雙方的興趣與愛好相似。
14.　與上一代都有良好的關係。
15.　都願意接受婚前的輔導。

　　同質性理論提醒人們注意到自己何以會被那些相近特質的人所吸引。這些相似點可能是生理的、社會的、人格心理的。生理的特質包括膚色、年齡、身高、體重、穿著等；社會的特質包括宗教信仰、教育程度和社會階級；人格心理的特質則包括態度、價值和人生觀。雖然許多研究對於擇偶過程中同質性的重要性有不盡相同的看法，但他們一定瞭解：同質因素在擇偶過程中具有重大的影響力。

　　一個人對結婚伴侶的選擇會受到其父母、朋友、親戚等的同質與否所影響。同質性對擇偶的影響往往不只是個人的選擇，也深受社會與文化規範的左右，這些因素集合起來，促使一個人做某些選擇。

　　男女的交往不僅可能在生理、社會、人格等方面有同質性，若體認

彼此價值感相近，則對於初識乃至於日後的相處也影響深遠。

默斯特因（Murstien）列舉了十四項有關擇偶的變項說明了擇偶的條件及結構限制：相似性、年齡、教育程度、出生次序、種族、聰明才智、人格特質、外表的吸引力、感情紀錄、近水樓台、性、社會經濟階層、價值觀以及宗教[35]。多數人所謂的自由戀愛，其實是在這些條件的重要考慮中「有限制」的戀愛。

奧特納（Orthner）以「候選人儲存槽」的觀念來說明這歷程，每個人的儲存槽可能有大有小，候選人可能有多有少，但最後能結婚的只有一位[36]。擇偶過程就是一路篩選過濾的歷程，而約會對最後的抉擇，產生關鍵影響力。

三、擇偶越來越難，結婚年齡越來越延後

在表 1-1 之中整理臺灣結婚者的年齡中位數狀況，從 1975 年至 2000 年以 5 年為單元，之後年年說明。

表 1-1 ▶ 結婚者的年齡中位數

| | 年齡中位數（單位：歲） | | | | | |
| | 男 | 女 | 初婚 | | 再婚 | |
			男	女	男	女
1975	25.8	22.3	25.6	22.2	39.8	32.4
1980	27.2	23.6	27.0	23.4	36.0	31.6
1985	27.9	24.7	27.6	24.4	36.2	32.3
1990	28.6	26.0	28.2	25.6	37.2	33.2
1995	29.6	27.0	29.1	26.6	39.5	34.3
2000	30.1	26.2	29.2	25.7	40.6	34.2
2005	30.7	27.6	29.7	27.1	41.5	34.9
2006	30.9	28.0	29.8	27.5	41.6	35.2
2007	31.4	28.2	30.3	27.7	41.8	35.2
2008	31.4	28.5	30.5	28.0	42.0	35.6

	年齡中位數（單位：歲）					
	男	女	初婚		再婚	
			男	女	男	女
2009	32.1	29.1	30.9	28.4	43.2	36.6
2010	32.2	29.4	31.3	28.8	43.2	36.5
2011	32.2	29.6	31.4	29.0	42.8	36.3
2012	32.4	29.9	31.5	29.2	43.0	36.7
2013	32.6	30.2	31.7	29.4	42.9	36.9
2014	32.7	30.5	31.8	29.6	43.3	37.2
2015	32.8	30.6	31.9	29.7	43.3	37.7
2016	33.0	30.7	32.0	29.7	43.5	37.9
2017	33.0	30.6	31.9	29.6	44.2	38.5
2018	33.1	30.7	32.0	29.7	44.3	38.7
2019	33.1	30.9	32.0	29.8	44.4	38.8
2020	32.7	30.8	31.7	29.7	43.7	38.9
2021	32.7	30.9	31.7	29.8	44.1	39.3

資料來源：行政院性別平等會（2023）。初婚者之年齡平均數。網址：https://www.gender.ey.gov.tw/gecdb/Stat_Statistics_DetailData.aspx?sn=aeFG0R2tHwmrDtITC%24JSaA%40%40

由表可知，從 1975 年起就快速且持續延後：

男性：25.8 → 27.2 → 27.9 → 28.6 → 29.6 → 30.1，25 年之間，晚了 4.3 年。

女性：22.3 → 23.6 → 24.7 → 26.0 → 27.0 → 26.2，25 年之間，延後了 3.9 年。

到了本世紀，每 5 年的變化是：

男性：30.1 → 30.7 → 32.2 → 32.8 → 32.7，從 2000 年到 2020 年，20 年之間，又延後了 2.6 年。

女性：26.2 → 27.6 → 29.4 → 30.6 → 30.8，從 2000 年到 2020 年，20 年之間，快速延後了 2.6 年。

再看本世紀，初婚者每 5 年的變化是：

男性：29.2 → 29.7 → 31.3 → 31.9 → 31.7，從 2000 年到 2020 年，20 年之間，又延後了 2.5 歲。

女性：25.7 → 27.1 → 28.8 → 29.7 → 29.7，從 2000 年到 2020 年，20 年之間，延後了足足 4 歲。

四、婚活：以結婚為目標的活動

擇偶，方式越來越多元。由於面對「不婚、不生」的普遍現象，各界關切的力量越來越多。許多男女並不是不想結婚，而是結不了婚。婚姻的型態已有了轉變，不再像過去「父母之命，媒妁之言」，憑藉他人之力就可以進入婚姻，而是自己必須要付出行動、努力達到結婚的目的。

現實社會經濟結構的轉變，對就業造成了衝擊，也影響擇偶。但是未婚男女對於社會現狀不一定能切身體認，未必意識到對婚姻觀也需有所轉變，使得「晚婚」、「非婚」的現象，越來越普遍。最關鍵的因素是女性對婚姻的態度明顯轉變，對於女性而言，結婚不再和過去一樣是必需品，而可能是嗜好品。

現今的臺灣與日本都處於少子高齡社會，因家庭和婚姻情況的轉變，使得初婚年齡不斷上升，結婚這條路對於年輕人而言似乎越來越艱辛。為試圖減緩少子狀況，臺灣提出了公辦聯誼政策，而日本則是提出「婚活」支援的因應政策，都希望人與人之間的關係連結起來。葉怡君的研究發現：在日本，已有行政區開始實施高齡者的「婚活」支援，雖然尚未全面化，活動數量也不多，但日本各地對「婚活」參與者的年齡要求放寬，參與「婚活」支援的年齡層不再只有年輕人，高齡者也可利用「婚活」支援來尋找遲暮之年的幸福[57]。

在臺灣，公辦聯誼服務對象逐漸由原本的公家單位人員轉為社會大眾，主要的服務以未婚男女的聯誼活動和婚前講習課程為主，仍以年輕族群為公辦聯誼的主要參加人群，尚未有專為高齡者設計的聯誼活動，

但是對於參加者的年齡範圍自由度大。

「婚活」是為了結婚而開始的活動，在過程中，讓未婚男女去反思結婚的意義到底是什麼？藉由學習如何去和男性或女性互動，瞭解彼此的想法，也許彼此的瞭解和協調，可以減少雙方相互的不瞭解㊳。

近年來，政府的介入力道越來越強，有各種單身員工聯誼活動，內政部、各縣市政府民政局或人事處、科學園區管理局等紛紛舉辦。比較特別的是臺中市政府社會局創辦的「媒人養成班」，有系統地協助臺中長輩做媒牽姻緣，課程除教導傳統禮俗知識，婚姻、家庭溝通技巧、婚前交往、婚禮形式、婚後經營和相關社會福利等，希望培養出新時代媒人兼具延續傳統文化，建立媒人網絡，媒合單身男女㊴。

「媒人養成班」規劃此課程的主要架構如下：

第一單元　整體理念——為什麼有此課程？（why）
（一）兩性關係在改變中。
（二）親密關係的難度增加。
（三）不婚不生不養。

第二單元　整體架構——主要包含什麼？（what）
（一）婚姻的基本概念。
（二）主要的擇偶理論。
（三）感情的發展。
（四）擇偶的過程。
（五）從約會到成婚（如婚姻型態及婚姻六禮）。

第三單元　實際操作——進行的方式（how）
（一）誰適合教導？（who）
（二）對誰教導？（whom）
（三）配合的條件。

　　推出之後，報名秒殺，執行的效果很好。在長青學苑辦「媒人養成班」，訓練長輩有系統地促成更多人結婚，配合資訊化，善用社群媒體等工具，從配對到辦理婚禮等一連串流程……。鼓勵更多人成為「愛情manager（管理者）」，有計畫有方法促成人們敢婚。政府幫忙敢生、敢養，有各種方案，進行各種努力。

實踐、研究和推廣，更幸福

　　男人，不好當；女人，也不好當。所以我做研究，先寫了幾篇以實務輔導及研究成果為基礎的學術論文，如1993年〈男人何去何從〉、〈兩性性別角色的現代化〉；1994年〈兩性角色的變遷與婚姻制度的意義〉、〈性別角色及其現代化問題〉；1995年〈男性角色的變遷與困境〉。1996年同時出版《男人，難人》和《女人難為》。兩性既然都難為，應該溝通合作，而非衝突對立，那一年我也寫了《十全十美兩性溝通》。

　　在東海的通識課程，我講授「兩性關係」，選課者眾。期中作業是分享自己的約會經驗，學生的回饋精采有趣。

　　關於「婚活」，臺灣最早的擇偶節目是臺視的《我愛紅娘》，播出最久的是中視的《非常男女》，這兩個節目我都以專家的身分出席錄影，後者參加次數很多，我擔任中華民國幸福家庭促進協會祕書長時，和該節目合作，對配對成功的人給予一些諮詢。華視也曾製作幫助再婚者的配對節目，邀請我以專家身分出席。

　　擇偶，不僅在電視上，在不同場域都熱鬧舉行。內政部第一次辦單身聯誼，我是講員。新竹科學園區辦聯誼，一百對男女參加，我主講。臺中市政府辦聯合婚禮，也請我主講。近年來，「不婚、不生」越來越普遍，各界都在辦以結婚為目的交往的「婚活」，我鼓勵研究生探究此領域。

　　擔任社會局局長，原本沒有相關的預算，我爭取到一個基金會為終身教育的捐款，請年長者參加精心規劃的「媒人養成班」，開幕與壓軸我都擔綱。

第 **2** 章
約會和婚約

平常，就在過日子，過的是平凡的日子。約會，希望透過精心的安排，使日子特別些！現代的婚姻多半是自由戀愛的結果，愛情在現代人的關係裡十分重要，最明顯的趨勢就是情人節變多了。2月14日西洋情人節、3月14日日本白色情人節，農曆7月7日中國情人節，一年就有好多次情人節。這麼多的情人節到底是增添了情，還是使愛被稀釋了呢？頻繁的慶祝到底是強化了彼此的感情，還是只讓商人多了一些賺錢的機會呢？

情人節活動希望製造令人神往的浪漫情境，資本主義掛帥的時代，商家協助醞釀浪漫的情境，種種與情人有關的活動隨之蓬勃，花樣越來越多。一般而言，女性比較注意日子，也對感情較為重視，所以這些時間點往往是女性比較在乎的，到了情人節等時光，她們會留心自己有沒有享受情人節，各種的安排是否特別？

情人的本質包含創造誘惑與浪漫，有本《The Art of Seduction》[1]專門分析「seduction」（誘惑）的本質。特別具有誘惑力的男人包括：英雄、才子、花花公子、放蕩之人、小開、明星等，高富帥們有特別的條件能吸引女人。有些男人欠缺特別突出的條件，試著借重外界的資源來裝飾，包括種種情人節活動。借用環境與商品來強化自己的優點，使氣氛對自己有利。激情的情人節裡未必有深刻的情，卻可能只剩下被稀釋了的愛。

浪漫是一時的，走向婚姻得務實。如果雙方相愛已深，要不要訂婚，訂下婚約？訂婚並非要件，結婚則是進入婚姻必須的，得符合《民法》規定的種種實質要件和形式要件。婚禮為人生大事，結婚那一天絕對是特別的大日子，成婚的主角為眾所矚目，有好多風俗習慣，只希望一切順利！

有時婚禮的複雜讓當事人感嘆：「為什麼要結婚？」因為結婚有千萬個好，有各種理由原因。

第一節 約會

一、重要性

現代婚姻的雙方沒有經過約會者少之又少，約會已成為男女交往的必經階段，也是兩性相處的必修學分。如何經營一個理想的約會，透過約會發展更好的關係，是青春期之後經常要面對的考驗。加納特（Garrett）提醒人們注意到約會的重要性和普通性，因為約會與婚姻關係、家庭制度、階級結構、文化規範和經濟水準等直接相關，具有無法替代的重要性[②]。

約會可說是在青春期到成年前期最重要也最普遍的人生功課。人們加入社會，需要接受社會的規則，多數人都從嬰兒時期的「沒有規律」到兒童時期的「他人約束」，最後是青少年、成年以後漸漸「自我約束」。透過這些規律、約束、學習，還有與其他人的互動，每個人在成長的過程中形塑自己的樣子。艾力克遜（Erikson）提出「心理社會發展階段」是對人類成長的知名解釋，他認為一個人通常在 25 歲起進入「生產能力特別高的時期」。在此之前有兩大人生考驗：

（一）要「自我定位」，否則會「角色混亂」：應在青春期發展出對自己的信心，能滿懷希望，並保持角色的一致性和連續性。若不如此，容易沒信心、不確定、不真實、沒把握，對角色無法勝任。

（二）要有「親密關係」，否則會「疏離」：在人際關係中發展順利，能與人有效溝通，在工作上與人合作，善於分享思想與感受，並建立愛的關係。若不成熟，則無法掌握人際互動的尺度，只有泛泛之交或雜亂的關係，對人際相處有壓力，不願靠近，則難以建立穩定的工作與家庭。

無法對自我定位，就不夠認識自己；無法建立親密關係的人，容易對別人製造不必要的距離。前者是「知己」的功課，後者則學習「知彼」，這兩者正是高曼（Goleman）所說「EQ」（情緒管理）重要的內涵，

也是嘉納（Gardner）所寫《心理架構》中七大智能中「心靈能力」和「人際技巧」③。約會，就是學習愛情，瞭解異性，進而發展關係的重要過程。

網路提供了平臺，協助人們介紹自己又認識他人。各種通路讓網友上傳個人照，有些人藉此招桃花、求姻緣，反應熱烈，無數人上網展現自己的容貌與簡介，希望獲得約會的機會。各種聯誼版也利用情人節推出邀約文，獲得熱烈迴響，可看出人們對戀愛約會的渴望，但終究還是要靠實際的接觸進行約會。

約會是一種社會互動，具有以下的功能：

（一）約會是一種社會化的學習。戀愛中的男女可以從兩個人的相處中學習扮演負責任的角色，約會更是性別社會化歷程中不可少的部分。

（二）約會能夠促進人格與心理的發展。使人明瞭如何與異性互動、如何延緩自己的衝動、如何忍受挫折、如何瞭解異性與自己的不同。

（三）約會提供相當程度的自我需要滿足。從與異性交往中得到情緒的充實感、自我的信心、對自己性別角色的認同。約會也可提高自己在同輩團體中的地位。

（四）追求快樂是年輕人生活追尋的目標之一。約會是一種尋求樂趣的途徑，在許多青年男女的心中，這途徑的重要性遠超過其他事務。

（五）約會在現代社會的婚姻制度中已成為不可或缺的要件。從約會中年輕人選擇伴侶，也準備進入婚姻。

約會可能製造愉快的氣氛，卻也可能製造許多的問題。近年來跟蹤騷擾、約會強暴、夜店撿屍、交友約炮、火山孝子等現象一再發生，處處涉及各種法律議題，不可不慎④。

二、感情發展的階段

男女之間的感情，有些經過團體交往階段→兩男兩女交往階段→

單獨交往階段→固定交往階段而至訂婚、進而結婚循序漸進。男女從初識到求婚，雙方的交往與協商是不停止的，可歸納為四個階段，說明如下⑤：

（一）「我愛我所看到的」──同質性階段

當代男女相識通常經過「同質性」階段，彼此因而能喜歡對方，產生有緣的感覺。在這個階段中，雙方的互動必須足以刺激對方，能促使對方適當的反應，而對方也得有明確的回報。不論這刺激是一顰一笑，或僅是打招呼。在同質性階段裡，雙方總是不斷的衡量自己，為了避免交往失敗，採取各種有利的手段來增強雙方的互動。譬如一個男孩子認為自己的體格健壯，他就更會顯示自己是個具吸引力的男人。若是男女雙方害怕交往的失敗，遲遲不敢採取主動，尤其是一個人如果剛剛失戀或遭遇其他的挫折，他／她擔心雙方關係日後會失敗，而不敢開始新的交往。

（二）「我覺得我倆在一起很好」──和諧階段

當男女雙方交往了一段日子，共同從事一些有意思的活動，經常談論彼此，聊些共同有興趣的話題，進入和諧階段，此時雙方可能會說到「那首我們的歌」、「那個我們同去旅遊的地方」，關係逐漸穩定下來。

對於感情關係的發展，和諧是雙方關係真正開始的時候，此時雙方可能會急於表示多一些感情的話，諸如：「我愛你！」、「妳使我感覺溫暖幸福！」等字句紛紛出現。

和諧的關係也會隨著雙方分享的小祕密而增強，此種「自我表達」的做法，期望促使對方也有相同的反應。逐漸的，一種特殊的關係出現，彼此日趨親密。

（三）「我是你心中的第一人嗎？」──承諾階段

即使到這個階段，男女雙方仍有中斷感情的可能，一方過於自私或是過於強求對方接受自己的想法做法，或是外界過於強大的壓力，都

可能對彼此的關係不利。如果對方能逐漸有相同的看法，分享彼此的意見，關係就會持續，更親密、和諧。

（四）「我們同在一起」──日漸密切階段

當雙方對彼此的忠誠已告確定時，關係也許會稍顯鬆散，此時雙方還會希望給予對方好的印象，但已逐漸直接現出自己的真相，並將感情帶入實際的層面。此時所追求的，不再是彼此的好印象，更會注意到價值的一致、角色的調合、人格的相互滿足、長久相處等問題。如果這些方面難以配合，仍有分手的可能。分手的理由多半是「個性不合」，其實雙方的印象可能還不錯，但因無法在價值、角色等方面相調和，不得已各奔前程。

在這個階段裡，成婚不是唯一的選擇，也可能分手，也可能同居。當然，仍以結婚為首要選擇。

性別關係在深度發展時，雙方都有一種面對承諾的壓力。雙方都體認彼此深交的感情提供了很強烈的滿足，從而期望彼此能有持續的關係。此時雖不必然針對婚姻做承諾，但已有強烈的排他性，都期望對方不再與其他的人有來往，這時候，雙方都是「那獨特的一位」。如果某一方再與其他人約會，就是件嚴重的事。期望自己在對方心目中是最重要的感覺，逐漸強烈。

三、常見的難題

在這四個階段中，年輕人需要去學的功課很多，也很重要。在約會過程中所面對的主要困擾有：

（一）**如何約到對方，如何開始一個約會？雙方都可能充滿焦慮、緊張與不安。**一方害怕沒有人邀約自己，另一方則擔心邀請被拒。邀約是一種符號暗示與傳遞的過程，如何適時適切地傳遞，對一個沒有約會經驗的人來說，並不容易。建議在有共同興趣或共同活動的地方邀請，如教室、社團、教堂等，不易被拒絕，即使被拒

也較不尷尬。

（二）**約會內容應如何設計？**應考慮能產生共同話題的活動，如看電影、討論一本書、一起去聽演講或演唱會。約會者應避免使約會變得無聊、乏味、自我中心，避免在性方面過於主動。

（三）**約會中應試著明瞭對方的價值、態度、想法和習慣，分析有無交集及共通點。若沒有，則不宜繼續積極進展。**

（四）**性在約會中所佔分量如何？**完全沒有性暗示的約會是很少的，尤其男女雙方日漸熟悉，身體的接觸逐漸頻繁，性的分量漸漸加重。建議把握「走穩每一步」、「真愛要等待」的原則，謹慎發展，否則可能面對性病、懷孕、自我價值的懷疑、過早確定對方為成婚對象等壓力。

「約會」不可避免地遇到不少的難題，諸如：家人的反對、雙方宗教或階級的差別、一方擔心被對方欺騙等。

四、性的分量

隨著交往頻繁，性的分量逐漸增加，感情越加深厚，彼此越可能有身體上的親密關係。此時，如何既顯示情愛又有效控制親密關係，就是一大難題。隨著交往的密切，某一方可能獲有較多的控制權，然而此種控制對於關係的維持並不利，一旦情況有變化（如一方無法忍受對方強烈的控制權），已經持續一段時間的關係很容易就瓦解了。

在性的接觸方面，人們生理的接觸可依序整理成典型的順序，莫理斯（Morris）著有《親密行為》（*Intimacy Behavior*）一書，將男女交往依順序分為十二個步驟，分別是：眼對體→眼對眼→話對話→手對手→手對肩→手對腰→嘴對嘴→手對頭→手對身→嘴對乳→手對生殖器→陰對陽[6]。最後幾個階段通常是被傳統社會規範為僅止於夫妻之間的行為。

性具有繁衍子孫、分享情愛、生理滿足這三個無法替換的功能。晏涵文[7]指明：中國字的「性」，從象形文字來看，右為生，左為心，「生」字上為草，下為土，草長在土中，代表有生命的東西，「性」也就是生

命與心理的結合，心在此指的是「心思意念」（mind）。因此生理上「性」的激情與心理上「愛」的親密，還有社會上「婚姻」的承諾，彼此有密不可分的關係。

「性能帶來真愛嗎？」史坦伯格（Sternberg）[⑧] 用「親密」（intimacy）、「激情」（passion）、「責任承諾」（commitment）三個變項，分析了各種可能的感情關係。在婚姻之內，可能存在三者兼具的「完全之愛」，但在婚外的性，重激情，輕責任；只求親密，卻無承諾。婚前的性，在激情之後，可能會令人問：「這是真愛嗎？」

性行為，不應只是一種生物行為，不應是洩慾縱慾的方法；它不單是一種道德行為，也是社會影響力的結果。性更是一種心理行為，應該以愛、瞭解與分享為基礎；性也是一種法律行為，畢竟性在法律之內者方蒙祝福，更具體來說，性是在婚姻之內方蒙祝福，方能保障繁衍子孫、分享情愛和生理滿足等三大功能。

第二節　婚約

一、婚是什麼？

有人看重婚姻中「昏」的部分，認為是頭昏了才會走進婚姻，其實，也該注意「因」的部分，就是為何大多數人要結婚？

婚與「昏」同音，原不是指人頭昏，而是因古時娶妻是在黃昏時舉行，稱為「昏禮」，也就是「婚」。婚也可指「女方的家屬」，姻則是指「女婿（男方）的家屬」。《爾雅》中指明「婿之父為姻，婦之父為婚。婦之父母，婿之父母相稱為婚姻。」

由此看來，傳統社會中將婚姻放在兩個家族來看，明顯是以上一代為出發點。一般人常說婚禮是男方娶媳婦，而喜帖多半是由父母署名邀請的，依此顯示婚姻的主要性質。

依周何總主編《國語活用辭典》，有關「婚」的詞主要有：

婚姻：男娶女嫁結合而成的夫妻關係。

婚配：結婚以成配偶。

婚嫁：即男婚女嫁，嫁娶成家。

婚約：一男一女以將締結婚姻為目的所訂立的約定。

婚禮：結婚時公開舉行的儀式。

　　有關「姻」的詞主要有：

姻婭：指親家和連襟。

姻緣：男女結為夫妻的緣分。

姻親：因婚姻關係而有的親戚。

二、婚約是什麼？

　　婚約，只是對準備結婚有所約定，也就是人們習慣說的「訂婚」。《民法》相關的規定如下[⑨]：

（一）**誰可以訂定**：972 條：「婚約，應由男女當事人自行訂定。」婚姻乃人生大事，即使親如父母，也不能代為決定。但男必須滿 17 歲，女必須滿 15 歲。如果未成年，得由法定代理人同意。

（二）**效力**：婚約不發生身分關係，婚約為婚姻的預約，尚未發生夫妻的身分關係，而且不得請求強迫履行。

（三）**消滅**：分成撤銷與解除。撤銷的原因主要有五：

1. 違反法定年齡。
2. 未成年者未獲得法定代理人同意。
3. 監護人和被監護人訂婚。
4. 不能人道。
5. 被詐欺或被脅迫。

　　婚約的撤銷分成合意撤銷及法定撤銷。法定撤銷，婚約當事人之一方，有下列情形之一者，他方得解除婚約。按照 976 條規定，包括：

1. 婚約訂定後，再與他人訂定婚約或結婚。
2. 故意違反結婚期約。

3. 生死不明已滿 1 年。

4. 有重大不治之病。

5. 婚約訂定後與他人合意性交。

6. 婚約訂定後受徒刑之宣告。

7. 有其他重大事由。

（四）**請求賠償**：按照 977 條，婚約解除時，無過失之一方，得向有過失之他方，請求賠償其因此所受之損害。前項情形，雖非財產上之損害，受害人亦得請求賠償相當之金額。如果婚約時有贈與，可以要求返還贈與物（979 條）。

（五）**損害賠償**：又可分為婚約無效、撤銷婚約、解除婚約、違反婚約等四種，分別參考《民法》977、978、979、999 條，加以處理。但短期失效的請求權，因 2 年不行使而消滅。

　　婚約不僅是法律行為，更是文化行為。訂婚的進行牽涉到許多風俗習慣，舉一個男方為南投人，女方為宜蘭人的實例：

* 男方準備物品：聘金 12 萬元（可以在婚後帶回）；金子 3 兩；喜餅至少 160 盒；十二禮不足的地方就以紅包 12,000 元代替；壓桌錢（2 桌）。

* 女方準備物品：回六禮（西裝一套、襯衫、領帶、皮鞋、皮帶、襪子）；女婿金項鍊等。

* 迎娶：男方迎娶只能來 3 部車，並準備紅包 3,600 元。女方須擺出嫁妝，各種家庭電器都要貼「囍」字。男方的紅包 3,600 元，女方須退還 600 元（以代替 2 支豬腳）。然後雙方互給紅包，最後等喜酒吃完，各自回家。

　　還有一條習俗是「賠酒桌」，意思就是訂婚的宴請，男方要幫忙出費用，而且男方受邀的家人朋友，最好不能是離婚的等等。詳細的更為複雜，如果沒有細心又懂雙方家庭背景禮俗的，很難做到圓滿。

三、婚姻是什麼？

　　從社會學的角度，依《社會學辭典》之定義：婚姻指一種制度或社會規範結叢（complex），此種制度或結叢承認一對男女的關係，並且將他們約束於相互的義務與權利體系之中，使家庭生活得以運作。婚姻也指社會所認可的婚配安排（mating arrangements）[10]。

　　依《雲五社會科學大辭典》之定義[11]：婚姻（marriage）指社會認可之配偶安排，特別是關於夫與妻的關係。夫妻同居及有關養育子女之意圖，為婚姻之象徵。婚姻可用 nuptiality 表示，該詞為人口學的用語，指牽涉到男女兩性關係間，根據法律及風俗而生相對之權利義務。

　　以下並根據多位學者提出的年代先後，說明對「婚姻」之定義：

（一）**Foote**[12]：婚姻是一個人和另一個人之間最有利雙方充分發展的一種關係，使彼此在感情上獲得滿足，彼此照顧，同甘共苦。

（二）**Stephen**[13]：婚姻表示社會對性關係的合法化，由一個公開化活動開始，而且準備長時間生活在一起，雙方對彼此的權利義務及他們共同子女的義務有所瞭解。

（三）**Garrett**[14]：婚姻存在於全世界每一個角落，安排了一種穩定的、社會認可的夫妻關係，包含了性關係。婚姻也使子女的出生能夠合法。

（四）**Giddens**[15]：婚姻是對兩個人性關係的社會認可，多數的社會只允許兩個不同性別的性關係。

（五）**Calhoun、Light 與 Keller**[16]：婚姻是對兩個人有關係活動和經濟活動之權利與義務的社會認可。

（六）**Macionis**[17]：婚姻是一種社會認可的關係，關係中包含了經濟合作、性活動和子女的照顧。婚姻被期望要持續很長一段時間。

（七）**蔡文輝**[18]：婚姻是一種社會所贊同的結合，使兩個原來不相關的人發展出親密的關係。雖然有些人能夠在婚姻之外享有愛情、性慾、伴侶與子女，但是只有婚姻是透過社會的贊同，提供一個人同另一個人長期共享這些資源的制度。

　　綜合而言，婚姻是伴侶最美好和最親密的結合，是需要社會認可及規範的關係。婚姻應是長時間的，婚姻關係是家庭制度的中心，而家庭制度則是社會的基礎。

四、婚姻的組成及型態

　　兩人會結婚不是偶然的，成婚的雙方是來自相同的人口群或不同的人口群？「同質婚」（endogamy）指相同社會群體成員的結合，許多社會都有同質婚的規範，常見的是規範夫妻要來自相同的年齡層、種族、宗教、部落、社會階級等。與同質婚相反的「異質婚」（exogamy）也是社會規範中的一環，例如反對同性結婚，也有些社會反對同姓或親族間通婚[19]。

　　同質婚有助原群體的凝聚力，延續該群體的傳統價值規範。異質婚則有助於加強與不同群體間的連帶及文化的融和，我國歷史常見的「和親」與當代常見的「政商聯姻」即為明證。

　　在婚姻人數方面，有些社會允許超過兩個人以上的婚姻，稱為多偶婚（polygamy）。多偶婚又分為罕見的「一妻多夫」（polyandry），以西藏地區最著名，當地因土地分配及溺殺女嬰，造成多位男人共娶一女，以及相對普遍的「一夫多妻」（polygyny）。一夫多妻在非洲、亞洲南部較普遍，回教和摩門教也允許。一夫多妻產生擴張男人勢力的效果，採取一夫多妻的社會在發展上通常較為落後[20]。

　　一夫一妻制，也稱單偶婚（monogamy），是現代化、工業化社會最常見的婚姻型態。美洲、歐洲、澳洲和亞洲東部各國多為一夫一妻。這些地區外遇、離婚、再婚的比例也高，有不少人並不是終生只有一位配偶，而是「一生多次的單偶婚」（serial monogamy）。

　　默多克（Murdock）整理全球各民族的婚姻型態，一夫多妻在多數民族最常見，其次是一夫一妻制，一妻多夫制則罕見[21]。Murdock 分析：一個社會採行一夫一妻制的主因有二：首先為經濟的考慮，若要丈夫供養多位妻子的支出，是很沉重的負擔。其次是性的考慮，因為性能力的

極限約束了男人的性活動。此外，兩性人口數相近也使一夫一妻較為合理，採用多偶婚勢將使許多人無法成婚。以一夫多妻制而言，在政治和經濟較強勢的男人易多娶，進而剝奪弱勢男性的成婚機會，間接造成社會的不安定因素。多偶婚還牽涉到家中人際關係的複雜，人際關係的數量隨著成員的數目而急遽增加。

第三節 結婚

一、為什麼要結婚呢？

除了問這個問題之外，或許也應該問：「人為何會不結婚？」結婚有好處、有功能，雖然婚姻可能有許多缺點，但無法與結婚的優點相提並論。主要原因整理如下[22]：

（一）**為了相愛，為了情感有保障。**

（二）**為了性關係的合法、合情、合理。**

（三）**想要孩子，想當父母。**

（四）**受到各種壓力**：社會的壓力、家庭壓力、生育年齡的壓力，到了適婚年齡，男女都得面對外界直接或間接的社會壓力。種種壓力傳達同樣的主題：「正常人都結婚，不結婚總是不大正常。」壓力可能來自家中、朋友、工作場所，甚至是不熟識的人。

（五）**因為懷孕**：有部分的結婚典禮是嬰兒在母腹中共同參加的。國內近半數 24 歲以下的成婚者，其生頭胎的日子距離結婚日期不及 7 個月，換言之是「奉子成婚」。

（六）**因為報復**：有人因為失戀而迅速找人結婚，試著證明「我並非一無是處，我也不是沒有價值，有人愛我，還是有人願意跟我結婚」。

（七）**因為反抗或逃避原生家庭**：有些人討厭待在原生家庭，有些人討厭父母的嘮叨，因而想趕快成婚，脫離上一代的約束。也有些人

為了逃避家中不愉快的氣氛，不想再面對問題叢生的原生家庭。

（八）**因為同情**：有些人因為對方的軟弱或障礙而生憐憫之心，而與對方結合。尤其當對方是因為自己才出車禍或失業，為了彌補而結婚。

（九）**因為對方有吸引力**：當對方有一些優越的條件，如容貌、氣質、談吐、財富、權力、地位等，對「白富美」、「高富帥」，未婚者不免會動心，想要和對方走向地毯的那一端。

從經濟面看，結婚可以少交一些費用，例如納稅可以有比較多的扣減額，又如賣場賣給家庭的平均價格低於賣給個體的，還有保險費。保險費用和死亡率相關，死亡率高者的保險費較高。在美國，特羅布里奇（Trowbridge）[23]以社會保險管理處的資料，說明同年齡已婚者與未婚者（含單身、喪偶、離婚者）的死亡率比值最大為 2，也就是未婚者的死亡率為已婚者的 2 倍，而且隨著年齡而逐步增大。原因有：

（一）**自我選擇**：婚姻也是一種自我證明的選擇，強壯的男女性較容易結婚，結婚年齡多在 30 歲之前，但較衰弱或易生病的人則不容易結婚。

（二）**責任感**：由於必須對配偶及子女負起家庭責任，已婚者對自己的生活較為小心，避免選擇危險性較高的活動及嗜好。

（三）**互相照顧**：已婚者除了在生活起居及病痛煩惱時互相照顧外，婚姻關係也帶給人們心理上的慰藉，具有安定心理的作用。

進一步對已婚者與全體同年齡人口的純保費比較，年齡為 30 至 60 歲，已婚男性平均可減少約 30% 的純保費，女性已婚者也可以少 22-24%，男性已婚者獲得的純保費折扣明顯大於女性已婚者，純保費折扣在 35-52%（高於女性的 28-40%）。

余清祥根據臺灣簡易生命表及保險公司的數據，得到結婚者的死亡率低、風險率低的結論。婚姻狀況是計算保費時不可忽略的重要因素。以終身壽險為例，在年利率為 5% 的假設下，已婚男性平均比未婚者少 30-35% 的純保費，利率為 10% 時則少 35-50%；對已婚女性而言，則是利率為 5% 的減少 32-34% 純保費，利率為 10% 之時可以少交 30-

40%[24]。

　　人人都知道：婚姻是人生大事，不可兒戲。婚姻輔導者建議人們多思考在什麼年紀時結婚較佳？每一個未婚者不妨判斷婚姻的各方面衝擊。如果選擇要結婚，而又有了所選擇的對象，又有足夠正當的理由，那不妨想想舉行婚禮，更考慮如何經營日後的婚姻生活。

　　婚姻代表著一個人一生對另一個人最大的奉獻與承諾。一位由約會開始的異性朋友會成為吃飯、休閒、娛樂、性，乃至生育養育的伴侶，沒有另一種人際關係比婚姻關係更重要了。也許一個人和不同的人都有可能締造幸福的婚姻，但當事人須確知：自己並不適合所有的人；同樣地，也不是所有的人都能與自己相配。擇偶，就是要找到「彼此適合」的對象，並認真經營彼此關係，才會使婚姻生活幸福的機會大增。

　　對個人而言，婚姻當然是最重要的事，個人的婚姻對社會也關鍵。美國多位知名社會學者，包括貝拉（Robert N. Bellah）、蘇利文（William M. Sullivan）等主張：核心家庭是社區、宗教組織、政治制度、經濟制度、法律等的支撐力量，近代由於此一支撐重心遭到猛烈的抨擊及質疑，核心家庭的支撐不足，整個社會因而失序。核心家庭包含了三個要素：一對異性夫妻、兩人的性生活和生兒育女，如果有人把性、感情及生育分開，造成很多的問題，也不符合大多數人的利益。保守勢力認為：若打破婚姻與感情、性、生育間的緊密連結，可能動搖社會的基礎[25]。

二、婚禮

　　每個社會對婚姻的贊同方式及內容有所差異，形成了不同型態的婚姻方式。中華文化有長遠的歷史，自然也有自身特有的婚姻型態及禮俗。

　　幾千年來，我國社會基本上以農業為基礎，農業社會靠大量勞力運作，因此非常看重延續民族與家庭命脈，把婚姻視為社會秩序安排中重要的一環。早在《周禮》中即將婚禮列出專章，明定：納采、問名、納吉、納徵、請期、親迎等為六禮，以表示男女結合必須鄭重其事。歷代的婚姻雖有宋朝朱熹把繁縟的手續減化，主張只有三禮，把問名附於納

采，而納吉、請期附於納徵，但整體而言是保留六禮的精神[26]。

六禮的主要意思是：

（一）**「納采」**：即說媒。先由媒人往男家求婚之意，問明待字閨中之女的年歲屬肖，找術士來合。有些合不來的，就沒下文了。一直到現代，依然有「介紹人」，說媒的事仍然不少。媒人等於為雙方的信用做了檢查，有媒人做個擔保，增加對人的信任。近年來，有些人用電腦配對，有些人找媒人或婚姻介紹所配合，具有某種納采的色彩。

（二）**「問名」**：也稱「換龍鳳帖」，把兩邊家族的來歷做了說明。真正要結婚的男女並不重要，關鍵在兩方的家世。如俗語說：「門當戶對」或「齊大非偶」（指女方家世太好，不適合和她談論婚姻）。由此看出：結婚，一定要考慮雙方的家族狀況。

（三）**「納吉」**：古時是向宗廟卜問祖先，後來演變為男家致送女家訂婚禮物，即「小聘」。男方送禮，表示感謝女方家庭撫育，因為婚後，女方將為男家做不少事了。

（四）**「納徵」**：古時稱「納幣」，即今日的「聘禮」、「下大禮」。男家需依照原來議定的，將財帛、禮餅、衣服、布帛、首飾等物，按原議數量在迎娶之前數日，送到女家。

（五）**「請期」**：近代也稱「催妝」，就是男家擇定迎娶吉日，照會女家，說明男家要在何時迎娶及相關細節如何配合。

（六）**「親迎」**：親迎之禮很複雜，各地有不同習俗，男方必須親至女家以禮相迎是共同的。傳統上，親迎在黃昏或深夜，大概是怕搶婚。《釋名》一書對婚姻的定義是：「婚，昏時成禮也。姻，女因媒也。」正可解釋婚姻之禮是由媒人始，而昏時結束。

當代的婚禮習俗禮儀大致按照以下的步驟進行：

祭祖：祈求平安。

迎娶出發：路況難預測，記得提早出發。

姐妹桌：互相珍重。

拜轎：男方進入女方家。

拜別：向女方父母跪拜道別。

擲扇、潑水：對新娘的祝福（因為這兩個習俗的意義帶有性別刻板印象，現在許多新人已經刪除這個環節）。

拜轎：前往男方家。

進門：新娘跨火爐、踩瓦片。

隨著性別平等觀念的普及，各種禮俗也應適度修正，所以內政部出版了《平等結合互助包容：現代國民婚禮》[27]電子書，重要目錄如下：

（一）現代婚姻的價值觀及婚禮核心精神。

（二）現代婚禮的規劃原則。

（三）建議調整的婚俗做法。

（四）結婚準備事項及進度檢核表。

（五）訂婚物品及流程。

（六）結婚物品及流程。

（七）喜帖寫法及婚宴準備事項。

（八）婚禮賓客須知。

三、結婚的法律規定

從法律的角度，結婚係一男一女以終生共同生活為目的而為之合法的結合關係。整理《民法》相關的規定條文如下：

（一）**誰可以結婚**：男女未滿 18 歲者，不得結婚（980 條）。訂婚約者如果未成年，得由法定代理人同意。但結婚之事，未成年人須經法定代理人同意的規定，在 2023 年 1 月起廢除。也就是說，滿 18 歲的人就可以結婚，無須父母形式上的同意。

（二）**誰不可以結婚**：狀況很多，983 條說明不得違反近親結婚的限制，包括：

1. 直系血親及直系姻親。

2. 旁系血親在六親等以內者。但因收養而成立之四親等及六親等旁系

血親，輩分相同者，不在此限。

3. 旁系姻親在五親等以內，輩分不相同者。

該條還規定：前項直系姻親結婚之限制，於姻親關係消滅後，亦適用之。第一項直系血親及直系姻親結婚之限制，於因收養而成立之直系親屬間，在收養關係終止後，亦適用之。

984 條規定：監護人與受監護人，於監護關係存續中，不得結婚。但經受監護人父母之同意者，不在此限。

985 條規定不得重婚，不得同時與二人以上結婚。

995 條規定：「須非不能人道」，996 條規定：「須非精神不健全」，997 條規定：「須非被詐欺或被脅迫」。

以上屬於結婚的「實質要件」。另有「形式要件」：結婚應以書面為之，有二人以上證人之簽名，並應由雙方當事人向戶政機關為結婚之登記（982 條）。以往，結婚須辦理登記，但此登記不為結婚成立之要件，但已修正為應該登記。此外，結婚必須由本人親自為之，不能由他人代理。

四、無效與撤銷

婚約的解除，比較簡單。婚姻的解除，狀況就多了。按照《民法》，有三大重點：

（一）**婚姻之無效**：不具備 982 條的形式要件，違反 983 條近親結婚限制的規定、違反 985 條重婚的規定，都無效。在效力方面，只要是無效，無須經法院判決而自始就無效。

（二）**婚姻之撤銷**：違反上述所規定的，也就是 981、983、984、985、989、990、991、995、996、997 條的，都是撤銷的事由。在效力方面，與婚姻無效不同，須以訴訟為之，並且不溯及既往（按照 998 條的規定）。

（三）**損害賠償**：財產方面，按照 999 條規定：當事人之一方，因結婚無效或被撤銷而受有損害者，得向他方請求賠償。但他方無過失

者，不在此限。

　前項情形，雖非財產上之損害，受害人亦得請求賠償相當之金額。但以受害人無過失者為限。前項請求權，不得讓與或繼承。但已依契約承諾或已起訴者，不在此限。

五、登記

　在表 2-1 整理 21 世紀以來我國結婚登記的對數、年增率，以及粗結婚率。

表 2-1　結婚登記的對數、年增率、粗結婚率

西元年	結婚 - 對數（對）		結婚 - 粗結婚率（‰）
	原始值	年增率（%）	
2000	181,642	4.87	8.19
2001	170,515	-6.13	7.63
2002	172,655	1.26	7.69
2003	171,483	-0.68	7.60
2004	131,453	-23.34	5.80
2005	141,140	7.37	6.21
2006	142,669	1.08	6.25
2007	135,041	-5.35	5.89
2008	154,866	14.68	6.73
2009	117,099	-24.39	5.07
2010	138,819	18.55	6.00
2011	165,327	19.10	7.13
2012	143,384	-13.27	6.16
2013	147,636	2.97	6.32
2014	149,287	1.12	6.38
2015	154,346	3.39	6.58
2016	147,861	-4.20	6.29

西元年	結婚 - 對數（對）		結婚 - 粗結婚率（‰）
	原始值	年增率（%）	
2017	138,034	-6.65	5.86
2018	135,403	-1.91	5.74
2019	134,524	-0.65	5.70
2020	121,702	-9.53	5.16
2021	114,606	-5.83	4.88
2022	124,997	9.07	5.36

資料來源：中華民國統計資訊網總體統計資料庫（2023）。結婚、離婚統計。網址：https://nstatdb.dgbas.gov.tw/dgbasall/webMain.aspx?sys=100&funid=qryout&funid2=A130206010&outmode=8&ym=8900&ymt=11100&cycle=4&outkind=11&compmode=0&ratenm=%u7D71%u8A08%u503C&fldlst=1111111111&compmode=0&rr=q9692x&&rdm=R86460

由此表看出幾個重要線索：

（一）2000 年，18 萬多對，次年降至 17 萬多對，維持了 3 年，然後快速降至 13-15 萬對，維持了 7 年，2010 年突然跳升超過 16.5 萬對，有可能因為 2012 年為龍年，早些結婚以便生育龍子龍女。然後繼續在 13-15 萬對，維持 8 年。2020 年起，疫情肆虐，結婚對數更低。

（二）本世紀開始時，有超過 18 萬對結婚；2020、2021、2022 年等 3 年，平均不到 12 萬對。降幅很大，少了 50%。

（三）結婚率，也由超過 8‰，降到 5‰，2021 年甚至不到 5‰。

實踐、研究和推廣，更幸福

對於約會、婚約、結婚等議題，我創立洞察出版社，親自主編「愛與生活系列」，1986 年出版《選擇你的婚姻方式》；1987 年有《婚姻之前的愛與性》、1988 年有《掌握愛的發展》。我投入研究，1987 年寫了《結婚有什麼好？》，1988 年寫《愛、性與婚姻》。

1998 年，多所學府發生情殺、仇殺、自殺，天下文化的創辦人高希均社長為此痛心，邀請我寫《About 愛情學問》，我從科學的各領域：社會學、心理學、人類學等行為科學；政治學、經濟學等社會科學；化學、數學、物理學、生物學等自然科學，探討愛情與親密關係。重新詮釋愛情這豐富的學問，「描繪愛情」、「我、你、他和愛情」、「愛情過程」三大部，循序漸進地談愛情，試圖彌補學校教育中缺乏的「愛情教育」，希望讀者學習冷靜進而成熟地面對愛情，培養並發展漸進式的、穩定的、健康的性別關係，修習漂亮的愛情學分。希望能協助人們該愛時愛，該進展時進展，該分手時好好說再見，該結婚時走紅地毯。不但越愛越美麗，也越愛越有智慧。2000 年，我將愛情與管理結合，認為可以透過管理經營愛情，寫了《愛情 Manager》。

約會、婚約、結婚的基礎是性別關係，性別關係固然是個人的互動，按照「性別主流化」的觀點，更是政府施政需處處考慮的。我擔任 3 屆 6 年的行政院性別平等委員會的委員，3 屆婦女權益促進基金會的董事，對於性別角色的各議題，算是比較瞭解，因此在各處實踐時，掌握要點。

2018 年 9 月應邀擔任臺中市政府社會局局長，首長是六都唯一的女市長。可是到任前性別平等考核的成績，臺中市 81 分，六都第五，真丟臉！我趕緊帶領團隊努力，2 年後，進步了 8 分，六都第四。繼續按照性別角色的合作概念，處處推動。卸任前，中央又來考核，臺中市得到 99.95 分，終於拿到接近完美的成績，全國第一。

第 **3** 章
選擇傳統

婚姻

，就是過日子。跟大多數人一樣，比較容易。大家怎麼過，爹娘怎麼過，自己照著過，相對單純。

阿公阿嬤和再古早的時代過日子，基本的常態為「女人嫁漢嫁漢，穿衣吃飯；男人娶妻娶妻，洗衣煮飯」。女人嫁漢，希望拿到長期飯票，可以穿衣吃飯，得付出的代價為洗衣煮飯。無論是衣食住行，雙方各有期待各有想法，都希望日子好好過下去。

無論東方西方，無論傳統現代，婚姻關係都為人們所看重。婚姻在人類社會一直存在，但其方式因著各時空而有差異。主流，選擇的人多，參考上一代，參考身邊的，比照辦理。

傳統的好處是無數祖先都這樣過，從婚前到婚禮到婚姻到生兒育女到家庭生活，都有跡可循。我國的傳統極為看重家庭，高度重視婚姻，希望藉此建立安定的社會。男男女女在文化的框架中，進入婚姻，男主外女主內，大多數人過著可以預測生命軌跡的日子，直到生命終了。即使有一天辭世，也知道家人與子孫會按照社會的習俗紀念自己。

西方長期在基督教天主教文化之中，「上帝配合的，人不可以分開。丈夫是妻子的頭，丈夫要愛妻子如同愛自己」等《聖經》的話，為人們熟知也為信徒訂下了準則。幾千年來，變化不大，摩門教稍加修正，眾多信徒採行。在本章對妻子角色在歐美歷史上的變遷扼要歸納。

進到 20 世紀，自由戀愛、女權運動、女性就業等，相當幅度調整了傳統，但也只是修正，比較符合多數人又要工作又要家庭的生活規劃。女性自己可以賺穿衣吃飯的錢，活躍於就業市場，處處都有更大的舞臺。婚姻在趨向性別平權中發展，男性也得洗衣煮飯。開放的、現實的、功利的、彈性的，越來越多，只守著家庭與婚姻的人越來越少。即使結婚，大家也想把日子過得更精彩、更豐富。

第一節 我國的

　　婚姻是社會所贊同的結合，使兩個原來不相關的人發展出親密的關係。雖然有些人能夠在婚姻之外享有愛情、性慾、伴侶或子女，但只有婚姻是透過法律的認可，提供一個人同另一個人長期共享這些資源的制度[①]。

　　每個社會的贊同方式及內容有所差異，形成了不同型態的婚姻方式。中華文化有長遠的歷史，自然也有獨特的婚姻型態及禮俗。

　　傳統的婚姻特色之一是大量增加姻親。姻親指基於婚姻關係而生之親屬型態，包括配偶的血親、血親的配偶、配偶的血親之配偶等。在父系社會，已婚女性被視為夫家的成員，與姻親（婆家）會有較緊密的聯繫，有時甚至超過自己的原生家庭（娘家）。可能會與丈夫的父母（家翁、家姑）以及丈夫的兄弟、未婚姐妹以及丈夫兄弟的妻子（妯娌）同住，平時也要照顧翁姑和丈夫的未婚兄弟姐妹。

　　即使與丈夫另外組織核心家庭，傳統上媳婦常要探望公婆並幫忙做家事。男性與岳家的關係通常較自己的原生家庭疏離，雖然對妻子的父母（岳丈、岳母）有一定的關心，至少需抽空探望，到妻子娘家通常也會被視為客人。

　　在表 3-1 中呈現丈夫對妻子家族的姻親稱謂，十分複雜[②]。

表 3-1 ▶ **丈夫對妻子家族的姻親稱謂**

稱謂	註解	自稱
岳祖父	妻子的祖父	孫女婿、孫婿
岳祖母	妻子的祖母	孫女婿、孫婿
岳外祖父	妻子的外祖父	外孫女婿、外孫婿
岳外祖母	妻子的外祖母	外孫女婿、外孫婿
岳父	妻子的父親	女婿、婿、姑爺

稱謂	註解	自稱
岳母	妻子的母親	女婿、婿、姑爺
岳伯父	妻子的伯父	侄女婿、侄婿
岳伯母	妻子的伯母	侄女婿、侄婿
岳叔父	妻子的叔父	侄女婿、侄婿
岳叔母	妻子的叔母	侄女婿、侄婿
姑母	妻子的姑母	內侄女婿、侄婿
姑父	妻子的姑父	內侄女婿、侄婿
舅舅	妻子的舅舅	外甥女婿、甥婿
舅姑	妻子的舅母	外甥女婿、甥婿
姨母	妻子的姨母	姨甥女婿、甥婿
姨父	妻子的姨父	姨甥女婿、甥婿
內兄	妻子的哥哥	妹夫
內嫂	妻子的嫂嫂	妹夫
內弟	妻子的弟弟	姐夫
內弟媳	妻子的弟媳	姐夫
內姐	妻子的姐姐	妹夫
襟兄	妻子的姐夫	襟弟
內妹	妻子的妹妹	姐夫
襟弟	妻子的妹夫	襟兄

　　其中關係最親的是妻子的父母，妻子的父親有「岳丈」、「丈人」、「老丈人」、「外父」等說法，妻子的母親還有「丈母娘」、「老丈母」、「外母」等說法。當然，見面時直接喊「爸爸」、「媽媽」比較親切。

　　姻親一定是源自「婚姻」，最重要的是配偶的血親。如一個男人與妻子結婚之後，妻子的父母也就是自己的岳父岳母。其次是血親的配偶，如自己的妹妹結婚之後，她的丈夫是自己的妹婿，而妹婿也就是姻親。再其次是配偶的血親之配偶，如妻子她姐妹的丈夫，也就是連襟，連襟與這個男人就屬於姻親關係。連襟是姐妹的丈夫間互相的稱呼或合

稱，也稱襟兄弟。妯娌是兄弟的妻子間互相的稱呼或合稱，閩南語念「同姒仔」（ㄉㄤ ㄙㄞˊ ㄚˋ）。在臺灣，輩分較大的妯娌會直接叫小妯娌的名字，對外人介紹則說小嬸仔；輩分較小的妯娌通常稱呼大妯娌為阿嫂或大嫂，對外人介紹稱呼為阿嫂或大姆仔。

遇到喪事，姻親通常送罐頭塔或花籃，奠儀比照社會上的行情，以單數為宜。如果牽涉到兩家人，如丈夫的爺爺過世了，妻子娘家的爸媽要來嗎？因為是姻親，應該要到，並準備白包，有些地方是被子、毯子或床罩組。如果是丈夫的外婆家，就算遠親，可以不出席。

女方結婚，成為妻子，面對丈夫的家人。在表 3-2 中，妻子對丈夫龐大家族的各種姻親，有各種稱謂。

表 3-2 ▶ 妻子對丈夫家族的姻親稱謂

稱謂	註解	自稱
祖翁	丈夫的祖父	孫媳婦、孫媳
祖姑	丈夫的祖母	孫媳婦、孫媳
外祖父	丈夫的外祖父	外孫媳婦、外孫媳
外祖母	丈夫的外祖母	外孫媳婦、外孫媳
公公	丈夫的父親	媳婦、兒媳、媳
婆婆	丈夫的母親	媳婦、兒媳、媳
伯父	丈夫的伯父	侄媳婦、侄媳
伯母	丈夫的伯母	侄媳婦、侄媳
叔父	丈夫的叔父	侄媳婦、侄媳
叔母	丈夫的叔母	侄媳婦、侄媳
姑母	丈夫的姑母	內侄媳婦、內侄媳
姑父	丈夫的姑父	內侄媳婦、內侄媳
舅舅	丈夫的舅舅	外甥媳、甥媳
舅母	丈夫的舅母	外甥媳、甥媳
姨母	丈夫的姨母	姨甥媳、甥媳

稱謂	註解	自稱
姨父	丈夫的姨父	姨甥媳、甥媳
哥哥	丈夫的哥哥	弟媳婦、弟媳、弟婦
嫂嫂	丈夫的嫂嫂	弟媳婦、弟媳、弟婦
弟弟	丈夫的弟弟	嫂嫂、嫂
弟婦	丈夫的弟媳	嫂嫂、嫂
姐姐	丈夫的姐姐	內弟婦、弟婦
姐夫	丈夫的姐夫	內弟婦、弟婦
妹妹	丈夫的妹妹	內嫂、嫂
妹夫	丈夫的妹夫	內嫂、嫂

　　關係最親的是丈夫的父母，對丈夫的父親有「家翁」、「公公」、「老爺」等說法，丈夫的母親則有「家婆」、「家姑」、「奶奶」等說法。當然，見面時，直接喊「爸爸」、「媽媽」比較親切。因為結婚，有了姻親，依《民法》第 969 條：「姻親者，謂血親之配偶、配偶之血親及配偶之血親之配偶。」各種姻親關係可分不同親等，親等數越小則表示關係越近，這方面依照第 968 條、970 條的規定。

　　姻親親等之計算：血親之配偶，從其配偶之親等，如嫂嫂、姐夫為二親等，與哥哥、姐姐相同。配偶之血親，從其與配偶之親系及親等，如岳父、岳母、公公、婆婆均為一親等，配偶手足也是自己的二親等。至於配偶的血親之配偶，從其與配偶之親系及親等，如太太的嫂嫂和太太的哥哥是相同的親等，同為二親等。

　　婚姻附屬於家庭，家庭附屬於家族，夫妻的關係只是龐大外在力量中的一環，形成以丈夫為中心的傳統婚。傳統婚（traditional marriage）是一般人最熟悉的，更是穩定社會的重要基石。未必源自父母之命和媒妁之言，妻子也不一定是三從四德，但依照社會對夫妻的嚴謹角色定義而生活和互動。

　　傳統型夫婦，結婚之初可能滿懷興奮、樂觀、充滿幸福感，許下白頭偕老的諾言，離婚往往不預期發生。夫妻均接受婚姻生活所需的合作

要求：丈夫負責經濟收入，妻子則操持家務。丈夫幫忙家務偶一為之，而妻子即使工作也並非追求事業生涯，多半只是為增加收入。

夫妻生活的互動關係漸漸養成慣例，看電視、帶孩子、整理房子、看報紙等日常事務佔據了許多時間。雙方都確認如此的生活會繼續到老，也不必去變動什麼，凡事依照慣例。傳統婚姻重視穩定、性的約束嚴、離婚的可能性低。

傳統婚姻佔多數，在四大族群——閩、客、外省、原住民之間，常見到「跨族群之間通婚」。有關跨代通婚的結果顯示，隨著出生世代跨族婚的比例逐級上升，子代跨族婚遠較親代普遍，支持跨族婚的趨勢越來越強。以臺灣目前的族群通婚而言，親代以閩南與客家通婚為多，在子代中，外省族群以本省閩客為跨族婚姻對象日益普遍。

謝雨生、陳儀蓓[③] 分析：從娶媳婦的角度看，跨族群婚的比例：閩南為 10.3%、客家族群 35.5%、外省 63.3%。客家族群的比例為閩南族群的 3.4 倍，外省族群為閩南族群的 6.2 倍。從嫁女兒的角度看，閩南為 13.2%、客家 36.4%、外省 53.1%，客家為閩南的 2.8 倍，外省為閩南的 4.0 倍。

教育程度是重要影響因素，大專程度跨族群婚的比例是小學程度的 3.3 倍，高中程度則為小學程度的 2.3 倍。越年輕越容易採取跨族群婚，在兩代之間，以娶媳婦來說，全部族群中，兩代都是群內婚的比例為 77.4%，親代內婚但子代跨族婚者有 15.4%，親代跨族群婚但子代內婚者只有 2.6%，兩代都是跨族群婚者有 4.6%。若從嫁女兒的資料來看，情況類似。大致來說，外省族群的子代跨族群通婚居多數（超過 60%），其次是客家人，閩南人比例最低。

臺灣社會的族群關係透過跨族婚，已經在產生大規模且頻繁的族群互動，進而產生族群關係的融和。針對族群與教育對跨族婚的影響指出，跨族群婚的代間影響並未因兒子教育程度上升而有變化，而是隨著女兒教育程度上升而減弱。女兒受教育越多，越不遵循上一代婚配模式，較有可能採取跨族婚。再者，比較娶媳婦和嫁女兒的態度，前者隨著時間減低，後者無顯著影響。

第二節 歐美的

基督教文化主導了歐美的歷史，現在仍為西方社會的重要社會基礎，猶太－基督教婚（Judaic Christian marriage）一直是歐美社會最重要的婚姻方式，猶太是指猶太人，人數雖少，卻與附近民族明顯不同，堅持一夫一妻制。新約時代的耶穌和保羅都主張一夫一妻，強調夫妻彼此守貞。相信婚姻按照上帝的意旨，不得輕易改變。婚姻是長久的，而性行為必須在婚姻之內方蒙祝福。「婚姻人人都當尊重，床也不可污穢」（《聖經》希伯來書十三章四節）是基督教堅持的倫理。

我國傳統婚的人際關係以「父子倫」為主逐漸擴張的，而基督教婚姻則強調「夫妻倫」。《聖經》多次提到「人要離開父母與妻子連合，二人成為一體」（如創世紀二章二十四節）的觀念。因此，基督教婚重視配偶之間的配合與相互扶持，從而養育子女，父母對子女有神聖的責任和義務，直到子女成年。

在基督教婚姻中，丈夫是一家之主，因為《聖經》記載：「做妻子的，當順服自己的丈夫，如同順服主。」（以弗所書五章二十二節）但丈夫並沒有絕對的權威，「做丈夫的，要愛妻子，如同愛自己的身子，如同基督捨己。」（以弗所書五章二十五節）。

基督教看重婚姻和家庭，大多數信徒以家庭為生活的重心，除了工作之外，都盡可能待在家裡，與家人生活在一起，比較少應酬。一般而言，夫妻的相處時間遠多於東方社會的日本與我國。在此種安排下，夫妻關係好的時候，婚姻品質優於東方社會，但一旦衝突對立，因婚姻關係在生活中重要性高，個人容忍度低，反而容易離婚，接著積極再結另一次婚。

摩門教是基督教的一種特別的分支，其對婚姻的主張，有與基督教相同之處，也有相異處。摩門教認為婚姻是永恆的，摩門教的婚姻方式稱為「永生婚」（eternal marriage）。

摩門教文化視婚姻是延續至永恆的，夫婦一旦結合就計畫永久生活

在一起。由於個人很難獲得永生，只有藉著婚姻關係去提升未來的精神境界。同時，父母子女關係也是永恆的。所以，這類婚姻從夫婦、子女，擴展至親戚的，都主張整合式的永久關係。

此型婚姻容許一夫多妻，認為妻子若比先生早死，為了餘生的精神生活，先生可另娶一位妻子。

這種宗教信仰認為性關係僅限於婚姻內，婚外性關係被禁止。宗教高度融入婚姻與家庭生活之中，禁忌不容觸犯。摩門教規定每週有一個晚上是全家人的聚會時間，一起研讀宗教課程與從事休閒活動。離婚雖偶而被允許，但要經過嚴苛的測試，直到無法維持才會放棄。

從歷代西方妻子的角色可以瞭解歐美社會裡的婚姻方式，在絕大多數家庭中，「太太（妻子）」的角色最為重要，多數家庭都以「太太」為核心，其他家人為次要角色。在歷史上，太太的面貌是多元的，可呈現婚姻、家庭、女人乃至男人的改變。

在美國殖民地時代，妻子跟著丈夫遠渡重洋墾荒。在法國大革命期間，不少妻子跟著丈夫下獄、上斷頭臺。在美國獨立戰爭和內戰時，很多妻子以行動支持從軍的丈夫。工業革命後，職業婦女漸漸增多，關於女權、性、避孕、墮胎的主題風起雲湧，妻子的面貌越來越動態而豐富。《太太的歷史》一書，從宗教、法律案件、詩歌、繪畫和種種文獻素材中，整理各時代女人的感受和蹤影。西方，尤其是基督教文明為主的西方，大致可以分十個時期 [④]，在歷史的軌跡中，後期的妻子角色當然受到前期的影響。

一、《聖經》中

《聖經》裡第一個女人是夏娃，她從亞當肋骨造出來，上帝給她的任務是「幫助亞當」。到了亞伯拉罕時代，他的妻子撒拉是另一個典型，他和撒拉所生的兒子以撒娶了利百加，孫子雅各娶了利亞與拉結。這些妻子都以幫助丈夫為生活重心。所以《聖經》箴言第三十一章描述了妻子的範本：「才德的婦人誰能得著呢？她的價值遠勝過珍珠。她丈夫心

裡倚靠她，必不缺少利益；她一生使丈夫有益無損。……她的兒女起來稱她有福；她的丈夫也稱讚她，說：『才德的女子很多、惟獨妳超過一切。豔麗是虛假的，美容是虛浮的；惟敬畏耶和華的婦女、必得稱讚。』」

二、古希臘

女神希拉是婚姻的守護者、女人的保護者、宙斯的妹妹兼太太，她極端嫉妒。《奧德賽》裡有兩個典型女人：奧得修斯的妻子碧內洛比成熟、聰明又忠貞，相對應的是美麗又輕浮的海倫。希臘為城市文明，「城市的空氣使人自由」，包括允許同性戀。

三、古羅馬

夫妻是伙伴關係，繁衍子孫非常重要。戰神與愛神的思維塑造兩性角色的基本架構。埃及豔后型的女子對羅馬男子充滿吸引力，是一種典型，讓男人迷惘，讓妻子憤怒。

四、中世紀（1100–1500）的歐洲

天主教是社會秩序的基礎，守貞第一，鰥寡第二，結婚的人排第三。封建制度中，序列階層清楚。婚禮神聖，相關的規定繁複，結婚就不能解除，也反對避孕。法律重要，明白規範丈夫對妻子的眾多權利。丈夫可以打妻子，有「拇指法條」。

五、宗教改革後的新教妻子（1500–1700）

馬丁路德反對天主教神父不能結婚的教義，與還俗修女凱薩琳結婚。凱薩琳養育了六個孩子，又照顧六個姪子、四個遺孤，許多客人、難民與學生，非常能幹。她的所作所為，有如模範妻子的典範，成為日後許多人模仿或期待的對象。新教妻子多半如此，努力盡責，積極照顧

家庭。另一方面，莎士比亞的浪漫愛情觀念，使婚姻多了浪漫的期待。不過結婚後，男尊女卑還是常態。美國是追求自由者的新天地，規範較為鬆散，離婚可以接受。

六、共和時期的美國與法國妻子（1700–1800）

民主浪潮衝擊，政治意識高漲，君主制度被推翻，妻子地位跟著轉換。「妻職」有幾個基本身分：丈夫的性伴侶與感情伴侶、母親與管家。妻子普遍參加宗教活動，個人的地位依照丈夫的職業而定。妻子的法律地位依附丈夫，幾乎無法自主。法國大革命使女性展現活動力，有些人因而參政，「新偶像是共和母親與媽媽老師」的綜合。

七、維多利亞時期（1800–1840）

現代婚姻興起於美國獨立革命到 1840 年間，愛情成為擇偶的第一要件。浪漫愛是重要的，夫妻間親密被高度期待，女性不願意毫無異議地臣服在丈夫的權威之下。但在法律上，妻子的地位依然比丈夫低。女性接受教育者漸漸增多，高等學府接受女學生，社會上也有小規模的女權訴求。因為生計的需要及開發大西部，妻子越來越能幹，各種男性的工作女性都可以承擔，性別界線模糊了。女性議題受到重視，新女性漸漸多了，在媒體與在社會上漸漸受重視，許多妻子嚮往新的生活方式，不再以家庭為唯一的重心。

八、性、避孕、墮胎成為主題（1840–1940）

女性是「家庭中的天使」這觀念被打破，性革命使女性的身體自主性大增，避孕與墮胎都是可能的。消費、滿足、快樂等想法普遍，傳宗接代的必然性被揚棄，愛情、伴侶、性歡樂等被歌頌。

九、戰爭與工作（1940–1950）

　　戰爭帶給女人新的機會，在工作中獲得獨立，處處承擔新的責任。由政府籌組的托育計畫、各種協助女性就業的方案紛紛出現。二次世界大戰，丈夫出征，妻子持家，穩住了美國社會。

十、邁向新妻子（1950 至今）

　　女性主義思潮（如西蒙波娃（de Beauvoir）的《第二性》）挑戰傳統禁忌，媒體中的新形象、電影電視雜誌中的妻子有了各種面貌。「全美婦女組織」在 1966 年成立，女性運動風起雲湧。金賽與海蒂報告呈現女性的性活動，帶動新一波的性革命。雙薪夫妻、職業婦女使「新妻子」日漸增多，離婚率上升，生育率下滑。婚姻的替代方式多了，《慾望城市》等節目大受歡迎，表現出「太太」的角色只是女性的一種選擇，而非必然的路徑。

　　過去男性多半「遠庖廚」，現代丈夫不只是要在工作上有表現，家庭角色逐漸吃重。父親角色由「花瓶爸爸」變成「奶瓶爸爸」，對父親角色的投入越來越多。

　　部分丈夫更配合妻子事業的發展和家庭生活的需要，成為全職的家庭主夫，請育嬰假的男性越來越多（在臺灣已經超過請育嬰假的 10%）。由於男性遲婚，有一段很長的單身日子，對照顧自己和家庭都有些經驗，也造成「男主內」的增多。根據美國人口普查局的資料：至 1995 年美國有 200 萬個家庭主夫，也有人創辦「全國家庭主夫協會」（聯合報，1995.9.27，第三十三版）。在臺灣，有些丈夫因事業不順或退休專以家庭為重，妻子則以事業為主。

　　未來隨著女性事業發展空間更大、所得提高、男性就業空間縮小、男性對家庭管理的喜好等因素的相互影響，女主外、男主內的情形勢必增加。

第三節　當代的

　　在 21 世紀的太太角色會如何呢？要回到婚姻方式去思考，婚姻的形式多元，但受到法律與道德等社會力量的約束，還是有根本的面貌，多數人還是會隨著社會主流的思維去安排婚姻。拉曼納（Lamanna）與里德曼（Riedmann）將婚姻動機分為功利性婚姻（utilitarian marriage）和內在性婚姻（intrinsic marriage）兩種，前者偏重雙方的利益交換，後者的動機看重互相陪伴、享有相愛和相屬的滿足。婚姻的功能包括經濟的安全、繼續子女教養的責任、感情的支持以及愛情的延續等[⑤]。以下三種婚姻方式，是當代多數結婚男女的選擇。

一、感情至上的內在婚[⑥]

　　「兩人一體」最能代表內在婚的意義，表示發自內在的強烈委身。在這種婚姻關係中，夫婦彼此有濃濃深情，視對方為自己生活中的核心人物。與婚姻關係相比，事業、朋友、親戚，甚至個人的意願，都微不足道。

　　很多人都羨慕此種婚姻方式，但這方式要能持續並非易事，存在的關鍵因素有「婚姻關係處於生活中最優先的地位」、「對配偶能全然的託付自己」、「達成婚姻期望被視為最深度的自我滿足」、「認定婚姻歷程為最實質的享受」。

　　想擁有內在婚的夫婦，須對婚姻關係時時採取主動，保持不斷的注意力，熱戀式的關心，付出相當的精力和時間，以持續此種型態的婚姻。

　　內在婚為最多人所期望，渴望唱著〈白髮吟〉「從一而終」，但對四個字來探討，處處都不一樣了。首先是「從」，以往三從四德為不可顛覆的定律，百年來已不再有約束力。其次是「一」，「忠於一」理所當然，如今多元，如何限制於一呢？第三是「而」，代表明確的因果順序，現在路徑多，有因未必有果，結果也未必是原因的產物。第四是

「終」，以往一生的時間短、壽終正寢的時間早（在民國初年，男人平均壽命為 42 歲，女人 44 歲），婚姻的時光也短。如今維持 2、30 年的婚姻之後，選擇「黃昏散」的夫妻越來越多。

許多人進入青春期陸續有戀愛經驗，但近年平均結婚年齡多半是三十幾歲，從有第二性徵的性能力到結婚，可能超過 20 年，在此人生階段，愛與被愛也是生活主題。自己愛而對方也愛自己，已經不容易，走上地毯那一端更不容易。即使結婚了，也有很高的比例去愛別人，或被別人愛。

就算是婚姻忠誠，持續到一方死亡，另一方還是可以再與其他人建立愛的關係。即使少了愛的激情，為了各種原因還是可能重組家庭。楊靜利、陳寬政、李大正估算臺灣人的婚姻生命表，進一步整理如表 3-3：

表 3-3　婚姻生命簡表

	1980 年的男性	2005 年的男性	1980 年的女性	2005 年的女性
曾經結婚者平均結婚次數	1.109	1.236	1.097	1.175
結婚時平均年齡	27.08	33.40	24.07	29.13
離婚時平均年齡	40.62	41.57	34.94	35.27
離婚者再婚平均年齡	43.21	53.17	39.21	43.95
喪偶時平均年齡	67.48	71.23	65.21	69.00
喪偶後再次結婚時的平均年齡	57.22	69.99	43.96	47.73

資料來源：楊靜利、陳寬政、李大正（2012）。〈近二十年來的家庭結構變遷〉。收錄於伊慶春、章英華主編《臺灣的社會變遷 1985～2005：家庭與婚姻，臺灣社會變遷基本調查系列三之 1》，1-28。臺北：中央研究院。
說明：除了第一欄之外，單位都是「歲」。喪偶後再次結婚的，因人數很少，平均年齡變化大。

　　從表中可知，如果在 2005 年時有一位男士結婚，平均在 33.40 歲，平均會結 1.236 次婚，多出來的 0.236 次表示再婚。也就是說，如果喪偶或離婚，有將近四分之一會再次結婚。假如他之後離婚，平均是在 41.57 歲，表示婚姻大約維持 7 年。從離婚到再次結婚，又過了大約 8 年。假如他遭逢喪偶，平均是在 71.23 歲。

　　在 2005 年時，一位女士如果結婚，平均在 29.13 歲，平均會結 1.175 次婚。她有大約六分之一（0.175 次）的機率會再婚。假如離婚，平均在 35.27 歲，表示婚姻大約維持 6 年。從離婚到再次結婚，大約 8 年。假如喪偶，平均在 69.00 歲。

　　男性平均 71 歲時喪偶，女性 69 歲，都超過一般人的退休年齡。顯示成家的時間通常比立業的時間久。但如果離婚，只有 6 至 7 年的婚姻時光，就很短了。當然，離婚或喪偶都可以再婚，比例在六分之一至四分之一。

　　在表 3-4 中呈現已婚的男性、女性在有偶、喪偶、離婚等的年數，以 2005 年女性來看，有配偶的時間少於喪偶者，如果離婚，有偶的階段要比離婚的年數短。

表 3-4 ▶ 有偶、喪偶、離婚狀態平均持續時間

	1980 年的男性	2005 年的男性	1980 年的女性	2005 年的女性
有偶	33.74	25.74	35.95	27.58
喪偶	16.83	18.52	24.57	31.56
離婚	15.07	19.65	16.87	32.09

資料來源：楊靜利、陳寬政、李大正（2012）。出處同表 3-3。

　　換言之，以往「從一而終」的機率高，那時人的平均壽命短、生活圈窄、道德壓力大、選擇性有限。這些假定已經全部都變了，「愛情、婚姻、家庭」等的組合各式各樣，組成不一樣家庭的機率逐漸增加。

二、實用價值的功利婚 ⑦

功利婚，特別強調婚姻中有利的功能性效用，每對夫妻各有其自認為有利的著眼點。經濟性、政治性、家族性的結合高於感情性，只要各取所需，相安無事，也不妨礙婚姻關係的共存。近年臺灣常見的「企業聯姻」或「女主播嫁小開」或許有某種功利色彩。

這種婚姻方式已相當普遍，一個男子與另一女子結合可能著眼於對方家中的有錢有勢，而某位女子之所以願意與另一男子成婚，可能因為該男子有地位、有聲望。婚姻關係的核心不是感情或性，而是相互的利用。

當然，性與情感還是存在的，只是他們更關心利益。他們會謹慎的安排婚姻生活，維持表面和諧的婚姻關係。不會輕易離婚，因為一旦離婚，各種利益也往往隨之動搖。

婚姻對當事人、對家庭乃至家族，都可能產生助力。一般人通常血親比姻親重要、緊密、持久，畢竟是同樣血緣，但姻親關係也可能非常重要，甚至比血親更關鍵。例如婆媳，很多家族企業或大家族，都是由女婿、媳婦實質接班掌舵。此種現象，「弱連結」（weak tie）可以解釋。

家族基本上是血緣結合的感情體，企業基本上是利益結合的組織體，兩者本質上有很大的差異。但家族企業十分普遍，家人關係已成為企業運作中具有慣性和韌性的力量，它不完全正式化，但已經常規化；沒有一定的模式，家人關係和姻親關係也可成為企業經營的利器。

家族企業對家人關係採取較彈性的解釋，以方便運用。因為家族企業就是企業主處理企業內各種關係的方法，以「三親五倫」為主的關係結構為家族企業運作中的重要力量，「是否信賴」往往比「是否專業」更為關鍵。家人關係是一種比「差序格局」還要特定的「信任格局」——在以業主為中心的家人關係網中，企業內的高階主管須獲得業主的個人信任。

人際互動存在相對的伸縮性，會隨著時空的不同，而對他人因關係的親疏而產生不同程度的信任，隨之納入各種「我們」之中，塑造不同

的「我們感」（we-feeling）。若有「我們感」，就很容易視對方為「初級團體」（primary group）的成員，彷彿家人般，感覺親切。此格局中的人際關係結構具有相當伸縮性，在企業中，有時是父子，有時是兄弟，有時也會包括叔侄、母子、翁婿等。

「伸縮性在家庭組織兼含有包容性和分裂性，前者是父系繼嗣群的共屬觀念，後者指宗祧繼承的區分」[8]。「家族企業」具有彈性、不定範圍而伸縮地處理家族關係，一方面重視「父系繼嗣群」（共屬觀念的表現），一方面維繫了「父子聯繫」（宗祧繼承觀念的表現）[9]。在包容性部分，企業中出現同一父系繼嗣群的水平與垂直同時擴展的現象，業主會盡可能把家人納入企業之中，如董事、主要股東、重要經理人。另外也出現清楚的分裂性，「分家」和以父子關係為主的觀念仍存在，尤其企業發展到一種程度時，分家為是否公開化的問題，有時專為某個子女設立分子企業，有時則分成幾個小的分子集團，由不同子女負責。如何安排子女在企業中的位置，成為企業業主的重要考驗。

家族企業同時包括了：自然家族——主要指父母及其子女；經濟家族——一群人基於血緣或婚姻關係彼此生活在一起而建立。一個家族企業可能在同一家長領導下之共財、共生計的生活單位，成員不一定要同居一處，某個經濟家族可能由一個或多個自然家族所組合。許多企業業主非常彈性地把家族和企業結合，一方面讓自然家族發展並綿延，同時又發揮經濟的功能。在臺灣，有不計其數的企業集團和企業權力核心是家族的，而大多數家族企業是以自然家族為核心，多數企業集團都出現企業主的核心家庭成員亦擔任該企業要職的情形，而又容納了許多有血緣和婚姻關係的家族成員出任企業內的相關職務。中華徵信所認定家族企業的客觀條件也包括「該公司與核心公司之董事、監察人、執行業務股東或代表公司股東有半數以上為配偶或三等親以內之親屬者」，換言之，「三等親」不只是自然家族，而是基於企業經營必要所找尋的經濟家庭成員。有許多表面上非家族的企業，其實隱藏了許多廣義的「經濟家族」。

　　馬克‧葛蘭諾維特（Mark Granovetter）發表〈弱連結的力量〉（*The Strength of Weak Ties*），主張具有「橋接」作用的弱連結是連接系統中各強連結網絡的重要橋梁。弱連結的重要性在於透過此種「地方性橋梁」（local bridges）可以創造更多、更短的路徑，人們透過弱連結可以跨越更大的社會距離而觸及更多的人。也因此，具橋接作用的弱連結對於社會系統中資訊的傳散具有重要性。一個「地方性橋梁」需在兩端各有一個聯絡人（liaison person）；一個地方性橋梁的聯絡人與兩端間的關係一定是弱連結[10]。

　　血親的資源接近，姻親的差距較大。運用「富爸爸、窮爸爸」的觀念，窮爸爸能夠提供的資源有限，如果與有錢有勢的家庭結合，因為有富爸爸的幫忙，自己的機會就能增加。一個男人的原生家庭沒有富爸爸，可能想透過婚姻，找到富爸爸（岳父）。

　　弱連結是造成社會流動的重要資源，提供人們接觸自己的社會圈子以外資訊的機會；強連結則提供社會支持，且對圈內人而言較易取得。對於家庭而言，這個橋接可能是「婚姻」：透過一個簡單的婚禮，兩個家族裡人有了「弱連結」。經過連結的網絡便容易發展出「愛屋及烏」的關係。因為是親家，很多人都成為朋友，因此介紹工作、推薦職位，甚至有商業的合作。

　　血親有時是阻礙，使個人難以突破。姻親雖然不太熟識，但帶來寶貴的知識和機會；而一般人倚賴最深的強連結，反而造成往前邁進的阻礙。因為姻親，而有了更多弱連結，經由某些泛泛之交，不太熟悉的相識者爭取到機會，還因此獲得加入「社群」的途徑，參與或大或小的團體或組織。一個小小的婚姻，卻能創造出不成比例的巨大連結，為人們搭起一座橋梁，通往不同的社會角落。

三、彈性協調的開放婚

　　歐尼爾（O'Neill）夫婦所著《開放的婚姻》一書[11]，暢銷全球，「開放婚」（open marriage）一詞因而為許多人朗朗上口。O'Neill 夫婦認為

開放的婚姻可以在多方面改變封閉婚姻的不切實際想法，調整為以下較切合實際的期待[12]：

（一）配偶應分享大多數的事情，但不是每一件事情。

（二）夫妻雙方都應該改變，可從逐漸調整中改變，也可從衝突中改變。換言之，衝突並非一無是處。

（三）彼此能接納自己應有的責任，也期望配偶同時執行對方應有的責任。

（四）配偶不應被期待要滿足對方所有的需求，也不應為對方做他原本該自己做的事。

（五）彼此有不同的需要、能力、價值和期望，因為雙方是不同的人，而不僅因為是丈夫或是妻子。

（六）雙方共同的目標是「關係」，而不是房子或孩子。

（七）孩子不是用來證明彼此的愛情。

（八）如果雙方都覺得需要孩子，應共同承擔做父母的角色，並樂意承擔照顧子女的職責。

（九）如果相互尊重的開放關係能持續，夫妻會有更深的喜悅和愛情。

（十）尊重配偶擁有其獨立的思考，不必刻意要求配偶配合自己。

開放型婚姻關係具有獨特的親密平衡、人際默契及彈性協調等特質。它著重每個人的適度改變與成長，所以夫婦可視情況需要彈性的改變與成長。它是個人主義和現實主義色彩濃厚的一種婚姻表現，夫婦可以各自發展自己的興趣，關心自己的目標，從而自我實現與發展。

贊成夫妻獨處，並有彈性的角色安排，不完全反對開放性伴侶關係，主張平等及相互信任的生活。婚姻生活導向是「此時此刻」，避免活在過去事件或無限期的未來目標裡。他們著重於以更多的情緒與智慧融合，最主要的是：面對現在。

要使開放婚姻持續的根本要素有：「平等」、「相互信賴」、「保持彈性」、「創新、多變」。所謂的開放，並非個人能夠無止境地發展自由，仍得花很多時間與配偶溝通，使自我的發展與婚姻方式能充

分配合。

　　《開放的婚姻》一書，深具影響力，但漸漸產生一種錯誤，以為該書傳達及提倡外遇。因此歐尼爾夫婦特別提出聲明，指出外遇和婚外性行為經常會使婚姻裡的問題更惡化，只是個人逃避的表現，容易產生更多的婚姻衝突[13]。

實踐、研究和推廣，更幸福

我會投入婚姻、家庭領域，有私人的理由，因為我在有兄弟姐妹的家庭中成長，又娶了有許多手足的妻子。父母生了六個孩子，到2023年4月本書修正時連同各自還健在的配偶，十一位。我們這一輩共生了十四個孩子，八位已結婚有配偶，這八對已經生了十五位下一代。所以，11（我同輩的）＋22（下一輩的）＋15（再下一輩的）＝48。

內人的母親在2023年時96歲，七個子女，連同配偶、下一代、下一代的配偶，再下一代，大約四十人。

兩邊家庭的親人，將近九十人。在少子化的時代，不斷有喜訊，持續有新生兒報到。

八、九十人，要記得各自的名字、目前求學或就業狀況，真不簡單！想想在大學每學期擔任導師，每個班六十幾個導生。想想在做局長時，臺中市議員六十五位。導生，每年都在換；議員，我不擔任局長，就別理。親人，則是一輩子的，不，世世代代，綿延不斷。

我會投入婚姻領域的撰述，要感謝父親，家父留學菲律賓，英文絕佳，曾在美國威斯康辛大學河瀑分校及關島大學擔任客座教授。他大量閱讀英文書籍，也將許多西方的研究成果引介給國人。他退休後，我邀請他為東海大學幸福家庭研究推廣中心撰寫《且營造幸福婚姻》。第二年，他70歲，在巨流圖書出版了《婚姻輔導》。

我在臺大法學院讀研究所時經常去圖書館，圖書館同仁秦竹月小姐總是熱心幫助。她提到有本好書值得翻譯，想找一位懂社會學的人合作。因此她負責第七章到十一章，我翻譯其他部分也負責全書的編輯，就在碩士畢業那一年，1983年父親節時完成《為什麼要結婚》（*Marriage: Who? When? Why?*）。我以該書的架構，陸續做了一些小型的研究，很有趣的，多數大學生還是渴望夫妻如膠似漆的內在婚。

此書開啟自己對婚姻研究的興趣，更促使我持續撰寫相關書籍，畢竟我國的國情與美國有很大的不同。做為一位本土的社會學者與社會工作者，更應該「立足於自己的土地」。因此陸續撰寫本土的書籍。

　　無論東方西方，無論傳統現代，婚姻關係都普遍存在，都為人們所看重。婚姻在人類社會一直存在，但其方式因著各時空而有差異，陸續出現改變。近代的改變速度，在歷代之中，算是相當快的。各種法律、民俗、道德、輿論，因應不斷出現的形式而各自調整，讓當代人們目不暇給。

第 *4* 章
選擇新興

婚姻

，就是過日子。過日子，是在大環境之中，近代各方面的改變速度，在歷代之中，算是相當快的。各種法律、民俗、道德、輿論，因應不斷出現的形式而各自調整，讓人們目不暇給。想找某個人一起過日子的方法，越來越多。

劃時代的演變，第一波從20世紀的最後20年來襲，臺灣人與大陸人、與東南亞人、與世界各地的人通婚，加上所生的子女，形成龐大的人口群。到2023年，這些婚姻與所組成的家庭，總數已經超過100萬人。人數沒那麼多，對社會衝擊卻更大的是同性別的人也可以結婚，幾千年來，由男女組成的婚姻，不再是必然的。

人與人互動，交換訊息、服務、金錢、愛情、生活方式，各自帶著已經習慣幾十年的經驗，進入婚姻之中。以往絕大數人找相同文化、相近族群的人，結婚過日子。解除戒嚴之後，無數臺灣人找外國人（主要是東南亞的）結婚，無數臺灣人找大陸人或港澳人，結為連理。文化的差異、家世背景的差別、成長經驗的迥異，考驗數以萬計的夫妻，使幸福的愛情多了些難題。

婚姻，過去只能找與自己性別不同的人過日子。21世紀，各國陸續修正這個維持幾千年的傳統，可以和相同性別的人結婚。我國自2017年起，同婚合法了，想跟同性別的人結婚就大方結吧！

能夠有這麼多選擇，與政治環境、經濟情勢、社會氛圍，都密切相關。如果政治不開放、法令不鬆綁，如果沒有全球化、現代化，如果道德還是很保守，人們還是謹守祖先的教訓，各種新興的婚姻不可能成為數以萬計人們過日子的方式。個人的婚姻方式選擇，在大環境中增加了。但選擇之中與選擇之後，還是有很多考驗，因此要過新興婚姻方式日子的難度不低，衍生的問題不少，需要各方面包括社工專業的協助。

第一節　跨國婚

一、跨文化浪潮

不同生長背景的人在家族裡相聚，呈現多元文化主義（multiculturalism）。例如閩南人的你／妳遇到一位鄰居，他是原住民、妻子來自中國大陸，三方都帶著過去的文化面對著有些交集但也有諸多不同的其他人，文化的衝撞是在所難免。這三者間有相同之處（similarities），同時有不同之點（differences），具體呈現「多元文化」（cultural diversity），三個人的互動又對於各方面也有連帶的影響，小到他們認識的人，大到全球化。

在傳統認知中，臺灣有四大族群——閩、客、外省、原住民。新住民（或稱新移民）已經是臺灣第五個重要族群。主要指 1990 年代以後從外國移民到臺灣定居的人，截至內政部 2021 年 12 月的統計，大約 57 萬，比 58 萬的原住民人口少一些，佔臺灣總人口 2.4%。來自中國大陸（含港澳）新住民佔最大宗（65.25%），東南亞國家中以越南（19.54%）、印尼（5.45%）、泰國（1.67%）為多。

眾多的跨國婚姻說明家庭成員和親屬網絡來自不同的國家，家庭成員的關係在兩個以上的國家流動。來自兩種不同文化或族群的人組成跨文化婚姻，逐步增加。

家庭經濟生活水準是大多數人最直接感受到的現代化現象。臺灣老百姓的家庭生活是東南亞地區人民所羨慕的，表現在食衣住行育樂、醫療保健各方面，也表現在生活中的富裕、動態與流動性。以所得來看，婚姻市場普遍存在「女性向上擇偶」的傾向，臺灣男性靠著較高所得獲得較有利的位置。透過婚配，許多兩岸婚姻刺激著東南亞的某些人口，帶動一波波經濟現代化的浪潮。

非本國人與臺灣人通婚的高峰在 1990-2010 年之間，外籍配偶佔當年結婚人口的比例，巔峰為 2003 年，有 54,634 人，多達 15.9%，大

約每 6 對新婚者，有 1 對為跨國婚姻。在表 4-1 整理了 1998 年到 2009 年與外國籍（不含中國大陸與港澳）結婚的人數，1998 年至 2000 年，並未區分東南亞裔和其他國家。統計結婚者之原屬國籍（地區），凡外國籍或大陸、港澳地區人士取得我國國籍者，仍以其原屬國籍（地區）統計；外裔係指外國籍歸化（取得）我國國籍者，本表並未呈現。

表 4-1 ▶ 結婚人數、外國籍婚姻人數

		結婚人數總計	外國籍婚姻合計	東南亞裔	其他國家
1998 年	小計	291,952	10,454		
	男	145,976	1,798		
	女	145,976	8,656		
1999 年	小計	346,418	14,674		
	男	173,209	1,953		
	女	173,209	12,721		
2000 年	小計	363,284	21,338		
	男	181,642	2,276		
	女	181,642	19,062		
2001 年	小計	341,030	19,405	17,512	1,893
	男	170,515	2,417	806	1,611
	女	170,515	16,988	16,706	282
2002 年	小計	345,310	20,107	18,037	2,070
	男	172,655	2,768	1,035	1,733
	女	172,655	17,339	17,002	337
2003 年	小計	342,966	19,643	17,351	2,292
	男	171,483	2,794	1,044	1,750
	女	171,483	16,849	16,307	542
2004 年	小計	262,906	20,338	18,103	2,235
	男	131,453	2,771	921	1,850
	女	131,453	17,567	17,182	385

		結婚人數總計	外國籍婚姻合計	東南亞裔	其他國家
2005 年	小計	282,280	13,808	11,454	2,354
	男	141,140	2,687	751	1,936
	女	141,140	11,121	10,703	418
2006 年	小計	285,338	9,524	6,950	2,574
	男	142,669	2,708	579	2,129
	女	142,669	6,816	6,371	445
2007 年	小計	270,082	9,554	6,952	2,602
	男	135,041	2,590	452	2,138
	女	135,041	6,964	6,500	464
2008 年	小計	309,732	8,957	6,009	2,948
	男	154,866	2,895	468	2,427
	女	154,866	6,062	5,541	521
2009 年	小計	234,198	8,620	5,696	2,924
	男	117,099	2,982	502	2,480
	女	117,099	5,638	5,194	444

資料來源：內政部戶政司（2023）。人口統計資料—縣市結婚人數按原屬國籍（按登記）。網址：https://www.ris.gov.tw/app/portal/346

在表 4-1 中提供了幾個重要的訊息：

（一）從 1998 年起快速增加，從 10,000 人出頭，2 年內即倍增，迅速增加到超過 20,000 人，然後維持在 20,000 人上下直到 2004 年，這 7 年之間，有大約 15 萬個家庭因為跨國婚姻而組成。

（二）2005 年迅速降至 13,000 多人，2006 年跌破 10,000 人，以後每一年都在 8、9,000 人。直到 2016-2019 年在 12,000 人上下，之後又跌破 10,000 人。

（三）百分之八十幾甚至超過百分之九十為「臺灣男子娶外籍女子」的組合，外國人娶臺灣女子的很少。可是，扣除與東南亞的通婚，「外國男子娶臺灣女子」的也不少，配偶為外國男子的比外國女子的，多了好幾倍。大約每一年有 2,000 多位外國男子、400 多

位外國女子，與我國的國民結婚，總人數平穩。

外籍配偶的總人數則劇烈變化。到 2010 年之後，因為跨國婚姻少了，每年的外籍人數增加有限。在表 4-2 呈現 2010-2022 年這些配偶的人數。

表 4-2 外國籍及大陸、港澳配偶的人數

	總計	外籍配偶	大陸配偶	港澳配偶
2010 年	444,216	146,979	285,158	12,079
2011 年	459,390	150,855	296,095	12,440
2012 年	473,144	153,858	306,514	12,772
2013 年	486,703	157,630	315,905	13,168
2014 年	498,368	161,340	323,358	13,670
2015 年	510,250	165,902	330,069	14,279
2016 年	521,136	170,827	335,382	14,927
2017 年	530,512	176,828	337,838	15,846
2018 年	543,807	184,346	342,870	16,591
2019 年	557,450	190,736	349,132	17,582
2020 年	565,299	195,442	350,923	18,934
2021 年	569,851	198,029	351,914	19,908
2022 年	577,900	201,991	355,124	20,785

資料來源：內政部戶政司（2023）。人口統計資料－縣市結婚人數按原屬國籍（按登記）。網址：https://www.ris.gov.tw/app/portal/346

由表 4-2 發現幾個重要現象：

（一）從 2010 年到 2022 年，12 年間，每年和非中華民國籍結婚者，由 44.4 萬增加到 57.7 萬，增加了 30%。

（二）外籍配偶在同時間增加了 37%，大陸配偶增加了 24.5%。

國籍方面，以 2020 年來看，以中國大陸（含港澳）佔 30.3%最多，其次分別為越南（佔 27.3%）、日本（佔 7.4%）及美國（佔 7.1%），四者合佔 72.1%。與 2019 年相較，各國籍配偶人數均減少，減幅最大

者為中國大陸，減 61.5%，美國減幅最小（減 0.9%）。

　　以臺灣內部各族群男性的外籍配偶來源，可以發現閩南人比較多娶越南籍女性，外省人傾向娶中國大陸女性，而客家人比較多娶印尼籍華裔女性（因客家人是印尼華人主流）。印尼嫁至臺灣的新移民女性大多來自華裔客家人，早期採礦和務農的坤甸、山口洋、邦加、勿里洞等地。其他國家的外籍配偶以日本和韓國為主，日韓兩地經濟、生活水平和飲食方面與臺灣差距不大。在外籍配偶中，不少是郵購新娘（透過婚姻仲介）、假結婚（非真正以夫妻的身分生活）[①]。

二、跨國婚的影響

　　這些跨國婚姻所生的孩子，有各種稱呼，最早被稱為「外籍新娘子女」。2003 年《天下雜誌》以「臺灣變貌」為封面故事，探討「外籍新娘」和其子女的現象。該專題獲得廣大迴響，「新臺灣之子」一詞逐漸取代「外籍新娘子女」的說法[②]。

　　跨國婚姻所生的子女，稱為「新二代」，如今成為官方和社會大眾口中的「新住民子女」或「新二代」。根據內政部《新住民發展基金收支保管及運用辦法》，新住民的定義為：「臺灣地區人民之配偶為外國人、無國籍人、大陸地區人民及香港、澳門居民。」這群新住民所生下的子女，是「新住民二代」或「新移民二代」，簡稱「新二代」。根據內政部 2018 年的調查，新住民平均生育人數為 1.3 人。按照近年新二代成長速度推估，2030 年時，25 歲的青壯世代，將有 13.5% 是新二代。

　　子女照顧與教養的議題持續受到重視。根據教育部的統計，2003 年已經有超過 30,000 新移民的第二代就讀國中或國小，包含許多大陸配偶生下來的孩子。到了 2020 年，新二代學生共 30.5 萬人，佔全體學生 7.3%，比起 2014 年的 5.8%，成長不少。其中，父母來自中國大陸地區佔最大宗（43.9%），東南亞國家中則以越南（35.5%）、印尼（9.1%）為多。

「連結理論」（Nexus）說明跨國婚姻，呈現了糾纏不清的人際網。透過一個婚姻，兩個不相識的人結合了，他們的家族也產生連帶，甚至對兩個人生活的地方有些微影響。從「連結理論」的角度，一個人若有五十個人際關係，幾十萬跨國配偶各自有人際網，又牽連到許多人，都將影響其他人對此種連帶的看法。一組婚姻，兩個男女，兩大家族因而連結，再加上「衍生性人口」，影響廣泛 ③。

某些外籍配偶以各種方式進入臺灣的勞動力市場，又影響到就業市場，連結到的對象更為可觀。在臺灣社會的生態系統中，以外籍配偶為中心點發展出去的人際網，聯繫有強有弱，關係網有近有遠，衝擊到的人不少，形成糾纏不清的網。按照費孝通「差序格局」的觀念，以跨國通婚為核心所產生的衝擊正不斷擴散 ④。

結婚的雙方產生連結，政府各部門間也需要處理這些連結。政府逐步把這些關係納入管理之中，例如內政部移民署、各縣市紛紛成立為新住民服務的單位，戶政與警政單位需查戶口，在其中遇到有服務需求（如遭遇家庭暴力、經濟困境或醫療問題等）轉介給社政體系裡的社工員提供個案協助。

《新聞週刊》（Newsweek）在 2004 年 1 月 19 日的封面專題即討論「移民工作者和他們的財富對亞洲經濟的影響」，當大批移民進入時，一方面提供人力幫助當地的發展，又能以收入匯回故鄉幫助家人。但也有副作用，對移入國來說，降低當地人的競爭力，又使當地人土生土長的比例下降，「本地人的子女」（native sons and daughters）將減少。近年來，父母均為臺灣人的新生兒大幅度下降就是事實，相對的，跨國通婚的下一代則持續報到，成為「新臺灣之子之女」。該專題也分析：許多移入國都在檢討移民政策，分析其中的利弊與問題，而保守派的限制主張與自由派的開放訴求總是爭辯。對移出國來說，基本上是歡迎自己的百姓到別國打拚，因為這些出外人口寄回家鄉的錢非常可觀，近年來隨著全球化的浪潮增加速度尤其驚人。

第二節　兩岸婚

　　兩岸自 1949 年分治，互不往來數十年。1987 年，開放大陸探親；1993 年，辜汪會談，有了海基會及海協會，我國制定《臺灣地區與大陸地區人民關係條例》，陸續修正，至 2022 年 6 月有最新一版。

　　在中國改革開放後，兩岸互動頻繁，兩岸分別加入世界貿易組織（WHO）之後，經濟越來越緊密，百萬臺商前往大陸設廠處理公事，許多人都在兩岸搭起婚姻橋梁。結婚不僅是兩個人的結合，影響許多人。從最小處看，結婚組成一個家，以最深刻的私人婚姻之愛檢視對國家民族前途的議題。大陸新娘和她們的孩子會使臺灣更多元。這些大陸新娘是「新外省人還是新臺灣人？」她們是一大群人由大陸移民臺灣，是 1949 年以後最大一次「大陸移民臺灣」的經驗[5]。

　　在表 4-3 整理了 2010 年至 2022 年結婚人數、配偶為大陸籍的人數，以及大陸配偶佔總結婚人數的比例。

表 4-3　兩岸婚姻的人數及佔結婚人數比

年	我國結婚人數	大陸配偶人數	大陸配偶所佔百分比
2010	277,638	13332	4.80
2011	330,654	13463	4.07
2012	286,768	12713	4.43
2013	295,272	11542	3.91
2014	298,574	10986	3.67
2015	308,692	10455	3.39
2016	295,722	9813	3.31
2017	276,068	8950	3.24
2018	270,806	8216	3.03
2019	269,048	8329	3.10
2020	243,404	3203	1.32

年	我國結婚人數	大陸配偶人數	大陸配偶所佔百分比
2021	229,212	2906	1.27
2022	249,994	4070	1.63

資料來源：內政部戶政司（2023）。人口統計資料－縣市結婚人數按原屬國籍（按登記）。網址：https://www.ris.gov.tw/app/portal/346

從表 4-3 發現一些重要現象：

一、單單這 13 年，就有超過 11.8 萬對兩岸婚姻，接近臺灣 1 年結婚的對數。

二、在馬英九執政的階段，兩岸婚每年都超過 10,000 對。到了蔡英文執政之後，從未超過 10,000 對，且持續減少。

三、從 2020 年起的新冠疫情更使兩岸婚姻銳減，2020-2022 年這 3 年共計 10,179 對，還不及 2010 到 2015 年之間的任何一年。

四、大陸配偶所佔總結婚人數的百分比由接近 5%（也就是每 20 對有 1 對）跌落至蔡英文執政的百分之三點多，疫情階段更只有百分之一點多。

根據內政部移民署統計，截至 2021 年 7 月底，臺灣累計有近 35.1 萬陸配人士，女性 33.1 萬，佔 94.3%。這些人也可能影響她們在大陸親人的身分，依現行的法律，取得臺灣身分證的大陸移民，可以立即為 70 歲以上的父母、祖父母申請身分證，而祖父母又可以為 12 歲以下的孫子女申請身分證，接下來孫子女的父母也可以來臺，形成「連續性移民」。嫁到臺灣的大陸人或是娶了臺灣女子的大陸男子對大陸的親戚朋友也產生影響，結婚的雙方家人以各種方式互動。由於大陸新娘依照規定需隔一段時間離臺返回故鄉，又把她們的「臺灣經驗」帶回大陸。

文化的基礎主要有五方面：前人所累積並傳遞下來的遺業；新文化的創造與發明；透過文化的接觸與傳播而採借其他社會的；將新文化的特質融入自己文化中的涵化以及前述四者的修正[6]。當兩岸人民頻繁接觸，文化交流既多元又密集，文化的內容更豐富。不過，交流所產生的難題很多，這些夫妻的感受最多也最直接。畢竟夫妻關係是所有人際關

係中最親密、最動態甚至也是最重要的。

文化的變遷在近十幾年極為快速，現代化的議題備受關注。在婚姻中，兩岸通婚的雙方帶著原本的文化進入家庭中，既有自己的想法又需要考慮對方的習俗和生活方式。在小小的家庭中，兩岸多年分治，人們在不同的文化環境中成長，一旦相遇必然有文化碰撞的適應問題。婚姻是最親密的接觸，不同成長背景與文化薰陶出來的夫妻，初次見面固然有新鮮感，要一起生活則難度很大。當夫妻相處遇到問題，他們的家庭有各種困難，有些成為社工員等政府體系或非營利組織的案主。

從混沌理論來看，開了小門迅速影響千萬人，一對對的兩岸夫妻走進不同的戶政事務所辦理結婚登記，一個個關心子女的家長帶著他們兩岸通婚結晶的子女去學校上學，一位位向家庭暴力防治中心求助的大陸配偶……，其實是混沌的一環，共同表達某種趨勢，各有問題，又反映相近的難題[7]。

混沌理論主張「牽一髮而動全身」，只要在開始輸入小小的差異，很快就會造成南轅北轍的結果[8]。1989 年只有 100 對左右的兩岸通婚，但開放總是阻擋不住的趨勢，任何以人為力量試圖阻擋的作為都難以發揮徹底抑制的效果。即使政府在公共政策上某些時期有諸多限制兩岸通婚的做法，也不易改變大陸配偶將日益增多的現實。

兩岸婚與和他們有關的人數以各種形式互動，產生的是天文數字般的人際組合，關係非常複雜。牽涉到的是最親密的人際連帶──婚姻與家庭。當這麼多關係在進行時，也就影響社會、國家和民族。

兩岸通婚中我方是主要移入國，而大陸是移出國。嫁到臺灣的大陸配偶以各種方式提供金錢給原生家庭的家人和故鄉也是人們熟知的事實。大批的大陸新娘多少排擠了臺灣女性的擇偶機會，並且生出許多下一代，這些孩子的教育與成長也令人關注。

從婚姻市場的角度，男女各以自己的條件加入競爭，在臺灣社會經濟地位較為弱勢的男性若在本地要順利擇偶，並經營成功的婚姻，確實處於不利的狀態。社會大眾忽略會娶大陸新娘的原本就多屬弱勢、較多

限制、資源較缺乏的人口群。他們即使不與大陸女子結婚，也依然可能有各式各樣的困難。王建民統計：這些新郎以勞工、老兵、身心障礙人士為主；平均 46.2 歲，與妻子的年齡差距達 14.9 歲，婚前認識不到半年者佔 40%，不到 1 年者為 66.8% [9]。王春益的研究也發現：兩岸婚姻的再婚者很多，臺灣配偶有近三分之一屬於再婚，大陸配偶則為近四分之一，再婚率均偏高 [10]。

與外籍人士結婚，也可能離婚。在表 4-4 整理了 2010-2022 年的相關統計。

表 4-4 ▶ 離婚總人數、與外籍人士離婚人數

		總計	本國籍	外籍合計	東南亞籍	其他
2010 年	小計	116,230	100,997	5,539	4,755	784
	男	58,115	56,800	846	208	638
	女	58,115	44,197	4,693	4,547	146
2011 年	小計	114,016	99,862	5,414	4,723	691
	男	57,008	55,826	774	217	557
	女	57,008	44,036	4,640	4,506	134
2012 年	小計	111,960	98,525	5,200	4,428	772
	男	55,980	54,758	858	212	646
	女	55,980	43,767	4,342	4,216	126
2013 年	小計	107,208	95,117	4,814	4,122	692
	男	53,604	52,499	768	193	575
	女	53,604	42,618	4,046	3,929	117
2014 年	小計	106,380	94,898	4,592	3,864	728
	男	53,190	52,093	760	178	582
	女	53,190	42,805	3,832	3,686	146
2015 年	小計	106,918	95,818	4,579	3,923	656
	男	53,459	52,385	730	195	535
	女	53,459	43,433	3,849	3,728	121

		總計	本國籍	外籍合計	東南亞籍	其他
2016 年	小計	107,674	96,899	4,487	3,807	680
	男	53,837	52,741	735	178	557
	女	53,837	44,158	3,752	3,629	123
2017 年	小計	108,824	98,024	4,706	4,040	666
	男	54,412	53,273	779	236	543
	女	54,412	44,751	3,927	3,804	123
2018 年	小計	108,886	98,490	4,579	3,909	670
	男	54,443	53,323	740	202	538
	女	54,443	45,167	3,839	3,707	132
2019 年	小計	108,946	99,139	4,484	3,778	706
	男	54,463	53,314	763	212	551
	女	54,483	45,825	3,721	3,566	155
2020 年	小計	103,360	96,058	3,711	3,251	460
	男	51,509	50,705	550	198	352
	女	51,851	45,353	3,161	3,053	108
2021 年	小計	95,774	89,245	3,404	2,911	493
	男	47,631	46,756	599	220	379
	女	48,143	42,489	2,805	2,691	114
2022 年	小計	101,218	94,282	3,712	3,111	601
	男	50,313	49,249	743	266	477
	女	50,905	45,033	2,969	2,845	124

資料來源：內政部戶政司（2023）。人口統計資料－縣市離婚人數按原屬國籍（按登記）。網址：https://www.ris.gov.tw/app/portal/346

　　由表 4-4 看出幾個重要現象：

一、總離婚人數，男女是相近的。但跨國婚姻的離婚者之中，絕大多數為女性。這是因為結婚時多數為外籍女子嫁給臺灣男子。

二、總離婚人數維持在每年 10 萬到 12 萬之間，外籍配偶的離婚人數有緩慢下降的趨勢，由 5,500 多人陸續降到 3,500 人左右，降幅不小。2020-2022 年的人數銳減，與新冠疫情有關。

　　弱勢者與大陸配偶結合後所滋生的家庭悲劇不少，凶殺、家庭暴
力、詐欺、「假結婚、真賣淫」、法律糾紛等紛紛成為媒體關注的議題。
他們生育的下一代是否能得到合理的教育機會，頻頻受到關注，確實有
些子女的成長出現問題。相關的悲劇不斷發生，這些脆弱的家庭承擔過
大的壓力，製造了許多的危機，很多人都因此付出慘痛的代價，無數的
問題接連產生。

　　兩岸互動，不僅是公領域的政治及經濟問題，也帶來私領域的家庭
衝擊。包含的問題很多，如法律面（如臺灣丈夫死亡的財產繼承）、生
育保健（如婚前遺傳篩檢）、社會治安（假結婚卻真賣淫）、單親家庭
（老榮民死亡留下的問題）、夫妻分隔兩地的問題（如政府規定大陸配
偶需來往兩地）等等[⑪]。

　　但是在這些問題背後，也有許多幸福的兩岸婚姻，至少有些人找到
了他們原本沒有機會的婚姻，有些人成為了父母。當新聞媒體一再報導
兩岸通婚通出了什麼問題時，少有媒體會注意到好些婚姻是不錯的。根
據簡孟嫻的研究，這些夫妻感覺幸福的比例不低。當社工員處理兩岸夫
妻的家暴案例時，也別忘記還有些夫妻在文化的融合中享受過去沒有的
正面生活經驗[⑫]。某些家庭的孩子課業表現不好時，也不應該立即判斷
他們的未來就比較差。有些刻板印象並非完整的事實，有很多下一代的
學業表現不錯。

　　我們每個人都在家庭裡，一方面獲得各種資源，一方面付出自己。
近年來，每個人所面對的生涯問題都更為複雜，從小到老不知道有多少
難題，家人都跟著受衝擊。每個人的個別問題很快就衝擊整個家庭，對
兩岸婚家庭來說，經濟、法律、子女教育、工作機會、醫療保健等的問
題要比一般家庭複雜，兩岸緊張的政治關係當然也會影響家庭的運作。
從系統的角度，不論是由個人到國家，或是由兩岸關係到夫妻關係，都
動態複雜。

第三節 同性婚

一、世界潮流

2017 年第二季，有兩個國家接連發生與同性婚的里程碑事件，5 月是我國，6 月是德國。先看德國，基督教背景的基民黨總理梅克爾清楚表明立場：對於同婚，支持以「良知決定」的方式進行。德國的社民黨、綠黨、自民黨、左派等原本就贊成同婚自由，在梅克爾表明後，國會隨即通過同婚法案，自 10 月 1 日起，同性戀可結婚與領養孩子，享有與異性戀完全一樣的地位。

到 2023 年 4 月，有中華民國、阿根廷、澳洲、奧地利、比利時、巴西、加拿大、哥倫比亞、丹麥、芬蘭、法國、德國、冰島、愛爾蘭、盧森堡、馬爾他、墨西哥（部分地區）、荷蘭、紐西蘭、挪威、葡萄牙、南非、西班牙、瑞典、英國、美國、烏拉圭、厄瓜多、哥斯大黎加、瑞士、智利、斯洛維尼亞、古巴、安道爾等 34 個國家或地區承認同性婚姻合法。在香港，陸續的進展是：2018 年（可依親簽證），2019 年（公務員配偶福利、合併報稅），2020 年（配偶可用「夫婦」名義申請公屋）。截至 2023 年，聯合國 195 個會員國及觀察員國中，有 103 個從未對同性性行為定罪，或者實現了對同性性行為的除罪化。

同性婚姻（same-sex marriage），或稱為同志婚姻（gay marriage），指性別相同的人互相締結為婚姻關係，當中可能會舉辦民事或宗教儀式。婚姻平權（marriage equality）則是比較符合現今政治面向上的用詞，指所有人不分性傾向或性別皆享有彼此締結法定婚姻的權利。德國通過的就是「婚姻平權法案」。

在國際上，同婚合法只是最近幾十年的事。荷蘭最早推動同婚，1979 年在《租房法》中使用「未註冊同居」方案來保障同性伴侶權利，成為世界上第一個給予同性伴侶有限權利的國家。2001 年 4 月 1 日荷蘭同性婚姻生效，世界第一、歐洲第一、西歐第一，已經是 21 世紀的

事了。同性婚姻家庭享有傳統家庭相同的一切待遇。阿姆斯特丹市長立即在午夜時分為 4 對同性伴侶辦理結婚手續。在美國,西好萊塢成為美國第一個頒布向所有公民開放的家庭伴侶關係註冊機構的城市,2015年通用全國。

二、我國的狀況

　　我國婚姻規範的法源為中華民國《民法》親屬編,當中沒有保障同性婚姻或民事結合法律地位的字句。法務部於 2012 年 5 月 14 日做出法律字第 10103103830 號函示,認為按我國《民法》對於結婚當事人必須為一男一女,雖無直接明文,但從其規定意旨可推知我國《民法》對於婚姻之定義採「以終生共同生活為目的之『一男一女』適法結合關係」。因此,同性雙方要結婚,難度甚高。反對者認為稱同性婚姻法制化會變動現行婚姻概念,不贊成用修改《民法》的方式,但同意應保障相關權益。

大事記

※1980 年代末期:祁家威提出同性婚姻立法的請願與抗爭。

※2000 年起,同志團體積極推動《多元成家立法草案》。

※2006 年,民主進步黨蕭美琴立委首次提出《同性婚姻法》。

※2012 年,同志團體就現行《民法》條文不承認同性婚姻提請司法院大法官釋憲。部分訴求另立專法來處理。

※2015 年 7 月 2 日,臺北市政府民政局開放同性伴侶得向戶政事務所申請所內註記,2016 年起陸續與高雄、臺南、臺中及彰化等跨縣市合作。

※2016 年 12 月 26 日起核發「同性伴侶證」,以方便同性伴侶對外證明其關係。另為使同性伴侶便於舉證雙方具有密切關係,同性伴侶於辦理註記後,得申請製發公函據以證明其已申辦註記之事實。

※2016 年,臺北市政府就有關現行《民法》親屬編等相關法令限制婚

姻採一男一女之結合，是否違反我國《憲法》保障人民之自由權、平等權等，草擬釋憲文聲請大法官解釋。

※2017 年 5 月 24 日，司法院公布釋字第 748 號解釋文，宣布現行《民法》未保障同性二人的婚姻自由及平等權已屬違憲，給予 2 年時間完成保障同性婚姻的相關法律，要求立法機關 2 年內完成相關法律之修正或制定，以保障同性婚姻的權利。若 2019 年 5 月 24 日尚未修法完成，同性伴侶自動適用婚姻相關法律條文。

※2017 年 6 月 7 日，內政部為貫徹大法官解釋保障同性婚姻意旨，於同年函告各縣市政府於同性婚姻 2 年內完成法制化前，戶政機關尚無法律依據，先行辦理同性伴侶註記。於 7 月 3 日起戶政系統更新，新增註記「同性伴侶」項目，自此之後同性伴侶註記均可跨縣市辦理。

※2018 年 11 月 24 日，全國性公民投票，第 10 案主文：「你是否同意民法婚姻規定應限定在一男一女的結合？」同意票為 72.48%。第 12 條主文：「你是否同意以民法婚姻規定以外之其他形式來保障同性別二人經營永久共同生活的權益？」同意票為 61.12%。結果顯示：多數人認為婚姻是一男一女的結合，另一方面，如果要保障同性組成婚姻，應以《民法》以外的形式。

※2018 年，行政院修改《民法》以外的其他立法形式讓釋字第 748 號釋憲案得以實現。司法院聲明依此立法原則所審議完成之法律，仍屬法律位階，不得牴觸《憲法》，亦不得牴觸具有相當《憲法》位階效力之司法院解釋。

※2019 年 2 月 20 日，行政院根據釋憲案及公投結果，提出確保同性婚姻之法律草案，並以中性方式命名為《司法院釋字第七四八號解釋施行法》。規定年滿 18 歲的同性伴侶可成立同性婚姻關係，準用《民法》規定，可繼承財產與收養有血緣的子女，同年 5 月 17 日該《施行法》於立法院三讀通過，5 月 24 日正式生效，中華民國成為亞洲第一個、世界第二十七個實行同性婚姻的國家。

三、法律的規範

　　《司法院釋字第七四八號解釋施行法》第 1 條明文揭示立法目的為落實釋字 748 的精神，並沿用大法官對於「婚姻」的定義，以第 2 條明定「同性婚姻關係」。內容是：「相同性別之二人，得為經營共同生活之目的，成立具有親密性及排他性之永久結合關係。」整部法律避免使用「結婚」及「配偶」等用語，行政院團隊基於政治折衝，企圖降低爭議。

　　同性婚姻的結婚要件，大致與《民法》相同，僅將結婚最低年齡統一為 18 歲，並以「無優生學之顧慮」為由，放寬同性婚姻的親等限制。
☆形式要件：（一）書面。（二）兩人以上證人。（三）向戶政機關登記。
★實質要件：（一）法定結婚年齡：18 歲。未滿 18 歲須法定代理人同意。（二）非近婚親屬：直系血親及直系姻親、旁系血親在四親等以內者、旁系姻親在五親等以內，輩分不相同者。（三）非監護關係。（四）非有配偶或已「成立第二條關係」者。（五）非在無意識或精神錯亂中。（六）非被詐欺或脅迫。

　　同性婚姻的權利義務，除了未有「冠配偶之姓」的相關規定外，其餘都與《民法》婚姻章相同，當事人的繼承權及財產權利也直接準用《民法》的規定。
（一）互負同居義務。
（二）共同協議住所。
（三）日常家務代理。
（四）互負扶養義務。
（五）分擔家庭生活費用。
（六）準用《民法》夫妻財產制規定（例如：法定財產制、分別財產制、共同財產制）。
（七）準用《民法》繼承權相關規定。

　　親子關係，允許當事人繼親收養他方「親生子女」，先排除了以下可能：

◇共同收養：兩人同時收養一人，為養子女。

◇接續收養：一方收養另一方的養子女。

這一點，與多數同婚合法化的國家規定不同，有些國家同意「共同收養」。

婚姻關係的終止：法案在以「終止關係」取代離婚，終止方式與《民法》相同：合意終止或向法院請求終止。但在要件上與《民法》稍有不同，依據《民法》第 1052 條第 2 項，若因重大事由難以維持婚姻關係者，僅有「無過失」的一方得請求離婚，而本法第 17 條放寬「無過失」的限制，使雙方當事人都得終止關係。第 16 條規定：「第 2 條關係得經雙方當事人合意終止。但未成年人，應得法定代理人之同意。前項終止，應以書面為之，有二人以上證人簽名並應向戶政機關為終止之登記。」

關於終止後的親權酌定及監護、損害賠償、贍養費之給予及財產取回均準用《民法》。

概括準用範圍：

（一）《民法》總則編與債編：關於配偶、夫妻、婚姻或結婚相關規定。

（二）《民法》以外之其他法規：關於配偶、夫妻、結婚或婚姻之規定，及配偶／夫妻關係所生之規定。

依據概括準用條款，保障涵蓋率已包括我國法規範中絕大部分與配偶相關的專屬權利義務（例如醫療、社福、租稅、訴訟地位等事項）[13]。

四、統計數據

2019 年同性婚姻法案施行當年有 2,939 對同性伴侶登記結婚，2020 年則有 2,387 對，2021 年有 1,856 對，2022 年截至 9 月則有 1,747 對。若以縣市觀察，同性婚姻登記多集中在六都，其餘縣市較少。以 2022 年 9 月分析，196 對同性婚姻中，以高雄市 39 對最多，其次則是新北市 29 對、臺北市 27 對、臺中市 26 對、臺南市 16 對、桃園市 12 對。六都之外，以新竹市 8 對、新竹縣 6 對較多。

單以 2021 年來看，異性婚，112,537 對，佔總數的 98.38%。同性婚，

1,859 對，1.62%。男與男為 536 對，女與女則遠多於男與男的，有 1,323 對，女性的佔同婚 71.2%，遠高於男性的 29.8%。在都會地區，遠多於非都會地區，六個直轄市 1,396 對（75.1%），其他縣市合計 463 對。男性，六個直轄市 430 對（佔男性的 80.2%），其他縣市 106 對。女性，六個直轄市 966 對（佔女性的 71.1%），其他縣市 357 對。

離婚對數中，相同性別的 507 對，佔 1.06%；在相同性別之中，男性 126 對，為 24.8%，約四分之一。女性 381 對，75.2%。

實踐、研究和推廣，更幸福

我算是最持續投入「跨文化服務」的社會工作者，在家裡與在工作中，實際體會跨文化的婚姻與家庭。內人是來自緬甸的華僑，我對東南亞有更多的關心，陸續到馬來西亞、新加坡、越南等地演講並主持工作坊，對跨國婚姻有更多關切，尤其對嫁到臺灣來的女性如何扮演妻子、母親的角色，特別重視。與當時的內政部兒童局合作，為這些女性編了手冊，有各種語文版本。

在大學到研究所階段，我去了百分之九十的原住民鄉，持續對原住民族家庭議題有所參與。1992 年，東海幸福家庭研究推廣中心與臺灣省政府山地行政局合作一系列的研習，訓練家政推廣人員幫助原住民家庭，出版《為家庭幸福加點味》等書籍。

漸漸地，臺灣原住民族人數比不上快速增加的新住民。當兩岸通婚越來越多，我在 2004 年撰寫專文〈兩岸通婚與中國現代化：從文化角度思考社會工作服務〉。2007 年內政部成立了移民署，2011 年組成「內政部移民署性別平等委員」，邀請我擔任委員，重點之一是協助政府各單位處理越來越複雜的婚姻和家庭問題。2015 年行政院在毛治國擔任行政院院長時成立了「第一屆新住民事務協調會報」，我被聘為委員，更廣泛協助兩岸婚、跨國婚。

對同性婚的關注更有悠久歷史。1981 年，我在臺大讀碩士時，到三軍總醫院精神科實習，接觸到多位因為同性戀而困擾的個案，在資深精神科醫師陸大夫的督導下，我採用心理分析對女同性戀者給予協助。接著在《中國時報》的《時報雜誌》、《綜合月刊》擔任編輯，陸續撰寫專題報導。此議題與一些社會現象我加以整理，撰寫了《同性戀、自殺、精神病》專書。在博士班階段繼續探究，大量閱讀，不斷和同性戀者對話，撰寫了《同性戀的愛與性》專書。當性教育協會想要為大專院

校出版《性教育》，同性戀的專章由我負責。日後隨著同性戀議題越來越豐富，該教科書也邀我寫專章〈從社會學上談同性戀〉。

　　1980 年代後期，愛滋病迅速蔓延，成為衛生署關切的公共衛生的重點，相關首長來電諮詢我如何多認識與協助愛滋病的高危險人口群：男同性戀者。政府 1990 年制定《後天免疫缺乏症候群防治條例》（於 2007 年 7 月 11 日更名為《人類免疫缺乏病毒傳染防治及感染者權益保障條例》）。不僅為了防制疾病之感染，更著重於保障感染者權益。依此，成立了衛生福利部愛滋防治及感染者權益保障會，分四組運作，我在 2014-2018 年擔任委員，分別參加政策組、權益保障組，也對於同性婚的各層面，提供許多意見。

第 **5** 章
選擇不結婚

婚姻

，過日子。不結婚，照樣要過日子。找伴侶過日子，與婚姻搭上線，是選擇。不找伴侶，自己過，多了些方便，也是選擇。一個人的食衣住行育樂，社會上都有搭配的機制。

人們結婚的時間越來越晚，即使 18 歲算成年，男性平均過 32 歲結婚，女性平均過 30 歲結婚，都有十幾年的單身獨自過日子的時光。結婚後，若因為喪偶、離婚等，又是單身過日子。

婚姻，找伴過日子，結婚登記，進入國家的法律規範之中。那麼，可以「有婚姻之實，無婚姻之名嗎？」無數伴侶因而以同居的方式，一起過日子。與「有婚姻之名，無婚姻之實」的，恰巧相反，選擇這些方式的伴侶都不少。

婚姻，結婚生兒育女，有了孩子一起過日子，多數家庭如此。但在多變多選擇的大環境中，可以結婚不生育，兩人做頂客族，可以分偶或分居。也可以生育不結婚，做未婚媽媽。還有，為婚姻的年數訂契約、三個人的婚姻等等，各式各樣。

人們的選擇越來越多元，每年加入婚姻的人數，漸漸下降，單身的比例快速上升。以前人們還用「老處女」、「老光棍」等負面字眼形容不結婚的人。沒幾年，「單身貴族」和「不婚族」已經被形容為「貴族」，不婚成為許多人的生活方式。

結婚的代價讓無數人卻步，因此選擇同居的不少，或以動態的形式來安排感情生活。過去半世紀，單身與同居者的社會形象已有相當大的改變。晚婚和不婚人數增加極為快速，單身的形式更多元化，婚姻生活的安排，已越來越動態，越來越分歧。

第一節　單身

　　2001 年，有 260,354 人結婚；2022 年，只有 138,986 人結婚，幾乎為世紀初的半數。2022 年年底，在 25-44 歲的適婚人口之中，每 2 人就有 1 人未婚，單身的人數快要超過已經結婚的了。

　　過去，「三十而立」是普遍的觀念，代表一個人到了 30 歲該在成家立業的人生大事上有堅實的基礎。無分中外，經常以 30 歲為容易結婚的關鍵時期。但臺灣地區的平均初婚年齡，在 2021 年男性為 32.3 歲，比 2001 年的 30.8 歲，晚了 1 年半。女性 30.4 歲，與男性只差 1.9 歲。女性延後結婚的情形要比男性更為快速，2001 年時為 26.4 歲，短短二十幾年已平均晚了 4 年。未來，晚婚趨勢仍將持續[①]。

　　人的一生其實都有相當長的單身階段，婚前、離婚、喪偶等階段都沒有配偶，其中最普遍的是「婚前」階段。斯坦因（Stein）對未婚者主要分為三種：（一）遊戲人間型（swinging），周旋於多位異性之間，不想安定下來。（二）志願型（voluntary），因宗教、求學、工作等考慮而不結婚。（三）條件型（conditionary），因個人條件不理想而遲遲未婚[②]。但現在，選擇不結婚的人越來越多，原因及類別更為複雜。

　　從社會的角度，單身者逐增的原因有：結婚年齡的普遍延後、離婚率攀高、性革命、女性不願因結婚或生育中斷事業、年輕人日漸獨立等[③]。從個人的角度，Stein 持續對單身者進行研究，探討持續單身、同居與否、結婚與否、是否與情人分開等，歸納出簡單的觀念：即「被迫」與「吸引」的力量消長決定單身或結婚。「被迫因素」（pushes），指對某種狀況不利的情形；「吸引因素」（pulls），指狀況有利，具吸引力[④]。

　　在被迫因素（無法成婚）方面，主要原因為：（一）缺乏朋友、孤獨、孤立。（二）不易獲得新的人際經驗。（三）遇到生涯發展的瓶頸。（四）無聊、不快樂、易怒。（五）個性不成熟。（六）性方面有障礙。

　　在吸引因素（喜歡單身）方面，主要原因為：（一）有好的職業機

會和發展。（二）有容易獲得的性經驗。（三）可以得到興奮的生活經驗，生活自由。（四）心理和社會自主、自立。（五）有其他的支持力量，如好友、同事。

大致說來，吸引因素較強的單身可歸為「志願型」，被迫因素較多則屬「條件型」。Stein 進一步用被迫和吸引兩個概念，分析一個人為何要結婚。

在被迫因素（非結婚不可）方面，主要原因為：（一）父母持續給予壓力。（二）希望離開原生家庭。（三）害怕獨自生活。（四）感覺孤獨和寂寞。（五）沒有別的選擇。（六）文化和社會對單身者有歧視。

在吸引因素（喜歡結婚）方面，主要原因為：（一）父母支持其結婚。（二）希望有自己的孩子和家庭。（三）朋友給予結婚很幸福的示範。（四）對浪漫愛有所期待。（五）身體具吸引力。（六）希望有愛和情感的凝聚。（七）希望有安全感、社會地位和聲望。（八）性經驗的合法化。（九）社會支持。（十）多數社會制度支持結婚者。

謝佩珊整理十三種中文資料，進一步歸納無法成婚最主要的被迫原因，前五項依序是：（一）沒有合適對象。（二）年齡較大。（三）對婚姻感到恐懼或沒信心。（四）擇偶條件較高。（五）缺乏與異性交往的管道與機會。持續單身最主要的吸引因素前五項則依序是：（一）個人自由意識。（二）接受高等教育。（三）發展事業抱負。（四）經濟獨立自主。（五）享受單身樂趣等[⑤]。

對現代人而言，單身仍是許多成年人優先考慮的選擇。但是，正像一些人會在婚姻生活中適應不良，也有不少人會在單身生活中適應不良。如何創造單身生活的最大樂趣和最佳適應，也是一項重要的課題。以下幾點須加以考慮：

一、社會關係的多元發展

一個與家人、親戚、朋友頻繁互動的人，通常在單身生活中有比較好的適應。人是社會性的動物，真正的快樂是和別人分享的。即使在單

身的環境中，一個人與其他人建立有意義的關係，不時能分憂解勞，十分必要。

從心理衛生的角度，單身者最好能和父母、親友保持來往，並與價值相近、目標相近和生活方式相近的人維持友好關係。在人際交往方面，能多溝通與合作。正因為單身生活有時孤獨寂寞，因此建議創造並維持各方面有意義的人際關係。

二、經濟上的獨立

對單身男子來說，最常碰到的問題可能是如何與他人友好的關係；但對單身女性來說，經濟的壓力也許是難題。一個女性必須有足夠的能力和機會去維持經濟上的自主。假若她得仰仗父母的供給，處處符合父母的期望，不易保持單身狀態。

經濟上的獨立不但可以避免父母過多的干預，也使單身女性有權利繼續過單身的日子。因為一旦沒什麼錢時，單身女性不免會想：「我為什麼不結婚，找個先生來供養自己吧！」

從傳統以來，「男尊女卑」的觀念一直存在，婚姻被一些社會規範為女性以「性」交換「金錢」的工具。一個女性要避免此種情況，繼續保有自在生活，必須在經濟上能自立。

三、社會和心理的獨立

除了經濟的獨立外，單身者也須在社會和心理方面能自主。一個女性選擇單身需瞭解：單身就是不從某一個特定的男子獲得完全的社會認同和情緒滿足，必須用心建立一種允許自己在感情上能獨立、不為男人所控制、又能自然與異性交往的人生。

一位單身女性若不能在男性之外建立自我的自尊，若不能認為不做別人的妻子一樣可以光榮地生活，那麼，她可能不快樂、不滿足。有許多單身女性可以從工作和旅遊中獲得社會與心理的滿足和認同，工作對單身女性的重要，由此可見。

　　男性由於不一定要為人夫、為人父才能獲得社會的肯定，他們比較容易在社會和心理方面自主。當然，單身男子也需在工作中勤奮不懈，以確保其社會地位，並贏得他人的尊重與肯定。

四、性的獨立

　　由於婚姻之內的性行為是唯一被充分祝福、唯一獲得社會規範充分許可的，因此，單身者要滿足自己的性需要，也許在社會規範許可的範圍之外。其中，自慰是簡易的辦法，其他的方式固然有時對自我情緒的紓解和自信的培養有所幫助，仍需考慮可能滋生的問題，如罹患性病、懷孕等。

　　Stein 有一結論：「單身者不斷尋求被別人肯定自己是個負責任的成年人，如果他們確實考慮清楚了，他們就是負責任的。」人類學家米德（Margret Mead）也指出：「我們有一個過度重視婚姻的可怕社會，由於人們沒有認真考慮除了婚姻以外的兩性相處模式，因此人類花了太多力量在婚姻制度上了。[⑥]」總結這兩位學者的看法：單身的確是應認真考慮的一種人生安排，單身者和結婚者都可以成為負責任的成年人，也都有不同的問題或樂趣。每一個結婚的人都曾經是單身者，單身者不一定要走向結婚，也有其他的選擇。

第二節　同居

一、獨特的形式

　　同居為當代的婚姻與家庭帶來新的機會、考驗及挑戰，越來越多人同居，也就產生越來越多複雜的情勢。政府還沒有動態的同居史調查，靜態的「與戶長關係」調查題目中也無「同居者」選項。在一般調查裡，「同居」二字僅出現於「婚姻狀態」問題上。因考慮同居者是否願意據實回答，各項調查未將同居單獨列項，而與「有偶」合併為「有偶或同

居」。

　　依照人口調查的資料分析，2010 年的部分，同居者的婚姻狀況以未婚者最多；離婚或分居者略低；喪偶者人數最低，但並非微量。從年齡分布來看，女性 30-39 歲以及 40-49 歲組的同居人數最多，均將近 10 萬人，其次是 50-59 歲組者，人數近 9 萬人。同居不是未婚年輕人專屬的居住安排，就青壯年人口來看，離婚與喪偶者才是同居的主力人口。以同樣的方法估計 2000 年的同居人數為 32 萬人，10 年間各年齡組的同居人數上升，升幅約 1 倍左右。

　　晚近十年，臺灣同居人數大幅度成長，但相對於歐洲各國數值其實相當低。估計 20-34 歲的兩性同居人口與歐洲各國比較，臺灣 2010 年 20-34 歲的同居人口比例為 4.0%，接近於南歐的水準，推估臺灣的同居人數保守估計有 80 萬人。

　　同居（to cohabit without legally marrying; to shack up with）指有親密關係的朋友居住在一起，但雙方未結婚，也稱之為「沒有婚約的婚姻」，包含幾種狀況[⑦]：

（一）試婚（trial marriage）是一種「未結婚的婚姻」，最接近婚姻，卻無合法婚約，雙方隨時可改變彼此關係的形式。

（二）模擬式的婚姻（para-marriage）強調家務的分擔，性活動的約束力較大。兩願式暫時結合（consensual union）的雙方維持時間較短，不一定住在一起，常以共度夫妻之夜和共度週末來表現，類似分偶。

（三）非婚姻式的婚姻（non-marital units）意思與試婚接近。

（四）連續多次的蜜月（serial honeymoon）則是指隔一段時間有好幾天的同居。

　　同居的特殊性尤其與幾種兩性互動型式之差異可以看出來。它與結婚、一夜風流、約會都大不相同：

（一）與正式結婚不同

同居與正式結婚明顯不同。同居沒有正式的法律契約，其社會支持也弱。同居者對未來是不可知的，因為雙方隨時可能有變化。因為欠缺正式的法律承諾，彼此給予再選擇的機會，只肯定對方在眼前的重要性。對未來而言，各自保有繼續同居或分開的自由。雙方的承諾固然是基於感情和情緒，可能發自內心，關係並不像結婚者有法律的支持。（但是依《家庭暴力防治法》的規定，同居者若有虐待之行為也由政府公權力處理。）

傳統以來，婚姻、性與生育被認為是幾件不能分開的事，現在，深受享樂主義和個人主義影響的人們卻認為：一對男女可以有性生活，卻不必結婚，更不必生育，稱之為臨時婚（temporary marriage）。

臨時婚是「異性同居」或「未結婚的婚姻」，近似婚姻關係，卻無合法婚約。一對形同已婚的伴侶，當他們在一起時，具有實質但尚未合法的關係，但當他們想改變時，關係就不再延續，可能恢復單身、各自結婚或轉換成另一種婚姻關係。

兩人同居在一起，卻不考慮日後的婚姻形式如何。也像一夫一妻制關係，卻不願意受合法婚姻約束，不做長期期待，不負起父母責任，排斥長期的婚姻承諾和連帶。

同居者的經濟可彼此分擔或獨立，可以有無拘無束的性活動，也有一些家務分擔，誰也不知道「同居」關係何時結束，因此多半有一種不必負責任，也無須熟思慎慮的婚姻態度。他們不一定同住在一起，也許共度夫妻之夜或安排週末、假日式的婚姻生活。要聚則聚，要散則散，誰也不負誰，最重要的是避免生小孩。

同居在一起的伴侶或許能獲得少數人情緒的支持，或至少獲得別人對他們行為的容忍。但他們的父母、親戚、上司、師長多半認為這種關係不值得讚許。這些人可能以斷絕經濟和情緒上的支持，對他們不理不睬，來表達無法贊同。

（二）與一夜風流不同

一夜情及網路一夜情陸續在媒體中被報導，近年來逐漸增加，但一夜情和同居者想法不一樣，同居者的基本動機是希望有一種較持久的關係，有一種希望與對方常常在一起的需要，也就是要有「感情的基礎」。同居者經常對其伴侶有「強烈的情感」。

對於那些邂逅、一夜風流的情侶來說，愛也許只是掛在嘴邊的一種工具，同居者卻表現出期待對方情感的需要，也會更積極示愛。時間的承諾也不同，有些同居者會以讀到大學或研究所畢業就結婚做為彼此的承諾，有些則承諾會期待更長久的相處。

（三）與約會不同

與約會相比，同居完全不同。一對情侶打算約會，多半都有所準備，雙方商量約會的時間地點，彼此都在相當的準備中去面對。譬如約好 7 點鐘去看電影，一起吃宵夜，然後男的送女方回家；這種活動是相當正式化、結構化的，彼此也很容易預測對方的反應。同居，往往沒有結構，常受偶發事件的影響。由於同居者住在一起，經常得碰面，雙方都無所遁形，也不能「睜一隻眼、閉一隻眼」式的交往。彼此經常相互觀察，一些對方所不樂於見到的行為都得適應。

譬如說，即使在熱戀中的男女也不一定知道對方的睡眠習慣，女的可能不曉得男朋友回家以後，衣服亂丟就倒頭大睡；也可能不知道對方嗜酒如命，每天非喝上幾杯才睡。也許男的不瞭解女友有潔癖，每晚回家，必定刷刷洗洗。在約會階段時，一個人可以說：「我打算這樣做或那樣做，以給予對方好印象。」但到了同居時，或許只能說：「隨便對方如何表現，我無能為力了！」

態度和感情通常會受到雙方行為的影響，一對同居的情侶，有足夠的時間和充分的機會去觀察對方的行為，對於彼此的態度和感情會有很大的影響，可能使其感情更好，也可能使其變得很糟。全面性的互動與約會的有限交往相比，是截然不同的。

二、選擇同居的原因

同居者人數的大量增加，有許多原因：

（一）**文化上**：對同居者的社會壓力及限制減少，尤其是性規範的鬆動，婚前性行為已不是嚴重違反社會規範的行為。

（二）**結構上**：由於離婚率不斷攀高，許多人畏於結婚或考慮在結婚前先同居，以瞭解彼此是否能適應。

（三）**教育年數的延長**：年輕人到了適婚年齡，也有了感情的對象，因仍在就學而同居。

（四）**結婚年齡的延後**：平均初婚年齡不斷向後挪移，在從前早已結婚的年齡，目前多數仍未結婚，部分用同居取代了。

（五）**觀念上**：感情的自由和多元已逐漸被接受了，許多同居者的父母師長不一定反對。

（六）**校園管理上**：各校對宿舍的管制越來越少，而各校宿舍不敷所需也是同居者增加的原因。

（七）**經濟水準**：家庭環境的富裕和打工機會的增加，使許多年輕人有閒錢過獨立而寬裕的同居生活。

（八）避孕方法的普遍及人工流產條件逐漸放寬，解決了同居者擔心的懷孕生子問題。

（九）有越來越多人認為結婚以後所能做的只是那些他們必須做、應該做和能夠做的事，一些真正想要去做的事反而沒法隨心所欲地去做。他們認為傳統以來的婚姻特別強調義務，忽略個人的意願。為了避免責任的束縛，因此尋求一種僅以感情結合的同居關係。

諾克斯（Knox）向一些有同居經驗的人詢問何以同居日漸普遍，受訪者中較多的回答有 [8]：

（一）為了尋求一種與其他人相處具有意義的生活，又避免一般「約會遊戲」的膚淺。

（二）為了解決在校園中的空虛、孤獨感，希望有個枕邊人可以安慰自己、鼓勵自己，並得到情感上的滿足。

（三）為了避免陷入婚姻的約束，先經由嘗試同居的生活，建立持續的
　　　互動，再打算維持一種長遠的關係。

（四）使個人成熟，對性別關係的發展有更明確的掌握，直到足以建立
　　　婚姻的生活時再結婚，避免過早的終身承諾。

　　最簡單地說，他們覺得兩人在一起總比一個人強，又不願過早受
「婚姻」的束縛。

三、選擇同居還得考慮

　　即使一個人覺得同居有很多的優點，在打算把自己的衣物搬到伴侶
的公寓或邀請伴侶把衣物搬到自己住處之前，建議考慮以下幾個問題：
自己的心理準備如何？父母和親友同事的態度？有子女怎麼辦？性生
活？生活起居的安排？經濟的壓力？法律的問題？以及，未來要不要結
婚等大問題。同居者必須考慮的要素可歸納為六方面[9]：

（一）要不要結婚？

　　對婚姻的期望必須多加思考，是打算走著瞧呢？還是積極打算結婚
呢？如果只是覺得對方可能會和自己結婚，而心中並沒有確定的把握，
從婚姻輔導的角度看，可能有危險。因為縱然一方打算和對方結婚，認
定對方不會離開自己，卻無法確定對方會和自己結婚不會離開自己。一
旦真正分手了，最好保持樂觀的態度，不必覺得自己從此之後就無法再
有良好的伴侶關係。當事人需要說服自己：與人同居只是未婚狀態的一
種可能，畢竟自己已真正參與一種深入的關係了。

（二）父母的態度

　　婚姻輔導者建議：如果打算同居，應該告訴父母。誠實還是上策。
就算父母堅決的反對，他們會覺得不符合傳統道德，也不至於加上你不
誠實的罪名。此外，子女應仔細考慮父母的背景，預測他們可能有的反
應。假如他們會因為同居而悲傷難過，那麼最好別一意孤行。如果當事

人非同居不可，得有技巧地告訴父母，用委婉的態度來稟告。

（三）懷孕怎麼辦？

其中一方或雙方是否都希望或都不希望同居期間有子女？如果不希望有孩子，如何為避孕之事負責呢？許多避孕方法都有副作用，如果要使用該方法，對方是否能考慮周全以避免副作用呢？男方不能把所有避孕的責任都推到女方身上，許多女性不適合吃避孕藥，也不適合裝避孕器，男方須主動負起責任。在臺灣，同居日漸增多，許多人都在同居過程中生下兒女。未婚生子女約佔總出生人口的 3%，其中只有五分之一被生父認領，絕大部分均未被認領，有部分淪為棄嬰。也有更多胎兒尚未見天日，就被以各種人工的方式流產了。

（四）性生活的協調

同居並不一定意味會有良好的性生活，許多人同居是以經濟的原因為主，也有不少為了確定自己和伴侶之間的固定關係，但同居雙方都需記得：「性並非主體」。同居多半會有性行為，假若如此，是否表示你僅和同居的對象行閨房之事，不與他人燕好，還是你們允許各自在同居的對象之外也有性關係？此種問題對於確定和同居對象的關係十分重要，必須審慎考慮。在我們的社會中，或許有些人可以接受同居，但對於經常換性伴侶的人，很少人會樂意與之為友，即使有人主張性慾自主和解放，此種觀念要被雙方都接納仍有困難。

（五）生活的安排

多少人會和你們住在一起？當然每對同居者都希望只有小兩口膩在一起。但部分同居環境還有其他人，譬如室友、朋友等。許多女性搬到男友的住所，才發現男友的幾個室友都無遷居之意，令她頭痛不已。

（六）金錢的安排、法律的問題

如果已確定要以同居代替婚姻，有關金錢和法律的問題得仔細考慮。除了家庭開支之外，社會中有很多制度是專為已婚者設計的，如扶養親屬寬減額、醫療保險等。一對正式結婚的夫婦，若有一方有保險，另一方生病或遭遇意外時，可申請補助。但對同居者來說，通常沒有優待。

類似的限制不勝枚舉，如：

1. 無法申請國民住宅、社會住宅或公司宿舍。
2. 孩子沒有完整的法律地位。
3. 一旦離異沒有贍養費。（雖美國已有少數幾個案例被法院裁定一方需支付，但仍屬特例。）
4. 一方死亡時，另一方無權繼承遺產。

很多同居的男女不大會想到這些問題，但真正同居了，許多料想不到的事都會接踵而至。扎斯特羅（Zastrow）分析：當整個社會在文化上、宗教上和法律上都還是保障持續性的婚姻，即使許多州已不再視同居為不合法，但同居者的壓力仍大過已婚者[10]。

布勞德（Browder）根據多項研究結果歸納出有關同居的六點事實[11]：

1. 假如一個人有志結婚，須瞭解多數同居的雙方是不會結婚的：在美國，僅 26% 的女性和 19% 的男性日後與其同居者成婚。
2. 假如同居者結婚，離婚將是曾同居者可能付出的代價：曾同居者成婚後，離婚率比未同居者高出 80%。另外，曾同居者的婚姻品質較低，婚姻較不快樂。
3. 選擇同居的原因中，「性」是男性最看重的，女性則強調「承諾」（commitment）。女性視同居為掌握住男性、維持與該男子長期關係的手段，男性則視同居為一容易滿足性的手段。
4. 同居對男性較有利：在同居生活中，男性睡眠的時間較女性多，女性得到性病的機率較男性大，女性在情緒上感受到的不安及被迫要妥協的情況較男性普遍。

5. 同居的男性不如女性考慮較周全：丈夫較有責任心，比較顧家，同居男性則較不注意女性的感受。

6. 同居一旦終止，其痛苦心碎程度與結婚者離婚相近：同居者分手時一樣痛苦，對女性尤其如此。

此外，同居懷孕又人工流產會衍生的生理傷害和心理的罪惡感，影響身心甚劇。造成的傷害無法彌補，甚至為將來的婚姻生活帶來後遺症。

依此看來，同居並不如許多有心同居者所想像的美好，對女性更是不利。雖然同居是現代社會晚婚情形的一種不得已而必然會增加的現象，但同居的副作用及問題仍需審慎面對。

第三節　更多元的型態

現代社會是多元的，現代婚姻也是多元的，各種兩性相處的形式不斷翻新。當道義、倫理、責任、規範、承諾等觀念在現代性別關係中慢慢變淡，當許多婚姻要素與本質一再被挑戰和懷疑，婚姻的新方式和伴侶互動的新方式陸續出現。

婚姻不一定有標準模式，只是大多數人選擇的形式比較容易被接受，並視為「正常」，數目較少或違反規範則易被標定為「不正常」。正常與否有時會隨著時間的變遷而被重新定義，以下介紹幾種相處的方式是數目較少，但不一定是不正常的。

一、分偶

分偶指形式上分居，但仍保有婚姻的實質。指一對男女每週固定約會，乃至共生子女，長期維持愛情卻仍堅持獨居，雙方不一定保有婚姻關係。分偶者約有半數擁有共生的子女，孩子或歸父或歸母，或從父姓或從母姓，孩子當然是在「單親家庭」中成長的[12]。

夫妻或同居者都要面對對方不雅的一面，而且長期相處難免有磨

擦，如果一方生活習慣不佳、蓬頭垢面，更容易有衝突，有些人會在比較重視個人權益的前提下避免朝夕相處，分偶就是這樣形成的。

分偶仍須面對與同居者相近的問題，此外這種「人為的單親家庭」對下一代通常不利。

二、分居家庭

臺灣女性就業率近年維持在 50% 上下，女性過去以丈夫為重，經常要隨著先生調差而異動，現在則多堅守自己的職業崗位，「分居家庭」漸漸增多，而不是真正的「分居」。近來，受到移民風氣和子女教育因素的影響，夫妻分居兩地者就更多了。大批赴中國大陸和東南亞發展事業的臺商，製造了無數「分居家庭」。

夫妻若均在國內，稱為「通勤家庭」，需忍受舟車勞頓、南北奔波、週末假日塞車、平日生活不便之苦。若夫妻一人在國外，則是「太空家庭」，往往是先生留在國內，彷彿新「臺獨」，妻子和兒女在中國大陸、美國、加拿大、澳洲等。夫妻更須忍受長期分離、長途飛行、無法照應之苦。

此種類型的夫妻固然有「小別勝新婚」的優點，卻也可能面對婚姻品質變差的問題。臺商在大陸有婚外情，甚至包二奶，「臺獨」先生在臺灣有外遇等，都已不是新聞了。夫妻感情出軌、子女認同困擾、家庭生活品質低等，是這類型婚姻需付出的代價。

三、先試後婚的兩段婚

「兩段婚」（two-step marriage），用通俗的話來說就是「試婚」，男女先同居，享有性生活及經濟分擔，但不要有孩子。第二段則是取得長久的婚姻許可，並且開始生育子女。此種想法假設「試婚」為恆久婚姻關係的前奏，若在第一段試探中，發現不滿足或不相配，比較容易結束交往。

鼓吹試婚優點的人不少,這些人認為試婚可以解決年輕男女在婚姻制度中最常面對的三個問題:如何肯定對方是適合自己的人;如何獲得合法認定的性關係許可;如何延緩做父母時間,直到兩人較為適合做父母時。

至於試婚時期的長短,有人認為半年即足夠,有人主張 2 年,更有人鼓吹每隔幾年夫婦可換新的婚約,如果雙方不合意,可隨時解約。換言之,此種婚姻把夫妻關係視為一種契約,充分考慮利益,可以多方面比較也方便終止的關係。

四、女主外,男主內

過去男性是「遠庖廚」,現代男子不只要在工作上有表現,家庭角色也逐漸吃重。男性角色由「花瓶爸爸」變成「奶瓶爸爸」,對父親角色的投入越來越多。

部分男性更配合妻子事業的發展和家庭生活的需要,成為全職的家庭主夫。也因男性遲婚,有一段很長的單身日子,對照顧自己和家庭都有些經驗,使「男主內」的增多。在臺灣,有些丈夫因事業不順或退休而以家庭為重,妻子則以事業為主。

未來隨著女性事業發展空間更大、所得提高、男性就業空間縮小、男性對家庭管理的喜好等因素的多重影響,女主外、男主內的情形會增加。

五、訂年限契約的婚姻

夫妻固然是感情共同體,也是利益共同體。就感情層面,夫妻是一輩子的,所以無需年限的約定。但就利益的角度,夫妻間不能確定彼此長期有益或能持續和諧相處,若在婚前就訂個約可預防許多問題。約定的重點有:財產情形、健康狀況、精神穩定性、婚姻紀錄等。萬一對方不符合約定的情況時,則可終止婚姻狀況。

　　婚後的權利義務、角色分派、家務分工、孩子扶養、金錢使用、時間運用等議題，也有人主張宜盡早訂出規則，以利夫妻雙方執行。萬一發生婚姻暴力，更可藉此理由終止婚姻。

　　但訂年限會產生許多大問題，如經濟優勢的一方容易終止與另一方的婚約。此外，第三者介入夫妻感情的情形較多，若丈夫主動離異則妻子失去經濟來源而造成女性貧窮等。有各項約定的契約可能會滋生更多問題，如苛求對方、夫妻相處無法量化到處處符合標準、增加功利色彩，更何況，許多婚姻中的事情無法在婚前預料等。

　　另一種方式為不訂定契約，但雙方在婚前有更好的溝通，有個書面的「協議書」，目的不是為了權利義務的確認，而是雙方能瞭解彼此的期望。總之，如果夫妻關係強調「工具性」，則契約或協議書是有必要的，但夫妻關係若更看重「情感性」，則契約或協議書的重要性就降低了。

六、頂客族

　　美國成立了「不做父母聯盟」（The National Organization for Non Parents）。此聯盟認為：父母的角色不是人人都必須自動接受的，沒有孩子依然是完整的家庭。「沒有孩子不是一種罪惡，而是一種可供選擇的生活方式。」就像「雙職業婚」一樣可以成為符合社會變遷和自我實現需求的選擇。生命週期在頂客族（DINK，為 double(dual) income no kids 的縮寫）身上另有截然不同的設計與安排。

　　反對的意見不少，如生育率的日漸降低不利於人類繁殖生息，人口老齡化造成社會問題；另有醫學界人士提出，女性在其一生中如果有一次完整的生育過程，能提高免疫力，不生育不利於身體健康。近年來超過 35 歲的高齡產婦越來越多，其中不乏年輕時立志不生育、到了中年而「反悔」的人，俗稱「悔丁」、「白丁」。

七、三人以上的群體婚

傳統對婚姻的定義是兩個人的組合，群體婚（group marriage）卻有三個人以上的組合。不同於一夫多妻制或一妻多夫制，而是由一對、兩對或三對，或再加上一個人組成一個以群體為單位的婚姻關係。這種婚姻方式很複雜，一群人住在一起，有複雜的性關係，沒有某一個關係是必須忠誠的。Zastrow 認為這主要是年輕人對抗孤獨，表現出對傳統政治、宗教、文化、休閒的不滿[13]。

在法律面，群體婚當然是違法的。

八、未婚媽媽（不同居但生子）

1960 年代的嬉皮浪潮使女性在性關係上擁有更大的自由和自主，並透過避孕和人工流產技術掌控「生育自主權」，許多女性選擇「拒絕婚姻但要身為母親」。單親家庭（single-parent family）的比例在世界各國普遍上升，形成的主要原因：配偶死亡、配偶失蹤、離婚、分居、服刑、服兵役、單親領養。臺灣近年來；出現另一些未婚生子的類型及原因有：

（一）一方社會地位高；已成家不願曝光；或因入獄服刑；或長期出國；或生病而缺席。

（二）午妻、細姨、小老婆希望生個兒女維繫住與男方的關係。

（三）女性不願進入婚姻，但希望有個孩子。

因未婚生子形成的單親家庭在 2000 年突破 9,952 人，「不結婚但生子」成為一些女性的選擇，在沒有丈夫的情況下，獨自生了孩子，並撫養孩子。

未婚生子與同居是不同的，前者的重點是「母性」，後者是「性」。前者女性是以孩子為生活重心，後者女性則可能以男人為重心。同居維持一段時間，但未婚懷孕可能是約會、一夜風流的結果，男性未必充分參與女性的生活，甚至彼此也不是很瞭解。

　　同居者可以要散就散，雙方沒有婚約；但未婚生子是沒有再選擇的機會，孩子生下來了，無法斷絕關係。同居者雙方地位大致是平等的，但未婚生子的母子（母女），雙方的關係是不平等的，做兒做女的既不能與母親平起平坐，也不能終止關係。如此，對孩子很不公平，他／她才生下來就被迫沒有父親，成長過程中長期是單親的孩子，身分證上總是父不詳。做孩子的沒有選擇權，他／她是被安排的。

　　不同居但生子的女性，要面對以下問題：

（一）目前社會福利的保險體系對其懷孕生產的給付與已婚者相同，但在工作環境和生活環境中免不了面對歧視與壓力。

（二）女性一個人要獨撐一個家的開銷並不容易，單是養育教育孩子至成年，很可能要幾百萬元。也由於需費心在孩子的身上，母親在職業市場工作的時間勢必減少。

（三）孩子在成長過程中的壓力要比其他孩子大。

（四）如果打算結婚，孩子通常是阻力，未來新婚姻和新家庭的生活調適更加困難。

（五）心理上受到眾多問題的影響，挫折大，又不容易獲得具體有效的協助。

（六）那個男人，就是原本應擔負「父親—丈夫」角色卻未盡義務的男人，也許將來會爭奪兒女。

　　劉易斯夫婦（Lewis 與 Lewis）主張任何組織應對女性員工懷孕者給予具體協助，不論她是否結婚，具體協助是根據評量，評量的重點有：她有何工作和生活困難、她的適應如何、她擁有哪些社會資源等[14]。應運用法律諮商、心理輔導、資訊提供、建立支持網等方面確實協助未婚懷孕者，不宜辭退，而應給予真誠協助。《性別平等工作法》及《性別平等教育法》是否能落實，也是推動的關鍵。

　　未來男女互動的形式勢將更多元，男女的關係也勢必更複雜，但期望相愛和相屬的人總是居多數。婚姻制度不會死亡，然而對婚姻及性別關係的解釋可能要更有彈性了。

法律面的規範

《民法》第 1063 條：「妻之受胎，係在婚姻關係存續中者，推定其所生子女為婚生子女。前項推定，夫妻之一方或子女能證明子女非為婚生子女者，得提起否認之訴。前項否認之訴，夫妻之一方自知悉該子女非為婚生子女，或子女自知悉其非為婚生子女之時起二年內為之。但子女於未成年時知悉者，仍得於成年後二年內為之。」

非婚生子女，與母親的關係比較清楚。與生母之間因為分娩的事實而有婚生子女的關係，自然具有血親關係。但與生父的關係複雜多了。分娩的事實並無法確定血緣關係，所以在認領或進行安排之前，非婚生子女和生父之間在法律上並無關係。

怎麼處理呢？要參考《民法》第 1067 條：「有事實足認其為非婚生子女之生父者，非婚生子女或其生母或其他法定代理人，得向生父提起認領之訴。前項認領之訴，於生父死亡後，得向生父之繼承人為之。生父無繼承人者，得向社會福利主管機關為之。」如此給予社會福利主管機關介入的法源。因認領之效力雖能溯及，不得影響其他人之既得權利，若生父死亡後遺產已分割，非婚生子女無法繼承其財產。

若是生父願意認領，按照《民法》第 1065 條：「非婚生子女經生父認領者，視為婚生子女。其經生父撫育者，視為認領。非婚生子女與其生母之關係，視為婚生子女，無須認領。」但《民法》第 1066 條：「非婚生子女或其生母，對於生父之認領，得否認之。」

整體來說，在「兒童最佳利益」的觀念逐漸普遍之下，《民法》等的立法基本精神已經由原本的家長（父）本位、家本位，漸漸演進到子女本位，即以保護子女為優先價值，加上以同居未婚產子的情況日漸普遍，非婚生子女和婚生子女有機會得到相近的對待。

每一個人對婚姻的期待，受到自身成長經驗、父母婚姻情形、同輩價值想法和個人獨特性等因素的影響，多少都有些不同，當然也受到另一半的影響。現代社會給予人們較大的空間使其能選擇自身的婚姻方式，因而有多元而彈性的婚姻方式。

實踐、研究和推廣，更幸福

有一位在師大家庭教育研究所攻讀碩士的謝佩珊研究生曾在幸福家庭促進協會服務。她的碩士論文準備探討為何那麼多的女老師沒結婚？常常與我討論。我因此對此議題持續探究。

各種性別議題廣受媒體重視，尤其是《蘋果日報》2003年創刊，在新聞的反應上更加快速。諸多記者經常來電詢問我的看法，有些報紙請我撰寫專文評論。我頻頻寫各種文章討論單身、同居、代理孕母、同志領養、自主性單親媽媽、頂客族等現象。在我二十多年主持各廣播節目之中，不斷探討相關的新興議題。每篇文章或論述，大致包括：事實瞭解、原因分析、實際面對、未來預測等部分。

我也在各種管理、商業性質的雜誌撰稿，探討各種新興現象、新修正法律對組織的衝擊，例如在《管理雜誌》寫〈陪她走過──管理者如何面對同仁未婚懷孕〉。

眾多出版社看重美國、日本、歐洲在性別、婚姻、家庭等現象或議題，持續翻譯新書，邀請我寫序。我總是先睹為快，看了數以百計的相關書籍，也藉此研判臺灣社會的可能趨勢。

第 **6** 章
經營

婚姻

，就是過日子。日曆上以紅色藍色標示，紅色放假，整天在家裡過日子，藍色就得出外工作，與家以外的人互動，賺點錢來養自己和家人。

在家過日子，必須做家事：煮飯菜、洗衣、買菜、打掃、除塵、拖地、洗衣服、晾衣服、收衣服、摺衣服、整理餐桌茶几、洗碗、泡茶、洗米煮飯、炒菜、洗床單與被子、收拾廚餘、收拾垃圾、倒垃圾、清理房間、疊棉被、整理客廳、洗抽油煙機、清理瓦斯爐、整理園圃等等，怎麼也列不完。

日子有大有小，大日子特殊一點，小日子平平凡凡。小日子，柴米油鹽、洗衣煮飯；大日子，多些慶祝紀念。商人精明，行銷大日子，鼓勵人們多些大日子，增加商機。

多數的日子都屬小日子，從早到晚、點點滴滴、瑣瑣碎碎，多屬小事。小事簡單做，持續做，經營起來沒那麼難。小事不處理好，沒用心經營，累積成大事，怨來怨去，麻煩跟著來！

日復一日，家裡照樣有權力的考驗有財產的考驗，婚姻也有政治更有經濟。小事裡，表面上不在乎權力，其實權力如同菜裡的鹽，存在但看不到。表面上沒什麼權力的一方，如果用心過小日子，照樣可以逐步擴張影響力，使婚姻多些幸福，配偶與家人都幸福。

經濟關係可以小也可能大，兩人如何處理柴米油鹽，小事。買車買屋，大事。財產的處理，共同還是分別？《民法》等法律有規定，但如何針對自己的狀況，個別化的安排，屬婚姻經營裡的大事。有人死了，大事，遺產的處理，《民法》有大原則。

多數人認為的婚姻是一個「找尋另一半」的過程，所以沒結婚的會以「沒有好的人選」為理由，婚姻不幸福的也很容易發現「對方有哪些缺點」。其實，婚姻更是一門「尋找真實自我，因此能更快樂過日子」的功課，找不到自己，過不了日子，再多好的條件也沒用。

無數關於愛情與婚姻的書談金錢、談家事、談子女或是婆媳，輔導者苦口婆心教導如何用力、用腦、用性等方法去拉住配偶。關鍵只有一個，「如何用心經營」。

人人終究是要面對自己學習的狀況，不論在學校中做學生或是在家庭中經營婚姻，都有各種功課，都得認真學。經營婚姻不能靠別人，更不能靠書本或是專家或是輔導工作者。就像是學生無法靠同學、靠講義、靠好的教室或實驗室或只靠老師就能學好，他／她必須「學會學習」，然後以正確的方法繼續面對各種功課。關於與異性的互動尤其是與配偶的相處，我們都得「學會學習」。尤其是與自己相處，更是「終身學習」的功課。

第一節 為婚姻加分

一、配偶還要過情人節嗎？

結了婚還是情人嗎？要過特別的日子，還是以愛維持平凡的日子？

各種情人節，婚姻的雙方還有兩個人各自的農曆及國曆生日要慶祝，又是四個日子。那麼，相識的日子、訂婚及結婚的日子要不要紀念呢？如果兩個人還要回味他們之間的親密接觸，就更多天了。一個個加起來，兩人的約會與紀念時間可以有十幾回，要購買禮物與慶賀的日子真不少！現代的配偶不斷互贈信物，期待愛情久久綿延。

婚姻不能靠熱烈的特別活動，而要日日相守、相惜。過去男女之間沒那麼多花樣，因為雙方的重點是「實」，實在地生活、踏實地互動、真實地相依為命。浪漫的活動多半屬「虛」的，情人餐、泡湯、賞月色、進賓館等都是虛的多，實的少。與愛情有關的禮物與食物，多半好看不實用。卿卿我我的話，比空氣還輕。

越來越多被商人製造出來的特殊活動增加了誘惑，卻可能稀釋了愛情。

人們其實要的是「愛情」而非「浪漫」，浪漫有助愛情，卻不可能保障愛情。情人間有些活動來增強愛意是不錯的，不過太在乎情人節，寄望透過這日子來相愛久久並不實際。否則，享用情人節大餐就可以永浴愛河、吃過巧克力就可以甜甜蜜蜜，未免太理想化了。

二、相愛久久的預測指標

「如何相愛久久呢？」婚姻方式眾多，選擇配偶之後，經歷婚禮，總是要相處。維持相愛，有賴經營。柯柏屈（Kirkpatrick）針對婚姻的調適及失敗加以預測。他將婚姻的成敗因素分為婚前與婚後的因素，共十二項，近百個指標[①]。筆者更進一步將指標的重要性依 A、B、C、D、E 排出其重要性（A 為最重要因素，B 為次重要因素，以下類推），並

整理國內外的研究結果，簡單說明及預測該項指標與婚姻幸福的關係。

（一）婚前因素

1-1 家庭的地位及組合

　　C－與兄弟姐妹的關係（良好者婚姻調適佳）。

　　C－雙親在社會上的地位（中上者婚姻調適佳）。

　　D－家人的教育程度（專科以上者調適較佳）。

　　C－父母的社會地位（中上者調適佳；或雙方接近者適應較好）。

1-2 家庭氣氛

　　A－父母婚姻的狀況（美滿程度高者，子女婚姻較幸福）。

　　B－雙親存歿情況如何（父母雙全者調適佳，單親家庭的子女壓力較大）。

　　A－個人在孩童時代的成長經驗（童年快樂者，婚後較幸福）。

　　A－家庭教育、教養方式（父母教養開明者，子女婚後較易用和諧態度處理問題）。

1-3 與家庭中其他成員的情感關係

　　B－感情（深厚、執著、用心者調適佳）。

　　D－衝突的、對立的（婚後較易對配偶敵視）。

　　C－成員間彼此親密的程度（親密度高者較易建立和諧的夫妻關係）。

　　C－對父母的依戀（適度者，婚後調適佳）。

　　D－與兄弟姐妹的情感關係（和諧者，婚姻較幸福）。

1-4 性方面的知識及經驗

　　B－性知識（足夠、正確者，有助婚後性生活適應）。

　　B－性行為模式（能與配偶充分協調配合者，婚姻調適佳）。

Ａ－不正常或偏差的性經驗（沒有者，婚姻調適佳；有被強暴或騷擾者，性生活陰影多）。

Ｄ－自慰的經驗（不過多者，性幻想少，有助婚後性生活的調適）。

Ｂ－對性行為的態度（正視且開明面對者，調適佳）。

Ａ－婚前的親密行為（僅與結婚對象有親密關係者；逐漸緩慢發展親密行為者，婚後調適較佳）。

Ｃ－婚前的愛撫行為（僅與結婚對象有愛撫者，婚姻調適較佳）。

Ａ－婚前性行為（沒有者，或僅與結婚對象有性行為者，婚姻調適較佳）。

Ａ－婚前懷孕（奉子女之命結婚或曾人工流產者，婚姻危機較大）。

1-5 人格及社會參與

Ａ－人格模式（成熟者、穩定者，婚姻幸福機會大）。

Ｂ－友誼關係及社交活動（社交網大、友誼關係多，有助人格成熟及婚姻適應）。

Ｂ－與異性相處的態度（較自然者、群體交往經驗多者，婚姻較幸福）。

Ｃ－宗教方面的參與情形及薰陶（有宗教經驗者、信仰相近者、宗教參與程度近似者，婚姻調適較為容易）。

Ｃ－女性化或男性化的個性（性別角色與自己性別一致者，婚姻調適佳）。

Ｃ－體態方面的吸引力（雙方對自己吸引力均有自信，婚姻調適佳）。

Ａ－健康情形（身體良好，有助婚姻幸福）。

1-6 求婚及婚姻準備期的情況

Ｃ－兩人第一次見面的情形（由群體交往逐漸發展者較佳）。

Ｂ－求婚及訂婚期限的長短（自交往到結婚超過 2 年者，自訂婚至

結婚超過半年者，對婚後適應有幫助）。

A －對婚姻的承諾（相識至結婚超過半年者，對婚後適應有幫助；
認同程度及委身程度高者，婚姻較幸福）。

B －結婚年齡（男性超過 22 歲，女性超過 20 歲者較合適）。

C －夫婦年齡的差距（在 6 歲之內者，男略大於女者，調適較好）。

C －教育程度（相近者，較易溝通及調適）。

C －職業地位（專業程度相近者，較易調適）。

C －社會經驗地位（相近者，溝通情況較佳）。

C －夫妻間社會地位的差異（差異小者，調適情況好）。

C －就業情況（已就業者的工作適應能力好，有助婚姻調適）。

C －婚前的經濟基礎（略具經濟基礎者，調適佳）。

1-7A －居所（安定、同質性高、單純的社區，婚姻較穩定）。

1-8A －宗教信仰（相似性高者，婚姻較幸福）。

1-9B －共同的興趣（有相近的興趣容易溝通，有助婚姻生活之安排）。

1-10A －婚前的婚姻經歷（沒有結婚紀錄者，調適較佳）。

1-11B －婚前的溝通習慣（已經建立互動規則者及情感濃厚者，婚姻較
幸福）。

1-12A －結婚的原因（主要為逃避、懷孕、報復等理由結婚者，婚姻基
礎較薄弱）。

綜合以上的分析，影響婚姻成敗最主要的婚前因素是：
※ 父母的婚姻美滿。

※ 由認識、相愛到結婚的期間夠長。

※ 成長時期曾接受適當的性教育，對性有正確認識。

※ 婚姻受父母的贊同。

※ 正常、正當的婚姻動機。

※ 宗教信仰上的一致性。

※ 夫妻生理及心理年齡的相似性。

※ 在成長階段對父母有和諧的感情。

（二）婚後因素

2-1 婚禮

　　D－結婚（婚禮）的地點（在教堂結婚者、較正式者，婚姻較穩定）。

　　D－結婚的方式（正式或非正式；正式者，婚姻較穩定）。

2-2 性生活

　　B－第一次的經驗（相互適應良好者，有助婚姻調適）。

　　C－對性適應所需的時間（較快適應者，婚姻調適佳）。

　　B－性慾（雙方慾望相近者，婚姻適應較佳）。

　　B－對性行為負面反應（較少出現負面反應者，有助婚姻和諧）。

　　B－房事的次數（平均數為每週一至二次，略多於此數者，婚姻適應佳）。

　　C－對性的渴望及滿足感（渴望程度高、滿足程度高，都有助婚姻適應）。

　　C－對性滿足的反應（主動表達滿足者、主動討論性生活者，婚姻調適佳）。

　　C－性行為技巧及方式（正確者，婚姻調適佳）。

　　D－對性的幻想（有限度者，性滿足程度高。必須靠性幻想才能達到性高潮者，婚姻危機較多）。

　　A－婚外性行為（有婚外性行為者，婚姻危機很大）。

B ─流產、墮胎（曾有經驗者，婚姻危險性大）。

D ─避孕方法的使用（由雙方共同分擔避孕責任者，婚姻調適佳）。

B ─性生活適應不良（經常出現者，婚姻考驗多）。

A ─同性戀的傾向（任一方有同性戀或傾向者，危機較大）。

A ─向對方表達情感的能力（表達能力強，經常主動表示者，婚姻適應佳）。

2-3 人際關係及態度

C ─夫妻間的關係（民主式互動、雙方協調能力強，婚姻較幸福）。

D ─對女權運動的態度（雙方相近者，婚姻較易協調）。

B ─對婚姻重要性的態度（雙方態度相近者，婚姻較幸福）。

E ─態度的一致性（一致性高者，婚姻調適情形較佳）。

C ─對異性的態度（持健康開明態度者，婚姻調適情形佳）。

B ─對婚姻關係的態度（持正面肯定態度者、經常主動表示支持者，婚姻較幸福）。

A ─對配偶的態度（持正面態度者、經常主動支持和關心配偶者，婚姻較幸福）。

D ─對姻親的態度（保持和諧關係者，婚姻調適情況佳）。

C ─適應的技巧、能力（技巧和能力佳者，容易應付婚姻危機）。

C ─共同的興趣（有相近興趣者，溝通較頻繁，婚姻較幸福）。

2-4 子女

C ─子女的數目（夫妻有相近看法者，婚姻較幸福）。

B ─對子女的教育（持開明教養方式者，婚姻較穩定）。

2-5 家族（庭）及社會地位

D ─家庭的居住地點、生活管理方式及流動性（穩定性高者、管理較開明者、居住地點單純者，對婚姻較有利）。

　　Ｃ－收入及生活水準（收入穩定、生活水準中上者，婚姻調適較佳）。

　　Ｃ－職業（專業工作者、農林漁牧業工作者，婚姻較幸福）。

　　Ｄ－職業的流動性（流動性低，或能主動協調處理變動者，婚姻較幸福）。

　　Ｄ－就業情況（充分就業者比半薪工作者、待業者、失業者，婚姻較幸福）。

2-6 人格特質

　　Ａ－身體的健康情形（良好者，婚姻幸福程度高）。

　　Ａ－心理的健康情形（良好者，婚姻幸福程度高）。

　　Ａ－對社會的適應（適應能力強者，婚姻調適佳）。

　　綜合以上的分析，最具影響力的婚後因素則有以下幾項：

※ 對婚姻情感的信心與滿足，以平等態度相對待，有良好的溝通。

※ 心理與生理的健康。

※ 夫妻間有和諧的情誼，基於共同的興趣，以相敬如賓的態度對待配偶。

※ 達到性滿足的能力。

※ 婚前及婚後沒有濫交。

（三）促成幸福的因素

　　綜合有關婚姻和家庭功能方面的研究，最能促成婚姻幸福的因素，主要有二十六個[2]。對照前述各項，瞭解婚姻的幸福其來有自。

　　預測婚姻成功的指標，重要性促成婚姻幸福的因素（按照Ａ、Ｂ、Ｃ、Ｄ 等排列，Ａ 最重要，Ｂ 其次，呈現在左側），也顯示提到該因素的有關研究數目在該項目右側。

Ｂ 熟識：彼此熟識深交 6 個月以上 6

D 適應力：適應情況良好 4

B 結婚年齡：男性超過 22 歲，女性超過 20 歲 7

B 年齡差異：男方比女方為大或相近 6

D 與父親關係：親近 4

D 與母親關係：親近 4

D 上教堂：每月至少兩次 4

D 教會中的成員（信徒）4

C 與父親的衝突：完全沒有或絕少 5

C 與母親的衝突：完全沒有或絕少 5

D 父母的管教：不太嚴苛 4

B 教育水準：專科以上 6

D 認識時間：9 個月以上 4

D 與異性深度交往經驗：很少 4

D 童年經驗：愉快 4

A 父母的婚姻情況：幸福 7

E 婚禮儀式：由牧師主持 4

D 心理狀態：平衡 4

D 職業：專門性職業 4

E 工作機構：規模較大 4

B 岳父母的態度：支持 6

D 儲蓄：有一些存款 4

D 性知識：正確 4

D 性教育的來源：父母 4

A 婚前性經驗：沒有或僅限於成婚對象 8

E 教堂主日學經驗：童年和青少年期會參加主日學 5

三、婚姻輔導與諮商

　　婚姻關係極為重要，要經營婚姻並非易事，如能以預防婚姻問題的

觀點尋求婚姻輔導或諮商，可使婚姻的危機減少、壓力減輕，而能以較成熟、較有效的方法來處理各種婚姻狀態。如果關係已遇到較多問題和較大壓力，也可尋求婚姻治療來化解緊張，有效改善婚姻品質，增進全家的幸福。

由於婚姻問題的層出不窮，婚姻壓力多數夫妻都感受到，有婚姻危機的人也越來越多，因而許多領域逐漸被期待提供各項服務和協助。依家族治療學者戈登堡夫婦（Goldenberg 與 Goldenberg）的分析：臨床心理學家、精神科醫生、社會工作員、婚姻諮商者、教牧諮商者等紛紛成為婚姻輔導的主要人力。專業人士主要處理婚姻不協調、分居、離婚、犯罪、姻親關係、情緒困擾等問題。案主不一定是一個人，有時是一對夫妻，有時是整個家庭。主要的方式為輔導、諮商、社會工作[3]。

婚姻輔導（marriage guidance）對準備結婚或已婚者所做的輔導工作，內容廣泛，主要包括性知識、夫妻相處之道、家庭經濟設計、為人父母角色以及對子女教養方式等。婚後可以透過輔導增強配偶間的親密關係，親密不僅指肌膚之親或魚水之歡，而是使生活中的點點滴滴讓彼此覺得很親密。建立此種關係需要方法、勇氣、時間和努力，但這是婚姻可貴之處。婚姻輔導應是增強夫妻以下的互動：

（一）透過共同的溝通使夫妻同心。

（二）透過知識的分享使夫妻相知。

（三）透過感情的凝結使夫妻相屬。

（四）透過性愛的合一使夫妻相親。

（五）透過家庭的共擔使夫妻相黏。

婚姻輔導主要是為了提高「婚姻滿意度」，滿意度的內容包括：

（一）夫妻人格特質能相輔相成。

（二）夫妻能相知越多，相許越深。

（三）夫妻成長差距縮小。

（四）合力改善家庭經濟狀況。

（五）夫妻在一起的時間長，相處增多。

（六）夫妻關係更加和諧。

　　整體來說，婚姻輔導的重點不一定為了協助當事人解決婚姻的現實問題，而在提供一般人有關婚姻的知識，主動創造美滿婚姻生活，目的是運用良好的溝通，提高婚姻滿意度。

　　婚姻諮商（marriage counseling）指對婚姻關係發生困難者所做的諮商。婚姻諮商範圍，大致包括三類問題：（一）婚前諮商：對準備結婚但對婚姻觀念及婚姻責任尚不清楚者所做的諮商；（二）離婚諮商：對已決定離婚或已離婚者在情緒調適上所做的諮商；（三）婚姻關係諮商：對婚姻關係存在但夫妻感情或性生活有待調適者所做的諮商。諮商的重點有五[④]：

（一）協助夫妻發展親密關係。

（二）協助夫妻正視痛苦。

（三）鞏固婚姻關係。

（四）與夫妻一同面對離婚的抉擇。

（五）協助夫妻度過分離的歷程。

　　最常見的婚姻諮商主題，第一是「外遇」，其次是「工作與家庭衝突」，第三是「子女管教」。婚姻諮商並不是人們熟知的「勸和不勸離」，而是幫助雙方體諒看問題的不同角度；具備更好的溝通能力；發展更親密的關係；正視眼前困境並有效改善：瞭解差異及尊重體諒等。為了實際面對各種難題、壓力與危機。如果要離婚，也能處理好相關的問題。

第二節　權力關係

一、大事小事誰決定？

　　權力（power）指一種使用個人的特質和角色來影響別人的能力，是驅使別人按個人意志做事的力量。婚姻為制度或社會規範結叢（complex），此種制度或結叢承認結婚雙方的關係，並且約束於相互

的義務與權利體系之中，使家庭生活得以運作⑤。舉凡生活中之家務決策、家事分工、財務分配、子女教養、姻親關係等議題均與婚姻權力相關。夫妻之間的權力常常不均等，一旦某一方不願按另一方的意志行事時，衝突由此而生，影響婚姻生活。因此，權力分配是婚姻生活必須面對的問題。

有些人開玩笑：「我們家，大事由我決定，小事由配偶決定，但什麼算大事呢？配偶決定！」另有人開了類似的玩笑：「我們家，大事由我決定，小事由配偶決定，但結婚至今，沒發生過大事！」這些玩笑，共同點是「誰決定」。家庭決策的方式和結果為觀察婚姻主要的指標，權力視其在家務決策過程中的影響力而定。個人擁有越多資源，影響力就越大，在婚姻關係中的權力越大，決策權就越大。

婚姻的權力結構就像其他人際關係一樣，有其政治化的一面，例如誰做決策、誰掌權、誰去執行等，但也不可忘記充滿感情的部分。婚姻的權力來源隨著時代的變遷而異，在傳統社會中，丈夫擁有絕對的權力，近年來，受到許多規範性別平權觀念的影響，諸多法令都對平等觀念加以強調，現代婚姻趨向平等。

婚姻關係穩定的夫妻較少出現衝突事件，如果婚姻關係不穩定則夫妻間即易發生爭執，嚴重者影響婚姻生活品質，導致婚姻不幸福。

衝突論認為人與人之間的互動不會完全均等，總有一方高於另一方，而高低的差別基礎是權力資源問題⑥。配偶之間衝突的基本原因是權力分配的不平等，且多集中於「權力的控制」——即誰決定在何種情況下做某些事⑦。

二、四種理論的解釋

主要有四種理論來解釋伴侶間權力分配的問題⑧：

（一）資源假設（resource hypothesis）

布拉德（Robert Blood）與沃爾夫（Donald Wolfe）探討「婚姻裡的

配偶哪一位具有較多的權力，而權力是怎麼得來的？」他們發現：夫妻之間的相對權力來自於個人的相對資源。這些資源包括教育、職業專長、收入以及經驗等等，「教育」與「年齡」是增進婚姻權力的首要來源，若丈夫的教育與職業越高時，他就有比妻子更強的權力。夫妻中誰是較多資源的提供者，誰就擁有較多的權力。Robert Blood 與 Donald Wolfe 分析在家庭做抉擇時，丈夫與妻子的相對資源扮演很重要的角色，即年齡較長和教育程度較高者常做較多的抉擇。結論是：配偶個人的權力依賴其資源與對家庭的貢獻，而非全靠社會角色的安排與期待。

該研究歸納夫妻權力分配的四種型態：1. 妻子主宰（wife-dominant）：妻子的權力範圍較丈夫廣；2. 綜融（synergetic）：夫妻間的權力幾乎平等，他們共同商議而做決定；3. 自主（autonomic）：夫妻之間的權力幾乎平等，但夫妻劃分其做決定的領域，各自在某些領域內獨立決定；4. 丈夫主宰（husband-dominant）：丈夫的權力範圍較妻子廣得多。結論是：妻子在外工作為權力來源的主要指標。傳統上，在「男主外、女主內」的環境下，丈夫是家中事務的決策者。但是，當妻子外出工作時，她的婚姻權力便因而增加。不過，妻子有工作並不一定就帶給她平等的權力，而是提高其權力而已。

（二）相對的愛與需要理論（relative love and need theory）

認為愛得深的人和對婚姻有較高需求者，其權力會較低。比較對這個婚姻無所謂者則有較高的權力，因為婚姻的好壞，對他／她沒什麼大不了的。愛得深的人和迫切需要婚姻者，因為怕配偶變心或跑掉，事事順從，自然而然就會失去權力。沃勒（Willard Waller）提出「低興致原則」（the principle of least interest），在婚姻關係裡，夫妻間興致較低的一方可能剝削對方。較願意解除婚姻關係的，或動搖親密關係的，或拒絕主動尋求補救的一方，容易維持其在婚姻裡的控制力。

多數的婚姻裡，丈夫的權力比妻子要高，按照相對的愛與需要理論認為有下列原因：

1. 受到兩性不同性別社會化的影響。在許多社會裡，女人自小就被灌輸「要結婚」的觀念，女人應以家為主，婚姻是女人的歸宿，而男人的任務為在外面打拚，家只不過是附屬品，因此男人對家的需要與致較低。相較之下，妻子只好順從丈夫，以維持她所需要的家。

2. 女人在婚後的身分地位、錢財以及感情的保障皆依附在丈夫身上，因此離婚女人的損失較大。男人在社會的角色比較多元，即使離婚了，容易得到補償。妻子的可能損失既然較大，對婚姻的需求自然也較大，因而讓需求少的丈夫加以控制。

3. 社會對兩性角色的雙重標準，讓男人除了家裡的妻子以外，可能在外面尋花問柳，倘若妻子不理他時，自己還是可以找到暫時性的代替者。相反地，妻子則不被允許從外面找發洩，必須緊緊守著這婚姻。因此，需求程度高的妻子可能聽從於需求程度低的丈夫。

（三）文化背景資源理論（resources of cultural context theory）

　　文化背景資源影響家庭中夫妻權力的分配，個人的社經地位（包括個人所得、教育程度、職業聲望）可以做為婚姻權力的資源指標，個人學習社會規範與期望的過程不同產生的「社會化型態」也應考慮。

（四）社會交換理論（social exchange theory）

　　從經濟學的觀點，將社會關係視為是「市場」概念的衍生，認為個人的行動以擴張自我最大的利益為主。社會交換理論解釋社會關係是如何發展、如何被經驗；什麼樣的模式與動力在持續的關係中可以產生出來；以及什麼樣的因素來調節、維持社會關係的穩定。婚姻關係視吸引力、滿意度、互惠、公平、承諾、依賴等機制為婚姻關係中的影響因素。

　　夫妻在婚姻互動關係中獲得報酬，但也相對地付出成本，婚姻權力的均衡和成本與報酬的交換有關。婚姻中決策力的大小與夫妻權力的平衡，與他們能否在婚姻關係之外取得有價值資源的能力也有關。當一方取得婚姻外資源的能力越強時，在家中所擁有的權力就越大。婚姻關係

中擁有較多資源的一方，藉由較多交換及選擇的機會，促使自己在婚姻中擁有比對方更多的權力來運用。

　　每個人都可能把所掌握的社會資源帶入愛情、婚姻與家庭關係裡。親密關係也建立在成本與利益分析上，為了以最小成本獲得最大利益，持續進行交涉或協定。互動中，每個人都付出時間、勞動、金錢與不愉快經驗等代價，以換取愛情、友誼、愉快與親密感等酬賞。人們帶入婚姻市場的社會資源主要包括教育水準、生理吸引力、才智與家庭地位等，希望做出最佳的買賣交易。一旦人們發現結果不如預期時，可能發生爭執、衝突或暴力，最後甚至以離婚收場。

　　夫妻權力的分配主要可分為均衡與不均衡兩大類，在均衡對稱的類型（symmetrical patterns）中，配偶雙方大致處於相同的「層次」，表達類似的行為。例如雙方都自我肯定、有力量、能表現權力；或雙方都相當缺乏自我肯定，並畏於執行權力。夫妻任何一方都未明顯地佔上風或屈居下風時，狀況類似同伴，或者說是處於「同一代」。相對的，在不均衡不對稱的類型（asymmetrical patterns）中，配偶間的不平等明顯可見。一方處於較主宰或「功能過度」的地位，另一方則處於較服從或「功能不足」的地位。功能過度的一方通常背負家中較多的情緒擔子，而功能不足的一方則少[9]。

第三節　經濟關係

一、成本效益

　　關於婚姻，浪漫的說法太多，浪漫總是短暫，實際才可能持久，婚姻的本質必然包含「經濟」面。從諾貝爾經濟學獎得主貝克（Garg Becker）的觀點，婚姻市場不僅針對任一特定婚姻從單身到結婚之間的利得最大化，更是所有婚姻的總利得最大化。家計單位所追求的「商品產出」不同於國民生產總值所認定的商品，還包含子女的量和質、性行

為的滿足等。即使每個男女都只關心自己的「私人」福祉，而不在乎社會福祉，但為了追求私利，他們不知不覺地受到婚姻市場中具競爭性的「看不見的手」所指引，有助於追求總和產出的最大化[⑩]。

既然是一種市場，市場有基本定理：正向的配對組合——類似者配對是最合適的。「門當戶對」式的配對之所以頻頻發生，因這種配對能使更多婚姻成立，導致總和財貨產出達到極大，不管這些特性是金融性的（薪資、財產所得）、生物性的（身高、膚色、年齡、體形）或心理特性的（主動、被動）。男女有互補性，高品質的男人，會與高品質的女人結婚，而不會選擇其他女性，因為優質婦女有助於提高優質男人的生產力。

男子的財富和地位是男子在婚姻市場的主要資源，而女子的容貌和青春則是女子擁有的重要資源。女子若要想嫁給「高富帥」，青春貌美確是重要的籌碼，女子的階級地位與容貌有關。

婚前約會活動有如「對未來配偶訊息搜集的投資」，成功的婚姻除了夫妻互相關心之外，雙方的偏好大致相近。婚姻是雙方當事人執行直接和隱含責任的一份沒有完整定義的合同，在成本方面，結婚意味每個人都要犧牲某些獨立性、對關於個人習慣、交友方式和支出等方面妥協；在收益方面，結婚提供親密關係、互相關心和愛情，更為繁育孩子提供了有利條件。

婚姻的成本包括交易成本和機會成本，交易成本是與結婚和離婚直接相關的費用，機會成本是指為追求婚姻狀態而放棄另一種狀態所損失的。結婚的機會成本是保持單身所獲得的福利，離婚的機會成本是保持婚姻所獲得的福利。兩個人在結婚的共同所得若大於單身時的分別所得之和，會選擇結婚。

婚姻，讓雙方能從勞動和分工的專業化中享受經濟利益。配偶之間的能力通常有差異，雙方從專業化分工和交易中能獲得的收益會上升。因此，人們在尋找伴侶時，最好在生產方面負向搭配，在生活方面正向搭配。例如，具有市場生產相對優勢的人最好找具有家庭生產相對優勢

的人結婚，如此可促進家庭內的分工，又達到較大的產出。在消費方面，夫妻雙方具有相同的志趣愛好可增加家庭的快樂，進而增加婚姻的所得，使婚姻的正效用擴大。

在搜尋成本方面，由於在婚姻市場上普遍存在訊息不對稱和掌握訊息不充分等問題，許多人在尋找合意伴侶的過程中搜尋成本過高，因此對婚姻失去信心甚至望而卻步，於是選擇單身。搜尋成本過高，導致更多的人們可能在生產方面正向搭配（具有同樣生產特徵），在生活方面負向搭配（具有不同消費興趣）的人結婚，結果可能降低了婚姻的品質。

現代為什麼會結婚率下降、離婚率上升呢？從婚姻市場提供了一些解釋。隨著女性自主，減輕了社會對婦女在工作中的歧視，越來越多的女性有好的職業，在就業市場的許多領域，女性擁有教育和其他人力資本投資機會。男女之間的勞動技能差距縮小，傳統的家庭分工模式改變了，由原來的婚姻組織結構而形成的男女之間差異化和交易支出明顯減少了。對婚姻所得的期望和婚姻現實之間的差異是離婚的重要因素，如不考慮個人的其他因素，單純從經濟層面上看，婚姻利益的減少將導致結婚率下降和離婚率增加。

二、夫妻財產

《民法》第四編為親屬編，親屬編的第二章為「婚姻」，「婚姻」此章的第二節規範「夫妻財產」，可見夫妻財產在婚姻中的重要性，更是國家機器處理夫妻關係重要的依據。從 1004 條到 1048 條都是這一節的內容，很特別的是在四十五條中，陸續有多達二十五條「刪除」，可見此部分的法律與時俱進。

「夫妻財產」此節分三款：通則、法定財產制、約定財產制，以下扼要整理。

最重要的是下列三條：

1004 條：「夫妻得於結婚前或結婚後，以契約就本法所定之約定

財產制中，選擇其一，為其夫妻財產制。」

1005 條：「夫妻未以契約訂立夫妻財產制者，除本法另有規定外，以法定財產制，為其夫妻財產制。」

1007 條：「夫妻財產制契約之訂立、變更或廢止，應以書面為之。」

財產所有權的歸屬，主要有兩種：分別財產、共有財產。《民法》1010 條規定：共有財產發生下列狀況之一時，法院因他方之請求，得宣告改用分別財產制：

1. 依法應給付家庭生活費用而不給付時。
2. 夫或妻之財產不足清償其債務時。
3. 依法應得他方同意所為之財產處分，他方無正當理由拒絕同意時。
4. 有管理權之一方對於共同財產之管理顯有不當，經他方請求改善而不改善時。
5. 因不當減少其婚後財產，而對他方剩餘財產分配請求權有侵害之虞時。
6. 有其他重大事由時。

夫妻之總財產不足清償總債務或夫妻難於維持共同生活，不同居已達 6 個月以上時，前項規定於夫妻均適用之。

另外，1002 條規定：「夫妻於婚姻關係存續中，得以契約廢止其財產契約，或改用他種約定財產制。」

分別財產又再細分為婚前財產、婚後財產。1017 條規定：「由夫妻各自所有。不能證明為婚前或婚後財產者，推定為婚後財產；不能證明為夫或妻所有之財產，推定為夫妻共有。夫或妻婚前財產，於婚姻關係存續中所生之孳息，視為婚後財產。夫妻以契約訂立夫妻財產制後，於婚姻關係存續中改用法定財產制者，其改用前之財產視為婚前財產。」如此，夫或妻各自管理、使用、收益及處分其財產。夫妻於家庭生活費用外，得協議一定數額之金錢，供夫或妻自由處分。

1020-1 條規定：「夫或妻於婚姻關係存續中就其婚後財產所為之無償行為，有害及法定財產制關係消滅後他方之剩餘財產分配請求權

者，他方得聲請法院撤銷之。但為履行道德上義務所為之相當贈與，不在此限。

夫或妻於婚姻關係存續中就其婚後財產所為之有償行為，於行為時明知有損於法定財產制關係消滅後他方之剩餘財產分配請求權者，以受益人受益時亦知其情事者為限，他方得聲請法院撤銷之。」

1023 條規定：「夫妻各自對其債務負清償之責。夫妻之一方以自己財產清償他方之債務時，雖於婚姻關係存續中，亦得請求償還。」針對此規定，比較複雜的是債務的清償責任、剩餘財產分配請求權等，在1030-1 至 1031-4 條，有所規範。

在約定財產此第三款之中，分成「共同財產目」和「約定財產目」。前者又分有兩種狀況：

（一）**一般共同財產制**：1031 條處理所有權的歸屬、1031-1 條處理特有財產、1032 條處理共同財產的管理、1033 條處理共同財產的處分、1034 條處理債務的清償責任、1038 條處理補償請求權、1039 及 1041 條處理共同財產制關係之消滅。

（二）**勞力所得共同制**：《民法》1041 條：「夫妻得以契約訂定僅以勞力所得為限為共同財產。前項勞力所得，指夫或妻於婚姻關係存續中取得之薪資、工資、紅利、獎金及其他與勞力所得有關之財產收入。勞力所得之孳息及代替利益，亦同。不能證明為勞力所得或勞力所得以外財產者，推定為勞力所得。夫或妻勞力所得以外之財產，適用關於分別財產制之規定。」

分別財產制的部分，1044 條：「夫妻各保有其財產之所有權，各自管理、使用、收益及處分。」如有債務清償責任，規定在 1046 條。

三、遺產

除了《民法》親屬編處理夫妻的財產，《民法》另有繼承編，包括：遺產繼承人、遺產之繼承、遺囑等三章。相關規定有：

1039 條：「夫妻之一方死亡時，共同財產之半數，歸屬於死亡者

之繼承人，其他半數，歸屬於生存之他方。前項財產之分割，其數額另有約定者，從其約定。第一項情形，如該生存之他方，依法不得為繼承人時，其對於共同財產得請求之數額，不得超過於離婚時所應得之數額。」

1038 條：「遺產繼承人，除配偶外，依左列順序定之：一、直系血親卑親屬。二、父母。三、兄弟姐妹。四、祖父母。」

1144 條：「配偶有相互繼承遺產之權，其應繼分，依左列各款定之：

一、與 1038 第一順序之繼承人同為繼承時，其應繼分與他繼承人平均。

二、與 1038 條所定第二順序或第三順序之繼承人同為繼承時，其應繼分為遺產二分之一。

三、與 1038 條所定順序第四順序之繼承人同為繼承時，其應繼分為遺產三分之二。

四、無第 1138 條所定第一順序至第四順序之繼承人時，其應繼分為遺產全部。」

由上述條文可知：繼承人分「配偶」、「血親」兩種，配偶之間分配好夫妻剩餘財產後，還有相互繼承遺產的權利，是「當然繼承人」，但扣除剩餘財產後，剩下的錢要與血親的第一順位繼承者依比例分配，這部分比較單純；但血親因為牽扯的人數比較多，順位就必須要照血緣上的親疏進行排序，也就是配偶一定都分得到，但不是全部獨佔，而是要跟順位繼承人一起分。例如甲乙是夫妻，育有 ABC 共三位子女，甲過世後，配偶乙當然可以分到財產，而 ABC 子女是第一順位，都有繼承權，因此配偶要跟子女一起依比例分財產。

配偶固然有一定的法律繼承，但按照 1039 條規定：「前項財產之分割，其數額另有約定者，從其約定。」也就是「遺囑」的處理。《民法》第五編有專門第三章的「遺囑」，詳細規範。

實踐、研究和推廣，更幸福

「經營關係」難嗎？ 21 世紀已經到第三個 10 年，當代人都在外界大量的刺激中生活，面對異性的人數之多，遠超過父母那一輩。就算在真實世界沒法遇到太多異性，只要進入網路，有全球不計其數的俊男美女。但人們花越多的時間面對虛擬人物，就越沒空面對自己。

過去的婚姻相對單純，就算家族像是《紅樓夢》裡的容府，當事人只要研究如何跟固定的人來往即可。配偶也不可能接觸太多的異性，夫妻雙方都有足夠的時間與精力面對彼此，也面對自己。婚姻是他們最重要的功課，必須以最大的力氣學好。可是現代的夫妻，各自面對的人際關係都很複雜。

1991 年剛開始在東海專任，應聘兼東海幸福家庭研究推廣中心副主任，1 年後升為主任。中心出版專刊和書籍、舉辦工作坊與研習會，成績斐然，1994 年榮獲全國最佳社會教育團體。該中心的目的最早就是為了幫助夫妻面對各種問題，在我帶領的階段，更加強親子關係。

該中心每個月出版 16-24 頁的〈婚姻與家庭〉，我持續撰稿。日後專門由中華民國家庭促進協會持續發行《幸福家庭會訊》，邀請同仁寫了本土的書籍，包括《夫妻關係手冊》、《親子關係手冊》等。1997 年撰寫《相愛久久》，畢竟相愛久久（99）比事業發發（88）更可貴，更能帶來幸福。

婚姻靠經營，我自己的婚姻絕不可能因為自己從事了許多研究就經營得好；家庭要經營，自己的家庭都得細心、用心，持續付出愛心。所幸我比較懂一些經營的方法，尤其是善用管理去處理。所以自己雖然忙碌，夫妻關係、親子關係都還算及格，也順利過中年階段，對老年生涯也早已預做規劃。

第 **7** 章
危機和外遇

婚姻

，就是過日子。日子有時不好過，越過越不順。頻頻出狀況、事事不順心。

例如一夜情使某個日子特別，卻搖撼了婚姻的基石。「經營關係」難嗎？ 21 世紀已經到第三個 10 年，當代人都在外界大量的刺激中生活，面對異性的人數之多，遠超過父母那一輩。就算在真實世界沒法遇到太多異性，只要進入網路，天下不計其數的俊男美女都可以互動。但已婚的人若花越多的時間面對虛擬人物，就越沒空面對老伴。

過去的婚姻相對單純，就算家族像是《紅樓夢》裡的容府，當事人只要研究如何跟固定的人來往即可。配偶也不可能接觸太多的異性，夫妻雙方都有足夠的時間與精力面對彼此，也面對自己。婚姻是他們最重要的人生功課，必須以最大的力氣學好。可是現代的夫妻，專心修「愛情與婚姻」這門功課者，為數不多。

經營婚姻就像夫妻坐雲霄飛車，很刺激也很可怕，看來很危險，但總是有婚姻制度做安全的保障。若夫妻能彼此靠近，一起吼一起面對，雲霄飛車的冒險之旅會留下長久甜蜜的回憶。若坐到一半堅持要下飛車，不但危險，更難以體會未來的旅途之美。

外遇者，跟別人談情說愛，去跟其他人過日子，不在乎和自己過了多少年平凡日子的牽手。當然，很難忍受！是可忍，孰不可忍？

婚姻，不都是美好的。外遇，會傷人。另一半會傷害自己，自己也可能傷害對方，如此，日子難過，甚至過不下去！

分居，就是決定不再一起過日子，各過各的。柴米油鹽、食衣住行，各自打理。然而所生所養的骨肉，還有曾經共同奉養的長輩，心中掛念的親人，有各種生理心理社會需求，在法律在道義在感情各方面，都得好好處理。

第一節 壓力及衝突

一、壓力無所不在

　　人生時時有挑戰、處處有壓力，婚姻生活也是如此。婚姻關係的開始，有如未知的冒險之旅開始，旅途中雖不乏美麗的風景和相處的喜悅，當然也會有種種的驚險與變化。因此，每對夫妻都需認真經營婚姻，一方面避免產生新的危機，一方面也需瞭解主要的危機源和壓力源，以有效預防。萬一真的危機事件來了，設法使其有轉機。雙方建立更好的溝通，必要時尋求專業人員的諮商、輔導、治療或社會工作處遇，可視為有效轉機的方法。當面對重大婚姻危機（如外遇）、重要人生轉折（如退休）、重大家庭抉擇（如移民）、外界傳染病侵擾（如新冠疫情），最好能和專業人員諮商，請求輔導。

　　壓力源可以測量，依霍姆斯（Thomas Holmes）設計的焦慮經驗檢測表，人生最大的壓力事件為「配偶死亡」（壓力指數 100），其他與婚姻有關的壓力事件依序為：離婚（指數 73）、分居（指數 65）、結婚（指數 50）、配偶生病（指數 44）、懷孕（指數 40）、家庭財務危機（指數 38）、與配偶爭吵（指數 35）、與配偶家人爭吵（指數 29）、配偶外出就業（指數 26）等[1]。

　　麥卡賓（McCubbin）與菲萊格（Figleg）[2]針對各項婚姻壓力源加以研究，分析夫妻主要面對的壓力源（stressor）。他們建議夫妻除了注重各階段內的問題，更要留意不同階段間的轉變狀況，平日隨時因應，遇大事時冷靜處理，使任何壓力不致成為無法收拾、難以處理的災難或悲劇。國內近年來發生多起父母帶子女自殺事件，或是夫妻一同自殺，或是家人間的逆倫血案，都與家庭內的問題太多、壓力事件不斷有關。

　　McCubbin 與 Figleg 歸納不同生命週期的婚姻家庭壓力源，以下的階段未必是按照固定的次序出現，卻是常見的狀況，依序說明[3]：

（一）**第一個階段**：建立兩人關係。主要壓力源：如何持續獲得配偶的愛，如何獲得配偶家人的接納，如何安排與原生家庭間的關係，

如何處理昔日朋友的友誼等。

（二）**第二個階段**：生育第一個兒女。主要壓力源：如何接納與照顧家中新成員，因為請育嬰假等對工作與收入的衝擊，失去工作伙伴友誼等。

（三）**第三個階段**：孩子上學。主要壓力源：面對孩子由家庭進入學校的壓力，如何被孩子的老師、朋友、同學接納等。

（四）**第四個階段**：配偶的工作變化。主要壓力源：面對工作變動對家庭的衝擊，處理因工作異動的搬家問題，失業或調職對家庭的影響等。

（五）**第五個階段**：子女青春期及離家。主要壓力源：面對子女青春風暴期的各種改變，子女學業、感情、事業問題對家庭的影響，如何接納子女的朋友乃至伴侶等。

（六）**第六個階段**：家庭中加入其他成員。主要壓力源：如何照顧領養的孩子或前夫前妻的子女。

（七）**第七個階段**：父母過世。主要壓力源：面對父母過世的痛苦和處理遺產的問題。

（八）**第八個階段**：失去配偶。主要壓力源：面對配偶過世或離婚的痛苦、處理新的家庭狀況及人際關係。

（九）**第九個階段**：再婚。主要壓力源：如何被新配偶接納，如何被新配偶的家人接納，如何安排與原有家人親友的關係。

（十）**第十個階段**：恢復單身。主要壓力源：如何與生長家庭中的家人維持和諧關係，如何被朋友和同事接納等。

參考博斯（Boss）的概念，把壓力源事件依七個指標加以區分，重點如下[④]：

（一）**可預測的（常態的）vs. 非預期的（非常態的）**。

（二）**內在的 vs. 外在的**。前者的事件肇因自家庭內部的某個人，如酗酒或擔任某項要職。後者的事件來自家庭外的某人或某事，如地震、恐怖行動或物價飛漲。

（三）**正常的 vs. 非正常的**。前者在家庭的生活週期中，事件是被預期

的，如出生、踏入社會的青年、結婚、年老或老死。非正常的則指事件不在預期中，如贏得彩券、離婚、年輕人早逝、戰爭、成為人質。

（四）**非模糊的 vs. 模糊的**。前者對於事件，能清楚知道其情況：發生了什麼事、何時、如何、多久以及發生在誰身上。若屬於模糊的，則不易掌握事件的真實性和全貌。

（五）**意志的 vs. 非意志的**。前者指事件能被洞悉，如自由地選擇更換工作、大學入學，或是計畫懷孕。非意志的則指事件不被洞悉，如剛開始工作即被解僱或突然失去某人的愛。

（六）**長期的 vs. 臨時的**。前者屬於長期的問題，如罹患糖尿病、酒癮或藥癮。後者則在短時間內發生，嚴重又複雜，如車禍斷腿、失去工作或被退學。

（七）**獨立的 vs. 累積的**。前者指一個事情單獨發生，在當時沒有其他事件產生。累積的則屬於事件累積，一個接著一個，所以在下一個事件發生之前，上一事件並未解決，這樣情境更危險。

若壓力事件為「可預測的」，可視為常態的壓力源，這些事件固然考驗婚姻和家庭的現況，可能成為家庭的危機，但基本上較為容易處理。若屬於「非預期的」、「非常態的」壓力源事件，是意外的、特殊情境的、不重複的。這些比可預測的事件壓力更大，對婚姻和家庭帶來的改變和破壞更大。Boss 提醒：「家庭及專業人員在對其情境做評估或是回應之前，界定事件的類型很重要；因為事件的類型將影響到整體的過程：如家庭對事件的認知、家庭經驗壓力的層次和所使用的管理策略。[5]」

二、衝突

婚姻衝突（marital conflict），依吳就君分析：夫妻間衝突的形式與嚴重性各不相同，主要因素依序有：性生活不和諧；對子女教養態度不一致；個性相差懸殊；宗教信仰不同；價值理念差異；個人興趣相異等[6]。彭駕騂列出「婚姻危機」的形成原因：夫妻人格特質未能配合；夫妻婚

前相知不足；第三者介入；家庭生活刻板；夫妻間的成長差異；家庭面臨經濟危機；夫妻面對發展事業的生涯壓力；姻親與人際關係問題；夫妻性關係不和諧；夫妻相處時間不足等等[7]。

嚴重影響、威脅婚姻穩定性的八大類和相關因素，整理如下：

（一）**感情關係**，包括無感情、冷淡、配偶愛上別人、配偶不再愛自己、配偶對別人有強烈好感、過分嫉妒等。

（二）**性關係**，包括性關係不滿足、性無能、配偶有奇特的性要求等。

（三）**角色履行**，包括夫妻一方不願意負責任、配偶無法履行婚姻承諾等。

（四）**親子角色關係**，包括對教養子女方式上之意見不合、親子衝突等。

（五）**社會文化背景**，包括姻親關係衝突、宗教信仰差異及社交活動奇特等。

（六）**因環境而造成之衝突**，如經濟困難、收入不足、疾病等。

（七）**偏差行為**，包括酗酒問題、犯罪行為、賭博惡習等。

（八）**人格及人際關係**，包括自私、獨裁、人格不穩定、互不相容、退縮、神經質、愛嘮叨、常責備、挑剔、不負責任、不可靠等。

從另一個角度分析，婚姻的問題可歸納為：婚姻當事人的問題、環境對婚姻影響所產生的問題，以及人際角色轉變產生的問題。簡要說明如次：

（一）**由當事者本身所引起的問題**。例如：因當事者精神病或身心障礙或疾病導致生活上的不適應、謀職困難與人際緊張。

（二）**環境影響的問題**。因周圍的環境因素激發問題的產生，使當事者或其家中成員成了環境的受害者（victim）或代罪羔羊（scapegoat）。

（三）**人際角色轉變的問題**。人與人的關係本來就複雜，在快速轉變的環境中更容易產生衝突，例如：家庭功能逐漸被其他制度所取代，兩性及婚姻觀念之改變而使教養子女的方式、親子關係、婦女角色迅速改變。

這些問題都容易造成婚姻低潮，如持續缺乏溝通，問題的嚴重性加劇，則危機更不容易化解了。

第二節 外遇

一、意義

加勒特（Garrett）分析：「外遇存在的時間可能和婚姻制度一樣久。[⑧]」多數社會為維持婚姻制度都反對外遇行為，但外遇並不容易消失。在臺灣，外遇被調查是已婚婦女最擔憂的事，外遇現象也的確是戕害婚姻的重要殺手。

外遇（extramarital sexual relationship）指在婚姻關係仍舊存續時，與配偶以外之第三者發生性關係之事實。藍采風界定外遇為：「配偶在婚後維持婚姻外的性關係。[⑨]」吳就君與鄭玉英：認為「外遇是婚姻關係中有了第三者的介入，男女的愛情是一對一的、排他性的，外遇是對這種排他性的挑戰。[⑩]」外遇，亦即「婚外性關係」，指「已婚者與非配偶之間的自願性交」。在《社會學辭典》中，認定外遇即「通姦」（adultery），是美國各州內民事離婚的最主要理由[⑪]。馬斯特（Master）、強森（Johnson）與洛德尼（Kolodny）認為「召妓」不應算在外遇之內，因為不具備「婚外性行為」的社會面和心理面[⑫]。

由上述定義看來，均以「性關係」為外遇的必要因素。若雙方彼此動了真感情，但沒有性行為，俗語稱之為「精神上的外遇」，彼此為「靈魂伴侶」，難以認定為外遇。男性外遇者被稱之為「偷腥族」，女性外遇者則被稱之為「出牆族」[⑬]，其普遍率相當高。

二、高危險人口群

女性外遇的高危險人口群，依博特溫（Carol Botwin）的分析，多達二十幾群：（一）有可趁之機，機會是關鍵；（二）職業婦女，因辦

公室戀情；（三）從事以男性為主的行業，相反地，男性從事以女性為主的行業，其外遇的機率並不會比較高；（四）父親或母親曾有過外遇；（五）在性生活中採主動者；（六）認為外遇是理所當然者；（七）社交圈中外遇比率高，有樣學樣；（八）住在大都市中；（九）是家中經濟或掌握家中大權者；（十）先生對她的依賴超過她對先生的依賴，愛得較淺、承諾較輕、需求較少者，容易鋌而走險；（十一）年紀較輕即結婚者；（十二）有許多婚前性經驗者；（十三）教育程度較另一半為高者；（十四）正值人生的過渡期或危險期；（十五）剛搬家；（十六）夫妻聚少離多；（十七）夫妻性生活不美滿者；（十八）對婚姻不滿者；（十九）長期想要有婚外情；（二十）婚姻沉悶，已不再浪漫；（二十一）打算離家出走；（二十二）女方和以往男友存在著特殊的友誼[⑭]。

　　林奎斯特（Linquist）歸納出不分男女的外遇高危險人口群：有婚前性行為者；結婚許久，有婚姻倦怠感者；性生活品質差者；婚姻品質差者；較獨立者；容易模仿到外遇狀況者；上班族。最容易發生外遇的組合則是：「已婚男子」加「單身女子」[⑮]。

　　簡春安將外遇區分為：拈花惹草型、傳統型、保護型、報復型、舊情復燃型、色情場所型、火花型、性需求型等[⑯]。馬斯特（Master）、強森（Johnson）與科洛德尼（Kolodny）則認為應考慮外遇時期的長短，短期的婚外關係較多，包括征服型、報復型、雙性戀型、瀕臨離婚型等[⑰]。

三、歷程

　　外遇是如何開始的？是什麼原因使兩人踰越社會規範？外遇者是長期準備要外遇或只在平常的狀況中自然發生外遇？

　　首先，外遇雙方未必有意積極地尋求與對方有性行為，Linquist 發現大致的過程是：外遇者在所參與的活動中發現某人特別吸引自己→雙方談話，彼此都用善於接納、感受性敏銳的態度來互動→雙方增強自己婚姻不幸福的感覺，說服自己另尋機會→對另一方坦誠，表明願用開放的態度增強關係→增強自己身體和心理的吸引力→尋找機會→放

鬆抑制約束，性行為終於發生，並維持了一陣子[18]。Master、Johnson 與 Kolodny 分析：情境取向臨時起意的外遇，通常涉及到飲酒，很多人喝酒之後便失去平日的自制力，轉為主動的「試探者」，尋求外遇[19]。

除了一夜風流的外遇，會維持一陣子的外遇更多，Linquist 區分外遇雙方關係為以下幾個階段[20]：

（一）**「甜蜜期」**：雙方經常參加共同的活動，彼此避免有長相廝守的期望，只集中在此時此地，並確保隱密性，盡可能忘記道德考慮及罪惡感。漸漸地，雙方希望能增強承諾，強化排他性。

（二）**「轉型期」**：須處理該有多少時間相處、如何活動、如何聯絡等問題，更要面對年齡、宗教、社會背景等差異，也會出現嫉妒、仇恨等心理。此時外遇對象的地位彷彿在對方生命中次於配偶的「第二號人物」（being second best），有部分就希望成為「第一號人物」，能與對方結婚。

（三）**「維持期」**：雙方接觸頻繁，考慮親人、朋友、同事的看法，也要處理錢財、權力、禮物等問題，懷孕更是大問題，各種難題接踵而至。

（四）**除了極少數結婚以外，終會走向「結束期」。結束的常見理由有：**無法與元配離婚；外遇戀情被發現；失去興趣；個人的問題，如心神不寧與心理障礙；感覺自己身陷兩難困境，想要掙脫；改變了期望和需要；發生別的戀情；被媒體報導等。

四、原配的痛苦

除了外遇的雙方，外遇者的配偶及家庭立即受到明顯的影響。配偶發現另一半有外遇時，多數會感到震驚、憤怒、被傷害、被羞辱。武自珍分析外遇者的配偶透過認知不斷評估情境（事件）。在第一個階段，妻子的第一個反應是震驚而難以接受事實，無法正常邏輯思考，因而陷入情緒及思考混亂的狀態，出現哭泣、到處查證及無法反應等現象。第二階段常見的情緒有：氣憤、羞恥、忍耐、衝突矛盾。第三階段在行為

上和情緒上逐漸恢復平穩[21]。元配在第二階段求助者較多，所需處理的問題複雜性也最高。

外遇者的元配必然是深受傷害，即使這對夫妻原來就採行「開放的婚姻」，允許對方在婚後依然有其他親密的異性朋友，但確知配偶與他人有性關係仍然痛苦不堪。元配常見的心理是：嚴重的抑鬱和感覺被騙。艾里斯（Ellis）是理情治療派（rational-emotive therapy，簡稱RET）的創始者，他認為人的情緒困擾或行為失常的主要原因受到情緒作用所蒙蔽，個人在知覺和態度上不能對事態認識清楚，不能以理性的方式處理問題[22]。Ellis 認為一般夫婦對於婚姻存在固有信念，認為自己最重視的他人應該給予特別的對待，並且自己也應該成為對方生命中最重要的人，因此外遇對婚姻必然產生傷害，外遇就是一種不理性且有精神疾病傾向的行為[23]。

元配對配偶外遇這件事必然產生一些想法，這些想法影響其情緒與行為的反應。武自珍研究各地生命線 277 個女性因配偶外遇而求助的個案，發現她們有各種想法。依該想法多寡情況來排列依序是[24]：

（一）我為他犧牲這麼多，他沒權利如此待我。

（二）我沒有能力解決丈夫外遇這件事。

（三）為了孩子的幸福，我必須與我先生在一起。（我沒離開他完全是因為孩子的關係。）

（四）我永遠無法面對我先生有外遇的事實。

（五）我先生有外遇，我以前所做的一切都白費了。

（六）我的先生有了別的女人，我覺得十分羞恥，在親戚面前抬不起頭來。

（七）既然我先生會欺騙我而去愛別的女人，我不會再相信他所說的話。

（八）我受不了我先生愛別人超過愛我的事實。

（九）這是我先生自己惹的事，應由我先生負責解決。

（十）我不能接受他當初既然愛我現在為什麼又去愛別人。

（十一）我一想到可能會失去他就感到驚慌無助。

（十二）我先生有外遇是我這一生都無法彌補的缺陷。

（十三）他愛上別人是一件不道德的事，因此該受所有人的責備。

（十四）從此之後，我不可能再快樂。

（十五）我先生外遇是因為我不夠完美。

（十六）他不積極解決與她的關係是因為他愛對方超過我。

（十七）既然他有外遇我也要外遇讓他難受。

（十八）我的婚姻失敗了，所以我是失敗的人。

（十九）既然他有外遇我要死給他看，讓他一輩子良心不安。

（二十）我先生有外遇居然有人會同情他，這世界真沒公理！

　　輔導者和求助案主針對各種常見想法多做討論和澄清，案主無須立刻結束婚姻。

五、法律議題（含通姦除罪化）

　　「外遇，犯不犯法？」此議題廣受注意，牽涉不同法條。《刑法》「妨害婚姻及家庭罪」不僅保障婚姻關係，還包括父母對於孩子的監護權。妨害家庭的罪刑包含了「重婚罪」、「詐術結婚罪」、「和誘罪」和「略誘罪」。第 237 條「重婚罪」：有配偶而重為婚姻或同時與二人以上結婚者，處 5 年以下有期徒刑，其相婚者亦同。

　　第 238 條「詐術結婚罪」：以詐術締結無效或得撤銷之婚姻，因而致婚姻無效之裁判或撤銷婚姻之裁判確定者，處 3 年以下有期徒刑。

　　第 240 條「和誘罪」：屬於刑事法條，且歸類在犯罪行為。目的在於保護家庭完整的結構、組織與功能。

　　第 241 條「略誘罪」：略誘未成年人脫離家庭或其他有監督權之人者，處 1 年以上 7 年以下有期徒刑。意圖營利，或意圖使被誘人為猥褻之行為或性交，而犯前項之罪者，處 3 年以上 10 年以下有期徒刑，得併科 200 萬元以下罰金。

　　「通姦除罪化」隨著社會風氣的開放，漸漸形成某種輿論。原《刑法》第 239 條規定：「有配偶而與人通姦者，處 1 年以下有期徒刑。其相姦者亦同。」這就是原本俗稱的「通姦罪」。在 2020 年，大法官做

出釋字第 791 號解釋，內容如下：

> 《刑法》第 239 條規定：「有配偶而與人通姦者，處 1 年以下有期徒刑。其相姦者亦同。」對《憲法》第 22 條所保障性自主權之限制，與《憲法》第 23 條比例原則不符，應自本解釋公布之日起失其效力。

> 《刑事訴訟法》第 239 條但書規定：「但《刑法》第 239 條之罪，對於配偶撤回告訴者，其效力不及於相姦人。」與《憲法》第 7 條保障平等權之意旨有違，且因《刑法》第 239 條規定業經本解釋宣告違憲失效而失所依附，故亦應自本解釋公布之日起失其效力。

大法官會議的解釋認為保護配偶的權益固然重要，但仍然不應該用《刑法》來處罰外遇的配偶和第三者，而限制個人的性自主權（也就是決定自己要不要跟誰發生性行為的權利），所以宣告《刑法》該規定違憲。

隨著通姦罪除罪化，許多民眾擔心：之後如果配偶外遇，還有什麼方法可以提告、主張自己權益呢？難道《刑法》沒有其他條文，可以懲罰這些不忠的配偶，或是破壞家庭的第三者嗎？

按照《刑法》第 240 條：「和誘未成年人脫離家庭或其他有監督權之人者，處 3 年以下有期徒刑。和誘有配偶之人脫離家庭者，亦同。」也就是「和誘罪」。根據這個法條規定，原配是否可以對第三者以和誘罪為由提告呢？並不容易！因為如果要成立和誘罪，犯人必須「使被誘人脫離家庭之意思，而移置於自己實力支配之下」。以外遇的狀況來說，第三者必須要有使外遇的一方脫離家庭的意思，且以引導的方式，使外遇者同意離開家庭。

以外遇狀況來說，婚姻的雙方應履行忠誠的義務與責任，若是其中一方在外和第三者行性行為，需蒐集到另一半和第三者「性器官結合」行為的證據，才得以提告。要以和誘罪約束配偶，難度很高。

妨害婚姻與家庭罪屬於「告訴乃論」，必須由受害的配偶向法院提出告訴，檢察官才受理案件。受害的配偶須在得知外遇事件發生性行為

後的 6 個月以內提出告訴。若原配想要求賠償，可以透過《民法》的「侵害配偶權」提告，且構成的要件與門檻較刑事來得低。《民法》第 195 條的「侵害配偶權」的內容如下：

（一）不法侵害他人之身體、健康、名譽、自由、信用、隱私、貞操，或不法侵害其他人格法益而情節重大者，被害人雖非財產上之損害，亦得請求賠償相當之金額。其名譽被侵害者，並得請求回復名譽之適當處分。

（二）前項請求權，不得讓與或繼承。但以金額賠償之請求權已依契約承諾，或已起訴者，不在此限。

（三）前二項規定，於不法侵害他人基於父、母、子、女或配偶關係之身分法益而情節重大者，準用之。

　　重點是在不合法的方式下，侵害了法定配偶與身邊的家屬權益，雖然受到損失不是財產的損害，但仍可以請求賠償，若是名譽受損也可請求回復名譽。特別要提醒：通姦除罪化除的僅是刑事上責任（除罪），但民事上關於侵害配偶權的規定依舊存在[25]。

六、對外遇事件的輔導

　　著名的家族治療醫生，華特克（Whitaker）在處理不計其數的婚姻問題後，說了一句名言：「不幸福的婚姻會讓溫柔善良的人成為滿是罪惡的魔鬼。[26]」當夫妻在原有的婚姻中受挫，雙方已有許多難以解決的問題，要給予協助已非易事，再加上第三者的捲入，關係更加複雜，給予輔導更不容易。

　　外遇事件的發生所牽涉的人遠較這三角為複雜，尤其在我國社會，婚姻絕非夫妻二人的事，而是牽連到家庭和家族。一個人外遇除了配偶受影響，首當其衝的是子女，其他家人多少受到影響。如果外遇者和第三者已有子女，問題就更為複雜。

　　要輔導處理外遇事件宜針對不同主角來說明，首先是針對第三者。博特溫（Botwin）分析女性外遇者常犯的錯誤包括經常要說服自己：是

為愛才跟他上床；性讓妳有愛的錯覺；妳分不清是激情？還是愛？錯把感激當作愛；錯將羅曼史當作愛；妳一心一意想見他；錯把忐忑不安視為愛；妳把他理想化。至於男性的外遇者則往往誤認外遇很好玩、可追求關係的變化。他們試探尋求刺激、證明自己仍然年輕、肯定自己的性能力等[27]。

其次是外遇者，壓力甚大，要試著不毀掉婚姻和家庭、避免讓兒女知道、考慮如果離婚的廣泛影響、個人時間和精力更是沉重的負擔等。但最大的問題還是：「要不要讓配偶知道？」任何外遇者必須面對此頭號難題，也是輔導者須協助外遇者正視的。

Linquist 建議外遇者在告訴配偶外遇事件之前先研判並思考以下問題[28]：

（一）我為什麼想告訴我的配偶？常見的原因包括：我有罪惡感；我希望把這件事公開；我覺得我的配偶也許已經知道了；我希望終止與配偶的關係；我希望終止與第三者的關係。

（二）假如我說了，我的配偶會有何種反應？常見的原因是：會生氣但期待原諒我；會比較注意我，並改善我們的關係；會棄我而去；會威脅要自殺。

（三）為何我不說，要維持這祕密？常見的原因是：說了會傷害孩子；說了會傾覆我們的家；我必須保護我的工作；不說對大家都好；我的情人不希望我說；我還想在社區中立足；我得保持我的聲望；我不敢冒失去一切的危險；我不想離婚。

站在輔導者的立場，會提醒外遇者的各種副作用與壓力，建議考慮終止外遇關係，因為外遇通常會導致婚姻破裂，並傷害一個人的名譽、道德、精神和財富。如果終止關係了，要試著治療婚姻和家庭，試圖恢復配偶的自尊和家庭的溫馨。

對於元配，知道配偶有外遇，馬上會感受到最大的羞辱及壓力，婚姻立刻陷入危機。沒有外遇的另一方可能會連問四個問題：

（一）我忍耐的極限在那裡？

（二）我對婚姻還存有什麼希望？

（三）離婚是最好的選擇嗎？

（四）子女、財產、情感……怎麼辦？

　　對於外遇事件的處理，可區分為（一）以金錢為主的尋歡外遇；（二）有情感基礎的異性戀外遇；（三）有情感基礎的同性戀外遇。如果配偶是第一種，為了自己，也為了全家人的健康，施壓力要求配偶接受檢查是必要的手段，此種性病檢查對配偶而言就是一種警戒和懲罰。如果配偶是第二種類型的外遇，受害的一方固當反求諸己，藉自省調整婚姻關係，更重要的，應該爭取到婚姻中主動的決策地位。

　　外遇的發生通常不是突然的，會有許多癥兆。Linquist 分析常見的指標有：一方對婚姻關係冷淡；一方想獨立生活；一方不斷抱怨；不想傾聽對方；對性生活冷淡；一方突然對自己的外表和體重特別重視；一方不想回家；不尋常的電話突然增多；一方對他人描述他的性幻想等等。如果有這些指標，元配應試著增進彼此的關係、增加雙方的溝通、鼓勵對方多回家、化解彼此的衝突、注意到對方未滿足的需求。如果能擴大與對方的接觸與相處，有助於避免外遇的發生[29]。

　　如果確知對方外遇，建議避免單獨處理，尋求更多的專業協助和社會支持，此時應保持冷靜，減少哭鬧。如果元配尚無工作，最好準備就業，並注意相關法律的保障，把受害減至最低程度，減少外遇對自己工作、身體、家庭等的影響。

　　外遇另一要角：第三者，也是輔導處理的要點，因為他／她的介入才造成如此複雜的關係，如果能退出這關係則問題就單純了。有些第三者捲入外遇事件時，並不知道另一方已婚；也有些是明知對方已婚仍覺得自己可以處理此種關係。佐拉（Zola）寫《為何好男人都結婚了？》（*All the Good Ones Are Married*）描述這些第三者的心情[30]。派姬（Page）也寫了《如果我不錯為何還單身？》（*If I am so wonderful, Why am I still single?*）都說明單身介入者的複雜心境[31]。

　　許多外遇的第三者是未婚女子，或許具備外遇者元配所沒有的優

點，也可能有某些優越的條件，介入者往往比元配年輕、教育程度高、所得多，甚至社會經驗豐富。部分第三者因而想要爭取與外遇者結婚的機會，他們也許覺得：「為什麼我比那女人晚一點遇到心儀的男人，就得沒名沒分的過生活？」在男方若有似無的承諾中，不少第三者積極想成為「第一號人物」。她們誤信關於外遇的神話，在此把有關外遇的神話（myth）整理出來，並用輔導工作者所提醒的事實加以說明㉒：

（一）「他承諾他會娶我。」天知道他對多少女人承諾？他連正式訂契約的婚姻承諾都破壞了，還會信守對妳的承諾？

（二）「我和他是最知心的朋友。」天知道！他有多少時間認識妳？他也不會把真正的自己攤開在妳面前。

（三）「婚外情會毀掉他和他老婆的關係，妳就有機會了！」妳不瞭解他，也不瞭解他老婆，更不瞭解他們的關係，更何況外遇和離婚沒有必然的關係。

（四）「我應當盡可能讓他快樂。」妳好偉大！妳用心把他的負擔往自己身上攬。他怎麼不想想他帶給別人多少麻煩和痛苦？

（五）「生個孩子能拉住對方。」這是逼男人做決定，他的決定多半是：逃！

（六）「浪漫的愛情勝過不快樂的婚姻。」這是偷情男人的盤算，他為何不積極改善自己的婚姻狀況，而只給妳浪漫的短暫？

（七）「男人的壯志比妳的事業和生活重要，妳要多遷就才可以拉住他。」妳如何的遷就，也改不了他和他那唬人的壯志。

（八）「反正閒著也是閒著，有男人總比沒男人好。」其實，還有其他值得妳愛的單身男人在等妳，也還有許多利人利己的事可以忙。

破除神話、正視自己的困境是外遇者應該認識的當務之急。在外遇的慾望之後，不是美好的未來，而是數不盡和越走越窄的困境。由第三者變成元配的例子固然有，但挑戰成功、擊敗元配的女性，卻無法改變枕邊人偷腥的習慣。就算是成婚，還可能面對其他挑戰者。

Linquist 建議第三者思考以下重要問題[33]：

（一）你的愛人確定給你承諾，還是他抗拒承諾？

（二）對方確實讓你覺得自己比其配偶、家庭、子女都重要嗎？

（三）你是否過分美化你的外遇關係？你是否常試著說服自己你已從外遇關係中獲得許多？

（四）你是否因有外遇關係而避免發展任何與未婚者的情感？

（五）你能否放棄外遇，度過暫時失望傷心的階段？

（六）你能把外遇和人生的幸福畫上等號嗎？

第三者應多考量：要繼續讓外遇下去，還是找回自己，找到值得走下去的人生？

除了大人之外，孩子也必然大受影響，在外遇者原生家庭的子女目睹父母的婚姻危機，飽受家庭中的壓力，自然是很痛苦的。如果父母離婚，家庭就變為「單親家庭」，孩子要面對一連串的問題。

在這個越來越重視情色和情慾，又越來越低估道義和責任的時代，外遇的例子勢必越來越多，婚姻關係和家庭制度都被外遇所挑戰。昔日所強調的「白髮吟」式的夫妻深情若被見怪不怪的各自婚外情所擊潰，受傷害的將不只是夫妻，子女、親人和社會規律體系也都將為此付出高昂的代價。

第三節 婚姻消滅及分居

一、關係消滅

夫妻離婚時，婚姻關係消滅，但婚姻關係消滅之原因，不限於離婚。《民法》許多條文都規定婚姻撤銷之原因。

第 989 條　結婚違反第 980 條之規定者（即「未滿 18 歲」），當事人或其法定代理人得向法院請求撤銷之。但當事人已達該條所定年齡或已懷胎者，不得請求撤銷。

第 991 條　結婚違反第 984 條之規定者（即「監護人與受監護人，於監護關係存續中，不得結婚。但經受監護人父母之同意者，不在此限。」）受監護人或其最近親屬得向法院請求撤銷之。但結婚已逾 1 年者，不得請求撤銷。

第 995 條　當事人之一方，於結婚時不能人道而不能治者，他方得向法院請求撤銷之。但自知悉其不能治之時起已逾 3 年者，不得請求撤銷。

第 996 條　當事人之一方，於結婚時係在無意識或精神錯亂中者，得於常態回復後 6 個月內向法院請求撤銷之。

第 997 條　因被詐欺或被脅迫而結婚者，得於發見詐欺或脅迫終止後，6 個月內向法院請求撤銷之。

「結婚撤銷之效力，不溯及既往」（998 條）。雙方當事人因善意且無過失，信賴一方前婚姻消滅之兩願離婚登記或離婚確定判決而結婚者，後婚姻仍為有效，此種情形，前婚姻自後婚姻成立之日起視為消滅。法律規定婚姻關係消滅之情形，也是婚姻關係消滅之原因。至於婚姻無效，應自始無婚姻關係存在。

二、分居

《民法》第 1001 條定有明文：「夫妻互負同居之義務。但有不能同居之正當理由者，不在此限。」常見的正當理由如：因工作分隔兩地、長期出差在外、旅遊等。分居（marital separation）指夫妻雙方分開居住，通常其中一方搬離原來的婚姻居所，不再以夫妻的形式生活。一般而言，除非對方就分居日期提出爭議，否則無需向法庭提出文件或證據證明已分居。

分居是在雙方仍保持婚姻關係的狀態下協議合法分開居住，主要目的為了避免夫妻立即走向離婚，分開居住一段時間有助於緩和衝突造成的情緒，降低離婚機率。分居雖然會暫時對彼此經濟、子女撫養狀況造成影響，但復合時，雙方不需要透過辦理其他手續，便能延續原本的婚

姻關係，因此許多伴侶在做離婚最終決定前先選擇分居。

一方想分居，若對方不同意分居日期或認為沒有分居的必要，分居協議書是其中一種方法，但亦可用其他方法，如電郵或短訊給對方，說明已搬離居所，以此當作證明。分居協議書的形式和內容，《民法》並沒有明文規定。基於契約自由原則，夫妻約定分居只要內容沒有違反強制或禁止之規定，也沒有違反公共秩序或善良風俗者，即屬有效。

我國的法律並無分居制度之設計，夫妻縱使事實上已分居，是不須經任何法定程序，也沒有受理分居登記之機關。分居協議常見約定的重點，包括：

（一）**期間**：開始分居到結束分居的確切年月日，不宜約定永久分居，或分居期間沒有限制，如此將造成無限期分居的結果，又違反《民法》第 1001 條規定之內容，與婚姻之本質顯然違反公共秩序或善良風俗，應屬無效。

（二）**分居期間的財產處理**：例如共同費用怎麼分擔、各自債務各自負擔等。

（三）**分居期間的孩子扶養**：例如費用分配和處理，未成年子女照護和探視方式，協調雙方的責任。

（四）**離婚條件**：分居結束後，若其中一方不履行同居義務，另一方有權提出離婚訴求等約定。由於分居並沒有列入《民法》所規定的任何一項法定離婚事由，若夫妻要訴請離婚，分居協議書只能做為雙方分居多久的「證明文件」，無法成為法官直接判准離婚的理由。

是否可以約定分居中得另交男女朋友？不宜。另交男女朋友類似「外遇」，此種約定顯然是違反婚姻應以互負誠實義務為內容的本質，可能無效。

分居多久才可以訴請離婚呢？部分夫妻在分居後會訴請離婚，分居至離婚時間不等，有些半年，有些達 1 年半甚至更久。分居達一定期間後即構成離婚事由，不過分居期間要達多久，法院對此看法不一，有些

法官認為至少要分居 3 年以上，有些法官認為分居 1 年以上即可。分居期間的長短只是協助法官判斷的標準之一，重點在於夫妻之間是否有繼續維持婚姻的可能性。縱使分居期間很短，但如果分居期間夫妻幾無互動，鮮少往來，情感基礎脆弱，且不願離婚的一方也無積極挽回婚姻之舉動，法院也可能認定雙方已無法繼續經營婚姻而准許離婚。

法官判定離婚的依據，關鍵考量是分居背後的原因，「單純分居」並不列入法定離婚事由，因此判定離婚必須綜合其他因素，也就是說：分居多久不是重點，關鍵是分居背後的真正原因！

有些律師基於實務經驗建議：若要以分居做為請求裁判離婚之事由，最好是先訴請履行同居，獲得勝訴判決後再依《民法》第 1052 條第 1 項第 5 款「夫妻之一方以惡意遺棄他方在繼續狀態中者」為由訴請判決離婚。

法律有明文規定的主要針對以下兩種情形，第一種規定在《民法》第 1010 條「夫妻難於維持共同生活，不同居已達 6 個月以上」，夫或妻可以向法院聲請宣告改用夫妻「分別財產制」。

另一種情形則是在《民法》第 1089-1 條：「父母不繼續共同生活達 6 個月以上時，關於未成年子女權利義務之行使或負擔，準用第1055 條、第 1055 條之 1 及第 1055 條之 2 之規定。」就是說夫妻在還尚未離婚，有關未成年子女的親權問題，若夫妻已經分居 6 個月以上，就可以比照已經離婚的狀況，依夫妻雙方協議由一方或雙方共同擔任親權人。若是無法協議，則交由法院來酌定。法院除了酌定親權，也可以為沒有擔任親權一方的父親或母親酌定與未成年子女會面交往的方式及期間。

法律並無明文規定「夫妻分居 6 個月以上」構成離婚的事由。構成夫妻離婚事由，主要規定在《民法》第 1052 條第 1 項各款，另外《民法》第 1052 條第 2 項則是規定夫妻若有難以維持婚姻的其他重大事由，也可能做為訴請法院判決離婚的理由。

夫妻分居達 6 個月以上在法律上的意義，主要是可以向法院聲請宣

告改用夫妻分別財產制，或是酌定未成年子女親權及會面交往。若是以夫妻分居達 6 個月以上為由直接訴請離婚，因為不是法律明文規範的離婚（列舉）事由，法官需依個案狀況判斷。

三、卒婚

不美滿的婚姻就一定得走向「離婚」一途嗎？未必！有些人選擇類似學校的「卒業」，採取「卒婚」。「卒」有死亡、終止、結束之意，「卒業式」就是畢業典禮的意思，卒代表「結束」，套用這個語義，延伸出「卒婚」代表著「結束了婚姻這門修業」[33]。

卒婚簡言之是兩人不解除法律形式的婚約關係，繼續一同生活。「卒婚」是長久一起生活的夫妻不解除婚姻關係，互相承認各自有興趣、想法和生活方式。不須總是在一起，也可以分開生活，去不同的地方旅行。但因為是家人，還是可能互相扶持。卒婚不代表不愛對方，也許只是採取讓雙方喘息的生活方式。

常見於 55 歲至 70 歲的熟齡夫妻，對長輩而言，礙於面子問題，覺得離婚很沒面子，但對婚姻又有一種疲倦感。對卒婚更貼切的形容是給予彼此更多自我空間。像夫妻又像朋友，仍享法律保障。

當夫妻進入「空巢期」，原本為了家庭全心全意的付出，但兒女長大成家後，上了年紀的女性，發現夫妻朝夕相對，卒婚型態較為適合。有時因婦女在孩子離家念書後，內心空虛，生活頓失重心，找不到自我價值。有時原本工作一輩子，退休後就像洩了氣的皮球。當生活重心只剩下另一半，兩人的價值觀長期有待磨合，原為了孩子都可以忍受，但子女離家，開始思考是否可換一種相處模式，不選擇離婚，考慮卒婚。

實踐、研究和推廣，更幸福

在 1987 年撰寫《婚姻的危機與轉機》，開始探討婚姻危機此舉世難題，並思考對應之道。1992 年，教育部社會教育司開始重視家庭教育，組成了家庭教育委員會，邀請二十七位委員，包括我。這些委員分四組，推選我兼輔導組組長。我的工作主要是去各縣市成立的家庭福利服務中心對工作人員及志工給予輔導。因此到各處演講，也幫忙處理比較複雜的個案。

中部最早設立諮商輔導研究所的是彰化師範大學，我應邀兼課。最先教「員工協助方案」，然後教「婚姻諮商」和「家族治療」，那時這兩個領域還沒有太多專家，授課時除了研究生之外，還有老師旁聽。我大量閱讀美國這些領域的原文書籍和研究，又讀國內的，試著與大家一起進入這專門的領域。教學相長，獲益良多。

但「員工協助方案」、「婚姻諮商」和「家族治療」畢竟都是高成本、高難度的專業服務。那時我認為在臺灣中部還不具備條件充分接受這些專業服務，而且研究生多數打算進入大專院校諮商中心工作。我被選為東海社工系系主任後，就決定不再講這些課程，以培育社工人才為生命的重點。

社工以家庭服務為重點，我在課程規劃時特別看重婚姻的種種危機，也希望學生累積專業能力，能夠診斷及處遇種種婚姻危機，設法使之有轉機。

第 **8** 章
離婚

婚姻

，就是過日子。日子若過不下去，有點麻煩。離婚，不再一起過日子。自己，還是要過日子。一起過日子時，食衣住行育樂的安排，有配偶一起操心一起努力。如今愛情下課了，得凡事自己來張羅，生活的難度高了一些。與子女、家人的關係，重新安排。

曾經沒有婚姻，後來結婚了，得到了；離婚，又失去了。得而復失，比起從未獲得，是好是壞？很難講。

婚姻須遵守《民法》等法律規範，離開婚姻也要遵守法律的規範，但結婚容易有共識，離婚的雙方很難處處達成共識。在方式上，要協議還是判決？協議有諸多細節，判決讓外人來判斷家務事，紛擾頭痛。財產的切割、兩方家人的處理等等，都不簡單。

最難的、最割捨不了的、最爭議的，是親生骨肉，要如何安排監護與探視？兒女的年齡、身心狀況、學習情形等，都使有意離婚者，多了些煩惱。所幸，政府的《家事事件法》增加了社工陪同、專業調解制度、交付子女及會面交往等處理機制，還有社政體系與戶政體系，配合社會安全網計畫，合作推動社區式家事商談，再加上一些律師的諮詢，可能使這些問題的處理，順利一些。

有些離婚者，又結婚了，找另外一個人共同過日子。有些喪偶的，也選擇再婚。當人們的平均壽命延長，要過的日子增多，再婚者也越來越多，重組的家庭越來越普遍。

第一節 社會面

一、影響因素

婚姻是一種約定，問題是：這約定是終生之久嗎？婚約此約定是否會終止呢？夫妻結婚之初所許諾的「海枯石爛永不分離」，但海未枯、石未爛，數以千計萬計的夫妻都離婚了。婚禮的儀式是為了一生之久的婚約關係所設計。例如在基督教婚禮中牧師帶領丈夫唸：「你願意終生愛她、對她忠誠、對她仁慈……至死方休。」夫妻也許下永不分離的諾言，但許多人都在有生之年終止了這婚約，離婚了。

婚姻是一種關係，它規定在什麼情況下相愛的兩人可以住在一起、可以發生性行為、可以負擔扶養的責任。但婚姻總有中斷的時候，如一方死亡或失蹤、分居、離婚等等。研究離婚，可以從個人面來瞭解，強調丈夫、妻子和子女之間的關係及變化，把離婚當做人生的一個危機，進一步探討如何去協助當事者度過危機，婚姻家庭顧問較偏重這個角度。

但從社會學的觀點來看，離婚也是家庭解組的一種表現。經由婚姻的結合形成了家庭制度，不管有沒有子女，都可以看作是外在較大社會體系中社會力量的一個小團體。社會力量對於婚姻或家庭的生活，包括家庭的組成或解體，都有約束的作用。在社會體系中，社會約束的效力因不同的次團體（subgroups）而有差異。例如，法律對婚姻的禁止或核可，代表社會力量有形的一面，不同社會對離婚法律存在差異。

古德（W. Goode）認為造成離婚率上升的主要因素是：（一）價值觀的改變；（二）社會不再重視婚姻的穩定；（三）婚姻的功能被其他制度取代。芬內隆（Fenelon）研究人口移動與離婚的關係發現：若移入者佔總人口的比例較大，則該社會的整合較弱，而離婚者受到的社會責難較少，從而導致較高的離婚率[1]。法伯（Farber）發現顯著影響離婚率的兩項因素是：男權社會的離婚率低於平權社會的離婚率；有子女的

夫婦之離婚率低於沒有子女的離婚率。在男權社會中，社會給丈夫的權威大於給太太的，太太通常順從丈夫，較少發生激烈的衝突和爭吵；但在平權社會中，夫妻權威相等，家務必須夫婦商量，容易引起爭吵，導致婚姻破裂。Farber 分析：在考慮離婚時，有子女的夫婦常會考慮離婚對子女的影響，以及離婚後扶養子女的問題，而沒有子女的夫婦則不需顧慮這些問題[②]。依照涂爾幹（Durkheim）的理論也可發現：由於沒有子女的夫婦社會連帶（social bonds）較弱，也容易採取激烈的手段終止彼此的關係。

馬擇（Mazur）認為社會趨向現代化，是全球的趨勢，抑制離婚的社會約束力都逐漸減弱，會漸漸朝著比較有利於非家庭性（non-familiar）的安排方式。社會制度的發展，社會逐漸分化，在這個過程中，社會約束力由老式的家族，轉移到家族外的現代組織，離婚率的變化只是整個社會變遷後果之一。在一國的不同人口群之間，離婚決定的原因和一些現代化的因素高度相關。婦女教育水準提高、都市人口比例增加、科層化程度提高等都和離婚率有正向關係，而家庭人口數和離婚率則為負相關[③]。

現代化對離婚的影響，功能學派以「核心家庭的社會孤立」（the social isolation of nuclear families）為說明重點。萊德（Norman Ryder）認為社會分工的細密及專業化、高度的社會流動，以及個人性（individuality）的增加等都提高離婚的機會[④]。在工業化的過程中，家庭的傳統功能逐漸被外界專業化的制度取代而式微，如教育交給學校，娛樂交給娛樂事業，照顧由醫療機構負主要責任，家庭只剩下繁衍後代及情緒慰藉兩種主要功能，在激烈競爭的工業社會中，為生活緊張的個人繼續提供情緒的慰藉及感情的支持。

李美玲研究中指出：「家庭功能專業化，家庭的整合基礎也為之改變，而『個人性』的增加對婚姻及家庭制度的穩定與維持不變是一種威脅。如果一個家庭組合不能滿足個人的情緒要求，婚姻的穩定性就容易動搖。個人性的重要基礎是生活資源無虞匱乏，因為經濟發展及就業的影響，使得個人依賴婚姻或家庭取得資源的程度降低；婚姻及家庭對個

人而言，屬於『選擇』的成分性質便增加，表現出來的社會現象包括離婚率上升、單身人口增加，以及單親家庭增加等等。[⑤]」

歸納美國社會高離婚率的主要因素有十一項[⑥]（請對照第六章第一節「決定婚姻成敗的力量」加以比較）：

（一）年齡太輕，尤以不滿 20 歲即成婚者最明顯。

（二）從認識到結婚太短，例如不到 2 年。

（三）婚前交往時期太短，以不到半年最明顯。

（四）父母的婚姻不幸福。

（五）親友明確表示不同意這段婚姻。

（六）背景有明顯差異。

（七）宗教信仰不同。

（八）求學階段有輟學經驗的。

（九）未能建立良好的社會參與。

（十）對丈夫和妻子角色義務的認定有異。

（十一）社會連帶較弱。

除了上述原因，根據考洪恩（Calhoun）、萊特（Light）與凱勒（Keller）[⑦]整理多項研究離婚的資料，還發現下列人口群的離婚率比較高：

（一）居住在都市地區者。

（二）夫妻均工作，但收入並不高。

（三）妻子對家事分工採平權態度，但丈夫沒有。

（四）夫妻均無強烈的宗教認同。

（五）夫妻均是自由主義者。

（六）夫妻均對生命採取悲觀主義。

（七）雙方或一方的父母有離婚紀錄。

在國內，社會學者較注重社會結構的整體狀況之影響，如都市化、工業化、社會控制、社會連帶等鉅視因素；輔導實務工作者則留意夫妻間的互助及家庭婚姻生活狀況，偏向微視。但能找出直接影響離婚的原因，被學者提到最多的依序是：外遇、財務經濟、不良嗜好、個性不合、婆媳或姻親困擾、道德及宗教約束力減弱等。

二、統計數據

　　統計學者在進行社會現象的統計時，傾向於對現象有一整體分析，各種統計數字都是整體狀況。但看著這些數字時請別忘記：這幾千幾萬數字是一對一對夫妻正式分手累加起來的，每一對走向離婚一定都有原因，都各有辛酸壓力。在法院和戶政事務所處理離婚案件時並沒有要求夫妻詳載「原因」，夫妻也不一定能說清楚為何離婚？俗語說：「冰凍三尺，非一日之寒」，無法說哪一片雪花結成冰，壓垮了夫妻情，往往是不計其數的雪花越積越多而造成的。

　　當有人說「臺灣的離婚率是亞洲第一」時，其本意是要強調臺灣離婚現象的普遍性，但這未必完全是事實。因為統計離婚率的方法有很多種，有些人會找最足以說明問題嚴重性的某一項來強調，但這些說明也許有預設立場，卻未必周全。

　　人口學者對離婚率的主要指標：

（一）1 年內的離婚對數

　　進入 21 世紀，2000 年 52,670 對，2001 年 56,538 對，2002 年 61,213 對，2003 年達到顛峰，64,866 對，2004 至 2006 年都在 60,000 對出頭，2007 年降至 58,518 對，然後維持 55,000 至 60,000 對到 2012 年，2013 年跌破 55,000 對，在 50,000 至 55,000 對之間，持續到 2020 年。2021 年跌破 50,000 對，2022 年剛超過 50,000 對，為 50,609 對。

（二）以 1 年內離婚對數除以結婚對數

　　以 2021 年來看，114,606 對結婚，47,888 對離婚，後者為前者的 41.28%。2022 年有 124,997 對結婚，離婚除以結婚得 40.48%，這種描述最為驚人。表示每 5 對在辦結婚登記時，有 2 對在辦離婚登記。

（三）有偶人口離婚率

　　2021 年時，男性為 9.22‰，女性為 9.43‰，分別較 2012 年減少 1.59

個及 1.60 個千分點。2021 年平均每日離婚／終止結婚對數為 131.20 對，
較 2020 年平均每日減少 9.81 對，更較 2012 年減少 21.35 對。

（四）離婚對數的變化

如 1984 年臺灣地區只有 19,013 對離婚，2021 年 47,888 對，較
2020 年減少 3,722 對（-7.21％），2022 年有 50,609 對離婚。2012 年
起至 2021 年，離婚對數呈波動趨勢，2012 年 55,835 對最高，2014 年
下降至 53,144 對，2017 年又緩增至 54,439 對，2018 年起離婚對數緩降。

（五）以離婚人口數除以總人口數

如 2022 年年底臺灣地區有 23,212,056 人，該年有 50,609 對離婚，
即 101,218 人，為總人口的 0.436%。

（六）離婚的總人數

在表 8-1 呈現臺灣 15 歲以上人口及離婚人數。

表 8-1 ▶ 15 歲以上人口及離婚人數

	總計	離婚	男	離婚	女	離婚
2010 年	19,537,812	1,390,544	9,743,926	664,650	9,793,886	725,894
2011 年	19,723,122	1,442,951	9,818,529	689,001	9,904,593	753,950
2012 年	19,904,145	1,496,101	9,893,797	714,025	10,010,348	782,076
2013 年	20,026,916	1,543,498	9,939,573	735,827	10,087,343	807,671
2014 年	20,156,453	1,587,914	9,990,207	756,175	10,166,246	831,739
2015 年	20,304,294	1,630,352	10,051,561	775,334	10,252,733	855,018
2016 年	20,397,935	1,673,523	10,083,204	794,574	10,314,731	878,949
2017 年	20,479,354	1,718,652	10,110,623	814,912	10,368,731	903,740
2018 年	20,540,705	1,763,667	10,128,192	835,237	10,412,513	928,430
2019 年	20,592,770	1,808,456	10,141,384	855,466	10,451,386	952,990
2020 年	20,597,840	1,849,802	10,134,705	874,409	10,463,135	975,393

	總計	離婚	男	離婚	女	離婚
2021 年	20,485,406	1,875,561	10,078,464	886,180	10,406,942	989,381
2022 年	20,445,471	1,906,228	10,037,012	897,331	10,408,459	1,008,897

資料來源：內政部戶政司（2023）。人口統計資料－十五歲以上人口婚姻狀況。網址：https://www.ris.gov.tw/app/portal/346

由表 8-1 看出一些現象：

1. 到 2022 年時，15 歲以上的人口中，女性略多於男性，佔 51%，男性為 49%。
2. 15 歲以上的人口有將近十分之一為離婚者，有 9.3%，女性的比例 9.7%，高於男性。
3. 從 2010 年到 2022 年，離婚總人數成長了 37.1%，女性的總人數成長更多，將近 39%。

（七）離婚人數按照年齡分

將 2021 年的情形，對登記離婚者以每 5 歲為一群組，整理如表 8-2，也說明各年齡層的離婚率。

表 8-2　離婚人數及離婚率按照年齡分

年齡	男	離婚率（‰）	女	離婚率（‰）
未滿 20 歲	51	117	256	1
20-24 歲	1,715	115	3,254	112
25-29 歲	4,331	47	6,025	43
30-34 歲	6,329	25	7,904	23
35-39 歲	8,344	18	9,610	17
40-44 歲	8,430	14	8,312	13
45-49 歲	6,057	11	5,190	9
50-54 歲	4,800	8	3,375	6
55-59 歲	3,404	5	2,157	3

年齡	男	離婚率（‰）	女	離婚率（‰）
60-64 歲	2,116	3	1,208	2
65 歲以上	2,056	2	852	1
合計	47,633	9	48,143	9

資料來源：中華民國內政部（2023）。離婚人數按年齡分。網址：https://www.moi.gov.tw/cl.aspx?n=15372

由表 8-2 可知：

1. 女性的總人數比男性多，因為女性同婚者明顯多於男性同婚者。相同性別終止結婚 507 對中，男性 126 對、女性 381 對。六都以新北市 86 對，臺中市 78 對居前兩位。

2. 離婚的高峰期在 35-39 歲，其次是 40-44 歲，男性有 16,774 人。這十歲之間離婚，佔了離婚者的 35.4%。女性更多，有 17,922 人，佔了總數的 37.2%。

3. 超過 50 歲「黃昏散」的中高齡者，男性總計 12,376 人，女性總計 7,592 人。中高齡者，女性多於男性，但離婚者少於男性。

4. 離婚的千分比，大致呈現下滑的趨勢。20-24 歲超過千分之一百。50 歲以後，降至千分之十以下。

（八）婚齡按照 5 年分

昔日有「七年之癢」的說法，彷彿 7 年是高峰。若以結婚每 5 年為一個單位，現在臺灣離婚率最高的是「結婚 0 至 4 年」者，相較於 10 年前、2009 年時離婚率最高是婚齡 5 年到 9 年，現代夫妻不到 5 年就開始「癢」了。整理 2021 年重點有：

1. 婚齡未滿 5 年者，有 16,639 對（佔 34.75％）最多，從 2013-2021 年婚齡未滿 5 年者之佔比皆超過 30％，且逐年升高，2021 年的 34.75％所佔比重較 2012 年增加 6.04 個百分點。

2. 5 年到 9 年者 11,198 對（佔 23.38％）次之。

3. 10年以上至未滿30年者漸減。5年至未滿20年減少8.02個百分點。

4. 婚齡30年以上者略增。是否有「黃昏散」的現象？婚齡20年以上者增加1.98個百分點，30年以上略增。

（九）婚齡中位數

2014年離婚在結婚後達9.10年高點，逐年下降至2021年之7.95年。也就是說，2021年有半數離婚者的婚齡未滿8年，較2020年略減0.15年，較2012年更減少1.07年。或許是因為過了10年，該磨合的多半磨平了；如果以10年以下婚齡來統計哪一年最容易離婚，最近幾年都是「1年以上、2年未滿」，比例甚至高過未滿1年者。

（十）再婚（含離婚及喪偶）的狀況

2010年時，女性再婚率僅10.1‰，遠低於男性的24.5‰。再婚者平均年齡新郎為44.6歲、新娘為38.4歲。新郎以35-39歲者4,275人佔19.41％最多，40-44歲者3,962人佔17.99％次之。新娘年齡以30-34歲者4,950人佔25.29％最多，35-39歲者3,844人佔19.64％次之。

2021年時，女性再婚率為9.69‰，遠低於男性的15.61‰。過去40年間降幅分別達18.72個及7.32個千分點。男、女再婚平均年齡分別為45.4歲及40.7歲，與2020年比較，分別增加0.3歲及0.4歲；比40年前，分別增加6.1歲及6.8歲，顯示女性再婚年齡延後情形亦較男性明顯。

整體來看，過去離婚率偏低，但分居者不少；現在離婚者眾，配偶不怕離婚壓力的越來越多。整個社會的離異情況出現性質上的改變，從上述離婚的統計數字上更可觀察到此一趨勢。

第二節　法律面

一、《民法》規定

　　個別離婚與國家機器之間最直接關聯的為法律上的離婚（legal divorce）。法律上的離婚需經由法庭判定而解除夫妻婚姻的關係，主要目的為解除婚姻的法律束縛，而使感情上已離婚的夫婦能正式分離，也可以再尋找對象結婚。當然，並非所有經歷感情上離婚的夫妻都在法律上離婚了，許多仍住在一起。尤其在我國社會，名實不符，表裡不一的現象十分常見。

　　分居者可能恢復其婚姻關係、或離婚、或長期的分居。跟離婚數字的激增來比，分居的情況就沒有那麼突出。許多過去採取各種分居方式的夫妻，現在都勇於突破婚姻證書那一張紙的約束，直接採取離婚的手段，希望能迅速解決問題。只是，離婚可能是更多問題的新開始。

　　由於社會觀念的改變、個人主義觀念的增強，也由於法律上的協助及社會機構的輔助漸增，再加上離婚的創傷已不像以往那麼嚴重，當事人要面對離婚的社會壓力也逐漸減少。夫妻在有婚姻危機時，比較容易了斷彼此在法律上的關係，為再次的婚姻鋪路。

　　法律上的離婚造成婚姻破裂的痛苦，可由兩方面來說明：第一，法律上的程序並不能解決因感情上的離婚所造成的困擾，律師們被訓練主要是以理性來處理案件，且大多數的家事法庭中的人員，很難專心聆聽當事人的願望和煩惱，不一定瞭解案主猶豫不決的心情。夫妻得在法律的過程中一再面對彼此的差距，一再碰到感情的痛苦，承受刻骨銘心的壓力。

　　另一方面是法律過程加重原本的痛苦，在離婚處理對立制度的本質之下，律師只為其委託人爭取利益，而忽略了那些能對離婚夫婦雙方或許有利的情境。有關離婚的心理輔導者常認為：律師插手於離婚的過程越晚越好。因為一旦律師接手，夫妻雙方的敵意有時會被提升，使離婚

的可能性升高。

　　從社會學的觀點，離婚即法律上有效婚姻的合法破滅，換言之，離婚主要是「法律的」。離婚之目的，是使婚姻解體，解除平時嚴格而繁重的婚姻控制，獲得社會准許之婚姻破裂，表示法律聯繫之合法解散。《民法》第四篇第五節規範離婚，重點整理如下。

第 1049 條　夫妻兩願離婚者，得自行離婚。

第 1050 條　兩願離婚，應以書面為之，有二人以上證人之簽名並應向戶政機關為離婚之登記。

第 1052 條　判決離婚的狀況

第 1053 條、第 1054 條　請求權

第 1055 條　對於未成年子女權利義務之行使或負擔

第 1056 條　損害賠償

第 1057 條　贍養費

第 1058 條　財產議題

　　婚姻，不可兒戲。離婚，更不可兒戲。如果以為離婚方式就是證書寫一寫，絕對是錯誤的看法。離婚方式概分成三大類：

（一）**協議離婚**：指雙方都同意對方所提出的離婚條件，可能交由律師擬定離婚協議書。經由兩位合法見證人同意，待完成離婚協議書再至戶政事務所辦理登記。

（二）**調解離婚**：界在「協議」與「判決」之間。在離婚條件中，雙方可能都有點疑慮而不願意退讓。此時，可向法院聲請調解並由調解委員會出面協助雙方確認問題。由於離婚屬於「家事事件」的一環，對於離婚條件無共識的話，都需要先經由調解委員會出面處理才可進行後續的訴訟程序。

（三）**判決離婚**：通常走到這一步，代表著夫妻可能得撕破臉。雙方對於配偶所開出的離婚條件並不同意，需要透過法官裁判，並對監護權、財產分配與扶養費等相關問題逐一判決。

　　判決離婚須符合要件，並由法院判決。依照《民法》1052 條，夫

妻之一方，有下列情形之一者，他方得向法院請求離婚：

（一）重婚。

（二）與配偶以外之人合意性交。

（三）夫妻之一方對他方為不堪同居之虐待。

（四）夫妻之一方對他方之直系親屬為虐待，或夫妻一方之直系親屬對
　　　他方為虐待，致不堪為共同生活。

（五）夫妻之一方以惡意遺棄他方在繼續狀態中。

（六）夫妻之一方意圖殺害他方。

（七）有不治之惡疾。

（八）有重大不治之精神病。

（九）生死不明已逾 3 年。

（十）因故意犯罪，經判處有期徒刑逾 6 個月確定。

　　有前項以外之重大事由，難以維持婚姻者，夫妻之一方得請求離婚。但其事由應由夫妻之一方負責者，僅另一方方得請求離婚。

　　離婚應向戶政機關登記，判決離婚須符合要件，以往判決或調解後，只要有一方不願意到戶政機關辦理離婚登記，就算是法院已經調解或和解離婚也不成立。此規定已經修正，按照 1052-1 條的規定：「離婚經法院調解或法院和解成立者，婚姻關係消滅。法院應依職權通知該管戶政機關。」如此簡化離婚程序，只要經法院調解、和解達成離婚協議者，婚姻關係即不存在，當事人不去戶政單位辦理變更，戶政事務所也能以法院寄發的通知逕行辦理。新制希望可以提升法院的公信力，協助解決怨偶的問題。在表 8-3 呈現按離婚方式離婚／終止對數的情形。

表 8-3　離婚／終止對數按離婚方式分

年別	總計	兩願	判決	法院調解	法院和解	法院和解佔總離婚數百分比
1998	43,729	40,078	3,651	…	…	…
1999	49,157	44,898	4,259	…	…	…

年別	總計	兩願	判決	法院調解	法院和解	法院和解佔總離婚數百分比
2000	52,755	47,823	4,932	…	…	…
2001	56,628	51,464	5,164	…	…	…
2002	61,396	55,120	6,276	…	…	…
2003	64,995	57,152	7,843	…	…	…
2004	62,635	54,329	8,306	…	…	…
2005	62,650	54,415	8,235	…	…	…
2006	64,476	55,560	8,916	…	…	…
2007	58,410	50,789	7,621	…	…	…
2008	56,103	48,548	7,555	…	…	…
2009	57,223	47,677	9,546	…	…	…
2010	58,037	48,098	5,783	3,215	941	1.62
2011	57,077	47,265	5,738	3,056	1,018	1.78
2012	55,835	46,386	5,512	3,064	873	1.56
2013	53,599	44,694	4,844	3,112	949	1.77
2014	53,144	44,583	4,294	3,420	847	1.59
2015	53,448	45,258	4,088	3,267	835	1.56
2016	53,850	45,776	3,824	3,352	898	1.67
2017	54,439	46,214	3,755	3,533	937	1.72
2018	54,402	46,243	3,758	3,457	944	1.74
2019	54,346	46,556	3,352	3,561	877	1.61
2020	51,610	43,972	3,011	3,880	747	1.45
2021	47,888	41,070	2,786	3,413	619	5.82

資料來源：內政部戶政司（2023）。人口統計資料—離婚對數按離婚方式（按發生）。
網址：https://www.ris.gov.tw/app/portal/346

　　判決離婚之原因，以「遺棄」最多，其次是「重婚」，第三是「通姦」，第四是「判處徒刑」，第五是「生死不明」，其餘幾種情形較少。近年來，各界不斷呼籲修正《民法》親屬篇，在判決離婚的條件方面，建議予以放寬，尤其是「一方有不良惡習」建議應納入。在 1998 年立

法院通過的《家庭暴力防治法》已納入配偶虐待的規範。

判決離婚是一方有過失的離婚，往往認定其中一位有明顯過失，而另一方則是無辜的受害者。法院在處理時要證明一方的過失確實嚴重，處理過程變得很不愉快、很痛苦。因此有人主張擴大「協議離婚」的範圍，協議離婚被視為「無過失離婚」（no-fault divorce），無需特別強調一方的缺失，使離婚成為更簡單的事，離婚率可能因而進一步攀升⑧。我國近年「協議離婚」較「判決離婚」為多，未來在考慮放寬判決離婚條件時，也須考慮對目前規定寬鬆的協調離婚有較嚴格的規定。

二、尋求協助

在法律面，父母在監護權上有相等的機會，法官也重視子女與父母的關係。近年的《兒童及少年福利權益保障法》（2021 年修正）、《兒童權利公約施行法》（2019 年修正）、《民法》親屬編（2021 年修正），均強調要以未成年子女利益為優先考慮來安排。

想要離異最常見的是找律師，諮詢的重點是以下事項：

（一）**子女監護權**：應該依據其生父、母中，對孩子最有利之情形設立監護。若雙方都無法捨棄監護，可選擇共同監護。

（二）**撫養費用**：由於未成年子女至成年階段所需花費與生活費用龐大，需要雙方詳細評估並約定每個月需要負擔多少錢。

（三）**夫妻財產配置**：若擁有共同的動產、不動產，則需要雙方約定委託協議分配金額給予他方。敘明注意履行時間，若未履行又該如何變賣等等。

（四）**探視責任**：由於協議書一旦完成，就擁有法律效益。雙方必須依據約定協議履行探視責任。

（五）**子女姓氏變更**：若要變更為監護人姓氏，則必須在約定前就先提出。否則一定協議書成立，監護人即可決定是否變更姓氏。

當事人先考慮各項重要性，加以排序，請教律師要從哪裡著手協助當事人。當然，在列舉的同時也要注意當愛情下課，夫妻離婚，親情的

問題仍持續考驗著離婚者、子女及家人。每年有超過 58,000 名兒少因父母離婚辦理未成年子女權利義務行使負擔的登記。離婚前，夫妻可能激烈衝突，父母雙方若僅決定未成年子女權利義務由誰行使，對如何進行探視、子女生活照顧等事項未能深入且周全的討論，以致後續時衍生各種問題，可能會影響兒少安全及受照顧品質。

政府自 2004 年起補助民間專業團體辦理「離婚及家庭衝突案件之未成年子女及其家長商談服務」，由專業人員在社區場域內，引導父母以子女利益為依歸，擬定未成年子女照顧計畫，處理未成年子女權利義務行使或負擔等爭議。然後衛生福利部為鼓勵地方政府及早介入，於 2020 年 5 月函頒「推動社區式家事商談服務實施計畫」，此計畫是社會安全網重要的一環。服務內容包括：

（一）**家事商談**：由社會工作人員或具有心理、家事調解背景之專業人員，運用個別或共同商談方式協助有意離婚、離婚中、已離婚或分居中之父母針對離婚或分居後有關子女之生活、教養、居住、探視等安排，擬定未成年子女照顧計畫，合作擔負親職教養之角色與責任。

（二）**心理諮商或治療**：由心理師以個別或家族治療等方式，協助父母面對親密關係的變動，輔導其發揮親職功能；或透過個別、親子共同諮商等方式，協助未成年子女面對父母離婚或分居過程，降低對未成年子女可能造成之傷害及影響。

（三）**陪同未成年子女會面交往**：由社會工作人員協助安排並陪同親子會面，引導父母以共親職之立場為未成年子女建立穩定安全之會面方式，避免因會面無法順利執行，影響未成年子女與未同住父母維繫親情之權益及其身心發展。

（四）**諮詢輔導**：運用面談、電話服務、網路、通訊軟體等方式，提供有關離婚、未成年子女權利義務行使負擔相關問題諮詢，如監護權分配、扶養費、子女之住所、照顧、就學與探視時間安排等。

（五）**親職教育課程（團體）**：視家庭需求議題及屬性，透過課程（團

體）引導父母聚焦於未成年子女最佳利益，學習合作及共同承擔親職責任。

（六）**其他**：依民眾需求提供育有未成年子女，且父母有意離婚、離婚中、已離婚或分居等情事之家庭相關服務（如未成年子女團體、親子團體、固定時段駐點諮詢等）。

此計畫在中央，由衛生福利部社會及家庭署負責訂定「社區家事商談及未成年子女照顧計畫服務方案」，供地方主管機關與民間團體參考運用。中央也給予地方政府一些權限因地制宜。以臺中市為例，進一步制定細部計畫，重點如下：

（一）**計畫目的**：由十四個家庭福利服務中心與民間團體資源建立合作機制，透過個案轉介，推展商談服務，使民眾可就近獲得協助。引導家長以子女利益為依歸，處理離婚或未成年子女監護權爭議，預防離婚事件對未成年兒少可能造成之身心發展及傷害。

（二）**服務對象**：針對育有 18 歲以下子女，面臨離婚、分居或已離婚之家庭，對於未成年子女監護權、扶養費、探視、生活照顧與教養等議題需要協商等家庭，適時協助，提早介入關懷。

第三節　影響廣泛

一、五大層面

離婚不止是一種法律狀態的改變，更是具有多方面意義的複雜行為。博漢爾（Paul Bohannan）分析離婚的不同層面[9]，以下依其架構加以說明：

（一）感情上的離婚（emotional divorce）

伴侶早已「同床異夢」，在婚姻關係裡，不再有強烈的感情，也欠缺溝通，雙方以冷漠的、疏遠的態度及行為來代替濃厚深情。經由彼此

大大小小的欺瞞，伴侶間不再互助，甚至刻意破壞彼此的尊嚴。當感情上的離異更緊迫時，欺瞞背叛的行為變得更多、更嚴重，配偶常各自對人訴苦，爭取同情者。一些破壞行為跟著出現，例如：將錢由銀行中提出；毀壞對方個人的所有物；將對方由家中趕出，刻意換房間鑰匙不讓對方進門。

在一個即將破碎的婚姻裡，雙方都深深感到失望，覺得被誤解、被拒於千里之外，認為對方的存在就是自己失敗的象徵。當事人普遍經歷一些壓力，包括：害怕孤獨或社會的壓力；對子女的義務；為對其婚姻誓約顯示忠誠；怕家族朋友的壓力等。不少夫婦仍繼續著婚姻，不斷以其表情、姿態和聲調來表明其不滿，用盡方法傷害對方。

感情上的離婚存在於任何一種婚姻形式之中，雙方覺得不再有愛，昔日的海誓山盟，早已消失無蹤。在傳統社會中，這種不再具有感情的離婚十分常見，只是夫妻通常是忍耐地拖延下去。今日的社會，夫妻之間都不是那麼願意忍，比較可能以直接的方法終止關係，這時候，法律上離婚的可能性就明顯增加了。

（二）經濟上的離婚（economic divorce）

這種方式的離婚將伴侶分成個別的經濟單位，各有其自己的產物、收入、花費的控制，以及對稅務、債務等的責任。在財產處置的背後，有二項相互矛盾的法律問題：首先，根據基本的交換理論，家庭係一互賴的經濟單位，如果沒有妻子在各方面的支持及對家務的管理，做丈夫的不可能賺到他所得到的。自古以來流傳一句名言：「一個成功的男性，背後必定有位偉大的女性。」這句話通常也是實情。其次，妻子在家庭裡的工作基本上屬「非生產性的」，妻子對家庭的財務生產不易用具體的數字顯示。在離婚時，家庭財產如何分配？這兩種意見雖然都被引用，但所得的結果卻是，妻子得到一些財產，卻不是相等的一份。

家庭一直是重要的經濟單位，希臘文中的家庭一字「onkomics」與「economics」（經濟學）屬同一字根。由此可知：家人有緊密的經濟

連帶，雙方要真正做到經濟上的離婚，也不容易。

在財產的分配時，十分複雜，有時一方心理上的報復代替了實際的需要，主導情勢。財產分配後如何保證配偶及孩子們在離婚後有足夠的財力維持相近的生活水準，比財產分配問題更難。這項難題在離婚後的第一年最為顯著，尤其是撫養子女的單身母親。研究證明：在離婚後，男人的經濟情況常有所改善，而女性則往往每況愈下。依魏茲曼（Weitzman）的統計，離婚男人在離婚 1 年後可支配所得增加，女性則在 1 年後可支配所得明顯減少。通常，離婚對女性的財力較不利[10]。

年歲較大的家庭主婦，在離婚後突然發現自己不能自食其力，她們欠缺賺錢的技能。在當年結婚時，她們期待婚姻能交換生活所需的假想能維持終身。對這些婦女而言，離婚是個大災難。

很明顯的，經濟上的離婚夫妻雙方都不容易調適，尤其對妻子。如果他們有孩子，那麼面對離婚的第三個層面：撫育上的離婚就更痛苦了。

（三）撫育上的離婚（co-parental divorce）

約有三分之二的離婚夫婦有子女，這些夫婦要經歷撫育上的離婚。要解決父母雙方哪一方會取得哪些子女或所有子女的監護權，他們也得決定在教育子女和一般福利上的責任歸屬。

撫育上的離婚是基本交換的延伸：離婚的父親多半要承擔財務上的支持及法律上的責任，而離婚的母親則仍負責子女身體上及日常的照應。今日美國，多數的父母們都採取這種安排。由於態度及性別角色的改變，少部分的母親自願放棄其監護權，而且已經有更多的父親爭取監護權。

許多離婚的夫妻都會感覺：與配偶離異還比較容易，要割斷親子之間的情感是更痛苦的。在子女的身上，很多人看到自己的親骨肉和新希望，也會回想到自己多少年來的心血付出。尤其在特別重視親情的我國社會，要割捨親子之情，十分不容易。

(四) 社區的離婚 (community divorce)

社區在此指所交往的人群。我國社會中的結婚，表示兩個家族有所連結，顯示兩個不同生活世界的相關，離婚導致這些連結的中斷，是影響很廣泛的大事。

一個人生活方式的重大改變，他的朋友圈子也要跟著改變。當某人結婚時，他的單身朋友可能由結婚夫婦的朋友所替代。當人們離婚時，朋友也會跟著有所改變。跟以往的朋友及公婆、岳家的分離，有時會成為離婚痛苦的一部分。

離婚的人們一旦跟仍結婚的老朋友在一起時，多少有些不自在，尤其當聚會都是一對對的時候。在朋友眼中，一個離過婚的人使人感覺尷尬，也是對原本穩定人際關係的一種挑戰。朋友不免覺得：自己的婚姻要跟著檢討。通常，跟離婚的老朋友在一起並不愉快。

離婚後再次約會，剛開始在情緒上感受複雜，又想又怕，認為約會是一種對自我價值的再次肯定及解除孤獨的良方。離婚者如能有約會或新的兩性交往，會比那些孤獨的分居者有較少的調適困難。新的關係可以掃除過去婚姻生活的陰影，重新建立自信。

(五) 精神上的離婚 (psychic divorce)

精神上的離婚指把自己從前任配偶的人格及影響中隔離出來，設法重新取得精神上的自主。人們試著打起精神，重新培養面對外在世界的能力與信心。在精神上的離婚裡，離婚者要將前任配偶的可愛及可恨的各方面都隔離，離開過去的人，以免自己更消沉及失去自尊。

並非所有的離婚者都能成功的在精神上離婚，婚姻輔導人員強調：這個層面的成功，是再次婚姻幸福的必要且先決的條件。

為了要成功，精神上的離婚需要一段哀傷的時期，就像配偶死亡一樣，離婚等於是婚姻關係的死亡，失落的經驗跟鰥寡者所承受的一樣真實。感情疏遠過程在正式合法離婚之前早已開始，成為雙方痛苦與挫折的來源。伴侶情緒的創傷往往在離婚後仍延續。

這種哀悼的過程至少包括三個階段：

第一階段是發生在合法離婚之前的震撼及否認。當事人無法接受離婚時，可能造成引起心理的病症和生理的疾病，導致意外事件的增加，當事人常精神恍惚、甚至企圖自殺。然而，感情上的離婚促使曾相愛伴侶面對現實，承認彼此不能再生活在一起。

第二階段的煩惱及消沉。各種感覺常會改變，常使人們混淆不清。就像某些悲痛的妻子仍會懷念那可惡得令她不能忍受的前夫，離婚者在壓力與迷惘中度過一段黯淡的日子。

第三階段，離婚者負擔起自己的責任，以終結婚姻關係，他們會逐漸原諒自己，也許原諒其伴侶，繼續生活下去。許多人乾脆歸咎於社會的變遷或不可知的因素。到此地步，精神上的離異就算結束了。只要對離婚的配偶仍有恨意或充滿惱怒，那麼精神上的離婚尚未完成，因為痛苦或仇恨仍是一種關係。

對離婚當事人而言，離婚代表了分離，代表了被遺棄，形成人生中的重大心理壓力和危機考驗。從與一個人有親密而特別的婚姻關係，轉變為孤獨的個人；從可以與人朝夕相處到落落寡歡。在離婚之前的冷戰階段，一個人會渴望孤獨、會希望一個人自由自在；但離婚後，自由也許會成為心靈的一種壓力，孤獨可能是種令人喘不過氣的另一種壓力。

二、重大考驗

俗話說：「婚姻不可兒戲。」的確，婚姻對個人、家庭及社會都有深遠的意義。離婚的影響可能更大，因為結婚基本上還是在社會贊許的範圍，可以獲得親友的支持、肯定和協助，離婚卻不然，當事人要面對重重的困難。

霍姆斯（Homles）與芮思（Race）研究：「離婚」是除了「喪偶」之外人生最大的壓力事件[⑪]。華勒斯坦（Wallerstein）與布萊克斯利（Blakeslee）做了探討離婚影響長達 18 年的研究。證實離婚會產生持續的創傷，往往留下永久性的後果，持續造成強大壓力、不快樂和生活

障礙。做妻子的和做兒女的是較大的受害者，所受創傷持續時間較長，平復時期較久，做丈夫的則受苦較輕、較短。這方面，採用社會學中最重要的五個概念加以説明[12]：

首先是「社會結構」（social structure）方面：由於女性社會地位普遍較男性為低，所得亦較男性為低。離婚後，通常是女性獲得子女監護權。一旦夫妻正式分手，妻子與兒女通常要忍受比原來生活水準為低的生活，痛苦感自然比較深。

「文化」（culture）方面：由於社會文化的習慣是男性選擇較年輕的配偶，所以離婚的男子有很大的機會再婚，在臺灣男性再婚率超過50%。相對的，女性再婚不易，再婚率低，要明顯改善生活水準也比較困難。此外，許多文化也大致限定了性別角色，男性主要是工作，女性主要是家庭。離婚後，男性的主要角色並沒有改變。女性則需試著在高度競爭的就業市場中生存立足，這並非易事。

任何制度都需維持「功能的整合」（functional integration），從此一概念看離婚，子女無疑是最大的受害者，子女原本從家庭中獲得社會化、情緒支持、物質照顧等，都因父母失和而受傷害。

「社會行動」（social action）也是重要概念，從這概念分析父母離異的孩子，會發現：他們較緊張、嫉妒、仇恨、不願承諾、人際關係不自然、不想與人深交，是人際問題較多的一群。

社會制度均需考慮「權力」（power）的運作，在婚姻危機中，妻子常是被丈夫、兒女常是被父母濫用權力虐待的對象，均屬權力的弱勢者。

從心理層面的壓力挫折到社會學中的五個核心概念，都可説明：「離婚是件有深遠影響的大事，對女性及兒女尤其不利。」應可確定：「婚姻絕非兒戲，離婚更不是。」

三、尋求輔導

誰都不想讓婚姻走到不可收拾的地步，但婚姻越來越痛苦時，離

婚的可能越來越大，這段日子很難過還是得過下去。許多當事人都心理不平衡、憤世嫉俗，想要傷害自己和對方。這時候，更需要向專業人員求助。

與多數家庭危機不同的是：離婚往往經過很長一段醞釀期，在做下離異決定之前通常有一段日子。有的夫妻因戰爭、生病、車禍而分離，此類挫折與痛苦比較強烈而立即，而且不是個人能控制的。離婚則是發諸個人，是對現況的突破手段。當事人有時間反省、調整和求助，也較可能透過專業人員的輔導來改善問題。有些國家規定離婚前需要有「分居期」，目的在使雙方冷靜後做處理。

林蕙瑛建議離婚前的諮商輔導，從至少 2、3 個月到 1、2 年不等，在這段期間，可以重新回顧婚姻、檢視自己的許多期許和要求、思考婚姻和孩子的狀況。這階段應避免結交異性朋友，而逃避現實、暫時離開等做法也是不智之舉[13]。彭駕騂提醒離婚者多考慮經濟、居住、孩子、生活重組等問題[14]。艾德勒（Adler）整理離婚者容易產生的情緒有：羞辱、失落感、難以置信、絕望、消沉、矛盾、憤怒與粗暴、罪惡感、解脫、退縮與遲鈍、想要逃避、缺乏耐心、焦慮不安等[15]。離婚者常會出現不實際、不理性的想法，思考較負面和極端[16]。

對離婚者的輔導就應針對上述這些現象，以化解這些現象為重點，輔導者也應留心當事人所處的階段。阿倫斯（Ahrons）從「角色轉換」（role changes）的觀點分為五個階段[17]：

（一）**個人認知期**：某一方感受到婚姻的明顯挫折，想逃避卻避不了，用了一些解決方法都不奏效，已開始從婚姻生活中退縮。

（二）**家庭共同認知期**：另一方和子女都感受到婚姻逐漸走向解體，大家都覺得問題已越來越嚴重，連子女都感到強大的壓力。

（三）**分離期**：可能有一方離家，全家人已逐漸去適應少了一個人的事實。

（四）**家庭重組期**：「家庭系統」概念有助於說明家庭在這時期的系統重組。包括：如果離婚，子女要歸誰？新的角色要如何安排？

（五）**家庭重新定義期**：有一人正式離去，剩下來的家人依然是一個家庭，即所謂的「單親家庭」。但監護與探視、經濟安排、生活適應等問題依然要面對的。

　　離婚的過程分為：決定離婚；考慮分手細節；分居；正式離婚及做個單親的父或母等五個階段，每個階段都各有調適的重點。提醒離婚者在家庭適應方面需注意子女監護權、家庭成員社交與人際關係、單親家庭的家庭功能、脫離陰影、經濟糾紛、家庭氣氛等問題。當離婚者的「愛情必須下課」時，需注意：舊關係的整理、親情的安排、人脈的調整、經濟的處理，並在充分準備後發展新關係。

　　借用莫頓（Robert Merton）提出「顯性功能」（mannifest function）和「隱性功能」（latent function）的概念。從顯性功能來看離婚，可以視離婚是婚姻緊張的解決途徑，離婚雖然不是一件令人高興的事，但可以結束與配偶之間難以忍受的結合，並使雙方和他們的子女避免更大的不幸。從隱性功能來看，離婚制度也可視為「婚姻生活必備的保險絲」。W. Goode 指出：在美國的離婚者中，約有五分之四再婚，此事實顯示離婚者雖然不滿他們從前的婚姻，但仍以具體的再婚表示對婚姻制度的支持。有些社會的離婚率雖然相當高，但這些社會的婚姻制度並沒有瓦解，仍能代代相傳，並發揮家庭的功能；又有一些社會不許公開離婚，這些社會的離婚率固然低，但卻盛行遺棄與分居[18]。

　　對某些社會而言，離婚只是某些社會結束夫妻相怨關係的一種手段。婚姻輔導者的功能不是使離婚不發生，離婚確實有功能也有反功能，大家都希望能使離異的過程走得穩，並減少各種傷害。

實踐、研究和推廣，更幸福

　　1978 年修「家庭社會學」，離婚不是常見現象，老師輕描淡寫帶過。1983 年開始攻讀社會學博士，有位學姐在專題討論中分析離婚數逐步攀高。我注意到：自己碩士論文整理臺灣經濟發展、工業化、所得分配等指標，統計數據都有高有低，有上有下，唯獨離婚數持續攀升，從未下跌，因此積極投入研究。果然，1998 年，臺灣的離婚對數達到43,729 對，然後在 2000 年突破 5 萬，到 52,670 對，2006 年衝破 6 萬，多達 64,540 對。

　　1994 年我發表〈單親家庭的資源與責任〉、《單親家庭——福利需求與因應對策》，內政部社會司注意離婚後的廣泛影響，請我負責編寫離婚後擔任家長的該如何面對考驗？我帶領幸福家庭促進協會編寫了兩本母子書：《單親資源手冊》和《豐富你的單親人生》。

　　前者為小冊子，可以放在小皮包中，如此單親家長可以隨時拿出來翻閱，按照需求直接聯繫各服務窗口。那時還沒有手機與網路，小冊子提供一些便利。

　　我寫過一本討論離婚的書《愛情下課了》，離婚類似下課，嚴重點說，像是「被退學」。我因為先後擔任系主任和學務長，對於學生的退學、被當、重修甚至三修有多些體認。有些學生認為老師多差、多惡劣，少數會提出申訴，控訴老師的種種不是以爭取自己的權益。部分同學會說課程的內容不適合、考試的方法不恰當，就像許多面對婚姻破裂的人會對婚姻的內容尤其是配偶提出各種指控。

　　但是，離婚如何好聚好散？如何降低對自己的骨肉產生的衝擊？如何與親人找到適合的方式相處？還有更關鍵的：怎麼找到足夠的資源繼續生活下去？無數女性成為單親媽媽，要找工作要照顧兒女，我與幸福

家庭促進協會的夥伴和勞政體系攜手，推動了幾個協助就業的計畫，還做了低收入戶關懷輔導方案、低收入戶子弟暑期工讀計畫、低收入家庭個案管理方案、自立家庭築夢踏實計畫、韌力家庭服務方案、身心障礙者支持性就業輔導、18 歲以下多重障礙兒童少年家庭關懷支持、6 歲以下主動關懷等計畫，最主要的服務對象正是離婚者及其子女。

家庭篇

第 **9** 章
基本架構

入門

入門，顧名思義，入家門，進入與家庭有關的領域，比婚姻更豐富、更持久。

中文：家由「人」組成，我國社會的「傳」統主要是「儒」家文化，深受孔子影響，以「仁」為本，處處都看重人與人的關係，設法「使」家人更「優」秀。

英文：門的英文 gate，家人要常常相聚（gathering），一起成長（growth），期待光宗耀祖，創造偉大（great）。世代之間難免有代溝（generation gap），然而多付出（give），可以創造更多光榮（glory）事蹟。

數學：可用最大公因數分析家人的關係。每個人都是獨立的個體，有如某個整數，數字都不等，也許大人的大一點，孩子小一點，但都很重要。整數有因數，例如 16 的因數有 1、2、4、8，24 的因數有 1、2、3、4、6、8、12。不同整數有共同的因數稱為「最大公因數」，如 16 和 24 的最大公因數為 8。

每個人一天二十四小時，各自有不同的用法，有的人多些共同時間去工作，有的人多些時間去讀書，有的人多些時間參加社區的活動……。不過，還是要找些時間全家聚集、共享時光，譬如說：一起吃早飯。早飯時光有如家庭裡的「最大公因數」。夫妻各忙各的，但「最大公因數」應該更多一些！

本章先說明種種關於家庭的定義，呈現家庭的特殊性。第二節介紹與家庭密切相關的核心概念：資源、資本、責任、助力、壓力、風險、限制。第三節簡介與家庭有關的種種學科，尤其是人口學，然後以 8W1H 引導讀者進入其他七章的主題。

第一節 進入家庭門

到底什麼是「家庭」？從傳統、現在到未來，家庭的形式日益複雜，家庭的意義不斷修正。

家是每一個人最重要的生活領域，家人關係是每一個人最重要的連結。家庭若發生問題，身處其中的人經歷各種考驗；某個家人若罹患重病，全家跟著忙亂；若有家人死亡，親人都痛苦不已；家庭的經濟情況遽變，全家人的可支配資源都大受影響。即使只是搬家、孩子赴外地求學、夫妻不和等經常出現的生命事件，都對每個人產生影響，人的壓力主要來自家庭，而對抗壓力也少不了家庭的支持。

每個人都生活在家庭裡，一方面獲得各種資源，一方面付出自己。社會快速變遷，每個人所面對的生涯問題日益複雜，從小到老不知道有多少難題，家人都跟著受衝擊。每個人的危機或問題很快就拖累整個家庭，例如：考試失敗、破產、車禍、精神疾病、外遇等等。社會的各種勢力也不斷威脅家庭，如治安不好、教育措施有問題、經濟情勢不佳等，甚至是選舉活動頻繁、全球化或兩岸關係，乃至癌症、愛滋病、新冠疫情等疾病，都影響家庭的運作。

在這個時代，哪個家庭沒有風險？各種風險考驗家庭，家庭有多大的力量去對抗風險？我們不宜高估問題的嚴重性，畢竟每個家庭都有生命力，也許可以在外界的協助中，有更大的力量去處理風險。但我們也不應該低估家庭已經越來越脆弱，越來越沒有能力單獨面對家庭的困境。

一、定義

「必也，正名乎」首先為家庭正名。想到家庭，你想到什麼？「一個可以吃喝拉撒睡的地方？」但旅館也可以。「一個學習和成長的地力？」學校和辦公室也如此。「一個心靈庇護所？」教堂廟宇也有此種

功能。家庭，一定有其特殊性，這就要從家庭的定義來瞭解了。以下挑選幾本重要社會學教科書或辭典來說明：

（一）**孫本文**：家庭是指夫婦子女等親屬所結合之團體。成立的條件有三：親屬的組合、兩代或兩代以上的親屬、比較長久的共同生活[1]。

（二）**龍冠海和詹火生、張苙雲、林瑞穗均界定家庭為**：兩個或兩個以上的人，因為婚姻、血統或收養的關係所構成的一個團體，亦即是居住在一起的親族團體[2]。

（三）**朱岑樓**：家庭是制度化的生物社會團體，其組成者包括成年人（至少有一對無血統關係而經由婚姻結合而成的男女）和小孩（成年人的婚生子女）[3]。

（四）**沙依仁**：家庭是一種制度，是一種規模最小、極悠久的社會組織。家庭中各分子的關係極為親密，它是唯一負起生殖功能的社會單位[4]。

（五）**謝秀芬**：家庭的成立乃是基於婚姻、血緣和收養三種關係所構成，在相同的屋簷下共同生活，彼此互動，是意識、情感交流與互助的整合體[5]。

（六）**黃迺毓**：家庭是一些人經由血緣、婚姻或其他關係居住在一起，分享共同的利益和目標[6]。

（七）**劉雲德譯，Popenoe 原著**：家庭是一個生活在一起，並且為經濟和其他目的連結而成的一個合作單位，是發揮職能的親屬團體[7]。

（八）**張苙雲等**：家庭是指因婚姻和血緣而共同生活的一群人[8]。

　　另外有些教科書對於家庭有所定義，在表 9-1 中整理了單獨以「婚姻與家庭」為名的國內教科書。

表 9-1 以「婚姻與家庭」為名的教科書

	書名	作者	出版社	出版年
1	婚姻與家庭：永續經營	邱怡薇等合著	華格納	2018
2	性別與人口、婚姻與家庭	張瓊玲等作；行政院性別平等處編著	行政院	2016
3	性別關係與法律：婚姻與家庭	陳惠馨	元照	2015
4	婚姻與家庭	吳就君	華藤	2014
5	婚姻與家庭	黃明發	揚智	2013
6	婚姻與家庭	簡春安 謝文心	華視	2013
7	婚姻與家庭	翁桓盛 許孟勤	心理	2012
8	婚姻與家庭：家庭社會學	蔡文輝	五南	2012
9	婚姻與家庭：配偶及家人間的溝通和調適	王以仁	心理	2010
10	婚姻與家庭	江亮演	松慧	2008
11	家庭心理學：婚姻與家庭	林昆輝	華杏	2005
12	婚姻與家庭	徐光國	揚智	2003
13	婚姻與家庭	嘉義大學家庭教育研究所	濤石	2002
14	臺灣社會的婚姻與家庭：社會學的實證研究	林松齡	五南	2000
15	婚姻與家庭：夫妻圓融之道	林立樹	輔仁大學	1997
16	婚姻與家庭	藍采風	幼獅	1996
17	婚姻與家庭的輔導	曾文興、徐靜	水牛	1991
18	婚姻與家庭	陳輝茂	校園書房	1990
19	婚姻與家庭	林菊枝	正中	1981

　　對家庭的定義，東西方社會有明顯的差異，不宜全盤使用西方的家庭概念來分析我們的家庭，必須多考慮傳統的文化概念。不過，美國學者提供了很多架構，值得參考。英文社會學教科書對家庭的主要定義有：

（一）**Butler**：家庭是一個基於婚姻的社會安排，包括確認做父母的職責、父母子女住在一起，以及夫妻間相互有經濟義務等三項原則[⑨]。

（二）**Ernest W. Burgess 與 Harvey J. Locke**：家庭是由於婚姻、血統及收養，將許多個人結合成一團體，組成單一的家庭。其中各分子依照所擔當的社會角色互助及溝通。這些角色包括夫妻、父母、子女、兄弟姐妹，創造及維持一共同的文化[⑩]。

（三）**Goode**：家庭包含了下列四種情況中的大多數：至少有兩個不同性別的成年人住在一起；他們之間存在著某種勞動分工；他們進行各種交換；共享許多事物，如吃飯、性生活、居住。一方面有經濟活動，也包括社會活動；成年人與其子女間有著親子關係，父母對孩子擁有某種權威，但同時也對孩子負有保護、合作與撫育的義務，父母與子女相依為命。孩子之間存在著兄弟姐妹關係，共同分擔義務、相互保護並且相互幫助[⑪]。

（四）**Giddens**：家庭是一種人們基於血緣、婚姻或領養所形成的社會團體，人們形成了經濟單位，並照顧養育兒女[⑫]。

（五）**Goodman 和 Macionis 均界定**：家庭是一個維持相當長久的社會團體，成員基於血緣、婚姻和領養來連帶，通常是住在一起的[⑬]。

（六）**Calhoun、Light 與 Keller**：家庭是基於婚姻、血統、領養所產生的團體，負有照顧子女的職責[⑭]。

（七）**Schaefer 與 Lamm**：家庭是一群因血統、婚姻或領養所組成的人口群，負有生育和照顧其中成員的職責[⑮]。

（八）**Newman**：依美國統計局對家庭的定義是兩個或兩個以上的人住在一起，其中一位是住戶的擁有者，其他人和他有血統、婚姻、

領養的關係。但 Newmam 質疑：如此定義太過狹窄，許多無法結婚的，如同性戀者、同居者、群交者都不能視為家庭[16]。

　　上述這些定義是不是過於傳統，未必能運用於今日社會呢？傳統美國對家庭的基本假定，依 Butler 之分析，有六點[17]：

（一）性必須在婚姻關係之中。

（二）每個人只能有一個配偶。

（三）男性和女性各自的性別角色應嚴格界定。

（四）親密的愛情是幸福婚姻的基礎。

（五）兒童必須在核心家庭中孕育成長。

（六）核心家庭是安排家居、家戶經濟和社會功能最理想的單位。

　　但這些基本假定已經在調整，美國人視為理所當然的家庭組織，已發生了很大的變化，美國的家庭也出現了越來越多的問題。家庭的三大要素——一對異性夫妻、兩人的性生活、生兒育女，都遭到質疑。支持家庭運作的力量越來越弱，家庭的功能也逐漸被經濟機構和政府機構所取代，婦女運動和個人中心思想，都影響到核心家庭的功能[18]。同樣地，臺灣的家庭也因為社會的急遽變遷而出現許多問題，原有的家庭功能減弱，原有的家庭倫理式微，不斷增加一些新的家庭問題。換言之，家庭這種社會組織，是需要重新去定義、去思考了。

二、特殊性

　　幾千年來，多少文人歌詠家庭的偉大，你我或許講不出像文人那麼感人的話，但多多少少體會家庭的溫馨甜美。家，的確是獨特的地方，在所有的人群組合中，家庭是特別的社會團體。在所有的社會制度中，家庭具備了無可替代的特殊性，表現在以下幾方面：

（一）**最普遍**：無論古今中外，無分原始或現代，每個社會都有家庭的存在。

（二）**最基本**：家庭是最基本的社會單位，許多社會結構都以它為基礎。

（三）**最早**：人一出生的社會團體就是家庭。對每個人來說，最早參加

的社會團體也是家庭。

（四）**最持續**：每個人從生到死，都離不開家庭。甚至有一天離世，墓碑寫的也都表明他的家庭連帶。

（五）**最親密**：家庭成員相處時間最久，彼此的關係最密切，親子間的生命延續，夫妻間的性愛分享都是最親密的接觸。

（六）**人數最少**：比起絕大多數的社會團體或社會制度，家庭可以算是人數最少的。

（七）**影響最深遠**：家庭對每一個成員都有最深的影響。顧里（Cooley）說：「家庭是人性的孕育所。」家庭是社會化的首要來源，是人們學習文化規範的主要地方，家也引領每一個成員與社會連結。

（八）**家有足夠的韌性和適應性**：雖然家庭組織在現代社會中面臨了許多的困難，但仍有堅強的生命力和重要性。家仍是大部分人成長、學習善惡觀念，以及產生喜怒哀樂的地方，家庭的感情凝聚力仍無法被取代。

在大多數文化中，社會的主幹並不是個人，而是家庭，以夫妻和子女所構成的家庭是社會的基石。家不僅對個人十分重要，也是社會存在的基礎，更是國家的根基，我們常說「國家」、「國家」，國以家為本，充分顯示家與國的緊密性。

第二節　核心概念

與家庭有關的連接詞太多了，形容「家庭」的詞句不少，例如：「家是愛之窩」、「家是避風港」、「家家有本難念的經」等等。除了本書第十章至十六章專門討論的主題，有幾個概念至為重要，先簡介如下。

一、資源

家庭是資源，資源的英文是 resource，resource 可譯成資源、財源、

資力、資產；遇到狀況時的依賴、方略、安排、手段；機智、才略、應變才能；消遣、娛樂。這些翻譯都說明家庭的重要性，家不但是個人、社會、國家的資源，是有困難時的依賴，更可以提供個人面對變局時的應變能力。

　　一個組織需要有人力、財力、物力的資源，任何組織都要處理人力資源的取得、發展、報酬、維護等問題，包括家庭。家是有成本的，家也是一種投資，結婚、生兒育女都有風險，需要良好管理，才可能回收，這回收當然不只是金錢物資上的，一定包含精神上和心理上的。

　　評估家庭的資源，可分為[19]：

（一）**個人資源**：個人經由教育、訓練、經驗得來的知識和技巧。

（二）**家庭系統資源**：家庭系統在應付壓力源的內在特質，系統正常則增加抗壓性。

（三）**社會支持**：家庭外提供家庭成員溝通、情感上的支持。社會支持網絡越綿密越有能力協助家庭對抗壓力，家庭有機會從壓力或危機中復原。

　　針對家庭外資源（extra-familial resources），用 SCREEEM 的字母字首呈現[20]：

（一）**S. 社會資源（social resources）**：該家庭主要成員的社會地位，如：村里長。是否參與社區團體活動？（如農會、婦女會、老人會……）。

（二）**C. 文化資源（cultural resources）**：當地文化、傳統觀念、現代潮流對家庭各成員的影響如何？

（三）**R. 宗教資源（religion resources）**：各種宗教、信仰、信念對家庭各成員的影響如何？社區中有哪些宗教團體、活動可運用？

（四）**E. 經濟資源（economic resources）**：主要財力有哪些？是否需要經濟補助？可由哪裡獲得？

（五）**E. 教育資源（educational resources）**：社區中有哪些資源可運用？如：社教館、村里活動中心。

（六）E. **環境資源（environmental resources）**：家庭居住附近環境如何？有何特色？有哪些可以運用的資源？

（七）M. **醫療資源（medical resources）**：該家庭利用哪些醫療資源？如：醫療院所、中西藥房、傳統民俗醫療資訊之取得。

二、資本

家人之間的關係是珍貴的社會資本，資本的英文 capital，capital 有豐富的意思，透過與家庭網絡相結合，成員可利用。資本可分成經濟資本（economic capital）、文化資本（cultural capital）、社會資本（social capital）和象徵資本（symbolic capital）。社會資本主要有三種：第一為橋接型：主要指由異質性的個人間所形成之較弱、較疏遠及橫斷面的社會連結，例如：同儕、工作上的同事或社區內之公民組織或宗教團體，屬於「非我群」（unlike-me）的連結。第二為聯繫型，指跨越既有界限和差異的連結，透過與不同層級的個人、組織或團體的連結來獲取資源。但家人之間主要是第三種：凝聚型，基於獨特的認同，成員彼此間形成多面向的關係，成員有緊密的接觸，具有強烈的相互承諾，屬於「我群」（like-me）的連結[21]。

多數的人際關係是交換的，尤其是工具性、非私人性的關係。交換關係靠公平性需求（如得與失相當的比率）來決定。但家人之間主要是「共有關係」，家人間會在對方有需要時隨時付出，不在乎對方是否有同樣回報。施恩若未獲回報，不會有被剝削的感覺，不會太在意對方的表現，覺得能幫助對方就使自己很快樂。當然，人們在人際關係中若感到不公平時，多少會感到沮喪。在共有關係中，家人對一時的不公平，會以較輕鬆的態度去看待，相信所有事情最後會達到大致的平衡。

三、責任

家庭有責任，責任的英文是 responsibility，該詞亦可譯為職責、職

務、負擔、重擔、履行義務的能力、支付的能力。這些意思也都適切地
說明家庭的意義和功能。

　　例如對有特殊狀況個人的照顧，最早是以家庭為中心的，各家自
掃門前雪，而不一定管其他家庭。但是家庭本身的資源不足，必須依賴
社會的各種機構，如慈善機構、宗教機構的援助。20 世紀，政府的角
色逐漸重要，在經濟大恐慌的時候，個人和家庭無法依賴民間機構的力
量安渡危機，此時政府成為照顧個人最主要的單位。但如果家庭的照顧
減弱，只依賴政府，公共福利一定會使政府財政破產。由政府提供的各
種福利計畫、各式各樣的福利服務，也可能降低人民的工作意願，反而
減少了家庭的功能與責任。政府的社會福利易放難收，不像家庭這麼動
態、有彈性，家庭總是很有效地調節各種需要，家的應變能力也強。

　　在聯合國《國際家庭年宣言》中就提到：在變遷的社會中，許多人
對家庭的責任感降低，同時，家庭供給成員基本需求的能力也減弱。這
表示「外人」——不管是私人機構、政府組織、慈善機關、國際組織，
必須適度彌補其中的不足。

四、各種力

　　家庭裡「力」在變化，包括家庭中的權力、影響力、暴力等，家庭
是「權力」舞臺，也可能是「暴力」孕育的地方。力有正面的助力，也
可能有負面的阻力。家人善用權力，可增進幸福。濫用權力，則可能造
成暴力。

　　貝克（Becker）認為家庭是利他性資源提供的地方，家庭的經濟
行為和一般市場行為不同，市場行為是自利性的，但父母做為家長，
卻樂於把資源提供給子女，也把子女的幸福快樂視為個人的「效益」
（utility），這就是「利他」原則的實踐。「男主外，女主內」的分工，
丈夫賺錢，把錢交給妻子管，也是一種超越「自利」的行為。妻子並沒
有亂花錢，把這些錢妥善地運用，持續創造資源的價值[22]。

　　家不但提供社會進步的動力，更是社會安定的力量。例如在買房子

時，一大家子的人湊些錢幫某個想買房的家人付頭期款；又如即使不景氣時，家也是人們最大的依靠。失業問題在臺灣一直不如西方嚴重，因為家協助承擔了失業的風險，許多家庭「多加一雙筷子」先解決吃的問題，等到失業者有工作時再說。家不斷且適時提供了支持，彷彿是蓄水池、調節器。

孔邁隆（Myron L. Cohen）在探討中國家庭與現代化問題時發現：中國社會家庭組織中有關「生活經營」（life management）的特徵之一是「合夥經營」（income pooling），全家有如一共同蓄水池（pool），家庭若無成員在外賺取工資，則合伙經營，以家庭勞力的分工合作來表達，在合伙經營中透過分化及分工提高整個家庭生存的機會[23]。臺灣到處可見的家族企業，一家人在時間財富上互相支援，開創事業的故事屢見不鮮。家庭仍在社會發展和經濟發展上扮演重要的角色。

五、壓力

評估家庭壓力的狀況。ABC-X 是很好的架構，經常被服務高風險家庭的方案所採用。此架構包含四個要素[24]：

（一）**事件或情境（event or situation）－ A**：所發生的事件造成家庭生活步調的改變，致使家庭產生壓力。

（二）**資源（resources）－ B**：可提供處理事件時的人力、物質等資源。

（三）**認知（perceptions）－ C**：家庭對壓力事件的看法與認知。當事者對於「家庭事件」持不同態度去解讀，視為嚴重或稀鬆平常。

（四）**壓力程度或危機（degree of stress or risis）－ X**：代表 A、B、C 三者交互作用之後所產生的結果，可能是很平常的小壓力，也可能是造成家庭危機的大壓力。

家庭是否會因為「事件」的發生而帶來「危機」，取決於三個變項：1. 該事件或情境的困難度；2. 家庭的資源、彈性和先前處理危機的經驗；3. 家庭如何定義此事件。壓力事件「A」可引發個人或家庭系統改變或破壞家庭現狀，事件可區分為家庭內在或外在、可預期的或突然。

　　資源「B」為面對壓力時，家庭內在和外在資源運用的情形。壓力事件產生時，若家庭成員有足夠、適當資源面對壓力，則壓力事件較不會危害家庭系統；反之則可能失去平衡，陷入混亂中。

　　家庭對壓力事件的認知「C」，決定壓力事件的嚴重性。事件本身在詮釋與認定之前，既不是正向積極也不是負向消極。不同壓力事件對家庭的影響程度還要看家庭對壓力事件的認知，對於壓力事件造成的影響程度亦會有所增減。家庭成員以不同眼光去看相同的事件屬正常現象，相同的家庭可能隨著時間的不同而對類似的事件有截然不同的認知。對壓力事件認知的不同，會影響處理方式。

　　壓力事件對家庭所造成的結果「X」。任何突然的改變使得家庭原有方式無法做有效運作時，形成家庭壓力或家庭危機。家庭處於危機狀態時，可能導致家庭在一段時間內失去功能，原有的界限以及角色和職責無法維持與完成，使得家庭成員無法處在最佳狀態。高風險家庭面臨壓力事件時，通常因家庭內在、外在資源不足，加上消極回應，會影響到家庭功能正常的運作，造成家庭以及個人的危機，甚至產生兒虐或家暴等事件。

六、風險

　　家庭面對種種風險，風險的英文 risk。在這個時代，哪個家庭完全沒有風險？各種風險考驗家庭，家庭有多大的力量去對抗風險？例如：
- 男性失業與貧窮，失去社會地位，家庭暴力的機會增加。
- 失業或從事不理想的工作形成社會壓力，造成社會階級的下滑。
- 惡劣的居住環境使暴力增加，並使暴力曝光機率加大。
- 物質匱乏使女性及子女更依賴、更無力。

　　家庭的力量很小，家人之間能給予的協助終究有限，不可能讓小小的家做太多的事，家不應該封閉而必須對社會開放，讓專業進來、歡迎外界好的資源、接受各方面的協助。尤其是家庭若正在承受重大危機或處在高風險，更應多尋求外界資源。不論是貧窮、疾病、婚姻危機等任

何一方面，都有很多社會資源可以運用。「天無絕人之路」，現代社會已經有各種的協助機制來幫助正處在痛苦中的人，不能只靠家庭內的人辛苦地互相支撐。

七、限制

家庭面對限制，限制的英文 limitation，也有偏限性、限定等意思。家這麼重要，但必須正視家庭的偏限性，在諸多社會問題和經濟不景氣的衝擊下，家庭的壓力越來越大，尤其在照顧老人、兒童、精神病患、犯罪者、吸毒藥癮患者等方面。家不可能解決所有的社會問題，家所能承擔的部分畢竟非常有限，多數社會問題和偏差行為還是要依賴專業人員和專業機構。例如，家中有一個人失業，其家人還可以先幫幫忙，如果家中不只一人失業，問題就沒那麼簡單，絕對不是家庭可以單獨處理。又如家中有精神病患、酗酒藥癮者、犯罪者、暴力行為傾向者等，都需要專業治療及輔導，單憑家人的關懷和照顧是不夠的。

八、動態

家庭是動態的（dynamic），對家庭的瞭解應由直線式因果（linear）改變為「循環式」（circular）。不僅注意個人、人格，也看重社會條件、情境，由家庭是封閉的思考擴大到家庭如何看待環境的變化。可以從「相互決定論」（reciprocal determinism）觀察家庭，留意各種作用力與反作用力。也需要多留意「性別」議題、重視「多元文化家庭」、「種族」與「階級」等力量。不能只從正常與異常的角度判斷，而是注意哪些家庭系統較為有效、有較強的能力，又比較彈性處理各種問題。

第三節 豐富學科

一、相關領域

　　分析家庭的主要理論，依懷特（White）與克萊因（Klein）的整理，包括七個主要的架構（framework）：（一）社會交換與選擇（social change and choice）；（二）符號互動（symbolic interaction）；（三）家庭生命週期發展（family life course development）；（四）系統（system）；（五）衝突（conflict）；（六）女性主義（feminism）和（七）生態（ecological）[25]。各有不同的關切及解釋，各理論均有知識傳統、分析假定、概念、重點、學術應用、處遇建議，也各有限制與應該批評之處。

　　家庭的理論與概念眾多，首先說明行為科學三大基礎學科及該學科在家庭研究的重要概念、相關分支領域：

（一）心理學

- 臨床心理學・發展心理學・社會心理學
- 家人自我概念・動機及趨力・人際互動・學習理論・心理衛生・治療介入

（二）人類學

- 文化人類學・社會人類學・民族學
- 文化及次文化的家庭形式
- 家庭的跨文化比較・種族及社會階級造成的家庭差異・不同社會中的家庭

（三）社會學

- 群體互動・社會階層化・社會控制・社會化・性的社會學
- 貧窮社會學・女性主義

- 家人關係‧家庭社會經濟地位
- 家庭規範與規則‧家庭如何孕育人‧婚姻與性‧貧窮家庭
- 家庭暴力與婚姻暴力‧性別社會化與性別角色‧擇偶‧家庭形成及功能
- 家庭變遷‧家庭危機‧現代社會與家庭制度

　　從社會學及社會工作出發的主流家庭理論最常被提到的有八個：功能論、社會交換論、符號互動論、家庭發展理論、系統理論、衝突論、女性主義、生態理論等。每一個都有不同的從學術傳統、焦點與範圍的假設、概念、命題、應用、介入意涵，也可以從不同角度批判與討論。

　　在其他社會科學方面，有關連的如：

（一）**教育學**：家庭生活教育（如性教育、育兒方法）。

（二）**歷史學**：家庭的歷史根源（如家族史、歷史趨勢與家庭變遷）。

（三）**經濟學**：家庭的福利需求（如生活水準、社會經濟地位、消費行為和市場狀況）。

（四）**家戶經濟學**：家庭管理、養育、家庭飲食習慣與營養、子女教育的投資與評估。養育、家庭飲食習慣與營養、子女教育的投資與評估）。

　　就以「政治」、「經濟」兩方面，進一步說明。家庭固然是親人的組合，有人的地方總是存在相處的問題。在家庭裡也不例外，尤其是當家庭不斷因成員的增加而擴大或因成員的減少而縮小，人與人權力的分配就會受到牽動，而面臨重組的局面，有如「家庭政治學」，因為家族之中常常有無比錯綜複雜的關係。例如手足之間爭奪父母的資源，又如婆媳間的關係，婆媳之間常常有細微的競爭。家庭裡還存在勾心鬥角，家庭成員須留意不同相處模式以求適應。

　　家務勞動的分工存在相對優勢的原則：在市場中生產率高的一方將時間大量用於工作；而在家庭內生產率高的一方就把時間全部用於家務勞動。這樣家庭可以得到最大量的物品和休閒，從而獲得效用的最大滿足，增加家庭福利。就業是家庭獲得收入的主要途徑，家人選擇就業

或不就業、什麼時候就業，用多少時間去工作以及從事什麼樣的工作等等。家庭透過把有限的時間在市場活動、家務勞動與娛樂休閒之間進行有效地分配，以達到最大的滿足。

家庭所耗用的這些人力資源、物質資源和時間資源總是有限，所以家庭的決策努力使家庭資源的效用最大化。貨幣收入與時間收入相加，構成家庭成員為獲得效用的、滿足目的、所擁有的收入總額。家庭這個生產者跟其他理性的經濟人一樣，常常進行投入與產出相比較的生產決策，合理地分配以試圖達到最佳組合。

一些應用性高的學科如社會工作、精神分析、諮商輔導、公共衛生等，常被寄望能對婚姻與家庭有具體地協助。每個人的身、心、靈問題的確和其婚姻家庭有密切關係，他的問題行為、反功能行為或不適應行為，往往是婚姻家庭惡化的反應，因此基於專業服務的需要，也從事各項研究。例如從犯罪學的角度主要有「家庭動力論」，從諮商領域主要有「家族治療理論」。與家庭最有關的重要領域包括：

（一）**諮商**：諮商理論、臨床應用、婚姻及家庭中的人際互動。

（二）**人類行為發展**：兒童發展、成人發展、中老年個性的發展。

（三）**法律**：領養與兒童保護、兒童照顧與福利、離婚與婚姻結束、親職權利與責任等。

（四）**精神分析**：家人偏差行為的分析、臨床診斷與治療。

（五）**公共衛生**：流行病學與免疫學、家庭健康與預防醫學、婦幼衛生、家人藥癮或酒癮。

（六）**宗教**：如不同宗教信徒之間的婚姻、離婚等。

（七）**家庭社會工作**：主題廣泛，例如家庭生命週期轉換的壓力、生態環境的壓力和問題、家庭互動關係和溝通問題、家庭的代間傳遞等。特別看重家庭優勢和復原力藉此評估家庭需要，測量家庭的功能，設計出有建設的家庭扶助方案、家庭維持方案，有助於家庭暴力的防治、兒童虐待與疏忽的防治、老人虐待的防治等。

二、人口統計最關鍵

　　在各種學科之中，人口學至為重要，能呈現及說明各種家庭的變遷。透過種種數據，得以觀察家庭的變化，又能分析不同區域中家庭生活之差異（如出生率對家庭的影響）。與家庭有關最重要的名詞包括：

（一）**人口數**：戶籍登記之人口總數。

（二）**性比例**：指男性人口對女性人口的比例，亦即每百個女子相對的男子數，超過一百表示男多於女。

（三）**年齡別總人口比率**：該年齡別的人口佔總人口比率。在許多表格中都區分男性、女性。

（四）**年齡別性比例**：指該年齡別人口中男性對女性人口的比例。

（五）**扶幼比**＝（0-14 歲人口）/（15-64 歲人口）*100，每一百個工作年齡人口（15-64 歲人口）所需負擔幼年人口數（0-14 歲人口）。

（六）**扶老比**：65 歲以上的人口數，除以 15 歲至 64 歲之間的人口數，所得的比值即是扶老比，可說明目前的青壯年人口要扶養多少的老年人口。

（七）**扶養比**：為依賴人口（0-14 歲及 65 歲以上之人口）對工作年齡人口（15-64 歲人口）扶養負擔的簡略測度。扶養比有助於描述從事勞動生產和不會從事勞動生產的人口的比例。一般而言，不會從事勞動生產的人口是指 15 歲以下及 65 歲以上，從事勞動生產的人口是指 15 至 64 歲。扶養比為不會從事勞動生產的人口除以從事勞動生產的人口再乘以 100%。

（八）**老化指數**：為衡量一地區人口老化程度指標之一，年齡在 65 歲以上人口除以 0-14 歲人口的百分比。在表 9-2 呈現三個年齡階段的人口數，佔總人口比、扶幼比、扶老比、扶養比、老化指數。

　　在次頁表 9-2 呈現上述指標的數據。

表 9-2 ▶ 三階段年齡人口數、百分比、扶幼比、扶老比、扶養比、老化指數

年分	三階段年齡人口數				年齡分配百分比(%)			扶幼比	扶老比	扶養比	老化指數
	總計	0-14	15-64	65+	0-14	15-64	65+				
2008	23,037,031	3,905,203	16,729,608	2,402,220	16.95	72.62	10.43	23.34	14.36	37.70	61.51
2011	23,224,912	3,501,790	17,194,873	2,528,249	15.08	74.04	10.89	20.37	14.70	35.07	72.20
2012	23,315,822	3,411,677	17,303,993	2,600,152	14.63	74.22	11.15	19.72	15.03	34.74	76.21
2013	23,373,517	3,346,601	17,332,510	2,694,406	14.32	74.15	11.53	19.31	15.55	34.85	80.51
2014	23,433,753	3,277,300	17,347,763	2,808,690	13.99	74.03	11.99	18.89	16.19	35.08	85.70
2015	23,492,074	3,187,780	17,365,715	2,938,579	13.57	73.92	12.51	18.36	16.92	35.28	92.18
2016	23,539,816	3,141,881	17,291,830	3,106,105	13.35	73.46	13.20	18.17	17.96	36.13	98.86
2017	23,571,227	3,091,873	17,211,341	3,268,013	13.12	73.02	13.86	17.96	18.99	36.95	105.70
2018	23,588,932	3,048,227	17,107,188	3,433,517	12.92	72.52	14.56	17.82	20.07	37.89	112.64
2019	23,603,121	3,010,351	16,985,643	3,607,127	12.75	71.96	15.28	17.72	21.24	38.96	119.82
2020	23,561,236	2,963,396	16,810,525	3,787,315	12.58	71.35	16.07	17.63	22.53	40.16	127.80
2021	23,375,314	2,889,908	16,546,373	3,939,033	12.36	70.79	16.85	17.47	23.81	41.27	136.30
2022	23,264,640	2,819,169	16,359,678	4,085,793	12.12	70.32	17.56	17.23	24.97	42.21	144.93

資料來源：內政部戶政司（2023）。人口統計資料－三階段人口及扶養比。網址：https://www.ris.gov.tw/app/portal/346

三、掌握 8W1H

關於家庭，綜合而言，有八個基本的 W，一個 H 需先瞭解，本書的各章依序回答：

（一）What is the family? 家庭是什麼？主要討論家庭的定義與組成。本章先討論。

（二）Where do we live? 跟誰住？主要討論父居、母居或其他型式。第十章從各面向解釋。

（三）Who rules? 誰統治家庭？主要探討家庭的權威歸屬。也在第十章說明。

（四）To whom are we related? 和誰有關連？主要討論家庭的綿延和親屬關係。第十一章介紹「小家庭」，第十二章說明「大家族」。

（五）What is the function of family? 家庭的功能為何？並分析在邅變的時代中家庭制度的存在功能。第十三章分析，並討論家庭為什麼會失去功能，甚至出現反功能。

（六）What is the cycle of family? 家庭的生命週期。在第十四章分析。

（七）What is the system of family? 家庭的系統。在第十五章探討。

（八）What is the problem of family? 家庭的主要問題，在各章中都有涉及，第十六章專門解釋家庭暴力。

（九）How to explain and analyze? 如何解釋、分析與家庭有關的現象？

實踐、研究和推廣，更幸福

　　我會熱衷於家庭領域的研究，有些私人因素。大一修必修的社會學，大三研讀選修的家庭社會學，都蒙朱岑樓教授教導，朱老師在那一輩之中，是家庭領域的翹楚。他的夫人吳教授與家父為當時的臺北師專（日後的臺北教育大學）同事，他的千金與我從幼稚園小班到小學六年級都同班，朱師母對我特別好。朱老師對學生都很照顧，臺大社會系的學子暱稱他為「朱爸爸」。老師能寫能編能譯，做了許多家庭研究，還寫各類型文章，是學生們尊敬的大師，我尤其佩服，處處想效法恩師。我碩士畢業時，老師為研究所所長，所以我的碩士論文證書上有「朱岑樓」三個大字。

　　1990 年代，兩岸關係趨緩，梅可望校長自東海大學卸任，擔任促進兩岸中國現代化基金會執行長，該基金會每年暑假輪流在兩岸舉辦研討會。首次在臺北圓山飯店舉行時，我幫著跑腿聯繫接待。在六大主題中，「家庭現代化」是重頭戲，特別邀請已經退休移民美國的朱老師擔任主講人，我有機會陪同，重溫在臺大受教的快樂時光。2 年後，又在臺北舉行，老師年邁，我因此負責「兩性角色的現代化」，進而在 1994 年寫了〈現代社會的家庭變遷與因應之道〉。

　　1995 年內政部首次按照聯合國所定 5 月 15 日為「國際家庭日」，委託中華民國幸福家庭促進協會編寫「國際家庭年專刊」，由我主編，又撰寫〈由資源與責任剖析現代家庭〉，接著寫了〈我所看到的兩代家庭變遷〉。

　　家庭最可貴之處在綿延，一代傳一代。公益組織超越個人生命的限制，持續造福社會。1988 年梅可望校長創辦了中華民國幸福家庭促進協會，我自 1991 年起參與，實際帶領將近三十年，透過這個協會幫助無數家庭。

教育也持續綿延，朱岑樓老師教導我，我教導無數學生，又經由行政角色幫助博碩士生。5 年的研究所所長歲月，鼓舞有志於助人工作的研究生獲得學位。在東海專任的 32 年之中，我陪同 45 位拿到碩士，11 位拿到博士，這些昔日學子今日幾乎都在做社會工作，都在幫助各種家庭。

第 *10* 章

類型

類型，各式各樣的家，都要有屋簷，部首為「宀」。「完」婚娶妻，就「安」就「定」了。兩人同心，成「室」成「家」，賺錢買房。有房子，可以「窩」在自己的「巢」自己的「穴」之中，「宜」業其家。賺到一口田，就很「富」裕。關於信仰，與神有關，屬於「宗」教領域。

類型的英文 type，一個家像個團隊（team），家人彷彿用線（thread）連在一起，彼此信任（trust），總是感謝（thank）。家戶或大或小，總是有個領域（territory），共同迎向每一個明天（tomorrow）。

算算數學吧！老祖宗傳下「成家立業」的古訓，成家有助於立業嗎？多數時候如此！因為發揮 1＋1＞2 的效果。「分擔的痛苦，減半；分享的快樂，加倍。」生活的方式不同了，成家後，買東西不再只去7-11或全家，而是去家樂福或全聯；買菜，得精打細算，去傳統市場或批發市場。還有，少外食以省錢。

有種說法：「孩子，會帶錢來。」養兒育女當然不斷花錢，可是能爭取更多的津貼、補助、獎金，上一代疼惜孫兒孫女，多半又會帶一些錢來。

當然，每個家庭的狀況不同，各有挑戰、各有機會。

家，各種類型，分類有助於瞭解、研究、協助，也可以使身在家中的人知道自己的狀況，進而找到最適合的經營方式。本章針對多項政府的統計表格進一步整理，說明家庭、家戶的變化。第一節列出了十幾種的分類。第二節介紹戶的分類。第三節分析在快速變遷的時代，許多針對特定人口群所安排的非傳統選擇。

第一節　家的分類

對家庭加以分類很不容易，每個社會有千千萬萬個家庭，從不同的角度就有不同的分類。科恩（Cohen）認為要從家庭的構成要素——家庭、成員與家計來分類。根據中國家庭的功能，分為：自然家庭、經濟家庭、宗教家庭、傳統或氏族家族[①]。格林哈爾（Greenhalgh）認為可以從是否分炊、分住、分預算、分財產、分房子和分牌位等六項標準，探討中國家族的類型[②]。

社會學注意「家庭做為一個社會制度」，有哪些類型。就像社會對每個制度的運作有不同的規範，對家庭的種種運作也有大致的規範。對家庭的三大要項——繼承、居住、權威，不同社會有不同的規範，形成了不同的類型[③]。

一、繼承

俗語說「代代相傳」，說明繼承（descent）的重要。繼承是社會去追蹤某人血統來源的一種方式，從其中也可辨認其主要的親屬網和財產接替方式。主要的繼承類型有三：母系（matrilineal）、父系（patrilineal）、雙系（bilateral）。母系社會很罕見，在這種社會中，只有母親的親人算親戚，以母親的姓氏為姓，財產也是由母親傳給女兒。

父系存在於多數農業社會和封建社會，兒女繼承父姓，主要的親屬網是父親那邊，只有男性能繼承財富。我國傳統以來基本上是父系，直到近代依然如此。依原本《民法》第 1059 條：「子女從父姓。但母無兄弟，約定其子女從母姓者，從其約定。」由此可看出父系的色彩，近年來《民法》親屬編多次修正，許多學者均建議減低父系色彩。修正後的條文朝向平權：

「父母於子女出生登記前，應以書面約定子女從父姓或母姓。未約定或約定不成者，於戶政事務所抽籤決定之。子女經出生登記後，於未

成年前，得由父母以書面約定變更為父姓或母姓。子女已成年者，得變更為父姓或母姓。

前二項之變更，各以一次為限。有下列各款情形之一，法院得依父母之一方或子女之請求，為子女之利益，宣告變更子女之姓氏為父姓或母姓：一、父母離婚者。二、父母之一方或雙方死亡者。三、父母之一方或雙方生死不明滿三年者。四、父母之一方顯有未盡保護或教養義務之情事者。」

又如《民法》第 1089 條原本是：「對於未成年子女之權利義務，除法律另有規定外，由父母共同行使或負擔之。父母對權利之行使意思不一致時，由父行使之。」但已修正為「對於未成年子女之權利義務，除法律另有規定外，由父母共同行使或負擔之。父母之一方不能行使權利時，由他方行使之。父母不能共同負擔義務時，由有能力者負擔之。父母對於未成年子女重大事項權利之行使意思不一致時，得請求法院依子女之最佳利益酌定之。法院為前項裁判前，應聽取未成年子女、主管機關或社會福利機構之意見。」

我國朝向雙系發展，雙系是工業化國家較常見的。子女均有權繼承，子女也與雙親家庭的親屬網均有連帶，較接近男女平等的原則，也較尊重人性及每個家庭成員的獨特性。

二、居住

居住（residence）型態和香火承襲息息相關，可分為自宅（新居）、父宅（父居）和母宅（母居）等型式 ④。男女結婚了，要住在哪裡？現代社會新婚夫婦偏好能離開父母，建立一個新居，稱為「新居制」（neolocality，此字源自希臘文，意思是「一個新的地方」）。我國的年輕人偏好新居制，只要財力許可，多數會希望能有新房。美國也有句俗語：「偉大的爹、偉大的娘，但我們要離他們遠一點。」

較罕見的是「母居制」（matrilocality，此字也源自希臘文，意思是「母親的地方」）。在農業社會，新婚夫婦較需要獲得父母的經濟協助和安全

保障，也有責任幫助原生家庭的耕種生產，稱為「父居制」（patrilocality，此字源自希臘文，意思是「父親的地方」）。人類學家默多克（Murdock）發現這是最普遍的型態 ⑤。我國基本上是父居制，由《民法》第 1002 條原是：「妻以夫之住所為住所。」即可看出。不過目前已修正為：「夫妻之住所，由雙方共同協議之；未為協議或協議不成時，得聲請法院定之。法院為前項裁定前，以夫妻共同戶籍地推定為其住所。」

安貝爾夫婦（Ember 與 Ember）發現：居住的型態與戰爭、經濟都有密切關係。越好戰的社會，由於需要男性打仗，所以會把已婚的兒子留在身邊，因此多屬父居制。另外，新居制不利於父母獲得及保有經濟資源，對父母行使權力也不利 ⑥。

由於女性就業越來越多，也出現了平居家庭（biolocal residence family），是一對夫妻從父居或從母居中任擇其一，妻去夫家與夫同居或夫去妻家與妻同居均可。另為雙方工作方便，也有雙居家庭（duolocal residence family），夫婦不同住而各居住在父母的家庭或獨自居住 ⑦。在臺灣，雙居家庭近年有增多的趨勢。

三、權威

權威（authority）為合法及制度化的權力，依附於社會地位上，且為該社會體系中成員所接受。權威屬於地位本身，而不是由地位佔有者的品德所決定。所以，在家中，即使父母不稱職，他們的權威並沒有完全消失。

家中的權威主要在誰的手中？各社會有不同的規範，主要有三種類型，一是「母權制」（matriarchal），主要存在於母系社會，母親掌理一切。在母系社會中，有時大權集中於母之兄弟手中，稱為「舅權」（avunculate），中國歷史上宮廷中的外戚即是舅權之代表。

「父權制」（patriarchal）最常見，父親是家庭的權威中心，掌管家中決策，對妻子與兒女的行為都有很大的控制權。例如中國傳統家庭的主從次序（the pecking-order），第一優先：輩分關係（長輩優先）；

第二優先：年齡關係（長兄優先）；第三優先：性別關係（男性優先）。這三種的綜合表現是：父親的權威最大。

民主思潮改變了父權制，「平權制」（democratic family 或 egalitarian family）漸被接受，家中權威既不再完全操在父親手中，也不完全操在母親手中，父母的權力漸趨平等。連兒女都有相當的權力，「以個人為中心的民主」（person-centered democracy）越來越多了。《兒童及少年福利與權益保障法》中「子女最佳利益」被明確規定，更顯示此種觀念的重要[8]。

未來，隨著女性受教育年數的延長、女性就業率的提高和子女地位的提高，平權家庭勢必會逐漸取代父權家庭，成為主流。「當代家庭」，也包含了兩個同性的成人為了追求親密關係和享受性生活而組成的，家庭的型式更為多元。

胡幼慧認為：不論從哪一角度來切入中國漢人家庭，都看出父權、父居及父系，不論在家族親屬中權力地位關係、居住家間關係、財產繼承、子孫地位的合法性，都受到此「父」（patri-）的觀念主宰，建立了以「父」為中心的基本社會秩序與人倫基礎[9]。近年來，父權、父居、父系色彩明顯下降，日後在立法行政、人民觀念、家庭生活安排等方面如何調整，與許多人密切相關。

四、以家庭分子關係組成區分

（一）**核心（nuclear）家庭**：由一對成婚伴侶及其未婚子女所組成，俗稱「小家庭」，又分兩種[10]：

1. 生長家庭（family of orientation）：指一個自幼生長的家庭，包括自己與父、母、手足。每個人都有生長家庭，我們是「從其所出」，接受其社會化的，依《民法》967 條的界定為：「己身所從出。」近年來，家族治療漸受重視，家族治療看重對案主原生家庭（family of origin）的探討，原生家庭就是生長家庭，也可譯為「出生之家」。

2. 生殖家庭（family of procreation）：也可譯為「生育之家」，指一個

人與配偶和子女所組成的家庭。生殖家庭，只有結婚生兒育女者才有。這種家庭是「從己身所出」，當事人為長輩，對子女提供社會化和養育。

（二）**本幹（stem）家庭，也稱為主幹家庭**：由一對夫妻及其一位已婚子女（包括已婚子女之配偶及子女）和其他未婚子女所組成，俗稱「折衷家庭」。

（三）**擴展（extended）家庭，也稱為擴大家庭**：由一對夫妻及其二位或二位以上之已婚子女（包括已婚子女的配偶及子女）和其他未婚子女所組成，俗稱「大家庭」。我國社會的擴展家庭不少有獨特的形式，例如莊英章分析臺灣農村中的老年人面臨兒子分居各處，在「平等」原則下輪流到各兒子家搭伙輪住，形成了「吃伙頭」、「輪伙頭」（meal rotation）的代間關係。兩老亦可以留住祖厝，和眾子女間形成遠距離的親密「聯邦制大家庭」[11]。朱岑樓指出：擴展家庭往往在大家長過世後，諸子即分家產。另外有聯合家庭（joint family），則是保持家產的完整，家產屬諸子共有，但已經越來越少[12]。Calhoun、Light 與 Keller 指明：擴展家庭雖大，還是有一核心，核心由有血統的一家人組成，其他親友則是較邊陲的[13]。

五、依父母的組合情況分

（一）**雙親家庭（parents family）**：父母雙全。

（二）**單親家庭（single parent family）**：由於離婚、一方死亡、一方入獄、未婚生子等原因造成。

（三）**繼親家庭（blended family 或 step family）**：已婚雙方或一方和來自其他婚姻關係所生子女所組成。

六、依個人對家人的義務範圍

（一）**血緣家庭（consanguine family）**：著重於父母和子女或兄弟

姐妹間的血統關係，血統親屬處於中心位置，而配偶則較邊陲，個人主要負責的對象是其「生長家庭」的部分。血緣家庭又稱血統家庭，比較可能形成擴展家庭。《民法》967 條規定：「稱直系血親者，謂己身所從出或從己身所出之血親。稱旁系血親者，謂非直系血親，而與己身出於同源之血親。」表示兄弟姐妹為旁系血親。

（二）**夫婦家庭（conjugal family）**：首要重點是夫妻關係。夫妻為中心，其他親屬則處於邊陲，個人主要負責的對象是其「生殖家庭」。夫婦家庭容易形成核心家庭，是都市地區最普遍的家庭型式。

在表 10-1 中呈現臺灣家庭的總戶數、夫妻家庭、核心家庭的狀況，包括戶數以及各自佔總戶數的百分比。

表 10-1 ▶ 家庭總戶數，夫妻家庭、核心家庭的戶數及佔總戶數百分比

年分	總戶數	夫妻家庭數	夫妻家庭數佔總戶數百分比	核心家庭數	核心家庭佔總戶數百分比
2011	7,959,828	1,357,285	17.04	3,199,101	40.20
2012	8,077,323	1,354,483	16.76	3,148,846	38.98
2013	8,191,640	1,380,434	16.84	3,105,381	37.91
2014	8,290,000	1,486,267	17.92	3,095,327	37.33
2015	8,386,495	1,598,503	19.05	2,975,369	35.52
2016	8,458,223	1,605,439	18.98	3,041,800	35.97
2017	8,559,187	1,600,688	18.69	3,056,210	35.70
2018	8,643,140	1,622,177	18.76	2,997,838	34.69
2019	8,734,576	1,685,305	19.29	3,008,148	34.44
2020	8,829,466	1,788,353	20.25	2,918,440	33.01
2021	8,919,896	1,813,282	20.32	2,944,951	33.01

資料來源：行政院性別平等委員會（2023）。家庭組織型態。網址：https://www.gender.ey.gov.tw/gecdb/Stat_Statistics_Query.aspx?sn=ggIwOmCyJPzbdaP5QZTUMQ%40%40&statsn=iGJRpsNX45yniGDj!w1ueQ%40%40&d=&n=201357

由表 10-1 透呈現很多重要的訊息，包括：

（一）只有夫妻，沒有其他家人的兩人家庭越來越多，在 2011 年時，只有 135.7 萬戶，到了 2021 年已經有 181.3 萬戶，成長率 33.6%，也就是多了三分之一。佔總戶數的比例，也由 17% 上升超過 20%。

（二）核心家庭的戶數在 290-320 萬之間，有些年度多一點，有些年度少一點，大致的趨勢是減少的，已不到 300 萬戶。佔總戶數的比例則持續下滑，由超過 40% 跌到只有 33%，跌幅相當大。

（三）沒有孩子的夫妻家庭與有孩子的核心家庭相比，在 2011 年時，前者只有後者的 42.4%，大約七分之三。到了 2021 年，此比例為 60.7%，前者已經超過後者的 60%，大約五分之三。

（四）在總人口沒有明顯增加的前提下，總戶數持續增加，由 2011 年的 795.8 萬戶上升到 891.9 萬戶，增加了將近 100 萬戶，成長率 12.1%。核心家庭的總戶數沒有增加，增加的在其他類型，單單夫妻家庭就多了 45.6 萬戶。

七、其他的分類

傳統中國人的觀念中看重「成家立業」，顯示家庭和工作密切關連，已婚的伴侶會因為工作狀況的不同而有不同的家庭類型。此外，還有依各指標組成的多種家庭類型，以下分別說明 [14]。在這十類中，1 和 2 是一組，3 和 4 是一組，6、7、8 是另一組，9 和 10 也是一組。同一組的家庭類型可以比較。

（一）**雙生涯家庭（dual career family）**：也稱為雙職家庭，指已婚的伴侶均有專業生涯，已越來越普遍。另有「雙工作者家庭」（dual worker family），夫妻都工作，但一方的工作只是為了家庭的收入，不強調類似雙生涯均有長期任職的生涯發展。

（二）**通勤家庭（commuter family）**：指雙方因工作分居兩地，隔一段時間以通勤的方式相聚的家庭。

（三）**制度家庭**（institutional family）：指依法令、規章、習俗所組成的家庭，不強調彼此的感情，存在的目的只是為了符合傳統的角色期望和順從規範。

（四）**友愛家庭**（companionship family）：只建立在愛情和感情上的家庭，對社會上有關家庭的法律規定並不重視。

（五）**不完全家庭**（incomplete family）：指沒有子女的家庭。

（六）**原子家庭**（atomistic family）：高度個人化色彩，家庭中的每個成員均不受家庭的控制，個人的福利及權利才最重要。

（七）**家務家庭**（domestic family）：比原子家庭有較多的團體凝聚力，較不重視個人化，家人間相當親密，頻繁接觸。

（八）**委託家庭**（trusteeship family）：比家務家庭有更高凝聚力，個人的自我利益完全服從在家庭的權益之下，每個人主要為了家庭的血統、權利、財產而生活，是家族地位和姓氏的委託者。

（九）**初級家庭**（primary family）：指一個家庭的家長（family head）與住戶的戶長（head of the household）為同一人的家庭，由共同居住在一起的共同家人組成的。

（十）**次級家庭**（secondary family）：家長與戶長不為同一人的家庭。

有首歌說：「給我一個家，一個不需要掩飾自己的地方……」，下回你再聽到別人唱這首歌時，或許要多問問：「你是生活在哪一種家？需要的又是哪一種家？」因為家有好多種，依照不同的指標，就有不同的家庭分類。每個家庭在不同的分類指標中都有獨特的位置，它也是一個個位置的組合。例如你的生長家庭可能是：

父系＋新居＋平權＋核心＋雙親＋血緣＋雙生＋制度＋委託＋初級……

第二節 戶的分類

一、每戶人口數

戶（household）依《雲五社會科學大辭典》的定義，是經濟的和社會的單位，由同居一個住所之人口所組成，該住所可以是獨家住宅、共同住宅、公寓等等。家是生物的單位，成員必須有婚姻和血統的關係，戶則可以包括外人[⑮]。

在表 10-2 呈現 2007 年至 2022 年家戶的人口數及變化。

表 10-2 家中人口數的戶量

年度	總計	1 人家戶	2 人家戶	3 人家戶	4 人家戶	5 人家戶	6 人以上家戶
2007	7,512,449	2,022,901	1,352,358	1,335,536	1,327,161	749,799	724,013
2011	8,057,761	2,363,499	1,543,750	1,470,139	1,344,776	697,433	637,596
2012	8,186,432	2,454,459	1,579,029	1,496,512	1,346,025	684,043	625,785
2013	8,286,260	2,530,995	1,608,927	1,513,385	1,340,542	673,646	618,190
2014	8,382,699	2,610,729	1,634,904	1,526,237	1,334,474	661,499	614,308
2015	8,468,978	2,676,000	1,659,536	1,540,442	1,331,457	652,122	608,875
2016	8,561,383	2,747,386	1,688,064	1,555,706	1,326,372	641,974	601,331
2017	8,649,000	2,814,583	1,719,466	1,571,035	1,319,952	630,673	592,744
2018	8,734,477	2,877,432	1,754,995	1,587,408	1,313,546	619,951	580,604
2019	8,832,745	2,954,041	1,791,191	1,604,385	1,308,361	608,055	566,177
2020	8,933,814	3,041,975	1,833,256	1,619,929	1,298,969	592,634	546,523
2021	9,006,580	3,133,858	1,873,035	1,629,386	1,279,106	572,484	518,177
2022	9,089,450	3,221,546	1,912,529	1,641,730	1,261,771	555,515	495,842

資料來源：內政部戶政司（2023）。人口統計資料—戶數結構表。網址：https://www.ris.gov.tw/app/portal/346

表 10-2 顯示的重點包括：

（一）總家戶數緩慢增加，2011 年到 2020 年這 10 年才增加 100 萬戶，也就是 1 年平均只有 10 萬戶，2021 至 2022 年這 1 年只增加 8.3 萬戶。

（二）1 人家戶由 2007 年的 202 萬年年增多，2022 年已經超過 322 萬，15 年增加 120 萬，幾乎等於家戶增加總數的 8 成。另一個快速增加的家戶為 2 人家戶，多出了 56 萬。3 人家戶緩慢增加，4 人家戶緩慢減少。5 人家戶在 15 年之間，少了 20 萬戶，6 人以上家戶更少了 25 萬戶。

在表 10-3 中，進一步呈現各人口數家戶佔總戶數的百分比。

表 10-3　家中人口數的家戶佔總戶數的百分比

年度	總計	1 人家戶	2 人家戶	3 人家戶	4 人家戶	5 人家戶	6 人以上家戶
2007	100.00%	26.93%	18.00%	17.78%	17.67%	9.98%	9.64%
2011	100.00%	29.33%	19.16%	18.25%	16.69%	8.66%	7.91%
2012	100.00%	29.98%	19.29%	18.28%	16.44%	8.36%	7.64%
2013	100.00%	30.54%	19.42%	18.26%	16.18%	8.13%	7.46%
2014	100.00%	31.14%	19.50%	18.21%	15.92%	7.89%	7.33%
2015	100.00%	31.60%	19.60%	18.19%	15.72%	7.70%	7.19%
2016	100.00%	32.09%	19.72%	18.17%	15.49%	7.50%	7.02%
2017	100.00%	32.54%	19.88%	18.16%	15.26%	7.29%	6.85%
2018	100.00%	32.94%	20.09%	18.17%	15.04%	7.10%	6.65%
2019	100.00%	33.44%	20.28%	18.16%	14.81%	6.88%	6.41%
2020	100.00%	34.05%	20.52%	18.13%	14.54%	6.63%	6.12%
2021	100.00%	34.80%	20.80%	18.09%	14.20%	6.36%	5.75%
2022	100.00%	35.44%	21.04%	18.06%	13.88%	6.11%	5.46%

資料來源：內政部戶政司（2023）。人口統計資料—戶數結構表。網址：https://www.ris.gov.tw/app/portal/346

由表 10-3 可知：

一個人的家戶快速增加，從 2007 年佔總戶數不到 27%，15 年之中明顯成長，到 2022 年已經超過 35%。2 人家戶，主要是夫妻家庭或單親帶一個孩子，百分比也由 18% 上升到 21%。3 人家戶的比例最穩定，在 18% 上下。4 人家戶就減少了，由接近 18% 降至 14% 以下。5 人家戶快速減少，所佔比例由接近 10% 跌至 6.1%。6 人以上家戶也由接近

10% 跌到 5.5%，跌幅更大。

　　未來家庭結構中，典型的核心家庭與主幹家庭，雖然仍居多數，但「夫婦兩人」、「單人」與「隔代」的家戶型態，預估將成長。

　　在戶量方面，1991 年平均每戶有 3.94 人，2009 年跌破 3 人的關卡，剩下每戶 2.96 人，到了 2021 年平均每戶 2.6 人、2022 年只有 2.59 人。王順民分析：不到 3 個人的家庭成員結構，又分屬於夫婦雙老、代間老老或老障、廣義獨老、高齡未婚與不婚、核心少子女化等等不同的家庭樣態組成[16]。

　　由於少子女化、人口老化與單人家戶盛行，未來的家戶數量仍將持續上升，平均家庭規模繼續下降，至 2042 年平均戶量將會低於 2.0 人[17]。所以，以家戶做為單位的公共政策與市場需求將會持續擴張。未來家戶規模減少，家庭的支持力量減低，致使家庭應對風險的能力下降，如此，增加貧窮的風險，薄弱的社會支持，必須透過政府與市場機制來補強家庭功能。

二、家戶的類型

　　人們熟悉「由父親或母親與未婚子女所組成之家庭」。其實，這樣的家庭已經佔總戶數越來越少。家庭組織型態依行政院主計總處「人口及住宅普查」報告編算而得，可分為「核心家戶」、「主幹家戶」、「單人家戶」及「其他家戶」，而各家戶型態比率即各家庭組織型態戶數佔總戶數之比率。各自的定義如下：

（一）**單人家戶**：指該戶僅一人居住。

（二）**夫婦二人家庭**：指該戶只有夫婦二人居住。

（三）**單親家庭**：指該戶成員為父或母其中一人，以及至少有一位未婚子女所組成，也可能含有同住之已婚子女，或其他非直系親屬，如兄弟姐妹。

（四）**核心家庭**：指該戶由父母親，以及至少有一位未婚子女所組成，但可能含有同住之已婚子女或其他非直系親屬。

　　以上 2、3、4 類家庭，合稱「核心家戶」，也就包含由「夫婦」、「夫婦及未婚子女」或「夫（或婦）及未婚子女」所組成之家戶。

（五）**主幹家戶**：指由「祖父母、父母及未婚子女」、「夫婦及已婚子女」所組成之家戶。

（六）**三代家庭**：指該戶成員為祖父（母）輩、父（母）輩及至少一位未婚孫子女輩，可能還含有其他非直系親屬同住。

（七）**祖孫二代家庭**：指該戶成員為祖父（母）輩及至少一位未婚孫子女輩，且第二代直系親屬（父母輩）不為戶內人口，但可能含有同住之第二代非直系親屬。

（八）**其他家戶**：1.「有親屬關係」指無法歸類於「核心家戶」、「主幹家戶」及「單人家戶」之有親屬關係成員組成者均屬之。2.「無親屬關係」指戶長與無親屬關係之受僱人或寄居（籍）人所組成之家戶。

　　在表 10-4 整理了 2021 年臺灣地區戶數及各類型家庭的狀況。

表 10-4 ▶ 各類型家庭戶數的狀況

項目別	戶數	百分比（％）
總計	8,919,896	100.00
單人	1,244,633	13.95
夫婦	1,813,282	20.33
單親	963,983	10.81
核心	2,944,951	33.02
祖孫	85,576	0.96
三代	1,038,783	11.65
其他	828,687	9.29

資料來源：行政院性別平等委員會（2023）。家庭組織型態。網址：https://www.gender.ey.gov.tw/gecdb/Stat_Statistics_Query.aspx?sn=ggIwOmCyJPzbdaP5QZTUMQ%40%40&statsn=iGJRpsNX45yniGDj!w1ueQ%40%40&d=&n=201357

　　核心家庭佔所有家戶型態的比例從 1990 年的 58.1% 下降至 2018 年的 34.7%，主幹（三代）家庭的比例也從 16.6% 下降至 14.0%；相較之下，單人戶及夫婦戶各別由 6.5% 上升至 12.8%，和 8.1% 提升至 18.8%。由表 10-4 可知：核心家庭 2021 年大幅度下降到只有 33.02%，三代家庭繼續下降至 11.65%。

三、單親、單人與隔代

（一）單親家庭

　　單親家庭的數量及佔總戶數的比例，整理在表 10-5，配合各項相關的統計，分幾方面進一步探討：

1. 戶數：從 1990 年的 141,000 戶增加至 2007 年的 234,000 戶，自 2010 年起，單親戶數逐漸下降，2018 年降至 136,000 戶，為近年來最低，主要原因是進入 21 世紀後總生育率明顯下滑。

2. 佔總家庭數的比例的變化則不穩定：從 1990 年的 2.8% 增加至歷史新高，2007 年的 3.2%，再下降至 2018 年的 1.6%。

3. 住在主幹家庭中的單親戶從 1990 年的 34,000 戶增加至 2018 年的 68,000 戶。顯示越來越多的單親選擇於近年來回到原生家庭與長輩一起居住，或許因此可以得到父母的協助。

4. 子女狀況，未滿 18 歲的子女多數跟著媽媽。女單親戶的比例於 1990 年佔了 61%，到 2010 年，比例增加至 70%，於 2018 年下降至 65%。

5. 針對婚姻狀況的分析，發現 1990 年的單親家庭有 35.4% 是因為離婚，其次為喪偶（31.3%）、分居（17.2%）和未婚（16.1%）。

　　2011 年之後單親家庭、單人家戶的數量及佔總戶數的比例，整理在表 10-5。

表 10-5 ▶ 單人家戶、單親家戶的戶數及佔總戶數百分比

年分	總戶數	單人	單人家戶佔總戶數百分比	單親	單親家庭佔總戶數百分比
2011	7,959,828	805,897	10.12%	741,091	9.31%
2012	8,077,323	889,740	11.02%	788,576	9.76%
2013	8,191,640	908,008	11.08%	782,617	9.55%
2014	8,290,000	982,582	11.85%	801,614	9.67%
2015	8,386,495	991,637	11.82%	865,369	10.32%
2016	8,458,223	1,022,289	12.09%	853,461	10.09%
2017	8,559,187	1,036,876	12.11%	859,111	10.04%
2018	8,643,140	1,107,095	12.81%	830,683	9.61%
2019	8,734,576	1,071,148	12.26%	891,757	10.21%
2020	8,829,466	1,269,063	14.37%	877,698	9.94%
2021	8,919,896	1,244,633	13.95%	963,983	10.81%

資料來源：行政院性別平等委員會（2023）。家庭組織型態。網址：https://www.gender.ey.gov.tw/gecdb/Stat_Statistics_Query.aspx?sn=ggIwOmCyJPzbdaP5QZTUMQ%40%40&statsn=iGJRpsNX45yniGDj!w1ueQ%40%40&d=&n=201357

由表看出兩個重要變化：

1. 單人家戶快速增加，短短 10 年由 80.6 萬戶增加到 124.5 萬，成長了 54.5%。單人家戶佔總戶數也從 10.12% 迅速升至 13.95%。

2. 單親家戶緩步增加，由 74.1 萬戶增加到 96.4 萬戶，成長了 30.1%，佔總家戶數維持在 10% 上下。

（二）單人家戶

主要原因為喪偶後獨居、離婚後獨居，以及未婚，行政院主計總處公布 10 年一次的人口普查結果顯示，2020 年年底 25 歲至 44 歲未婚率達 43.2%，也就是 100 人有 43 人未婚，適婚人口中有 301 萬人未婚。單人家戶的統計數據也呈現在表 10-5。

（三）隔代與祖孫

隔代教養家庭（skipped generation families），廣義上指的是祖父母或外祖父母肩負起對孫子女的教養與照顧責任。狹義指是祖父母取代孫子女的父母親，擔負大部分對於孫子女的教養暨照顧責任，父母只在少許時候與其孩子接觸。早在農業社會就很普遍，但其型態與原因與今日有諸多不同。現今社會的隔代教養家庭，許多是因為家庭結構變動所致，例如父母離異、死亡、工作型態、物質濫用、入獄服刑或其他個人因素等。有些地區因為缺乏就業機會，父母必須到外縣市討生活，而將其子女托育給孩子的祖父母。

2004 年有 81,000 戶，是 1998 年的 1 倍。其中有 29,000 多戶是由 65 歲以上的祖父母、外祖父母輩扶養未滿 18 歲的孫輩，到了 2020 年快速上升到 103,517 戶。

衛生福利部的委託調查發現國內弱勢隔代教養家庭的主要照顧者多數由祖母和外祖母擔任，隔代教養家庭高達 79.2％都「為嬤則強」，以祖母 53.19％居多，其次為外祖母 28.96％、祖父 13.30％。逾 6 成年齡層居於 5 到 14 歲生活起居均需照顧的孫兒。近半數隔代教養家庭主要照顧者的年齡在 56 至 65 歲，另有 23.1％、即近四分之一高齡 66 至 75 歲；照顧者學歷以國小居多，目前本身無工作，多數無伴侶或配偶在身邊分擔重擔[18]。祖孫家庭、三代家庭的數量及佔總戶數的比例，整理在表 10-6。

表 10-6 ▶ 三代家庭、祖孫家庭的戶數及佔總戶數百分比

年分	三代	三代家庭佔總戶數百分比	祖孫	祖孫家庭佔總戶數百分比	其他	其他家庭佔總戶數百分比
2011	1,204,035	15.13%	97,717	1.23%	554,702	6.97%
2012	1,192,850	14.77%	103,655	1.28%	599,174	7.42%
2013	1,248,508	15.24%	103,638	1.27%	663,053	8.09%
2014	1,164,754	14.05%	91,508	1.10%	667,948	8.06%

年分	三代	三代家庭佔總戶數百分比	祖孫	祖孫家庭佔總戶數百分比	其他	其他家庭佔總戶數百分比
2015	1,196,715	14.27%	100,553	1.20%	658,349	7.85%
2016	1,170,128	13.83%	95,904	1.13%	669,202	7.91%
2017	1,179,085	13.78%	94,670	1.11%	732,548	8.56%
2018	1,211,717	14.02%	114,337	1.32%	759,293	8.78%
2019	1,174,586	13.45%	97,969	1.12%	805,663	9.22%
2020	1,089,856	12.34%	80,684	0.91%	805,372	9.12%
2021	1,038,783	11.65%	85,576	0.96%	828,687	9.29%

資料來源：行政院性別平等委員會（2023）。家庭組織型態。網址：https://www.gender.ey.gov.tw/gecdb/Stat_Statistics_Query.aspx?sn=ggIwOmCyJPzbdaP5QZTUMQ%40%40&statsn=iGJRpsNX45yniGDj!w1ueQ%40%40&d=&n=201357

由表看出幾個重要現象：

1. 三代家庭戶數變化不大，在 120 萬戶上下維持多年，2020 年之後因為新冠疫情及高齡化趨勢，長輩死亡人數增加較為快速，減少至 103.8 萬戶。佔總家戶的百分比在 13-15% 之間，2020 年及 2021 年下降。

2. 祖孫家庭，以隔代教養為主，增加快速，2011 年僅 55.4 萬，2021 年增多到 82.8 萬，增多了 27.4 萬戶。佔總家戶的比例也由 6.97% 上升到 9.29%。

第三節　非傳統的

以往，多數人一生只愛一個人，只與一個人牽手到老，夫妻只照顧親生的子女。這樣的時代已經過去了，家庭的定義及組成，不斷在改變。各種家戶的型態，越來越多。有些原本不能稱之為家庭的，已經合法。原本只有極少案例的家戶，漸漸增多，數目在統計欄位已經

可以單獨列出。有些以往鮮少出現的形式，成為漸漸普遍的選擇。

居高不下的離婚率與遷徙頻繁的社會趨勢，導致傳統家庭的結構與功能逐漸式微，晨昏忙碌的現代人在心靈上頓失所依。為了呼應人類對親情的原始渴望；人們試圖透過童年玩伴、鄰居、同事，乃至網路上的交友等非血緣的方式，建立親人般的親密情誼。跨越種種藩籬，建立屬於自己的「另類家庭」，讓彼此的照顧與支援，形成另一些強而有力的後盾，攜手共享生命的悲喜。

許多人想在傳統家庭型式之外找一個像家的社會單位，彼此間不是「血緣上的親屬」，而是「心理上的親屬」——彼此心投意合，心靈相通；或是「行為上的親屬」——有相近的習慣與行為模式；或是「同性戀的親屬」；或是「共產式的親屬」[19]。

隨著網路的發達，出現「網路上的親屬」；隨著高齡化社會的到來，「銀髮族相依為命的親屬」等組織將增加。但是這些，很難符合法律的定義，在統計欄位上也不易呈現。以下說明在法律上允許、或政府為了滿足特定人口群而推動的類似家庭的方案。

一、寄養

寄養服務（foster care）屬於「替代性」的兒童服務，安排兒童至合宜的處所，以替代父母執行照顧角色。當兒童的親生家庭有一段時間無法照顧兒童，且不願意或不可能將兒童被收養時，採用家庭寄養（foster family care）。這是兒童及少年福利服務方式之一，屬於替代性服務措施。當兒童因為父母管教不當、疏忽或虐待，不得不離開原生家庭，政府為讓兒童在生活與安全上獲得保障及社會情緒上的適應，達到照顧、保護、治療等目的，進而提供兒童一個有計畫期間的替代照顧。暫時居住在有愛心且經過訓練的寄養家庭中，由寄養父母親給予完整的家庭生活照顧，讓不幸的兒童、少年，獲得如同家庭的溫暖。

就性質來看，寄養服務包括[20]：

（一）是一種「專業性」的兒童福利，透過專業判斷，進行安置工作，

希望透過此服務而讓兒童不會受到威脅，生長於比較好的家庭環境中。

（二）是「有計畫性的」，提供給兒童一個計畫時間內的替代家庭照顧。

（三）是「暫時性」，將目前不適合由原生家庭所照顧的兒童，透過政府的介入而安置於寄養家庭，接受妥善的照顧，促使每位寄養兒童都可以獲得安全無虞的成長環境，並透過寄養家庭的照顧而獲得心理復原。

《兒童及少年福利與權益保障法》56條規定如下：

兒童及少年有下列各款情形之一者，直轄市、縣（市）主管機關應予保護、安置或為其他處置；必要時得進行緊急安置：

（一）兒童及少年未受適當之養育或照顧。

（二）兒童及少年有立即接受醫療之必要，而未就醫。

（三）兒童及少年遭受遺棄、身心虐待、買賣、質押，被強迫或引誘從事不正當之行為或工作。

依據該法及《兒童及少年性剝削防制條例》之規定，得由縣市政府進行評估而安置於寄養家庭者包括：

（一）不適宜在家庭內教養或逃家之兒童及少年。

（二）無依無靠。

（三）未受適當之養育或照顧者。

（四）有立即接受診治之必要而未就醫者。

（五）遭遺棄、身心虐待、買賣、質押，被強迫或引誘從事不正當之行為或工作者。

（六）遭受其他迫害，非立即安置難以有效保護者。

（七）因家庭發生重大變故，致無法正常生活於其家庭者。

（八）有相關特殊情形或從事性交易之虞者。

安置原因不同，常見的有：1.父母入獄服刑而無家人可照顧；2.父母或父母的同居人不當管教、虐待；3.家內性侵；4.家庭長期疏忽等。不同的安置原因導致寄養兒在寄養家庭的適應狀況不同，所呈現的外顯

行為不同，可能出現尿床、偷竊、說謊、逃家、易怒、缺乏人際技巧、攻擊行為、課業欠佳、缺乏學習意願、學習態度不佳等問題。

寄養安置可分為一般或保護寄養。一般寄養因家庭因素暫無法照顧其子女而向政府尋求協助，並經社工員評估，有寄養之必要時，得申請寄養服務，管道需聯繫社會局各區域福利服務中心。保護寄養則對受虐不法侵害之兒童少年，提供保護寄養安置服務，管道需聯繫社會局家庭暴力暨性侵害防治中心。

兒少要安置到寄養家庭，社工先確定可申請寄養家庭的資格。該法第六條說明受寄養家庭之資格分成三種狀況：（一）雙親家庭：年齡均在 25 歲以上，其中一方在 65 歲以下，具有國中以上教育程度者。結婚 2 年以上相處和諧者等。（二）單親家庭：具有照顧子女能力者且符合相關規定者。寄養安置兒童少年人數不得超過二人（包括自己之兒童少年），其中身心障礙或發展遲緩兒童不得超過一人。（三）專業寄養。

寄養於親屬家庭者，由政府斟酌實際需要給予補助辦理。寄養費用包含寄養個案生活費、基本醫療費及國中以下學雜費用。標準按照寄養兒童的狀況區分成：（一）一般兒童。（二）一般少年、中度以上身心障礙兒童及未滿 1 歲嬰幼兒。（三）中度以上身心障礙少年。政府給予的補助，第三類高於第二類，第二類高於第一類。

寄養家庭在照顧寄養幼兒時，面對的最大課題是寄養幼兒的某些行為，會造成照顧上的親職壓力，使得寄養家庭本身、內在動力及家庭氣氛無形之中發生改變。

寄養家庭有其重要性但量能不足，根據內政部 2013 年的統計資料，有 1,370 戶寄養家庭照顧 2,702 位寄養兒少，其中 1,078 位是 0 到 6 歲的寄養幼兒，從身心健康狀況來看，有 290 位是屬於發展遲緩幼兒。有將近 6 成的寄養家長照顧過發展遲緩的幼兒。臺灣每年約超過 4,000 位失依兒少，在 2023 年 5 月時，只有 1,348 戶寄養家庭。

二、重組家庭

重組婚姻指丈夫或妻子，或雙方都曾經有過一次以上的婚姻經歷，再次結婚。夫妻雙方都有可能帶著之前婚姻的孩子，進入到新組成的家庭。在這樣的重組家庭中，產生比一般家庭複雜動態的家人互動，包含：繼親關係、親子關係、夫妻關係、手足關係等，都是考驗。

三、同性家庭

2019 年的 5 月，立法院表決通過《司法院釋字第七四八號解釋施行法》，也就是俗稱的「同婚專法」，同性可以組成家庭。但在該版本中規範同性配偶收養的第 20 條條文，規定同性婚姻關係「當事人之一方」收養他方的親生子女時，準用《民法》關於收養之規定，也就是說，同性配偶不能共同收養無血緣的孩子，只能收養另一方的親生子女，造成已經有養子女的同性配偶被迫在法律上單親。

2023 年 5 月立法院通過該法第 20 條修正草案，將該條改為：「第 2 條（同性婚姻）關係雙方當事人之一方收養他方的子女或『共同收養』時，準用《民法》關於收養的規定。」同性配偶可以像異性配偶一樣，遵循法定流程領養小孩，獲得法律完整保障。

同志收養沒有血緣關係的小孩，程序上除了透過法院裁定，另要透過「媒合機構」，如同寄養的機制。此外，同志結婚部分，已可結婚，但若跟異國同志結婚，遇到其國家不能結婚、如日本同婚不合法，過去不行但修正後可以。

四、團體家屋

提供失智症老人，具行動能力但須被照顧的一種小規模、生活環境家庭化及照顧服務個別化的服務模式，滿足失智症老人之多元照顧服務需求，並提高其自主能力與生活品質。有別於一般的機構式照護，家屋的空間規劃猶如一般家庭，有共用的客廳、餐廳、廚房、廁所，老人有

屬於自己的臥室、廁所。服務內容包括：居住及餐飲服務、生活參與及管理，協助因應緊急狀況。進食、沐浴及如廁等日常生活均有協助。

照顧服務員及工作人員都需受過失智症相關訓練，像朋友家人一般陪伴患者共同生活，尊重患者的生活經驗並考慮老人的獨特性與病程，依個人喜好與興趣制訂個別生活照顧計畫，將照顧及復健技巧融入日常生活中，協助患者從生活中維持其既有的功能，幫助失智症患者安心過正常的生活，延緩退化。

五、團體家庭

有時對少女做為寄養家庭服務的一種方式，有時對 15 歲至 50 歲領有身心障礙手冊之心智障礙者。日間須於其他安置機構接受生活訓練、教育訓練、醫療復健或就業服務，晚上在此居住。服務對象須具備基本生活自理能力、獨立的交通能力，可自行往返住宿地點。服務內容包括：加強居家生活自理訓練、學習自我照顧、安全、健康與財務管理。提供教育、休閒活動、心理諮商與相關支持性服務。也對家屬給予心理支持、福利諮詢、個案照顧與親職教育等服務，目標為解決心智障礙者住宿之需求，提升智能障礙者之獨立自主能力。

團體家庭整合日間服務系統及夜間住宿服務系統，以協助心智障礙者之整體性發展。結合「家庭式」及「社區化」之服務模式，以協助智能障礙者融入社區生活。

六、寵物是家人？

許多人在寵物身上找到類似親人的關係。一位家族治療師要案主下回邀請家族成員一起來會談，下一回案主帶了幾隻狗。治療師詫異，案主說：「牠們都是家族成員，比兒女還親。」近年來，狗狗、貓貓、兔兔等，地位都上升。在公園裡，以往是推著娃娃車來散步的爹娘，現在到處是推著狗狗車來曬太陽的青年人、中年人。

近 10 年臺灣生育子女的家庭中，超過一半僅生育一個孩子，獨生子女家中沒有手足，有些把寵物當作好夥伴，與寵物一起分享生活中的喜怒哀樂，在情感的接納與表達上因而更多元。父母生育子女的意願，更低了。反正，寵物彷彿孩子的手足。

內政部統計，2019 年，在生育子女的女性中，52% 只生一個，36.7% 生兩個，11.3% 生三個或更多。2020 年 1 到 9 月新生兒的登記數只有 112,000 多人，全臺貓、狗新增登記數量在同一個時期超過 16 萬隻，超越新生兒登記數量。毛孩子正式超過新生兒的數目，而且差距越來越大。無數飼主如今養的是「毛孩子」，有些以爹娘自稱，把寵物當成家人。親戚不一定熟悉，甚至家人都不常見面，但與寵物相處的時間增加。原因是看到家人或親人難免會想到一些不愉快的往事，但狗狗貓貓卻有療癒效果。

總之，家庭已經越來越多元，所謂的「吾愛吾家」，原則上當然是對的，但愛什麼樣的家，則不一定，家的形式充滿各種可能性。越來越多「共生家庭」或「另類家庭」出現，可能是一群志同道合好友同住，也可能因理念、宗教關係共食共耕，彼此沒有血緣關係，但他們可以大聲地說：「我們都是一家人。」隨著社會型態改變，另類共生家庭增多是可預期的。雙薪夫妻沒有多餘時間照顧孩子，不婚族增加，加上高離婚率、家庭解組，未來人們會建立各種「緣」，出現更多另類家庭。像美國、歐洲都有很多不同類型的非血緣家庭。

每個家庭的經驗都是特別的，很難被複製，無法形成通則，各類家庭是成員自己的選擇，外界不必給予異樣眼光，不管是哪一種家庭，都可以找到幸福。另類家庭的組成靠的是某種「信仰」，信仰不一定是宗教，也許是一種核心價值，包括相互依賴、相互取暖，相互扶持、找到共同價值。然而，正如主流家庭有各樣的問題，另類家庭也有。人與人的相處是動態而複雜的，這些家庭成員原可能為了某些好處等原因在一起，但相處久了，好處也可能變成壓力，使彼此關係產生變化。在「家

人關係」方面，另類家庭比傳統家庭有較大的不確定性。

　　與傳統家庭形式比較，現在家庭呈現多元面貌，如：以往大家庭的模式逐步演變到核心家庭、祖孫家庭或三代家庭等家庭形式，顯現家庭的多元面貌。還有一些異於傳統的家庭，如：同性別組成的家庭、不生育子女的家庭、同居關係。沒有誰可以說「哪一種家庭形式是最好的，而其他方式一定是不好」，也因此要懂得去尊重他人的方式。加上臺灣是個自由開放的社會，在不傷害他人或觸犯法律的前提下，對各種形式都不應該被屏棄或污名化，而是要去包容他人的想法與意見。畢竟，若換成是自己與他人不同的時候，我們也希望能獲得他人的支持。因此，接納與尊重是現代人普遍面對的課題。

實踐、研究和推廣，更幸福

「家家有本難念的經」，社會工作專業的主要責任是陪同各式各樣家庭裡的人處理各自難念的經，每個家庭都不同。社會學此科學，設法加以分類，找出不同類型，瞭解某一群人的家庭，有何共同特色與問題？

「見樹也要見林」，社會工作者容易注意樹葉、樹枝，樹葉彷彿個人，樹枝彷彿家庭，某個家族彷彿一棵樹。從社會學的角度，更留意樹林。例如在我生活四十多年的東海大學，靠近教學研究的社會科學院以相思樹為多。陽光草坪最顯眼的為黑板樹，宿舍區有些以楓香樹為多，有些地方是小葉南洋杉成群。如同老師間的差異，有不同的大樹小樹形成不同的樹林。

社會工作處理個案，傾向「個別化」，社會學思考問題，則偏向「整理化」，各有好處。社會學偏理論，社會工作偏應用。我很幸運，在大學時專攻社會工作，碩士班讀的是臺大的應用社會學研究所，博士攻讀社會學，因此習慣去整合這三者，也鼓勵社會工作者累積整體架構，尤其是人口學方面的訓練。

在朱岑樓、林義男等教授的指導下，我與臺大的同學翻譯了《社會學辭典》，於 1991 年出版。我自己則持續寫社會學的教科書，包括：1987 年的《進入社會學的世界》、1994 年的《社會學概論》、2001 年的《社會學概論》（高職版）、2007 年的《21 世紀社會學》、2008 年的《公民與社會》（高職版）、2015 年的《社會學導論》等等。然後才在 2017 年完成《社會工作概論》，2018 年寫了《家庭社會工作》。

我在第一次做系主任時，把一些課程的名稱修正，如「兒童社會工作」修正為「兒童與社會工作」，「老人社會工作」修正為「老人與社會工作」。特別提醒授課老師：多講兒童人口群、老年人口群，而不只是如何對兒童做個案工作，或對某位老人提供社會工作服務。

第 *11* 章
小家庭

小家

庭，幾「口」人，個個要「吃」，「各」「司」其職，「同」心「合」作。最快樂的正是全家「團」「圓」，諸事大「吉」，避免爭「吵」，以「和」為貴。

家的英文 home，源自相愛，互稱蜜糖（honey）的兩個人，組成後，雙方都想知道如何（how）創造幸福（happiness）？關鍵在：彼此忠誠（honesty），為了家庭的榮譽名聲（honor）而打拚，對話多些幽默（humor），謙恭（humble）相待，以人性（humanity）為本，避免彼此傷害（hurt）。

沒結婚時，人人是單數。結了婚，變雙數。用數學的概念，婚姻使人從奇數到偶數。兩人關係，只有一組。生了第一位兒子，三個人，兩人關係變成三組。若再生一個孩子，兩人關係增加成六組。五個家人，有十組兩人關係。六個家人，十五組兩人關係……。公式：n 的平方減去 n，再除以 2。很有趣，奇數的家人，總是出現偶數的兩人關係數目。偶數的家人，兩人關係總是奇數的。

多數的家庭都小小的，人數很少。小家庭裡的人，都屬於初級關係，最親密、最重要。第一節探討父母與子女的代間連帶。第二節分析兄弟姐妹之間的手足情。原本應該凝聚力強大的小家庭，到了 21 世紀因為各種科技有了廣泛又細微的改變，第三節說明。

第一節　父母子女

　　父母與子女的關係是家庭最重要的基石，千絲萬縷，動態又複雜。親子間，處處牽涉「情、理、法」，最好能合情、合理、合法。先探討子女與父親的關係，依照血緣、法律及心理互動，可分為以下幾種：

（一）有血緣關係，在法律上或制度上也視為親子，當事人雙方以親子相待，親子間感情交流。通常所謂的親子就是這種類型，佔大多數。

（二）有血緣關係，在社會之法律或制度上也被認定為親子，但是親子之間卻無情感交流，甚至形同路人。

（三）有血緣關係，但目前不完整的法律關係，如非婚姻的父子關係或離婚後的父子。

（四）沒有血緣關係但法律上被視為親子，而且有心理上的溝通與情感交流，如領養、寄養。

（五）沒有血緣關係也沒有情感交流，只有法律上有登記為父子關係者，只是所謂名義上的親子關係。

（六）沒有血緣關係，法律上也不承認的親子關係，但當事人間卻相約而表明親子關係，如乾爹、乾媽、乾女兒、乾兒子。

一、法律面

　　先從合法的部分加以解釋。最直接相關的，是《民法》；最重要的約束，是《兒童及少年福利與權益保障法》；此外，《家事事件法》、《兒童權利公約施行法》等都相關。

（一）《民法》

　　《民法》第三章專門規定「父母子女」，重點有三：血緣關係的發生、收養、父母間的權利義務。這三點又各自分為兩項，先說明自然血緣親子關係之發生：

1-1 婚生子女：1059 條

　　父母於子女出生登記前，應以書面約定子女從父姓或母姓。未約定或約定不成者，於戶政事務所抽籤決定之。

　　子女經出生登記後，於未成年前，得由父母以書面約定變更為父姓或母姓。

　　子女已成年者，得變更為父姓或母姓。

　　前二項之變更，各以一次為限。

　　有下列各款情形之一，法院得依父母之一方或子女之請求，為子女之利益，宣告變更子女之姓氏為父姓或母姓：（一）父母離婚者。（二）父母之一方或雙方死亡者。（三）父母之一方或雙方生死不明滿 3 年者。（四）父母之一方顯有未盡保護或教養義務之情事者。

1-2 非婚生子女：1059-1 條

　　非婚生子女從母姓。經生父認領者，適用前條第 2 項至第 4 項之規定。

　　非婚生子女經生父認領，而有下列各款情形之一，法院得依父母之一方或子女之請求，為子女之利益，宣告變更子女之姓氏為父姓或母姓：（一）父母之一方或雙方死亡者。（二）父母之一方或雙方生死不明滿 3 年者。（三）子女之姓氏與責任權利義務行使或負擔之父或母不一致者。（四）父母之一方顯有未盡保護或教養義務之情事者。

　　其次，是親權。包括：

2-1 居住所指定權：1060 條

　　未成年之子女，以其父母之住所為住所。

　　交付子女：《家事事件法》184 條：「下列安置事件，專屬被安置人住所地、居所地或所在地法院管轄：（一）關於兒童及少年之繼續安置事件。（二）關於兒童及少年之安置保護事件。（三）關於身心障礙者之繼續安置事件。（四）關於其他法律規定應由法院裁定安置事件。」

2-2 懲戒權：1085 條

父母得於必要範圍內懲戒其子女。（但，法務部在 2023 年 3 月 14 日公告《民法》1085 條修正草案，未來修正內容將會刪除「懲戒」二字，衛福部研擬修訂《兒童及少年福利與權益保障法》，規劃將條文將可能調整為「父母保護及教養未成年子女，應考量子女之年齡及發展程度，尊重子女之人格，不得對子女為身心暴力行為。」）

2-3 法定代理權：1086 條

父母為其未成年子女之法定代理人。父母之行為與未成年子女之利益相反，依法不得代理時，法院得依父母、未成年子女、主管機關、社會福利機構或其他利害關係人之聲請或依職權，為子女選任特別代理人。

2-4 財產方面，又分為三種：

1. 子女特有財產之管理。
2. 父母對於子女特有財產之使用收益權。
3. 父母對子女特有財產之處分權。

參照《民法》1087 條：「未成年子女，因繼承、贈與或其他無償取得之財產，為其特有財產。」及《民法》1088 條：「未成年子女之特有財產，由父母共同管理。父母對於未成年子女之特有財產，有使用、收益之權。但非為子女之利益，不得處分之。」

行使

1. 共同行使

《民法》1089 條：「對於未成年子女之權利義務，除法律另有規定外，由父母共同行使或負擔之。父母之一方不能行使權利時，由他方行使之。父母不能共同負擔義務時，由有能力者負擔之。」

「父母對於未成年子女重大事項權利之行使意思不一致時，得請求法院依子女之最佳利益酌定之。」

「法院為前項裁判前，應聽取未成年子女、主管機關或社會福利機

構之意見。以單獨行使為例外。」

2. 停止

《民法》1090 條：「父母之一方濫用其對於子女之權利時，法院得依他方、未成年子女、主管機關、社會福利機構或其他利害關係人之請求或依職權，為子女之利益，宣告停止其權利之全部或一部。」這也是《家事事件法》第 3 條規範的。

收養

收養又稱為領養，由非直系血親的雙方，經過法律認可的過程，建立親子關係，使兒童得到適當照顧的家庭，同時也為有意收養者覓得子女。出／收養制度追求的目標，是培育兒童在愛和關懷的環境中成長。收養不是救濟，也不是資助，需付出真誠的關懷及承諾來扶養照顧孩子。

當孩子的收養程序完成時，法定扶養關係即正式成立。收養人將完全承擔父母的責任、義務與權利，應關愛孩子、分享親情。出養替代原生家庭照顧孩子的方式，使孩子的生活與福利受到保障。在出養法定程序完成後，出養人將終止與孩子在法律上的親子關係。

從法律面，按照《民法》有諸多規定如下：

3-1 收養之成立，又分為幾項：

3-1-1 年齡：《民法》1073 條

收養者之年齡，應長於被收養者 20 歲以上。但夫妻共同收養時，夫妻之一方長於被收養者 20 歲以上，而他方僅長於被收養者 16 歲以上，亦得收養。夫妻之一方收養他方之子女時，應長於被收養者 16 歲以上。

3-1-2 共同或單獨：《民法》1073 條

夫妻收養子女時，應共同為之。但有下列各款情形之一者，得單獨收養：（一）夫妻之一方收養他方之子女。（二）夫妻之一方不能為意思表示或生死不明已逾 3 年。

3-1-3 流程：《民法》1078 條

收養應以書面為之，並向法院聲請認可。

收養有無效、得撤銷之原因或違反其他法律規定者，法院應不予認可。

3-2 收養之終止

3-2-1 一般情況：《民法》1080 條

養父母與養子女之關係，得由雙方合意終止之。

前項終止，應以書面為之。養子女為未成年人者，並應向法院聲請認可。

法院依前項規定為認可時，應依養子女最佳利益為之。

養子女為未成年人者，終止收養自法院認可裁定確定時發生效力。

養子女未滿 7 歲者，其終止收養關係之意思表示，由收養終止後為其法定代理人之人為之。

養子女為滿 7 歲以上之未成年人者，其終止收養關係，應得收養終止後為其法定代理人之人之同意。

夫妻共同收養子女者，其合意終止收養應共同為之。但有下列情形之一者，得單獨終止：（一）夫妻之一方不能為意思表示或生死不明已逾 3 年。（二）夫妻之一方於收養後死亡。（三）夫妻離婚。

夫妻之一方依前項但書規定單獨終止收養者，其效力不及於他方。

3-2-2 特殊狀況：《民法》1081 條

養父母、養子女之一方，有下列各款情形之一者，法院得依他方、主管機關或利害關係人之請求，宣告終止其收養關係：（一）對於他方為虐待或重大侮辱。（二）遺棄他方。（三）因故意犯罪，受 2 年有期徒刑以上之刑之裁判確定而未受緩刑宣告。（四）有其他重大事由難以維持收養關係。

養子女為未成年人者，法院宣告終止收養關係時，應依養子女最佳利益為之。

3-2-3 姓氏

按照《民法》1078 條：「養子女從收養者之姓或維持原來之姓。夫妻共同收養子女時，於收養登記前，應以書面約定養子女從養父姓、養母姓或維持原來之姓。」

若是中止，按照《民法》1083 條：「養子女及收養效力所及之直系血親卑親屬，自收養關係終止時起，回復其本姓，並回復其與本生父母及其親屬間之權利義務。但第三人已取得之權利，不受影響。」

無論出養人、收養人、孩子都是自然人，主要有三種狀況：

1. 親戚收養：指收養人、出養人及被收養人間有血緣關係，可能基於協助有困難的親人照顧孩子、傳宗接代等原因而辦理。須符合《民法》、《兒少法》等規定，考量親等輩分。

2. 繼親收養：亦稱他方收養，指收養配偶前次婚姻或前段感情所出的孩子。

3. 無血緣關係收養：指收養人、出養人及被收養人間無血緣關係。依《兒少法》，無血緣關係之收養需經收出養服務媒合者媒合。

2023 年 5 月，立法院三讀通過同婚專法的修正案，同志家庭也可以無血緣收養子女，準用《民法》收養的規定。讓想要收養的同志配偶、已經共同生活的同志依法執行。

收出養的過程除了繼親和一定親等內的親戚收養外，「旁系血親在六親等及旁系姻親在五親等以內，輩分相當」與「夫妻之一方收養他方子女所有無血緣或遠親間的收養案件」，都必須透過主管機關許可的收出養媒合服務者，若是透過親友介紹的私下收養案件都屬不合法，法院將不予以認可。如此可遏止過去私下收養帶來的偽造文書、金錢交易、挑選指定等弊病。

家庭的組成員原因主要有三種：結婚、血緣及領養（收養）。以結婚及血緣為多，社工員沒有什麼專業角色。領養較少，須有社工依專業協助。既然必須透過法人組織來進行，處處遵循《兒少法》第 15 條進行。

依照該法，主管機關衛生福利部頒布了《兒童及少年收出養媒合服務者許可及管理辦法》，所謂的媒合服務者，以公立安置機構或已辦理財團法人登記之私立安置機構為限，而且最近一次評鑑要是優等或甲等。

（二）《兒童及少年福利與權益保障法》

政府為要保護兒童（未滿 12 歲）及少年（已經 12 歲還沒有滿 18 歲的人）的權益，所訂定的法律，規範父母對子女不能做哪些行為，希望提供子女安全的成長環境。規定了父母親對兒童及少年應負保護、教養的責任，應協助兒童身心健全發展，以兒童及少年的最佳利益考量。政府應協助孩子及家庭享有的福利措施，對兒童、少年及其父母辦理親職教育，使親子關係更和諧。對於家庭經濟有問題者，提供生活扶助或醫療補助，讓下一代能快樂長大。如果孩子需要保護、救助、輔導、治療、早期療育、身心障礙重建及其他特殊協助之兒童及少年，應提供所需服務及措施。

該法第 5 條最重要，強調：「政府及公私立機構、團體處理兒童及少年相關事務時，應以兒童及少年之最佳利益為優先考量，並依其心智成熟程度權衡其意見；有關其保護及救助，並應優先處理。兒童及少年之權益受到不法侵害時，政府應予適當之協助及保護。」所以父母不可以對子女做出違法的行為，更不可以虐待、疏忽子女。正如《你的孩子不是你的孩子》這齣戲提醒的，子女不僅是父母的孩子，也是國家的孩子，更是獨立自主的人。

為了身心健康，孩子不該做不好的事，該法第 43 條規定：「兒童及少年不得為下列行為：一、吸菸、飲酒、嚼檳榔。二、施用毒品、非法施用管制藥品或其他有害身心健康之物質。三、觀看、閱覽、收聽或使用有害其身心健康之暴力、血腥、色情、猥褻、賭博之出版品、圖畫、錄影節目帶、影片、光碟、磁片、電子訊號、遊戲軟體、網際網路內容或其他物品。四、在道路上競駛、競技或以蛇行等危險方式駕車或參與其行為。五、超過合理時間持續使用電子類產品，致有害身心健康。父母、監護人或其他實際照顧兒童及少年之人，應禁止兒童及少年為前項

各款行為。」如果違反，按照該法第 93 條規定：「父母、監護人或其他實際照顧兒童及少年之人，違反第 43 條第 2 項規定，情節嚴重者，處新臺幣 10,000 元以上 50,000 元以下罰鍰。」

　　兒童權利不僅是國內的法律，我國為實施聯合國 1989 年通過的《兒童權利公約》（*Convention on the Rights of the Child*，簡稱 CRC 公約），為了健全兒童及少年身心發展，落實保障及促進兒童及少年權利，也制定《兒童權利公約施行法》。

二、人格成長面

　　對父母，子女持續依賴，有各種依附。好的依附培養好的身心發展，不好的依附則造成各種副作用。從嬰孩到幼兒到兒童到青少年，人都有情緒連帶，正面的依附培養健康的子女，也因此培養適當的人際關係。依附不僅是一個人的生物驅力，也是尋求保護與安全的本能。依附理論強調早期的安全依附，特別是與父母的依附關係與情感連結非常重要。父母對孩子情感訊號的反應若敏感而及時，能提供孩子處理情緒經驗與安全感。父母適當回應孩子的各種情緒反應，孩子能夠獲得撫慰、保護與支持[①]。

　　成長過程中，依附是一種適應行為，更是形成認同的最早來源。父母是子女最早的認同對象，藉由與父母的共生關係，孩子逐漸發展自我形象與自我概念，形成「人／我」之間的分際。假如依附需求沒有被滿足，孩子就無法從共生的關係中分化出來，自我認同容易出現問題。

　　嬰兒在成長的過程中，藉由依附的經驗逐漸對主要照顧者產生期待，例如：渴望對方會有回應，接著將期待內化到內在。內在運作模式不斷地被修正與調整，依附感也隨之改變。依附貫穿生命週期，從早年的建立持續到成年階段。早年的依附經驗是影響日後人際關係的重要關鍵，即便內在運作模式陸續修正，但早期經驗的影響力仍舊持續運作。如果一個人在早期經驗到的依附是安全的、穩定的，即使日後在與他人的經驗中經歷到負向的情感經驗，比較能以建設性的方式賦予正向意義。

　　依附策略是一種與主要照顧者間關係模式的建構，包含依附品質、依附模式或自我保護，每一個策略都與親子間如何彼此回應以維持最大安全與慰藉有關。依附關係最主要有四種②：

（一）**安全依附（safe attachment）**：嬰幼兒將主要照顧者視為安全堡壘，充分感到親密情感與身體安全，在探索陌生環境的過程中遇到威脅時，嬰幼兒會主動尋求慰藉，一旦慰藉滿足時，就繼續探索環境。安全依附能夠提升嬰兒的自我價值與歸屬感，同時增強日後的情緒與社會發展。

（二）**焦慮－逃避依附（anxious-avoidant attachment）**：孩子自主性與自我依靠，在探索環境的過程中非常專注，表現出早熟的行為，感到不安時會逃避或忽略主要照顧者。孩子顯得相當冷漠，對主要照顧者肢體接觸的需求較低，日後在親密關係的發展上容易出現退縮與情緒截斷。

（三）**焦慮－矛盾／抗拒依附（anxious-ambivalent/resistant attachment）**：嬰幼兒為了滿足與依附相關的需求而放棄探索環境，對主要照顧者有內在矛盾的情結，一方面過度警覺，依附對象不容易安撫他們的情緒，即使環境中的輕微威脅仍可能讓孩子感到不舒服，有時也會將憤怒轉嫁到主要照顧者身上，這樣的孩子容易出現發展遲緩的問題。

（四）**紊亂依附（disorganized/disorientated attachment）**：混合了焦慮－逃避依附與焦慮－矛盾／抗拒依附的特質，無法歸類於上述三者的任何一種。孩子會處在「靠近－逃避」（approach/avoidance）的衝突中，害怕依附對象。當依附對象靠近時，會感到困惑與憂慮，這種反應常源自於依附對象的不當對待。

　　不論環境多麼惡質，孩子都形成一些依附。為了生存，孩子必須發展出他與主要照顧者之間的關係。在早期生命階段經歷母性剝奪（maternal deprivation）的人，日後容易出現分離焦慮、失落感與行為困擾，而早期的失落經驗與目前的關係品質將影響人們反應接下來的

人生經驗 [3]。

在青春期，主要發展任務是同儕關係的建立與認同，孩子對父母的依附在青春期持續發展，並在青春期穩定下來。雖然青春期是探索成人世界的重要階段，逐漸與原生家庭分化，但安全的家庭基礎及對父母的依賴仍是身心健康的重要基石。對青春期的孩子來說，與父母之間的連結感是重要的保護，能使青少年（女）減少身心症狀。依附行為在持續扮演重要角色，影響青少年（女）心理的健康、尋求社會支持的可能性、如何反應壓力事件、憂鬱、自尊、生活滿意度、自我復原力、敵意、焦慮以及自我形象。

在有關價值與未來決策方面，若青少年（女）認為父母常拒絕或冷漠時，更傾向尋求同儕的幫助。父母的支持仍是青少年（女）最重要的依靠，特別是提供忠告無法被同儕支持所取代。相較於與同儕的依附關係，與父母的依附品質更能預測青少年（女）的健康，在與父母持續連結下的獨立有助於促成自我的自主性與最佳適應。特別是在壓力期間（例如：父母有重大危機），青少年（女）對父母依附及連結的需求會更大 [4]。安全的依附與較少的行為問題有關，是青少年（女）沮喪的重要緩衝因子。另外，與父母間安全的依附關係可避免青少年（女）情緒沮喪 [5]。

有些父母因為心事重重，專注在過去未被解決的情緒議題，只能對子女提供間斷性的情緒照顧，矛盾依附的孩子可能以退化或惹麻煩來吸引父母的注意。這些父母容易在焦慮的時候引發負面的行為，孩子對父母的需求使父母反而轉向孩子索求支持與保護，孩子也發現自己對父母來說變得不可或缺，可能讓他們更加靠近心事重重的父母，雙方便以糾結的方式共生共存。當矛盾依附的孩子長大後，往往對自己的成長過程感到不公平，認為沒有被父母好好照顧，然後如同他們心事重重的父母一樣，日後又向孩子索求未被滿足的需要，又養育了如同他們相近的矛盾依附子女 [6]。

傳統社會五倫中的父子倫，強調父子關係，而且格外重視要求孝道倫理，因此發展出對於如何扮演「子女」角色的各種教導，對於如何扮

演「父親」角色的教導卻很少。回顧歷史文獻，傳統中國父職角色的樣貌，有以下的特質[7]：

（一）**「男主外，女主內」的親職角色分工**：「夫主外，妻主內」說明傳統家庭事務分工的狀況，因此設定妻子的任務是「相夫教子」。近代社會常見口號「爸爸回家吃晚餐」，依舊顯示男性的角色行為中「工作」重於「親子互動」。

（二）**權威與慈愛兼具的父職角色**：中國社會的行為法則基於儒家思想的「權威」，是一種上下的人際關係，強調父親權威的管教方式。

（三）**疏離的父子關係**：父子關係是中國社會重要的雙人關係，卻不一定是最親密的；傳統文化並不鼓勵父親與兒子建立親密關係。父親的責任，不僅是管教兒子，也包含其他家庭成員，如果太親密，擔心會偏私而失去管教身分。

從過去農業社會、工業社會，乃至於現代資訊社會的生活型態，父職角色的內涵也有所不同。現代人認識代間傳遞，將有助於瞭解當代父親在父職參與行為背後的意涵。

「男主外，女主內」的分工方式運作，設計出男性（父親）為家庭經濟主要來源者，女性（母親）則負責家務、照顧養育子女的性別角色分工。此種刻板化的性別角色期待決定了男性和女性特定的親職行為，同時生活在家庭中的兒童也經由社會化的角色模塑歷程培養對特定家事分工的看法。涇渭分明的性別角色分工模式與期待，在農業社會較為普遍。隨著工業化，越來越多女性開始從事勞動生產等經濟活動，女性走出家庭的私領域，逐漸參與過去以男性為主的公領域活動事務。

臺灣社會承襲傳統中國儒家思想，在家庭性別角色分工的建構上，長期存在有濃厚的父權家長色彩；在性別自覺與性別平權的運動較諸西方歐美國家起步晚。幸好，近年在臺灣社會興起一波波的「新好男人」風潮，強調男性的居家形象是新世代男性典範，過去的「父職」角色（fatherhood）的內涵漸漸產生變化。

親職，為人父母認同自己與一個兒童有特殊的連帶，因為這樣的連

帶，孩童期待父母的照顧和安排社會位置。這個詞通常是中性的，不一定指父親或母親。

親子關係無選擇的餘地，子女沒有選擇父母的機會，父母也不能選擇自己的子女。親子關係是靠親情來維繫，父母對子女有深厚的感情，視如自己的一部分，子女依賴父母而生存，必須獲得父母的關心照顧。親子關係是永久的，子女一旦出生，親子關係就形成，一直到死亡也無法中斷（墓碑顯示自己的來源）。此種永久性的關係，意味著親子關係對個人影響深遠，也說明了改善親子關係的重要性。 親子關係與其他任何關係迥然不同，父母對子女養育、教育都是出自於天性，沒有勉強，對子女的愛是付出的、犧牲的、不求回報的；子女對父母孝順也是天經地義的事。

理想的親子關係，如同衛星與恆星之間的運轉。衛星隨著恆星運轉，其中有自身的自轉，還有圍繞恆星的公轉。表示一個正常的親子關係，子女是圍繞著父母為核心，但是子女的本身仍然有相當大的發揮空間。衛星和恆星當中，有一定的吸引力，表示子女對父母的依賴，父母對子女的管制、犧牲。但親子之間彼此又互為獨立，正如衛星和恆星之間，既不會相撞，也不會分離，他們密不可分，但又互相獨立[8]。

倘若父親堅持自己是太陽，要配偶與子女如同眾多行星繞著轉才顯示自己的價值，則很危險。畢竟，太陽最孤單。兒子相對於父親，如同太陽系中的行星，心境十分複雜。兒子必然渴望自主，又還是需要依賴父親。所謂的成長，總是在「自主與依賴」之中掙扎。

第二節　手足

一、越來越少人有手足

兄弟姐妹、兄友弟恭、手足同心等，在少子化的時代，都將越來越難以實現。女性生兩胎被尊稱為「二寶媽」，生三個為「三寶媽」，都不多見了。在表 11-1 中說明生育率的狀況，育齡婦女一般生育率指 1

年內每 1,000 位育齡婦女（15-49 歲）之平均活產數，而不論其已婚或未婚。進一步看年齡別生育率，指 1 年內每 1,000 位某年齡組育齡婦女之平均活產數，常用的年齡組距為 5 歲。

表 11-1　一般生育率、年齡組生育率、總生育率

| 年別 | 一般生育率 | 年齡組生育率 | | | | | | | 總生育率 |
		15-19歲	20-24歲	25-29歲	30-34歲	35-39歲	40-44歲	45-49歲	
1991	58	17	92	149	68	16	2	0	1,720
1996	54	17	83	145	84	21	2	0	1,760
2001	41	13	62	106	75	21	3	0	1,400
2006	33	7	41	78	71	23	3	0	1,115
2011	32	4	23	66	81	34	5	0	1,065
2012	38	4	26	79	97	42	6	0	1,270
2013	32	4	22	62	80	39	6	0	1,065
2014	34	4	22	67	90	43	7	0	1,165
2015	35	4	22	66	91	45	7	0	1,175
2016	34	4	22	63	90	47	8	0	1,170
2017	33	4	21	59	85	47	9	0	1,125
2018	31	4	20	55	80	44	9	0	1,060
2019	30	4	20	53	79	44	9	1	1,050
2020	28	4	19	48	74	43	9	1	990
2021	28	3	18	47	74	43	9	1	975

資料來源：內政部戶政司（2023）。人口統計資料－育齡婦女生育率及繁殖率（按發生）。網址：https://www.ris.gov.tw/app/portal/346

總生育率由 2001 年的 1.40 持續下滑，2020 年正式跌破 1.0，2021 年只有 0.975。意思是每位育齡婦女在 2001 年時平均生 1.4 個孩子，2021 年只生 0.975 個孩子。

一般生育率，緩步下降，由 2001 年的千分之 41 逐步下降至 2021

年的千分之 28。

以年齡組來看，2001 年最高峰為 25-29 歲組，達到 106；2021 年時，25-29 歲組降至 47。30-34 歲的生育率維持在 75-79 之間。然而，35-39 歲組從 21 上升到 43。至於 20-24 歲組，則由 62 降至 2021 年的 18，降幅明顯。

2022 年生育率更低，僅 0.87，出生人口剩 13 萬多人。日後更不樂觀，15 歲至 49 歲的育齡女性，在 20 年後將減少 175 萬人，減幅達三分之一。國發會對生育率進行推估，臺灣育齡女性人數 2022 年約 546 餘萬人，2042 年將僅剩 371 餘萬人，20 年後人數大幅減少 175 萬人，也就是說「可以生孩子的人少了」，呈現斷崖式崩落。

為何不生育呢？原因之一是性別不平等，以家務分工來看，根據 2021 年主計總處的資料，現在的女性非勞動力共 501.6 萬人，其中過半數的 252.5 萬名女性，因「料理家務」未參與勞動市場。每日無酬照顧時間，有偶女性為 3.88 小時，有偶男性為 1.13 小時，兩者相差 3.4 倍。家務繁重，若再要求女性生育，過於嚴苛。

有手足關係者，可說是十分幸運。「手足」，彼此流著同樣的血脈，有著密不可分的一體關係，如同手跟腳一般重要，互相需要、互相扶助。手足關係緊密又複雜，影響既深又廣，牽涉的層面甚多，不可少的有以下幾方面：

（一）法律面

《民法》1114 條：「親屬，互負扶養之義務：（一）直系血親相互間。（二）夫妻之一方與他方之父母同居者，其相互間。（三）兄弟姐妹相互間。（四）家長家屬相互間。」但手足的責任沒那麼重，因為《民法》1117 條也規定：「受扶養權利者，以不能維持生活而無謀生能力者為限。」

手足屬於旁系血親，因此在互相扶養的義務順序上低於直系血親及直系姻親。換句話說，當父母過世之後，手足關係是否必須成為替補的

照顧義務者，需考慮各方的實際需要與扶養能力，而非絕對性的義務。除了義務之外，我國社會民情對於手足照顧的倫理要求也比較有彈性，多半視情況而定。社會福利體系在評估家戶經濟時，也以直系血親為主，而非計算大家庭制度的所有家人。

在遺產方面，根據《民法》1138 條，兄弟姐妹在遺產順位，次於配偶、子女、父母。

（二）資源面

從生態學的角度，不同物種都得利用環境去取得想要的資源，手足之間都試著利用環境去取得想要的，從父母和其他長輩爭取物質、感情、資訊、知識、教育、旅遊等各方面的資源，以獲得生存的「利基」（niche）。孩子對父母和其他長輩的偏心極端敏感，這些記憶烙印在心，長期不忘記。子女都試著依照自己的籌碼去爭取更多的資源，可是，通常都有所不滿，往往覺得自己吃虧。

研究科學家史的學者薩洛威博士在提出了幾個手足間競爭的法則，適合說明資源競爭與生存發展的關係[9]：

1. 如果是後生子女，最好發展多種的興趣，因為照例父母會在長子女身上大量投資。後生子女越能表現出不同的才華，父母越有可能栽培其中最有希望的。

2. 父母無法兼顧每一位子女的興趣與能力，他們可能投資在展現最大才華與熱情的子女身上。

3. 子女越多，後生子女越在興趣、態度、認知方式上趨向異質。若某位思考有創意，想法有彈性，較為機智，則資源較多。

4. 家庭資源有限，後生子女考慮專業路線是明智之舉。後生子女必須慎選興趣，並經過反覆練習，透過精通興趣來爭取注意。

薩洛威的研究證實：排行越後，知識分散的越廣，而科學家的淵博可能是建立在社會經濟地位的困境之上。做弟弟妹妹通常外向發展，以爭取外在的資源與機會。

（三）人格成長面

　　天上的星星有星座，幾顆星星組成一個系列。家庭也是如此，手足之間形成某種家庭星座（family constellation）。幼年的手足互動和家庭動力影響個人的人格發展，每個孩子，在家庭系統中有出生排行的社會結構，又有家人互動的心理狀況的差異。孩子在家中的人際關係必然影響其人格發展，以及在社會中的互動方式。

　　家庭星座對孩子發展的影響是動態的，家庭環境會隨著時間和事件有所變化，例如家庭經濟改變、搬家、父母離婚、其他的孩子出生。每位孩子對自己在家庭星座中的位置感受是主觀的，形成人生態度。

　　出生排行順序（birth order）絕對關鍵，構成一個人在家庭中發展的「基調」，萊芒（Kevin Leman）分析不同出生排行的重要差異[10]：

1. 頭生子女的特質：完美主義者，可依靠的、認真正直的、條理清楚的、有效組織的、堅定掌控的、天生的領導者、批判性的、嚴肅的、老學究的、邏輯的、不喜歡驚喜的、喜愛電腦的。

2. 排行居中的特質：調停者、容易妥協的、外交家、避免衝突的、獨立的、對同輩忠誠、有許多朋友的、獨立自處、守口如瓶的、不首當其衝的。

3. 老么的特質：操控者、迷人的、容易責怪別人、尋求注意者、頑強緊盯者、重人際的、天生的銷售者、早熟的、投入的、熱誠參與者、有愛心又親切的、喜歡驚奇的。

　　一群兄弟姐妹在家庭系統的既定結構中生長，所受到的影響既大且久。對孩子來說，任何的關係都比不上家人關係來得重要。親子和手足之情都是動態的、不穩定的、持續的。雖有諸多社會外在力量在自己生命歷程中造成很大的影響，但適合回歸最根本面來思考。排行在後面的子女總是從哥哥姐姐來學習，也許靠著兄姐的幫助爭取更好的發展機會。

　　手足之間產生的嫉妒更影響人們一輩子。老大、老二、老三到老么，個性顯然不同，彼此間在合作的表面中難免有嫉妒、有委屈，都可能認

為父母偏心。只要家中的子女不只一人，就有爭取資源的問題。任何子女得到都只是「部分的」，而非父母親完整的愛，但也因而要早早學習分享。「分享」是好聽的說法，實際上是眼巴巴地只能得到一部分。

兄弟姐妹多者等於從小就進入了較社會化的情境，就提早加入人際遊戲。自幼就為了求生存面對各種人際難題。如果不機靈點，如何能擊敗許多人拚到今天的地位？他們早就習慣在嫉妒中爭取對自己最有利的情勢，並以更多的努力出人頭地。

最明顯的儲備領袖常常是家中的「大哥」，連社會上也常用「大哥」來稱呼領導者。薩洛威博士整理了許多排行方面的研究發現：頭生子女的責任心較強，較努力追求成就，因服從父母、認同父母而獲得領導弟妹的機會。頭生子比較焦慮、神經質、武斷；也較自信，甚至霸道[11]。據統計：美國總統與英國首相多為長子。在二次大戰之後的歷任十四位美國總統中，其中杜魯門、詹森、福特、卡特、柯林頓、小布希、歐巴馬、拜登等都是長子。

可是「革命分子」、「創業老闆」則以排行老二的居多。這些革命家，充滿自信，認為自己天賦異稟、才華出眾，具有超越凡人的氣質和能力。如果生在亂世，可能成為一等一的英雄。遇上適當時機，趁亂而起，就可能享有威名，位高而權重。革命家必定抗拒制度、拒絕規則，視組織的規定為迂腐的約束。正因為對現存的一切多所質疑，他們特別能突破現有格局，開創新的形勢，在多變的社會中出人頭地。

薩洛威採用「歷史心理學」的概念，從六十多位名人傳記中歸納出原則：排行後生的革命因子是頭生者的 17 倍[12]。頭生往往按部就班，後生卻喜好一鳴驚人：頭生遵循既有規律，後生則容易成為顛覆者、掠奪者，不斷推翻既有的秩序。尤其是排行第二的，自出生起即承擔「屈居第二」的痛苦，多半經過「自認為飽受欺壓」的成長歲月，而急著突破僵局。彷彿天生就有反骨，生下來即有批判性格，成長過程中非做些顛覆現狀的事不可。排行居劣勢的人，容易相信自由主義，容易接受變局，勇於面對新局勢，而且態度開放民主。因此，一個公司如果有創新

的業務，試圖開發新市場之時，應試著讓有反骨性格者先衝刺。

手足的類型很多，完整的手足關係是孩子有共同的生父生母，一半的手足關係是只有父或是母相同，另外沒有血緣關係的手足，因為父母重新建立配偶關係或領養而產生。

總之，活在 21 世紀的成年人，多數人家庭中都擁有兄弟姐妹，可能與幼童時期關係密切，又隨著年齡增長，因經濟、社會地位、結婚生子等狀況改變而漸行漸遠。

第三節　科技的挑戰

一、科技衝擊婚姻

「那人，獨居不好，我要為他造一個配偶幫助他。」這是《聖經》一開始關於婚姻與家庭的一段美好又傳神的紀錄，提醒世人：婚姻是要有個女人幫助男人，而非綁住男人。關鍵的是：獨居不好，人總是需要伴的，總是需要跟人講話，得和別人合作，處理生活中大大小小的事。

然而，到了當代，科學家和廠商正在創造新的時代：那人，獨居不好，那麼，創造 AI 幫助他！因此有了各種機器人，會在食衣住行育樂甚至關於「性生活」、「照顧」、「聊天」等方面，都可以提供幫助。

和機器人相戀相愛，已經發生。2013 年的電影《雲端情人》（原來的英文片名很簡單：*Her*），就像當初上帝為亞當所造的夏娃，全球第一個 Her。她是一個 AI 程式，名字是 Samantha，個性活潑開朗，聲音甜美感性，善體人意。對原本失婚獨居的男主角 Theodore，Samantha 扮演管家、祕書、私人特助等角色。她還如同預告片收尾時所提醒的：以聲相許，讓男主角因此走出孤寂，變得積極。男主角夜深人靜時，更加渴望 Samantha。

更重要的，她因為透過讀取與學習，快速進步。Samantha 分析男主角電腦裡、手機裡的所有資訊、數據，對於這個男人，瞭若指掌。不僅

是精神伴侶、又是紅粉知己。原本「獨居，不好」的 Theodore，因而精神抖擻，神采奕奕。

但是，他愛她，她卻有很多人要愛。Theodore 發現 Samantha 要服務 8,316 位客戶，而且還和當中的 641 人談戀愛，當場傻眼！然而 Samantha 振振有詞對 Theodore 說：「跟越多人談戀愛，自己就能有更多機會學習怎樣愛你，絕對不會少愛你一點。」但是，在情人眼裡容不下一粒細沙的戀愛和婚姻，能容得下對方同時與幾百個人相戀嗎？

2013 年《雲端情人》的內容，挑戰現代的婚姻，從 2013 年到 2023 年，AI 技術，飛快成長。情感計算（affective computing）是深具潛力的發展方向之一。那麼，Samantha 可不可能在未來帶給 Theodore 真正的幸福？或者說，Samantha 可不可能和 Theodore 結婚？或組織個家庭呢？「人機戀」是否有朝一日會合法呢？

ChatGPT 在 2023 年席捲全球，帶給各界各領域莫大的衝擊，AI 可以做得更多了。那麼，從擇偶、約會、戀愛、訂婚、結婚、生育、養育、培養長大、照顧老人與生病的家人等等，AI 會在某些時候成為人們的助力，也可能成為真實關係的阻力。

二、科技衝擊親子

孩子少了，表面上父母可以有更多的時間與這個孩子相處，親子關係可以更緊密。實際上卻不一定如此，現代父母的壓力之一是與孩子的互動不一定增加，在科技如此蓬勃的當代，父母常常要和科技產品來競爭，爭取孩子的注意。因為孩子正在使用科技產品打電玩、上網、使用手機等。父母呢？也忙著滑手機。

根據 2022 年《台灣網路報告》，全部人口 70.29% 使用社群媒體；上網者佔其中的 83.37%。全部人口 83.81% 使用即時通訊，上網者高達 99.42%。全部人口中有五分之一每天無時無刻不在上網（佔 20.39%），隨時隨地查看是否有新進內容或訊息需要處理，不斷打開連網數位設備。

　　上網做什麼呢？72.82% 觀看免費影音；26.91% 觀看付費影音；買東西（2020 年 49.93% 到 2022 年增加為 51.30%）；餐飲外送服務（2020 年 27.84% 到 2022 年 29.70%）。另外，線上遊戲，35.76%；行動支付，34.27%；線上學習，29.24%；閱讀電子書，23.56%；賣東西，8.37%[13]。

　　COVID-19 疫情導致遠距工作／教學增長，2 成 2 的民眾因應疫情採取遠距工作或遠距教學。上網者中臉書的市場佔有率為 61.22%，遠超過排名第二的 Instagram（17.17%）與第三的抖音（2.19%）。上網者中 LINE 的市場佔有率為 94.48%，幾乎囊括該市場。

　　家人關係的本質是「面對面的溝通」FTF，face-to-face，包括臉部表情與肢體動作，動態而豐富。相對的，電腦媒介溝通 computer-mediated communication/CMC，如 Skype、手機簡訊等，提供截然不同的經驗。

　　科技產品成為無數人的主宰，控制了人們的時間與心靈，疏離了人際之間的關係，愛情、親情、友情等都受到科技的影響。人們透過產品更容易溝通了，但溝通的品質卻可能變差了。科技文明，尤其是網際網路的急速發展，帶給人際關係新的可能和新的挑戰。現代的孩子在家庭中，與父母、兄弟姐妹、其他家人的互動時間，通常比不上使用網際網路的時間。

　　3C 早已進入嬰幼兒的世界，取代父母的照顧功能，臺師大的調查：1 歲的幼兒有 6 成玩手機，2 歲的高達 9 成，每天 1 小時以上[14]。父母太忙，原因之一是忙著滑手機，孩子看不到父母的真實臉孔，孩子也看手機。有個漫畫：「人人看手機，只有機器人在看書。」以後，也許是「人人在虛擬世界找愛情，只有機器人想結婚？」比較可以確定的：人終將死去，婚姻都有結束的時候，AI 反而長久。法律的規範也可能因而要調整了。

　　德雷莎修女說：「愛的反面，不是恨，而是冷漠。」因為科技，冷漠成為婚姻關係、親子關係、手足關係裡最常見的現象。

　　「民以食為天」，中華民族又特別重視吃，觀察人際關係的最佳場

合莫過於「餐桌」。在過去，家中的晚餐時間是家人互動最緊密也最重要的時光，如今，無數的家庭看著電視、滑著手機用晚餐，或是根本外食，在外面吃飯。家人數已經減少了，還常常是湊不齊。這樣的家人關係在 AI 時代會更緊密嗎？

在過去，孩子能夠與父母外出應酬，孩子多半很高興，因為可以吃到更多好的東西，也認識更多長輩與同輩，觀察人際間的互動。如今，孩子未必喜歡與父母外出，即使一起上餐廳，許多孩子在餐桌上還是低頭打電動、玩手機，不參與長輩的互動，對滿桌的食物，未必有興趣。

家庭裡，是否機器人比真正的成員更多、更積極投入？人類是否會被 AI 取代？機器人是否戰勝人類，迫使人類為機器人的奴隸，任由機器人驅使，失去自由？其實，無數的你我已經是手機的奴隸了，已經被各種通訊工具控制。家庭裡的成員即使在同一個空間，也貌合神離，人人忙著與自己網路裡的人物互動。

三、手機當手足？

昔日，子女眾多的家庭，孩子與兄弟姐妹來往；在大家庭中，還有住在附近的堂兄弟姐妹、親戚鄰居。孩子在頻繁的互動中成長，學習各種人與人之間相處的技巧，例如溝通、妥協、衝突談判、情緒控制等。如今，孩子如何學習這些？是進入虛擬的世界學習虛擬的溝通等人生必學的功課嗎？

少子化越來越嚴重，有兄弟姐妹的孩子越來越少，手機如同孩子的手足，人人愛不釋手。手機滿足各式各樣的需求，還不會和自己吵架、爭奪資源。人人到網路世界找同溫層的互動，至於同血緣的家人、同宗的親人，鮮少聯繫聯絡，往往只以 LINE 群組貼貼文、送送早安圖為主。有些親人只潛水、不發文，甚至不開社群帳號。表面上的理由是害怕個資外洩，其實抗拒親情。

傳統的價值相信「多子、多孫、多福氣」，許多文化的安排都基於此種假定。在很短的時間裡，這個存在幾千年的價值與社會運作機制被

科技產品修正、被徹底改變了。在臺灣,生育子女數在很短的時間裡,迅速減少。

多子多孫的價值會發展出較為龐大的家族,只生一個孩子則會成為小型的家庭,提供給孩子的成長環境與家族中的顯然不同。一群兄弟姐妹在家庭系統的既定結構中生長,所受到的影響當然既大且久。原本,任何關係都比不上家人關係,親子之情和手足之情至為重要。現在,手機人人少不了。

在成長過程中,有兄弟姐妹與沒有兄弟姐妹的兩種人口群顯然會有不同的經驗。家庭所提供給獨生子女的社會化刺激之中,少了「手足」的部分。家庭裡只有上下的「代間」溝通,沒有「代內」的溝通。獨生子女要學習同輩的互動,得在家庭之外,例如鄰居、同學、朋友等。隨著網際網路的興起,人們很容易就接觸到網路社群裡的朋友,也就可能有較多的虛擬關係。無法證明獨生子女比有兄弟姐妹的人更重視網路裡的關係,但可以預測:欠缺與手足真實互動的機會,增加了獨生子女尋求虛擬世界關係的可能性。

實踐、研究和推廣，更幸福

　　1972 年有位 16 歲的少女拎著兩個紅色的行李箱，裡面裝著一些父母親所準備的布料，從仰光搭飛機到臺北松山機場。1979 年她帶著其中一個行李箱隨著老公到林口的小教會，兩人幫忙看教堂，在此生了一兒一女。1983 年，又是這個行李箱，搬到臺中，住到理想國的小公寓法拍屋，兩人購買的第一間。1991 年搬進東海，自此就沒搬家。別人有「起家厝」，她只有「起家箱」，至今還是放了些緬甸帶來的布料和沙龍布。

　　2015 年 7 月，她和老公為領頭羊的己生家庭，達到九人。九人已經是個小系統，又分成妻子和老公、兒子媳婦孫子孫女、女兒女婿外孫女三組小系統。大小系統比起牽連，九個人相互影響，動態有趣。

　　從個人到小家庭，也許還可能成為大家族。小家庭最重要的是培育下一代，因此親子關係、親子教育是「重中之重」。我在各地的家庭教育中心推廣的重點為「親職教育」，我在 1992 年寫了〈現階段親職教育之個別輔導〉，接著在 1993 年引進「活潑有效的親子管教方案」，源自於美國的 Active Parenting 方案，向教育部社教司爭取到經費，請了些學者將其中的觀念與做法用適合國情的方式重新編寫呈現，印發各處。

　　不僅要協助所有的父母，針對不知道該如何管教子女以致觸法的人更要基於專業給予協助。1971 年我國有了第一部《兒童福利法》，1993 年修正，加上了對違法父母的管教措施。臺灣省政府社會處為了執行，委託我主持「落實兒童福利法成長性親職（輔導）教育研究方案」。依此研究方案的成果，編寫了詳盡的教材。我和幸福家庭促進協會的同仁陸續辦理相關的訓練、工作坊，追蹤研究，以落實法令。

　　當孩子到青春期，父母常覺得頭痛，不知該如何照顧與溝通。我在

1996 年寫了《新新人類新話題》、第二年寫《如何混青春》、1998 年針對「性議題」寫了《You Don't Tiger Me!：Y 世代性心事》，1999 年則以心理測驗及漫畫形式，與協會的夥伴出版了《對面的朋友看過來》。2006 年與四位專家合寫了《打開大門，讓世界進來——給大學新鮮人的一封信》。

第 *12* 章

大家族

大家族，有共同的「祖」先，這字是「示」與「且」合起來的。示字部，和家庭的關連度很高。例如，「祭」「祀」「祖」「宗」，四個字裡都有「示」，最希望家人「福」星高照，親人間以「禮」相待，如此有助於建立「祥」和的「社」會。

家族長長久久，英文 long，原本孤獨（lonesome）的人相識，有了戀愛事件（love affair）。透過婚姻，與相愛的人一起生活（live），處理種種生計難題（livelihood），和配偶的親人產生連結（link）。家族龐大，相處的學問（learning）得持續學習（learn）。前人留下傳說（legend）和遺產（legacy），自己期待有美好的一生（life）。

家族裡的人，可以參考數學原理經營關係，關係除了兩人組，還有各種組合。例如三個人，關係總數變成六個：夫與妻、父與子、母與子、父母與子、父與母子、父子與母。如果四個成員，家人關係組合多達二十五種。倘若有五個人，關係總數為 90。六個人，總數 301。七個人，總數 966。八個人，3025……。公式為：3 的 n 次方減 2 的 n＋1 次方再加 1，然後除以 2。例如六個人，3 的六次方 729，減 2 的 7 次方 128，再加 1，然後除以 2，得到 301。

大家族，不僅有家人還有親人，多屬次級關係。一表三千里，血親姻親、直系旁系、尊或卑，各種稱謂常讓人搞不清楚，第一節詳加整理。第二節介紹我國的家族觀念與歐美有很大的不同，差序格局等概念特別能解釋你我的人際網絡。第三節說明法律關於家族的規範越來越多也越來越重要，對 2012 年上路、2019 年修正的《家事事件法》，以及陸續修正的《民法》，都要有基本概念。

第一節 家屬及親屬

一、家和家屬

家庭和家族有何不同？一般談到家庭或家族是指英文的「family」，但莊英章認為「家庭」指具有實際功能的確切生活單位，著重同居處、共消費、共財。「家族」（kinship）通常會涉及較大的繼嗣群或宗教祭祀群，著重於系譜關係下的家族或儀式認同，較接近所謂「聯邦式家庭」[①]。

《民法》的規定最重要。對家的定義，1122 條：「稱家者，謂以永久共同生活為目的而同居之親屬團體。」在法律上，家有以下特性：（一）兩人以上；（二）要一直住在一起；（三）彼此間有親屬關係。

家長和家屬的定義，1123 條：「家置家長。同家之人，除家長外，均為家屬。雖非親屬，而以永久共同生活為目的同居一家者，視為家屬。」

誰做家長？ 1124 條：「家長由親屬團體中推定之；無推定時，以家中之最尊輩者為之；尊輩同者，以年長者為之；最尊或最長者不能或不願管理家務時，由其指定家屬一人代理之。」

家務之管理，依 1125 條：「家務由家長管理。但家長得以家務之一部，委託家屬處理。」1126 條：「家長管理家務，應注意於家屬全體之利益。」

家屬之分離：有兩種狀況，第一，1127 條：「家屬已成年者，得請求由家分離。」這來自家屬請求。第二是家長命令，1128 條：「家長對於已成年之家屬，得令其由家分離。但以有正當理由時為限。」

家長（通常是父母）可以請求已成年家屬或未成年但已結婚家屬（通常是子女）搬離，但必須有正當理由。因家屬間有扶養義務，父母多希望子女成人後可獨立養活自己，若已成年且有工作能力的孩子還要靠家人扶養，對逐漸年邁的家人負擔過重，此時可依這條法律要求「由

家分離」。

　　什麼是「家屬」呢？《民法》1123 條規定：「家置家長。同家之人，除家長外，均為家屬。雖非親屬，而以永久共同生活為目的同居一家者，視為家屬。」

　　親屬與家屬的意思不同，親屬的範圍比家屬更廣更大，也更重要。在《民法》中有專門的親屬編，從 967 條到 1137 條，說明了各式各樣與家有關的規範。

二、親屬

　　我國《民法》總共分有五大「編」，依序是：總則編、債編、物權編、親屬編、繼承編。各種的繼承，與親屬密切相關，所以繼承編接著親屬編。

　　《民法》對親屬的分類標準，主要有四種區別：

（一）親屬，主要有血親、姻親。先看血親。第 967 條第 1 項：「稱直系血親者，謂己身所從出或從己身所出之血親。」第 967 條第 2 項：「稱旁系血親者，謂非直系血親，而與己身出於同源之血親。」

（二）親系（直系跟旁系）。

（三）輩分（尊親屬與卑親屬），如自己的父母、爺爺奶奶、外公外婆，或是自己的叔伯阿姨舅舅，都屬於尊親屬。如果是自己以下的親等，屬於晚輩，就是卑親屬，如自己的子女、孫子女、姪子姪女。

（四）親等（一親等、二親等、三親等……）的區分。第 968 條：「血親親等之計算，直系血親，從己身上下數，以一世為一親等。」從自己開始起算，到父母是一個親等，到自己的子女也是一個親等，所以自己的父母跟自己，自己的子女跟自己，都是一親等血親。至於自己的祖父母、孫子女，就是二親等血親。旁系血親親等的計算，先從自己開始算，算到跟自己同源的那個人後，再繼續算到想要計算的那個人，例如，哥哥、姐姐，都是二親等。

三、血親

親屬是因婚姻或血緣與人結成的社會關係，父母、兄弟姐妹等親屬又稱親人或家人，其他則稱為親戚。親屬稱謂由關係和輩分組合而成。血親分成直系與旁系。

怎麼稱呼這些關係裡的人物呢？透過稱謂，確認雙方的關係，對自己可確定一個人在家裡的地位和身分。所享有的權利和當盡的義務，各人守好自己的本分，有利於家族的管理，有利於儒家等級制度的實施。對於互動的對象，也知道如何互動。

（一）直系

父系：父親（爸爸、爹）→祖父母（爺爺、奶奶）→曾祖父母（太爺爺、太奶奶）→高祖父母。

母系：母親（媽媽、娘、姆）→外祖父母（姥爺、姥姥；外公、外婆）→外曾祖父母（太姥爺、太姥姥；太外公、太外婆）→外高祖父母。

卑親屬：第一子代是兒子、女兒，第二子代是孫子、孫女、外孫、外孫女。

（二）旁系

按照輩分有以下各類：

1. 父系長輩
2. 母系長輩
3. 同輩
4. 晚輩

稱謂有堂表之分，同宗是堂，異宗是表。即父系的是堂，其他是表。特別要注意：表姑是父系的表姐妹，而不是父系的姐妹。

自己的血親之配偶，多屬姻親。但自己的父或母，或是自己的祖父或祖母，他／她們的配偶，正是自己的父或母或祖父或祖母，屬於血親。

四、姻親

　　結婚的人，對方照亮自己的生命，如同太陽。沒想到，自己不僅要認識太陽，還要接受對方的家族如同太陽系，有眾多大小的行星、衛星。因為結婚產生的親屬關係，叫做姻親。第 969 條：「稱姻親者，謂血親之配偶、配偶之血親及配偶之血親之配偶。」第 971 條：「姻親關係，因離婚而消滅；結婚經撤銷者亦同。」姻親有以下幾類：

（一）**自己的血親之配偶**：如自己與兄弟姐妹的配偶，習俗上稱呼的嫂、弟媳、姐夫、妹夫。自己兒女叔伯姑姑姨舅的配偶，算是姻親，如女婿、媳婦、嬸、姑丈、姨丈。法條所謂的血親，僅指直系血親卑親屬的配偶或是旁系血親（包括旁系尊卑血親）的配偶才算。

1. 父系長輩：父系兄弟姐妹的伴侶，長一輩用丈或父，如姑丈、姑父。
   - 姆－伯父的妻子，稱為伯母、大娘。
   - 嬸－叔父的妻子，稱為叔母、嬸嬸。
   - 姑丈－姑母的丈夫，稱姑父、姑丈。

2. 母系長輩
   - 舅－母親的兄弟，稱為舅父、舅舅。
   - 妗－舅父的妻子，稱為舅母、舅媽。
   - 姨－母親的姐妹，稱為姨母、姨媽、阿姨、姨娘。
   - 姨丈－姨母的丈夫，稱姨父、姨丈。

3. 同輩
   - 兄弟姐妹－也做兄弟姐妹，指有相同父親和母親的人。
   - 堂兄弟姐妹－父系血親的長輩（伯、姆、叔、嬸）的兒子或女兒。
   - 表兄弟姐妹－父系血親的長輩（姑）的兒子或女兒和母系血親的長輩（舅、姨）的兒子或女兒。

4. 晚輩
   - 侄兒／女－男性稱兄弟的兒子或女兒。
   - 姪兒／女－女性稱兄弟的兒子或女兒。

。　舅甥（女）－男性稱姐妹的兒子或女兒，一般稱「外甥」。

。　姨甥（女）－女性稱姐妹的兒子或女兒。

（二）**自己的配偶之血親**：如自己配偶的父母、祖父母、兄弟姐妹等，
　　　俗稱的岳父岳母、公公婆婆、小姑小舅等等。妻子的兄弟姐妹叫
　　　內兄／弟／姐／妹或妻兄／弟／姐／妹，又叫舅子、姨子，詳細
　　　整理有以下稱呼：

1. 長輩
   - 公公：丈夫的父親，又稱家翁、家公、阿公，口語也直稱爸爸。
   - 婆婆：丈夫的母親，又稱家姑、家婆、阿婆，口語也直稱媽媽。
   - 岳父：丈人，妻子的父親，口語也直稱爸爸。
   - 岳母：丈母娘，妻子的母親，口語也直稱媽媽。
   - 繼父母，又稱後爸／媽。

2. 同輩
   - 嫂／嫂嫂／嫂子：對兄長妻子。
   - 弟媳、弟妹、弟婦、弟新婦：對弟弟妻子。
   - 姐夫：對姐姐丈夫。
   - 妹夫、妹婿：對妹妹丈夫。
   - 妯娌：兄弟的妻子間互相的稱呼或合稱。在臺灣，輩分較大的妯
     娌直接叫小妯娌的名字，對外人介紹則說小嬸仔；輩分較小的妯
     娌稱呼大妯娌為阿嫂或大嫂，對外人介紹稱呼為阿嫂或大嫂。
   - 連襟：姐妹的丈夫間互相的稱呼或合稱，也稱襟兄弟、連橋。
   - 大伯子：對丈夫的哥哥，又稱「大伯」。
   - 小叔子：對丈夫的弟弟，又稱「小叔」。
   - 大姑子：對丈夫的姐姐。
   - 小姑子：對丈夫妹妹，又稱「小姑」或姑妹。
   - 大舅子：對妻子哥哥，又稱「大舅」或內兄。
   - 小舅子：對妻子弟弟，又稱「小舅」或內弟。
   - 大姨子：對妻子姐姐，又稱「大姨」或姨姐。

- 小姨子：對妻子妹妹，又稱「小姨」或姨妹。

3. 晚輩
    - 兒媳：亦有稱兒媳婦，對兒子的妻子，又稱媳婦、新婦。
    - 女婿：對女兒的丈夫。
    - 內侄（女）：對丈夫侄（女）兒。
    - 外侄（女）：對妻子侄（女）兒。
    - 內甥（女）：對丈夫姨甥（女）。
    - 外甥（女）：對妻子舅甥（女）。
    - 繼子女。
    - 繼兄弟姐妹。

（三）**自己配偶的血親之配偶**：如自己的先生或太太，他／她們的兄弟姐妹、伯叔姨舅的配偶，跟自己是姻親，也就是一般人會跟著配偶稱呼的小姑、姐夫、嬸嬸、姨丈等等，這些人是自己配偶的姻親。

與西方不同，《民法》也承認這些配偶的姻親，也算是自己的姻親，這點是我國特有的依照民情而定，美國立法上是不承認這些人是自己的姻親。

以上這些標準互相交錯，產生各種排列組合，法條因此以此為基礎，安排各自的法律效果，例如子女有扶養直系血親尊親屬的義務，如旁系姻親五親等以內，輩分不相同者，不得結婚。

第二節　我國很特別

一、稱謂差異性大

現代英語的稱謂基於核心家庭，不區分長幼，不區分姻親與血親；中文的稱謂基於大家族，區分長幼，又區分姻親與血親，至少區分兩重差別。

　　例如，我國對父母的兄弟姐妹及其配偶，細分為伯母、嬸嬸、舅媽、姑姑、姨母、伯父、叔叔、姑父、舅舅、姨父，而現代英語中，aunt 和 uncle 分別統稱其中的女性和男性，不區分長幼，不區分是否是姻親配偶，也不區分父系親屬與母系親屬。

　　我國稱謂是源自於父系社會。比如，「堂」者，如堂兄、堂弟、堂姐、堂妹是同姓家屬，是家裡的人，而「表」者，如表兄、表弟、表姐、表妹為異姓親屬，是外面的人。

　　處處區分內外，「外」者，如外公、外婆是母親那邊的外姓人，而爺爺、奶奶是父親這邊的人，是「內親」，為家裡的人。女兒生的為外孫、外孫女。英語的稱謂系統卻不做這樣的區分，如 grandfather 既可以表示爺爺，也可以表示外公；cousin 既可以表示堂兄、堂弟、堂姐、堂妹，也可表示表兄、表弟、表姐、表妹，以及堂叔、表侄等所有同輩分的堂親和表親。

　　現代英語有表達複雜親屬稱呼的說法，例如可以用 paternal uncle（伯伯、叔叔）、maternal uncle（舅舅）、paternal cousin（堂兄弟姐妹、姑表兄弟姐妹）、maternal cousin（舅表兄弟姐妹、姨表兄弟姐妹）、grandfather on father's side（爺爺）、grandmother on mother's side（姥姥）等。如果要表達更精確，還可以說成 father's elder brother（伯父）、father's younger brother's daughter（叔叔的女兒）……，同樣有比較複雜的親屬稱謂，例如有「first cousin, twice removed」之類的稱謂。但這些稱呼，並不經常使用。

　　日常稱呼時，在漢語中稱呼長輩時均有避諱的習慣。英語中除父母及直系的長輩血親外，對其他的長輩親屬通常以尊稱加名字，甚至可以直呼其名。中文強調長幼，但更重視地位輩分，可能稱呼比自己年幼的長輩叔叔甚至叔公，絕不能直呼其名。

二、房

　　我國和美國人的家庭不同之處甚多，例如「家族」、「戶」與「房」

的概念都與西方不同。房，是中國人熟悉的觀念，建立在系譜關係上的成員資格，無須涉及諸如同居、共財、共爨或其他任何非系譜性的功能因素，也不受世代的限制[②]。「房」的觀念基於兒子相對於父親的身分，而「家族」則是相對於房的用語，是指兄弟間各自獨立的房聯合起來，構成以其父親為共同祖先的家族團體[③]。簡單說，「房」就是父子關係，一個男孩從呱呱落地開始，相對於父親，就是一「房」。所以，房不只是指稱一個兒子，而且包含父子關係[④]。

西方社會沒有房的觀念，因為西方社會，尤其是美國，是以夫妻關係為主軸，有關親屬關係、社會行為和文化特徵，主要以夫妻倫為主。但我國傳統社會，以父子關係為主軸，整個文化設計是配合父子軸的，衍生出父子為中心的文化模式[⑤]。陳其南指明：如果套用佛洛依德的說法，美國就是一個典型以「性」為中心意識的社會，而中國是以「房」為中心意識的社會[⑥]。

三、雙人關係

對家人關係的探討，「雙人關係」（dyadic relationship）的分析絕對不可少。許烺光（Fancis Hsu）以主導的雙人關係（dominant dyad）特質比較中國和美國社會的家庭體系，認為中國社會是以「父子關係」為主軸，美國家庭則以「夫妻關係」為主軸。父子關係是尊卑的，子不可能逾越父；父子關係比較有「包容性」，一個父親可以有很多兒子，甚至是越多越好，因為「多子多孫」正表示家族人丁興旺，具備向外擴展的條件，如有乾兒子或義子。

但夫妻關係不是尊卑的，夫或妻的權力不一定何者大，夫妻關係具有「排他性」，容不下另一人，所以遇到夫妻感情不好，關係就可能中斷，美國社會離婚率因而較高。許烺光觀察到：當美國人談到他的家庭，通常是指他的父母和未婚子女，而中國人則可能包括祖父母以及叔嫂們都在內。顯然比較大，家人關係也較多、較複雜[⑦]。

在中國的家庭之中，不但父子關係是包容的，母子關係也是包容

的，做母親的不會抗拒多一個兒子。手足關係也是包容的，多一個弟弟可以幫忙是很好的。李亦園根據許烺光的看法，進一步把這種以父子關係為主軸的文化，找到除了包容性以外的三點特性[8]：

（一）**延續性**：一個人身為某人的兒子，將來也會成為某人的父親，父子關係在家庭中一連串地不斷勾連下去。「不孝有三，無後為大」是大家耳熟能詳的，這句話出自《孟子》〈離婁篇〉中，朱熹經解釋：「於禮不孝者有三事：阿意曲從，陷親於不義，一也；家貧親老，不為祿仕，二也；不娶無後，絕先祖祀，三也。三者中無後為大。」個人要避免家庭世系的中斷，否則就是嚴重的不孝。「絕後」也因此成為傳統中國人意識中的不幸和恐懼。

（二）**權威性**：母子關係充滿依賴、兄弟之間較平等，但父對子的關係經常是權威的。傳統家族裡，父親的權力是絕對的。對父母之命無條件遵守一向被視為做兒女天經地義的責任。

（三）**非性**：夫妻關係包含「性」，父子關係則是非性的，由於父子關係在家中籠罩在其他人倫關係上，所以中國家庭貶低性的重要，中國夫妻也很少會很公開地表達親密。

由於這些特性，我國社會的家人關係特別重要、也很複雜。

四、差序格局

費孝通提出「差序格局」此極有名的概念，是從對家的分析出發的。指出：家庭在西洋是一種界限分明的團體，但中國「闔第光臨」雖常見，但很少人能說得出這個「第」字究竟應當包括些什麼人，「家」字可以說是最能伸縮自如的。「家裡的」，可以指自己的太太一個人；「家門」，可以指伯叔姪子一大批人；「自家人」，可以包羅任何要拉入自己圈子的。自家人的範圍因時因地伸縮，甚至可「天下一家」[9]。

所謂的差序，是一種關係網，指關係的差等和次序。關係的差等，就是倫。倫有次序，俗語說：「不失其倫」，要分別父與子、親與疏、長與幼、夫與妻、上與下，這些倫都是我國社會的基礎，而且是以家人

關係為中心、為基礎的。所以家人關係不僅影響家庭，更是社會國家的基石，如果要徹底改變原有的關係結構，不僅非常困難，也會對國家社會造成莫大的衝擊。近年來，「父子有親，君臣有義，夫婦有別，長幼有序，朋友有信」的人倫價值已逐漸喪失規範的力量，整個社會也處處出現倫理的危機了。

父系社會是由父子關係發展出來的，衍生出許多社會現象。例如中國人的權威性格、自私心理，以及重視血緣。費正清（Fairbank）說：「中國的家庭制度在華南華北都是父系的。中國式家庭一直都如同一個小宇宙，像是袖珍型的國家。家庭生活灌輸的孝道觀念，乃是忠君服權的養成初步。⑩」李亦園分析：一個人既然為父母結合所生，同樣承受來自父方與母方的血緣，那麼父方的親屬和母方的親屬應有同樣的關係。但是，在中國人父系法則的觀點，父親的親屬先於母親的親屬。父親的兄弟是「血親」，母親的兄弟屬於「姻親」；伯叔長輩是「家裡人」，而姨媽卻是「局外人」。「血濃於水」，親屬自有倫次。中國人的親屬認同範圍，只有在父系脈絡中才得以理解⑪。

例如，嚴禁近親通婚是多數民族共通點，但中國社會卻普通存在表兄妹結婚的情形，有些人還認為這是件「親上加親」的好事。表兄妹，依《民法》之親等有四親等、六親等、八親等多種，基本上是很近的。但在中國父系法則的親屬觀念，它屬「姻親」，是「局外人」而非「家裡人」，六親等及八親等的表兄妹是可以結婚的（參考《民法》第983條的規定）。

又如，中國歷代許多有「獨門手藝」的人，寧可傳給媳婦，不傳給女兒女婿。女兒雖然親，但畢竟是「嫁出去的女兒，潑出去的水」，是別人家的人，女婿除非入贅，否則總是外人。媳婦雖不是親生的，但已嫁入自己的家門，算是自己人，地位可能比女兒還高一點。

再如「婆媳衝突」何以普遍？婆婆是兒子的母親，媳婦是兒子的太太，這兩位女性待在家裡的時間最長，但卻不是家中最主要關係——「父子軸」的主角。做媳婦的，輩分低、年紀輕、又是女性、地位最低，

可能連她生下的兒子（即孫子）都不如。婆婆和媳婦之間，既無母子間的生育之情，又無夫妻間的恩愛之情，很容易陷到「壓迫－被壓迫」的局面。胡幼慧以「媳婦熬成婆」為例，說明「熬」字不但凸顯了被壓迫、受折磨的意義，也凸顯了折磨的暫時性，以及有會出頭的未來前景。當媳婦熬成婆婆時，也許對「兒－媳」之間的傳統性別分別，對婆媳之間的「主－從」、「尊－卑」更為堅持。因為，她們自己就是這樣子「熬過來的」[12]。

五、九族

　　用「九族」的觀念可分析中國社會的家人關係。傳統的「九族家系圖」，是一個以自己為中心，向上及向下各算四代，而有複雜旁支的家族網絡。中國家族系統以男性為中心，中心點的「己身」即為男性，而正中間的直系主軸最重要。高淑貴分析在圖中，不見母族及妻族，若從己身上下左右，父母之上只有祖父母而沒有外祖父母；子女身邊僅有子媳（媳婦），而無女婿；兄弟身旁有妻，姐妹旁邊不列丈夫[13]。

　　如果自己是第五代，則往上推四代主要軸線是：

第一代：父高尊祖

第二代：曾祖父、曾祖母

第三代：祖父、祖母

第四代：父、母、伯、叔

　　姐、妹、兄、弟與自己同一代，往下推四代主要軸線是：

第六代：子、女、媳婦、女婿

第七代：孫子、孫女、外孫、外孫女

第八代：曾孫、曾孫女

第九代：玄孫、玄孫女

　　胡幼慧把傳統中國家庭雙人關係之特性做了整理，指出最關鍵的有五種關係，重點如下[14]：

（一）**父－子**：意識型態及法上主要權威性關係、趨避性強、情感關係弱。

（二）**母－子**：親密情感連結之主軸，關係較親近。

（三）**子－媳**：隔離性、壓抑關係。

（四）**婆－媳**：權威性、衝突性關係，是家庭體系內最大的犧牲者。

（五）**父（母）－女**：暫時性、微弱的關係。

　　基於這些重點，中國人發展出了「百善孝為先」、「父子有親」、「家和萬事興」、「天下無不是的父母」等倫理。但是這些傳統倫理正面對挑戰和質疑，現代人的家人關係已經越來越複雜，也產生越來越多的問題了。

　　如今，人們的平均壽命延長了，原本可能有更龐大的家系，家庭裡有四代甚至五代，但由於晚婚、不孕及少子，四代、五代的家還是罕見。少子化以後的家庭，主要是上下世代間的關係，而同一代的家人關係，會越來越少。

　　在表 12-1 中整理了 1981 年至 2022 年 15 歲以上人口的婚姻狀況，包括：未婚、有偶、離婚／終止婚姻、喪偶等類。在同婚合法化之後，2019 年起列出同婚有偶、離婚／終止婚姻、喪偶的數據。

表 12-1　15 歲以上人口的婚姻狀況

年底別	性別	總人口	合計	未婚	有偶		離婚／終止結婚		喪偶	
					不同性別	相同性別	不同性別	相同性別	不同性別	相同性別
1981	計	18,193,955	12,439,598	4,449,294	7,290,859	－	143,342	－	556,103	－
	男	9,479,508	6,515,281	2,646,716	3,646,154	－	76,799	－	145,612	－
	女	8,714,447	5,924,317	1,802,578	3,644,705	－	66,543	－	410,491	－
1986	計	19,509,082	13,850,416	4,788,913	8,206,604	－	228,765	－	626,134	－
	男	10,114,710	7,200,390	2,810,982	4,104,616	－	119,474	－	165,318	－
	女	9,394,372	6,650,026	1,977,931	4,101,988	－	109,291	－	460,816	－
1991	計	20,605,831	15,178,681	5,148,040	8,958,079	－	359,495	－	713,067	－
	男	10,640,276	7,837,639	2,976,576	4,480,712	－	185,402	－	194,949	－
	女	9,965,555	7,341,042	2,171,464	4,477,367	－	174,093	－	518,118	－
1996	計	21,525,433	16,542,890	5,659,715	9,535,033	－	530,359	－	817,783	－
	男	11,065,798	8,478,153	3,244,425	4,782,972	－	262,213	－	188,543	－
	女	10,459,635	8,064,737	2,415,290	4,752,061	－	268,146	－	629,240	－

年底別	性別	總人口	合計	未婚	有偶		離婚／終止結婚		喪偶	
					不同性別	相同性別	不同性別	相同性別	不同性別	相同性別
2001	計	22,405,568	17,743,684	6,024,053	9,960,660	—	803,276	—	955,695	—
	男	11,441,651	9,012,486	3,371,660	5,047,682	—	387,168	—	205,976	—
	女	10,963,917	8,731,198	2,652,393	4,912,978	—	416,108	—	749,719	—
2006	計	22,876,527	18,730,896	6,441,018	10,058,108	—	1,147,975	—	1,083,795	—
	男	11,591,707	9,430,527	3,540,848	5,118,941	—	550,320	—	220,418	—
	女	11,284,820	9,300,369	2,900,170	4,939,167	—	597,655	—	863,377	—
2011	計	23,224,912	19,723,122	6,858,488	10,214,026	—	1,442,951	—	1,207,657	—
	男	11,645,674	9,818,529	3,736,448	5,159,436	—	689,001	—	233,644	—
	女	11,579,238	9,904,593	3,122,040	5,054,590	—	753,950	—	974,013	—
2012	計	23,315,822	19,904,145	6,942,080	10,235,154	—	1,496,101	—	1,230,810	—
	男	11,673,319	9,893,797	3,777,383	5,166,294	—	714,025	—	236,095	—
	女	11,642,503	10,010,348	3,164,697	5,068,860	—	782,076	—	994,715	—
2013	計	23,373,517	20,026,916	6,957,942	10,271,403	—	1,543,498	—	1,254,073	—
	男	11,684,674	9,939,573	3,784,045	5,180,986	—	735,827	—	238,715	—
	女	11,688,843	10,087,343	3,173,897	5,090,417	—	807,671	—	1,015,358	—
2014	計	23,433,753	20,156,453	6,987,591	10,304,233	—	1,587,914	—	1,276,715	—
	男	11,697,971	9,990,207	3,798,084	5,194,860	—	756,175	—	241,088	—
	女	11,735,782	10,166,246	3,189,507	5,109,373	—	831,739	—	1,035,627	—
2015	計	23,492,074	20,304,294	7,032,477	10,342,769	—	1,630,352	—	1,298,696	—
	男	11,712,047	10,051,561	3,820,569	5,212,220	—	775,334	—	243,438	—
	女	11,780,027	10,252,733	3,211,908	5,130,549	—	855,018	—	1,055,258	—
2016	計	23,539,816	20,397,935	7,041,373	10,364,347	—	1,673,523	—	1,318,692	—
	男	11,719,270	10,083,204	3,822,678	5,220,813	—	794,574	—	245,139	—
	女	11,820,546	10,314,731	3,218,695	5,143,534	—	878,949	—	1,073,553	—
2017	計	23,571,227	20,479,354	7,057,410	10,365,393	—	1,718,652	—	1,337,899	—
	男	11,719,580	10,110,623	3,828,710	5,220,089	—	814,912	—	246,912	—
	女	11,851,647	10,368,731	3,228,700	5,145,304	—	903,740	—	1,090,987	—
2018	計	23,588,932	20,540,705	7,058,572	10,362,098	—	1,763,667	—	1,356,368	—
	男	11,712,913	10,128,192	3,827,382	5,216,794	—	835,237	—	248,779	—
	女	11,876,019	10,412,513	3,231,190	5,145,304	—	928,430	—	1,107,589	—
2019	計	23,603,121	20,592,770	7,054,060	10,351,088	5,539	1,808,264	192	1,373,624	3
	男	11,705,186	10,141,384	3,823,893	5,210,082	1,643	855,375	91	250,299	1
	女	11,897,935	10,451,386	3,230,167	5,141,006	3,896	952,889	101	1,123,325	2

年底別	性別	總人口	合計	未婚	有偶		離婚／終止結婚		喪偶	
					不同性別	相同性別	不同性別	相同性別	不同性別	相同性別
2020	計	23,561,236	20,597,840	7,036,146	10,312,943	9,418	1,848,953	849	1,389,520	11
	男	11,673,765	10,134,705	3,815,928	5,189,463	2,687	874,133	276	252,213	5
	女	11,887,471	10,463,135	3,220,218	5,123,480	6,731	974,820	573	1,137,307	6
2021	計	23,375,314	20,485,406	6,980,709	10,216,814	11,972	1,873,869	1,692	1,400,313	37
	男	11,578,696	10,078,464	3,794,143	5,141,548	3,415	885,683	497	253,160	18
	女	11,796,618	10,406,942	3,186,566	5,075,266	8,557	988,186	1,195	1,147,153	19
2022	計	23,264,640	20,445,471	6,945,945	10,163,727	15,514	1,903,587	2,641	1,413,991	66
	男	11,499,136	10,037,012	3,774,304	5,107,156	4,367	896,564	767	253,826	28
	女	11,765,504	10,408,459	3,171,641	5,056,571	11,147	1,007,023	1,874	1,160,165	38

資料來源：內政部戶政司（2023）。人口統計資料－十五歲以上人口婚姻狀況。網址：https://www.ris.gov.tw/app/portal/346

　　由此表呈現了 40 年之間的劇烈變化。1981 年時，總人口有 1,819.4 萬，2001 年增加至 2,240.5 萬，20 年增加了 421.1 萬。然後到 2022 年，21 年之中只增加到 2,326.4 萬，僅僅多了 85.9 萬。15 歲以上的人口，1981 年為 1,243.9 萬，2001 年為 1,774.3 萬，多了 530.4 萬。可是到 2022 年，達到 2,044.5 萬，只多了 270.2 萬。

　　1981 年，有偶的為 729.0 萬，2001 年時，有偶的達到 996.0 萬，後者比前者多出 267 萬。到了 2022 年，有偶的 1,016.3 萬，21 年之間，幾乎沒有增加。

　　在表 12-2 進一步從百分比呈現上述的分類。

表 12-2　15 歲以上人口的婚姻狀況比率

年底別	性別	合計	未婚	有偶		離婚／終止結婚		喪偶	
				不同性別	相同性別	不同性別	相同性別	不同性別	相同性別
1981	計	100.00	35.77	58.61	—	1.15	—	4.47	—
	男	100.00	40.62	55.96	—	1.18	—	2.23	—
	女	100.00	30.43	61.52	—	1.12	—	6.93	—

| 年底別 | 性別 | 合計 | 未婚 | 有偶 | | 離婚／終止結婚 | | 喪偶 | |
				不同性別	相同性別	不同性別	相同性別	不同性別	相同性別
1986	計	100.00	34.58	59.25	—	1.65	—	4.52	—
	男	100.00	39.04	57.01	—	1.66	—	2.30	—
	女	100.00	29.74	61.68	—	1.64	—	6.93	—
1991	計	100.00	33.92	59.02	—	2.37	—	4.70	—
	男	100.00	37.98	57.17	—	2.37	—	2.49	—
	女	100.00	29.58	60.99	—	2.37	—	7.06	—
1996	計	100.00	34.21	57.64	—	3.21	—	4.94	—
	男	100.00	38.27	56.42	—	3.09	—	2.22	—
	女	100.00	29.95	58.92	—	3.32	—	7.80	—
2001	計	100.00	33.95	56.14	—	4.53	—	5.39	—
	男	100.00	37.41	56.01	—	4.30	—	2.29	—
	女	100.00	30.38	56.27	—	4.77	—	8.59	—
2006	計	100.00	34.39	53.70	—	6.13	—	5.79	—
	男	100.00	37.55	54.28	—	5.84	—	2.34	—
	女	100.00	31.18	53.11	—	6.43	—	9.28	—
2011	計	100.00	34.77	51.79	—	7.32	—	6.12	—
	男	100.00	38.06	52.55	—	7.02	—	2.38	—
	女	100.00	31.52	51.03	—	7.61	—	9.83	—
2012	計	100.00	34.88	51.42	—	7.52	—	6.18	—
	男	100.00	38.18	52.22	—	7.22	—	2.39	—
	女	100.00	31.61	50.64	—	7.81	—	9.94	—
2013	計	100.00	34.74	51.29	—	7.71	—	6.26	—
	男	100.00	38.07	52.12	—	7.40	—	2.40	—
	女	100.00	31.46	50.46	—	8.01	—	10.07	—
2014	計	100.00	34.67	51.12	—	7.88	—	6.33	—
	男	100.00	38.02	52.00	—	7.57	—	2.41	—
	女	100.00	31.37	50.26	—	8.18	—	10.19	—
2015	計	100.00	34.64	50.94	—	8.03	—	6.40	—
	男	100.00	38.01	51.85	—	7.71	—	2.42	—
	女	100.00	31.33	50.04	—	8.34	—	10.29	—
2016	計	100.00	34.52	50.81	—	8.20	—	6.46	—
	男	100.00	37.91	51.78	—	7.88	—	2.43	—
	女	100.00	31.20	49.87	—	8.52	—	10.41	—

| 年底別 | 性別 | 合計 | 未婚 | 有偶 | | 離婚／終止結婚 | | 喪偶 | |
				不同性別	相同性別	不同性別	相同性別	不同性別	相同性別
2017	計	100.00	34.46	50.61	—	8.39	—	6.53	—
	男	100.00	37.87	51.63	—	8.06	—	2.44	—
	女	100.00	31.14	49.62	—	8.72	—	10.52	—
2018	計	100.00	34.36	50.45	—	8.59	—	6.60	—
	男	100.00	37.79	51.51	—	8.25	—	2.46	—
	女	100.00	31.03	49.41	—	8.92	—	10.64	—
2019	計	100.00	34.26	50.27	0.03	8.78	0.00	6.67	0.00
	男	100.00	37.71	51.37	0.02	8.43	0.00	2.47	0.00
	女	100.00	30.91	49.19	0.04	9.12	0.00	10.75	0.00
2020	計	100.00	34.16	50.07	0.05	8.98	0.00	6.75	0.00
	男	100.00	37.65	51.20	0.03	8.63	0.00	2.49	0.00
	女	100.00	30.78	48.97	0.06	9.32	0.01	10.87	0.00
2021	計	100.00	34.08	49.87	0.06	9.15	0.01	6.84	0.00
	男	100.00	37.65	51.02	0.03	8.79	0.00	2.51	0.00
	女	100.00	30.62	48.77	0.08	9.50	0.01	11.02	0.00
2022	計	100.00	33.97	49.71	0.08	9.31	0.01	6.92	0.00
	男	100.00	37.60	50.88	0.04	8.93	0.01	2.53	0.00
	女	100.00	30.47	48.58	0.11	9.68	0.02	11.15	0.00

資料來源：內政部戶政司（2023）。人口統計資料─十五歲以上人口婚姻狀況。網址：https://www.ris.gov.tw/app/portal/346

　　男性的未婚率在 2001 年為 37.41%，2022 年為 37.60%，變化不大。女性在 2001 年為 30.38%，2022 年為 30.47%，變化也不大。

　　有偶率，男性 2001 年時 56.01%，2022 年 50.88%，下降超過 5 個百分點。女性由 56.27% 降至 48.58%，下降約 7.7 個百分比。

　　離婚者佔總人口的比率，男性 2001 年時為 4.30%，2022 年升高至 8.93%，上升超過 1 倍。女性在同時期中，由 4.77% 升至 9.68%，也超過 1 倍。

　　喪偶方面，男性 2001 年為 2.29%，2022 年時略增到 2.53%；女性在同時期中，由 8.59% 升高到 11.15%，增幅比較明顯，主要原因是女性平均餘命較長。

這些趨勢，加上少子化、資訊化的網路與新興科技衝擊家族。幾千年來，這個民族對於家庭原本就有清楚、嚴格甚至是複雜的安排，包括：家、房、戶、室、家族、家系等，這些都受到少子化的影響，會導致「房」的崩解，「戶」的縮小。

傳統的文化設計，遇到一個家庭只有一個兒子，甚至是沒有兒子的情況下，面對徹底的改變。存在幾千年的倫理，形成了綿密的人際關係，也有「一表三千里」等說法。在「少子化」之後，將會式微。姑姑、伯伯、叔叔等是父親的兄弟姐妹，為三親等，假如父親是獨生子，就沒有這些關係了。舅舅、姨媽、阿姨是母親的兄弟姐妹，也是三親等，如果母親是獨生女，這些關係也都沒有了。至於表兄弟、堂姐妹等四親等或六親等的關係，更是不可能了。

近年來「少子化」的趨勢日益明顯，造成這樣現象的原因很多，其中最重要的歸納為以下四方面[⑭]：

（一）從生理面來看，20世紀下半世紀，人類對節育控制的科技有重大的突破，使「生育與性行為」的必然連帶鬆脫了。

（二）從心理面，個人主義抬頭，享樂心理普遍，養育兒女與其他人生活動放在一起來比較之後，未必列為優先選擇。

（三）從政策面，例如政府是否鼓勵多生孩子，臺灣自1960年代大力推動「生育控制」，後來雖然來鬆綁，但為時已晚，近年反而鼓勵多生育。

（四）從社會面，小家庭成為主流，多數家庭的人數都很少。家庭的諸多功能逐漸被其他社會制度所取代，人們對家庭的依賴性下降。

少子化對家庭立即影響的代價是「不確定性上升」、「希望降低」。培育多個孩子有如分散投資，增加獲益與回收的機率，有較高的希望。做父母的壓力固然很大，但也可能較為快樂，因為親子關係是互動的，來自孩子的回饋最直接、最甜美。孩子多，獲得這樣回饋的機會多。大家族越來越少，對家庭制度、對教育體制、對經濟活動、對文化傳承等，都產生明顯的影響。

第三節 法入家門

一、與親屬會議有關

主要是《民法》、《家事事件法》，《民法》有「親屬會議」的專章，詳細規範了各項運作。在權限方面：

（一）親屬編

1120 條：「扶養之方法，由當事人協議定之；不能協議時，由親屬會議定之。但扶養費之給付，當事人不能協議時，由法院定之。」

（二）繼承編

2-1：凡被繼承人生前繼續扶養之人，未得相當之遺贈者，於被繼承人死亡後，得請求酌給遺產，1149 條：「被繼承人生前繼續扶養之人，應由親屬會議依其所受扶養之程度及其他關係，酌給遺產。」

2-2：與遺產管理人有關的，包含幾部分。首先是選定，規定在 1177 條：「繼承開始時，繼承人之有無不明者，由親屬會議於 1 個月內選定遺產管理人，並將繼承開始及選定遺產管理人之事由，向法院報明。」遺產管理人變更遺產時的同意，規定在 1179 條。遺產管理人報告遺產狀況之請求，規定在 1180 條。遺產管理人的報酬，規定在 1183 條。

2-3：以口授遺囑真偽的認定，規定在 1197 條。

2-4：遺囑執行人的選定，規定在 1211 條。改選的規定在 1218 條。

2-5：遺囑提示的收受，規定在 1212 條。

2-6：封緘遺囑開視，規定在 1213 條。

在組成方面，按照 1130 條規定，會員五人。規定在 1131 條：「親屬會議會員，應就未成年人、受監護宣告之人或被繼承人之下列親屬與順序定之：一、直系血親尊親屬。二、三親等內旁系血親尊親屬。三、四親等內之同輩血親。前項同一順序之人，以親等近者為先；親等同者，

以同居親屬為先，無同居親屬者，以年長者為先。」有些人無法擔任會員，規定在 1133 條：「監護人、未成年人及受監護宣告之人，不得為親屬會議會員。」必要時，可以有指定會員，規定在 1132 條：「依法應經親屬會議處理之事項，而有下列情形之一者，得由有召集權人或利害關係人聲請法院處理之：（一）無前條規定之親屬或親屬不足法定人數。（二）親屬會議不能或難以召開。（三）親屬會議經召開而不為或不能決議。」

在召開及決議方面，規定在 1135 條：「親屬會議，非有三人以上之出席，不得開會；非有出席會員過半數之同意，不得為決議。」如果對決議不服，要按照 1137 條處理：「第 1129 條所定有召集權之人，對於親屬會議之決議有不服者，得於 3 個月內向法院聲訴。」

《家事事件法》有專章，稱為「親屬會議事件」，其中 181 條規定：「關於為未成年人及受監護或輔助宣告之人聲請指定親屬會議會員事件，專屬未成年人、受監護或輔助宣告之人住所地或居所地法院管轄。」

關於為遺產聲請指定親屬會議會員事件，專屬繼承開始時被繼承人住所地法院管轄。

聲請法院處理下列各款所定應經親屬會議處理之事件，專屬被繼承人住所地法院管轄，處理以下各項：
（一）酌給遺產事件。
（二）監督遺產管理人事件。
（三）酌定遺產管理人報酬事件。
（四）認定口授遺囑真偽事件。
（五）提示遺囑事件。
（六）開視密封遺囑事件。
（七）其他應經親屬會議處理事件。

在 182 條規定：「法院就前條第五項所定事件所為裁定時，得調查遺產管理人所為遺產管理事務之繁簡及被繼承人之財產收益狀況。」

二、家事事件

　　親屬會議只是家事事件的一種，根據《家事事件法》第 3 條規定，家事事件分為五類，包括家事訴訟事件（即甲、乙、丙類）與家事非訟事件（即丁、戊類）。參考李太正的整理，說明如下[⑮]：

（一）甲類事件

　　指具有訟爭性、而當事人對於訴訟標的並無處分權者，包括：

1. 確認婚姻無效、婚姻關係存在或不存在事件（因為婚姻是否有效，具有公益性，不能任由當事人自由決定其效力）。
2. 確定母再婚後所生子女生父事件（子女之生父究竟為誰，同樣具有公益性，不能任由當事人自行決定）。
3. 確認親子關係存在或不存在事件（例如生父主張認領之意思表示為無效，而非婚生子女請求確認親子關係存在）。
4. 確認收養關係存在或不存在事件。

（二）乙類事件

　　具有訟爭性、且當事人對於訴訟標的具有某種程度之處分權者，包括：

1. 撤銷婚姻事件。
2. 離婚事件。
3. 否認子女、認領子女事件。
4. 撤銷收養、撤銷終止收養事件。

（三）丙類事件

　　指具有訟爭性、當事人對於訴訟標的具有處分權限，且與家事事件具有密切關係之財產權事件，包括：

1. 因婚約無效、解除、撤銷、違反婚約之損害賠償、返還婚約贈與物事件。
2. 因婚姻無效、撤銷婚姻、離婚、婚姻消滅之損害賠償事件。

3. 夫妻財產之補償、分配、分割、取回、返還及其他因夫妻財產關係 所生請求事件。

4. 因判決終止收養關係給與相當金額事件。

5. 因監護所生損害賠償事件。

6. 因繼承回復、遺產分割、特留分、遺贈、確認遺囑真偽或其他繼承 關係所生請求事件。

（四）丁類事件

較無訟爭性、但當事人或利害關係人對於訴訟標的亦無處分權者， 包括：

1. 宣告死亡事件。

2. 撤銷死亡宣告事件。

3. 失蹤人財產管理事件。

4. 監護或輔助宣告事件。

5. 撤銷監護或輔助宣告事件。

6. 定監護人、選任特別代理人事件。

7. 認可收養或終止收養、許可終止收養事件。

8. 親屬會議事件。

9. 拋棄繼承、無人承認繼承及其他繼承事件。

10. 指定遺囑執行人事件。

11. 兒童、少年或身心障礙者保護安置事件。

12. 停止緊急安置或強制住院事件。

13. 民事保護令事件。

（五）戊類事件

具有訟爭性、且當事人或利害關係人對於訴訟標的有某種程度上之 處分權。最重要的，這類事件需要法官依職權裁量、並且做出妥適而迅 速之判斷，包括：

1. 因婚姻無效、撤銷或離婚之給與贍養費事件。

2. 夫妻同居事件。

3. 指定夫妻住所事件。

4. 報告夫妻財產狀況事件。

5. 給付家庭生活費用事件。

6. 宣告改用分別財產制事件。

7. 變更子女姓氏事件。

8. 對於未成年子女權利義務之行使負擔事件。

9. 交付子女事件。

10. 宣告停止親權或監護權及撤銷其宣告事件。

11. 監護人報告財產狀況及監護人報酬事件。

12. 扶養事件。

13. 宣告終止收養關係事件。

綜合而言，如果請求法院調解或裁判的事件有下列情形之一，就屬家事事件[16]：

1. 常見的如：離婚、收養、扶（贍）養費、定子女監護權、聲請法院宣告失智老人為應受監護或輔助之人等。

2. 因離婚所生的損害賠償、確認親子關係、確認遺囑真假、給付家庭生活費、停止親權、拋棄繼承等。

3. 依據《民法》親屬編、繼承編或其特別法規定來請求，性質上屬於家事的事件。

《家事事件法》中有很多和一般民事事件不同的制度，例如專業處理、程序不公開、社工陪同、遠距視訊審理、設程序監理人、設家事調查官、專業調解、擴大可以合併審理的事件範圍、暫時處分、兒少及心智障礙者特別保護、履行勸告等，讓法院可以結合社工、心理、輔導、精神醫學、調解等不同領域的專業資源來協助當事人，同時妥適、統合解決家庭間的糾紛，以保障當事人人格尊嚴、性別平等、未成年子女和老弱族群的最佳利益[17]。

實踐、研究和推廣，更幸福

我大概是參加各類型家族活動最多的大學老師，在借調臺中市政府的階段，年頭到年尾，到處與家庭互動，常有開心的事情。例如2021年1月1日去醫院迎接新生兒和家長，那是第一對領到生育津貼倍增的父母；農曆臘月，到各關懷戶致送溫馨快遞的禮金和禮物；3月有青年節，4月有兒童節，熱鬧的活動一波波；5月，模範母親表揚；6月有配合端午節的活動；父親節到了，模範父親表揚；農曆九月九，重陽節，當然要辦敬老活動；接著是金婚、白金婚、鑽石婚的合影。這些表揚，受獎的總是廣邀家人參加，表揚活動配合各種表演，熱鬧溫馨，合照是基本款。

農曆7月普渡，協調大批物資送給弱勢家庭；9月起陸續去百歲人瑞的家裡祝壽；10月敬老月參加一場又一場的阿公阿嬤活力秀、長青學苑結業式、關懷據點聚餐；12月，國際身障日，與身障家庭互動；聖誕節，與各教會一起做愛心⋯⋯。還有，配合新住民來自的國家：印尼、越南、泰國、菲律賓等地的節慶，充滿異國風情的活動，我都開心參加。

跑來跑去當然會累，但深信大多數家庭有堅強生命力。我每次與模範父親、母親、金婚白金婚鑽石婚等人合照時，看著一個個家庭興高采烈，三代四代連袂出席，和樂融融，在感性上就更有動能。我想到自己，如果上帝願意，再隔幾年，我和老伴也要參加金婚表揚，還想四代同堂合照。

為了整理與家人、家族的連帶，我陸續寫書。1994年出版《家庭新包裝》。1999年寫了《誰轉動生命齒輪：探尋自我人生的成長和定位》，請我大哥寫序。此書也在馬來西亞、新加坡廣受歡迎，出了簡體字版，為此邀我去巡迴演講。2015年寫《家庭與家人關係》，2016年寫《比人生更真實的是電影啊！》。透過寫作，整理自己、認識家人，更希望下一代乃至再下一代，能夠多瞭解家族。

第 *13* 章
功能

功能

的功，部首為「力」，家庭處處要有「力」，得靠家人齊心「努」「力」，「務」實面對家庭的種種考驗。最好能充滿「動」能，「勤」「勞」持家，「勵」精圖治。

家庭，英文 family，功能，英文 function，都是 f 字頭。家人彼此相連，比朋友（friend）更親密（friendship），有共同的成果（fruition）。全家為命運（fate）共同體，對外經營人情（favor），彼此應尊重面子（face），也許還要常常為家人的臉書（facebook）按個讚。

一個人的人生，如同單薄的線。結了婚，線乘上線，成為二度空間的平面。生兒育女，變成三度空間的立方體。線，總是單薄的。平面的能量、影響力，都大增。立方體包容度更大，各式各樣，彷彿曲面的「圓柱」，如同長方體的「角柱」。傳統的家庭，家長為中心，好像「角錐」，頂點只有一個。三角錐，有四面、六邊；四角錐，有五面、八邊；五角錐，有六面、十邊。邊數的計算公式＝（底面的邊數）×2；面數則是（底面的邊數）＋1。

現代的家庭，人人都可以是中心，立體多了，也許像三角柱，有五面、九邊、六頂點；四角柱，有六面、十二邊、八頂點；五角柱，有七面、十五邊、十頂點。邊數的計算公式＝（底面的邊數）×3；面數則是（底面的邊數）＋2，頂點數是（底面的邊數）×2。

家庭至為重要，有各種功能，更有些功能是其他社會制度欠缺的，所以人人都需要家庭，你我多數時候喜歡待在家裡，這些是第一節的重點。然而，家庭有時失去應有的功能，甚至出現反功能，第二節加以說明。第三節整理當前家庭在功能方面的一些普遍現象，包括：隔代教養、單親、親職化孩子，以及越來越多的訴訟，以離婚和遺產最多。其實，安排遺產只是安排家人關係的一環，如果好好經營家庭，夫妻恩愛、親子融洽、手足和諧，遺產絕非咒詛反倒可帶來祝福。

第一節　家庭制度獨特

一、各種制度滿足不同功能

「功能」（function）指一個單位、習俗、制度存在的目的，以及其對體系的影響力[①]。社會就像是一個人，每個人都有呼吸系統、消化系統、神經系統、循環系統，如此才可以活著。社會也有各種制度，如此才可以維持。史賓賽（Spencer）說：「社會正如有機體，一樣有生命，會自我成長和演變，其結構與功能日益分化，社會中的各部門無法互相取代，各部門的運作都有助於整體的發展。[②]」這裡所說的各部門就是各種社會制度。

制度是關於社會互動的模式，為相對穩定的結構，又能夠維持相當長的時間。制度傳達文化的價值，環繞基本社會功能，產生相當普遍的生活方式。每個制度都具有建立社會規範並指導人們行為的功能，制度也提供各種方式的活動。社會制度維繫團體生活與社會關係的法則，是社會生活中為了滿足或適應某種需求，建立起有系統、有組織，眾所周知的行為模式。

制度的緣起可能有意或無意，制度發展後反映社會或文化的變遷，有賴它的適應能力。社會上的各種團體與組織都和各種制度結合，稱之為「制度的完整徹底」（institutional completeness）[③]。制度使人們的互動清楚，有一基本準則，例如處理性問題與撫育子女以家庭制度為主，看病必須進入醫療制度，處理權力衝突透過政治制度，若是家庭窮乏或家庭危機得求助社會福利制度。這類現象通稱「制度化」（institutionalization），基於某種社會規範而產生穩定的結構，社會互動都已經大致模式化了。

社會制度有其正功能，例如（一）行為導向功能：以滿足人類社會生活的需要。（二）控制功能：以維持社會秩序。（三）社會化功能：提供社會化和社會選擇機制。（四）文化傳播功能：傳遞社會文化、促

進社會發展。（五）整合功能：有助於社會的凝聚[④]。

　　但是社會制度也可能有負功能，原因是制度本身的惰性、制度內部結構可能出現的混亂，當然制度裡的成員因為品格、能力、意願等可能出現各種問題。

　　每一種社會制度都有其普遍性、複雜性、聯繫與相互關聯性、持久性、變異性與強制性。孫末楠（W. G. Sumner）將制度分為「強制的」（coercive）和「制定的」（enacted），前者是隨著社會規範的擴大而緩慢並發展，後者是在特定時間，為了特殊目的所建立的[⑤]。

　　龍冠海以人類生活之基本需要為分類社會制度的根據，對人們的基本需求與隨之產生的制度做了整體的分析如表 13-1 [⑥]：

表 13-1　　社會制度的分類

人類基本需求	社會制度
傳達意思與意志	語言及其他溝通制度
性慾與傳種	婚姻與家庭制度
營生	經濟制度（包括財產制度）
社會秩序	政治制度（包括政府與法律）
抵禦外侮	軍事制度
應付超自然力量與安慰精神	宗教制度（包括各種原始的信仰）
說明及控制自然現象	科學制度
傳授文化	教育制度
審美	藝術制度
舒暢身心	娛樂制度
健康	醫療衛生制度
救助	社會福利制度

二、家庭的重要性無法取代

　　家庭，做為一個各社會中最普遍的制度，一定存在某些無可取代的功能，使其如此重要。王維林[⑦]指明：像所有其他制度一樣，家庭是達

成一些重要功能而制定，形成可接受的規範及程序系統，被指定達成某些任務的制度化機構。家庭能滿足許多任務，所以存在，而且普遍存在。

　　有些功能是不同制度都有的，但某些功能是只有家庭制度才具備。學者對家庭的功能有不盡相同的看法。在此整理龍冠海、王維林、謝高橋、楊懋春、高淑貴、蔡文輝、張苙雲等等社會學家對家庭功能的看法[8]。後方的◆標示越多，表示提到此功能的學者越多：

（一）夫妻性生活的滿足與保障 ◆◆◆◆◆◆

（二）生育撫養子女 ◆◆◆

（三）經濟生產、分配、消費 ◆◆◆◆◆

（四）照顧奉養年老父母 ◆

（五）保護家人 ◆◆

（六）對子女實施教養 ◆◆

（七）光宗耀祖 ◆

（八）地位的安排 ◆◆◆◆

（九）情感分享 ◆◆◆◆◆◆

（十）社會化 ◆◆◆◆◆

（十一）宗教 ◆◆

（十二）娛樂 ◆◆

（十三）教育 ◆◆◆

（十四）政治 ◆

（十五）法律 ◆

　　提到最多的有三項：社會化、情感分享、性的規範。其他幾乎都提到的家庭功能有：生育下一代、社會地位的安排、經濟、保護年幼年長者。就以這七點扼要說明：

（一）**社會化**：家庭是每個人接觸到的第一個社會化單位，每個新生兒在家庭中發展其人格，成年人指導孩子如何成為一個符合大社會的人。在指導孩子行為時，父母及成人傳遞了原有文化的價值、語言、規範給孩子。所謂「有其父必有其子」，表示子女常是父

母的翻版，接受了父母的教化。黃堅厚指明：兒童自出生後，就在向父母學習。父母也不斷地在「教」他，儘管做父母的本身不覺得自己在施教，但是他們的一舉一動、一言一行，都對子女有些影響，所以「天下沒有養不教的父母」[⑨]。

（二）**情感分享（affection and companionship）**：家應是最溫暖和親密的地方，最能使成員體會到滿足和安全。家也有責任照顧其成員，使每個人免於外在的威脅。家是唯一充滿愛的社會制度。研究證實：生活在家庭中的人要比獨身者健康和快樂[⑩]。

（三）**性行為的規範（regulation of sexual behavior）**：對性的標準會在不同時空中有所差異，但對性行為一定有規範，而此種規範主要是在家庭的範疇中確定的。人類比動物有更長的性能力時期，若不加以規範，會造成嚴重問題，並可能導致社會的解組。

（四）**生育子女（reproduction）**：每個社會要維持，不斷有新成員遞補死亡者和離開者，這任務依賴家庭完成。

（五）**社會地位的安排（providing of social status）**：每個人的地位一部分是生來即獲得，稱之為繼承地位（ascribed status），這部分主要是家庭給予的。許多人常說的「家庭背景」，正表示一個人的家庭所給予他／她在社會發展的背景條件。

（六）**經濟安全的提供（economic security）**：有關生產、分配、消費等經濟活動，傳統社會主要在家庭中進行，每個人可以從家庭獲得食、衣、住、行等基本滿足。現代社會中，家庭的經濟功能已減弱了。

（七）**保護嬰孩、兒童及年長者（protection infants, children and the aged）**：與多數動物相比，人類的成長需要較久的時間方能自立。另一方面，人老了，往往要依賴他人。這兩段生命週期，都需要家庭的特別照顧。

家庭非常重要，家人彼此互助，分擔責任。從個人看，個人依賴家庭來提供身體的保護、感情的支持、物質的供給、家務的分擔。從社會

來看，家庭綿延倫理道德、傳遞價值規範、教導語言文字，穩定整個社會的基礎。難怪家庭制度雖多遭批評，仍能屹立不搖，不會被取代。

但放在社會變遷的角度來看，家庭的功能持續在調整。近年來，有些功能更重要了，如情感分享、保護年幼及年長者；也有些功能被其他社會制度所取代，如宗教、教育、娛樂等；更多的功能式微，如社會化、性規範、經濟、親屬支持等。所以，家庭如何因應變遷社會中個人的需要和其他社會制度的要求，適當而有效修正調整，正是家庭制度發展的關鍵課題。

第二節 失功能及反功能

一、失功能

社會的制度很多，各種制度有其功能才得以持續存在和發展，各種制度之間有各種合作與競爭，在有形無形的競爭中，有的制度越來越重要，有的制度則可能萎縮、重要性下降。例如在新冠疫情肆虐的階段，政治制度、健康醫療制度的重要性上升，健康醫療為人們最關心的，政治制度對人們不斷有各種規範，影響到家庭，約束了家人的活動。

家庭制度原本在各種制度中，重要性極高。就以「國家」一詞來看，政治制度的「國」和家庭制度的「家」是所有社會制度的基石。甚至國也以家為本，以家為基石。每個人的一生，從家庭獲得生命，在家庭之中生存，終身在家裡生活。家庭的多元功能，原本無可取代。

我國基本上以儒家文化為核心，儒家重視安定、安全，家庭最能使其中的成員安定、安心。儒家文化有利農業社會的運作，農業以土地為生活的重心，因此人們習慣「安土重遷」，農業需要大量經濟活動人口，因此大量生育，「多子多孫多福氣」使家庭以人丁興旺為目標，大家庭、大家族都是人們想望的。

但是家庭制度在萎縮，家庭的功能在減弱，家庭原本的各種責任，

陸續被各種制度所取代。有些家庭失去了應有的功能，有些家庭甚至出現反功能，傷害了其中的成員，動搖了社會的基石。人們不再像以往如此依賴家庭，越來越多人想要脫離家庭。

政府介入家庭的情況越來越普遍，傳統的觀念——法不入家門，早已過時。法不但入家門，管的事情越來越多。以往只有《民法》，但因為家事越來越多，政府制定了專門的《家事事件法》。以往關起家門，發生了什麼不好的事，政府多半管不了，現在絕對不再如此。當家庭出現兒童虐待、婚姻暴力、疏忽虐待老人等問題，有各種法令直接介入。以往家裡貧窮，沒法照顧其中的成員，現在有《社會救助法》、《特殊境遇家庭扶助條例》等，政府積極推動救濟貧窮、乃至使家庭脫離貧窮的方案⑪。

家庭失功能的原因歸納如下：

（一）人們太忙，在家的時間太少。全球化、工業化、商業化，加速了人們的移動，在家的時間少了。網路化、科技化使資訊快速傳遞，即使在家，或從事與家人有關的活動，也因為人手一機，家人不再如以往親密。

（二）教育制度、經濟制度、政治制度、宗教制度等，都瓜分家庭的時間。學校、商業活動、政治參與、宗教儀式等，處處熱鬧，家庭比起這些制度的要求，常常居於配角。

（三）家庭太小，難以維持各種功能。家庭的人口數有限，就算每個人都在家庭裡願意付出時間來完成食衣住行育樂等功能，也分身乏術。

（四）個人主義抬頭，為了家庭犧牲個人的自由，過去天經地義，如孝順父母、照顧長輩、撫育子女等，理所當然。個人的發展、理想、嗜好等，都應該為了家庭，擺在一旁。如今優先順序變了，個人往往比家庭，在各種考慮中，居於優先的位置。

家庭中，最重要的組合就是婚姻關係和親子關係，都越來越脆弱。婚姻裡，兩位主角太忙，貌合神離者的情況日益普遍。許多已經結婚的

因為各種原因不住在一起，更因為欠缺溝通，雙方疏離。親子之間除了身體互動之外，心理層面的溝通更重要。親子關係的互動型態按照是否住在一起、是否有頻繁的心靈互動，大致分為四種[12]：

（一）**「聚頻－心繫」**：子女與父母住在一起，家庭成員有互動及心理上的參與，被視為最理想的家庭。

（二）**「聚疏－心繫」**：指因有人在外工作、求學等原因而長期不在家，很少實際接觸，但心理上仍是整個家庭同在。

（三）**「聚頻－心離」**：雖然與父母住在一起，有實際的互動，但各自將心力放在別處，如忙於工作。

（四）**「聚疏－心離」**：是指父母對於家庭的互動退縮或沒有感情。也有可能是夫妻失和、分居但並沒有離婚，不論在實際接觸或心理互動上都很少。

　　從過去農業社會、工業社會，乃至於現代資訊社會的生活型態，父職角色的內涵有所不同。認識文化的代間傳遞情況，有助於瞭解現代父親在父職參與行為背後的意涵。

　　「男主外，女主內」的分工方式運作，發展出男性（父親）為家庭經濟主要來源者，女性（母親）則負責家務、照顧養育子女的性別角色分工。刻板化的性別角色期待決定了男性和女性特定的親職行為，生活在家庭中的兒童經由社會化的角色模塑歷程有了對特定家務事的分工。涇渭分明的性別角色分工模式，在農業社會較為普遍。隨著工業化，越來越多女性從事勞動生產等經濟活動，女性走出家庭的私領域，普遍參與過去以男性為主的公領域活動事務。

　　臺灣社會承襲傳統中國儒家思想，在家庭性別角色分工的建構上，存在濃厚的父權家長色彩；在性別自覺與性別平權的運動較諸西方歐美國家起步更晚。因女性教育程度大幅提升，近年在臺灣社會興起一股「新好男人」風潮，強調男性的居家形象是新世代男性典範，過去的「父職」角色（fatherhood）的內涵漸漸產生變化。

　　在臺灣，傳統的家庭依然有強大的生命力，家人之間的關係仍然被

絕大多數人看重，但臺灣也是個高流動率、高離婚率、家庭問題不少的
地方。

二、反功能

「反功能」（dysfunction）指一個單位、習俗、制度的存在或運作，
阻礙了整個體系的整合、調適和穩定，換言之，其存在可能製造許多缺
點[13]。站在社會學和社會工作的角度看家庭，固然應說明家庭的功能，
但也不能忽略家庭的反功能，否則不免淪為「一面之詞」了。

例如，家庭固然對成員照顧保護，卻也同時可能約束了成員的發
展，許多子女因受制於父母的管教，無法有更大的進步。尤其在我國社
會，由於強調一套威權的社會化過程，個人的發展常受阻礙。在父權或
夫權等威權中，出現了一些家庭暴力的現象，弱勢者飽受欺負，不易獲
得協助。余漢儀指明：父母管教方式中常見「體罰」情況。許多父母仍
視子女為私有財產，任意處置[14]。王麗容研究婦女遭受暴力的困境，
說明婚姻暴力是既存社會結構不公平的產物[15]。虐待（abuse）、惡待
（maltreatment）、攻擊（assault）、濫用（misuse）和疏忽（neglect）
現象等等，存在於許多家庭之中[16]。

其次，家庭對成員的感情支持可視為「甜蜜的負荷」，甜是甜，卻
也包含著負擔。每種家人關係都代表了權利和義務，在盡義務時，個人
是要付出一些代價的。

再者，家庭的社會地位安排往往造成社會的不公平，有權有勢者把
財富權力傳給兒孫，其他人再奮鬥、再辛苦，也不一定能出人頭地。這
種現象在越傳統的社會越明顯，在貧富差距懸殊的地方也普遍存在。

第四，家庭使女性的發展受到較多阻礙，由於女性被規範需承擔較
重的家庭任務，女性在家庭中的地位較低，家庭約束女性，家庭制度間
接促成和維持了兩性的不平等。恩格斯（Engels）即說過：「家庭使女
性成為男人性和經濟的財產，家庭是父權制的幫兇。」近年來，某些官
員主張「三代同堂」老人安養政策，但照顧老人的責任主要仍落在家中

女性身上，增加女性的負擔[17]。在照顧身心障礙者和病患方面，也以家中女性為主[18]。

第五，家庭因為是經濟單位，所以許多經濟事物原本應公開和透過法律來規範的，都被家庭的隱密性破壞了。譬如家族企業，使企業「家族化」，循私舞弊的事情多，破壞經濟市場中的公平競爭原則[19]。

第六，家庭制度基本上是保守的、維持現狀的、單一的，對社會的進步、創新和多元，可能有阻礙。余漢儀指出：「華人父母不鼓勵孩子冒險、探索等行為，育兒時強調服從、舉止合宜、道德訓練及社會責任，缺乏獨立果斷及創造性的培養。[20]」

一百多年前，馬克思（Marx）的摯友恩格斯（Engels）形容家庭制度是社會不平等的幫兇，使無權無勢的人難以翻身。恩格斯認為社會既得利益者會設法維持三個「P」：權力（power）、財富（property）和特權（privilege），而透過家庭制度父傳子的運作，確保了原有的社會階級[21]。此觀點可以在許多地方得到證明，在臺灣，很多人都有個觀念：若有富裕的老爸，可節省奮鬥幾十年。不然就靠娶個「好」老婆，俗話說是「節省奮鬥三十年」，可見家庭在保有既得利益權益上仍深具威力。

國內的企業集團大多數都是「家族企業」，第一代創辦人通常會將權力交給家人，長子最優先，其次是其他兒子或弟弟，女兒和姪子則可能分到較小企業的經營權，或擔任董事。「含著金湯匙出生」的人確實升遷快多了。

在性別角色方面，社會學中的衝突學派認為家庭制度促成了兩性間的不平等，家庭貶低女性的地位、限制女性的發展空間。由於女性花在家庭中的時間遠多於男性，無法在就業市場中與男人一爭長短，在經濟生活上居於劣勢。因此，如何改善女性的地位，如何減少女性的家務負擔，如何確保女性在就業市場中免受歧視等，都是由家庭反功能所衍生出的社會議題。

古德曼（Goodman）綜合了衝突學派認為家庭生活的壞處與負面結果有四：（一）女性因受家庭所困而居於次要角色；（二）家庭中的暴

力普遍；（三）保障既有的階級體系，降低社會的變動性；（四）單一型式的親密關係和生活方式[22]。

第三節　產生的重要現象

一、單親

分幾方面來討論：

首先是戶數，從 1990 年的 141,000 戶增加至 2007 年的 234,000 戶。自 2010 年起，單親戶數逐漸下降，2018 年降至 136,000 戶，為近年來最低，原因可能來自進入 21 世紀後總生育率下滑。

其次是單親家庭佔總家庭數的比例變化不穩定：從 1990 年的 2.8% 增加至歷史新高，2007 年的 3.2%，再下降至 2018 年的 1.6%。

第三，住在主幹家庭中的單親戶從 1990 年的 34,000 戶增加至 2018 年的 68,000 戶。顯示越來越多的單親選擇於近年來回到原生家庭與長輩一起居住，或許因此可以得到上一代的協助。

第四，子女狀況，未滿 18 歲的子女多數跟著媽媽。女單親戶的比例於 1990 年佔了 61%，到 2010 年，比例增加至 70%，於 2018 年下降至 65%。

第五，針對婚姻狀況的分析，有 35.4% 是因為離婚，其次依序為喪偶（31.3%）、分居（17.2%）和未婚（16.1%）。

單親家庭、隔代教養，都是臺灣目前新的家庭形式。種種「非典型」家庭，常常因為缺少重要的家庭成員或因文化上的差異，而讓家中的每一分子都必須付出更多心力來維持家庭生活。

二、親職化孩子

父母原本在婚姻裡為強連結，卻因為缺乏互動、貌合神離，導致子女（尤其是女兒）扮演了與父或母過於親近的角色。親職化孩子

（parental child）指從子女次系統跳至父母次系統，其情緒與父母過度融合，承擔過多子女次系統無法承擔的工具性責任，情緒過度與父親或母親其中一方融合，取代了父母部分的角色功能，成為父親或母親其中一方的情緒伴侶，負擔情緒性的親職任務[23]。此時，父母與子女間界限模糊，彼此的情緒干擾嚴重，父母執行管教權威時遭遇困難。親職化的孩子通常會將滿足父母的需求放在自己之前，例如：協助照顧年幼的弟妹、扮演父親或母親的諮商師或情緒安撫者等，否則就會產生不忠誠或罪惡感。

親職化子女的負向影響包括：情緒或身體上的過度負荷、無法完成其原本生命週期的發展任務、分化與自主性受限、出現照顧者症候群、對親密關係的不信任等[24]。

親職化孩子與兄弟姐妹間的關係也會產生改變，造成手足關係的衝突與疏離。親職化孩子從子女的位置躍升到父母的位置，彼此地位不平等，也可能造成手足關係的競爭與不睦。明明是孩子，卻長期性承擔父母的角色功能，提供父母撫慰、依靠與照顧。

如此，家庭內有了跨代聯盟，可能威脅到父母次系統的功能，影響到父母的親職能力。特別容易出現在父親或母親一方失功能或缺席的家庭系統中[25]，父親或母親因生病或治療而造成角色缺位，如果手足間的年齡差距大，長子女是最容易扮演親職化孩子的人選[26]。子女持續照顧父母，並承擔父母的責任[27]。

親職化孩子對家庭造成的影響包括：（一）父母的權威會被親職化孩子取代。（二）親職化孩子過度負荷責任，產生無助、失敗的感覺，阻礙其執行所處階段的生命週期任務。（三）家庭權力結構改變，也代表維持家庭原本平衡的家庭角色與規則的改變。（四）當父母允許孩子躍升到父母次系統的權力位置時，親職化孩子可能必須自立自強地照料家務或其他手足，被忽略、孤單的感覺隨即而來[28]。

父母次系統被認為是維持良好家庭功能的關鍵[29]，當家庭父母次系統的權威與親職化孩子分享後，不僅對子女產生影響，也會造成父母教

養態度上的困難，尤其對親職化孩子與其他手足教養上的不一致，可能引發其他的問題。

女性的親職化程度顯著高於男性，青少女成為親職化孩子的機會比男性來的高了。青少女特別容易受到母親角色變化（如車禍、罹患癌症）的影響，因而參與、支持照顧母親及家務的工作，也較容易出現負向的心理情緒問題或身心症狀。

家庭的力量很小，家人之間能給予的協助終究有限，不可能讓小小的孩子做太多的事，家不應該封閉而必須對社會開放，讓專業進來、歡迎外界好的資源、接受各方面的協助。尤其是家庭若正在承受重大危機或是高風險時，更應多尋求外界資源。不論是貧窮、疾病、婚姻危機等任何一方面，都有很多社會資源可以運用。「天無絕人之路」，現代社會已經有各種的協助機制來幫助正處在痛苦中的人，不能只靠家庭內的人辛苦地互相支撐。

三、家事爭訟

「夫妻不吵架，兄弟不爭產，律師事務所倒一半。」這樣的說法，未必屬實，卻提醒：離婚、遺產為家庭裡常見的問題。離婚的有官方數據，未離婚者則沒法統計，婚姻品質不佳的，絕不在少數。法院中，家事事件林林總總。在司法院的官網上可以查到各地方法院民事第一審訴訟事件，最主要分為婚姻、親子、遺產、監護等四大類：

（一）婚姻類

1. 離婚：2022 年 5,880 件、2021 年 5,263 件、2020 年 6,380 件、2019 年 6,584 件、2018 年 6,985 件、2017 年 7,169 件、2016 年 6,941 件、2015 年 7,082 件、2014 年 7,263 件、2013 年 7,917 件。
2. 贍養費：每年最多 3 件。

這樣的訊息與離婚對數的變化相關，當離婚案件多的年，地方法院審理的離婚訴訟也多。與離婚對數相比，大約九分之一。也就是說，每

9 件離婚發生時,約有 1 件會成為法院審理的訴訟事件。然而,單獨為了贍養費的訴訟,很少。

(二) 親子類

1. 認領:2013 年與 2014 年各為 107、108 件,其餘各年都不到 100 件,2022 年為 67 件。
2. 扶養:2013 年 188 件、2014 年 84 件,之後在 30-65 件之間。

　　認領與扶養都不多,相關的訴訟很少。在《家事事件法》剛上路時,累積多年的案件,各自都超過 100 件,以後每年都是幾十件。

(三) 遺產類

1. 遺產:2022 年 2,285 件、2021 年 1,696 件、2020 年 1,761 件、2019 年 1,695 件、2018 年 1,554 件、2017 年 1,551 件、2016 年 1,364 件、2015 年 1,378 件、2014 年 1,168 件、2013 年 1,110 件。
2. 遺囑:2022 年 111 件、2021 年 93 件、2020 年 99 件、2019 年 92 件、2018 年 108 件、2017 年 72 件、2016 年 87 件、2015 年 67 件、2014 年 82 件、2013 年 65 件。

　　這類爭議很明顯地逐年增加,遺產的訴訟在 10 年間,倍增。遺囑的訴訟雖然沒有遺產的多,也增加快速。此趨勢與臺灣逐漸高齡化、死亡人數年年增多,直接相關。也顯示這些方面的問題困擾更多家庭,許多人走上訴訟之路,和家人對簿公堂。

(四) 監護類

　　自然人如有精神障礙或其他心智缺陷,不能與他人溝通或不瞭解他人表達的意思(即《民法》第 14 條第 1 項明定,致不能為意思表示或受意思表示,或不能辨識其意思表示效果者),或長期昏迷、植物人、嚴重的智能障礙或精神疾病等等,聲請人可聲請法院對其為監護之宣告。此時該受監護宣告之人成為無行為能力人,法院除了同時選出一位

監護人來擔任他／她的法定代理人外，也會再選一位適當的人跟監護人一起開具受監護宣告人的財產明細清冊。聲請人可以是：本人、配偶、四親等內之親屬（即父母、祖父母、子女、孫子女、兄弟姐妹、堂兄弟姐妹等）、最近1年有共同居住事實之其他親屬。還有代表公權力的檢察官、直轄市、縣（市）政府、社會福利機構。

監護宣告要向應受監護宣告人住所地或居所地的法院聲請。最多2年為2014年與2015年，分別為27件。其他各年都不到10件。

由上述的數據顯示：離婚、遺產這兩者居絕對多數。有句玩笑話：「男人死了，千萬不要出現人在天堂、錢在銀行、兒女對簿公堂、老婆跟別人在教堂（結婚）。」如果真的如此，不是在天堂反而像是在地獄。

實踐、研究和推廣，更幸福

16 歲時，我讀高一，與哥哥姐姐住在臺北六張犁的小公寓，父母與妹妹則在臺中。兩處都不算完整的家，都沒法發揮充分的功能。我自己打理食衣住行，燒飯洗衣打掃，坐公車或騎自行車上學。也就是說，我從 16 歲就在經營自己的生活，也練習經營一個小小的家。21 歲結婚，很快上手，與妻子同心張羅打理，設法使家庭的功能盡量發揮。四十多年來，成效相當不錯。

我長期擔任管理職，最重要原則是使每位同仁盡情展現才華。對於所管轄的廳舍場館辦公空間，設法使其妥善運用。正如對每樣東西，設法使其功能充分展現。當然對於最有限的時間，更需妥善運用，好好經營，才可以做更多的事情。

家庭，是人們最愛的重要地方，當然要設法使家庭的功能充分發揮，為每個家人時時充電，注入親情愛情。我在 1997 年寫《相愛久久》、1998 年寫《時間好經營》、2001 年寫《最近有點煩：About 男人心事》、2001 年出版《賣力別賣命》、2018 年寫《家庭社會工作》。

然而，家庭充滿危機，很多家庭欠缺功能，甚至有種種反功能、製造各種問題。1990 年代起在幸福家庭促進協會帶領團隊，多半處理棘手的負面事件，包括到地方法院經營家庭暴力事件服務處。常常遇到家庭暴力、兒童虐待、長輩受虐的個案，夫妻失和、兄弟鬩牆等，因此更要訓練許多專業人員去處理。

對於受虐的孩子、婦女、身障者乃至老人，臺中市社會局與民間合作設置安置機構，我一一去探望。好些受虐者的法定監護人為社會局局長，最多時有將近 100 位。他們進行各種法定的業務，例如銀行開戶、買部機車等，需有我的親筆簽名。

在政府服務，「與喜樂的人同樂，與哀傷的人同悲並協助」。例如火災的祝融造成傷亡，馬上對傷者去醫院探望送慰問金，很多受害者無家可歸，社會局立即動員，安排去合作的旅館住，一家一社工，持續解決各家庭不同的問題。重大車禍，我去醫院或受害者的家裡慰問；不幸死亡的悲劇，則去喪家殯儀館火葬場……。加上空前未有的新冠疫情，家家戶戶都在壓力中，許多家庭沒收入、沒工作，政府的責任艱鉅，社會局服務這麼多人民，非常忙碌。我得帶領公務員充分準備各種場地與空間，因應各式各樣的需求。

　　當家庭的功能不彰，無法好好照顧家裡的人，政府得扛起責任。但政府做的再多，還是希望促使家庭正常發揮應有的功能。

第 *14* 章

週期

週期

的週，部首為「辶」，家庭週期以「迎」接新生兒為里程碑，孩子的美好，「述」說不完，笑容最「迷」人，十分「逗」趣。爹娘天天得「造」飯，滿足家人的肚腹，孩子持續「進」步，大家「適」應各種挑戰，直到子女離家「遠」行。父母年「邁」，自己從職場「退」下來，生命總有畫下句點之時，希望留下「遺」產，不留「遺」憾。

週期的英文 cycle，家人間靠溝通（communication）運作，家事得協調（coordination），生活步調不同需妥協（compromise），總是期待有共識（consensus），在合作（cooperation）中，使家庭在正常的過程（course）裡進展。

人生就是圓，從生到死，繞了一圈，歸於塵土。有的人活得久，事業大，彷彿很大的圓，圓周很長；有的人，小小的圓，圓周短短的。結婚、成家、生養兒女、有子有孫，不再只是個圓，彷彿成為圓柱體。圓柱體單單算表面積，就比圓形的面積大多了，圓形面積只有半徑 × 半徑 ×3.14，圓柱體表面積的公式＝圓形面積 ×2 ＋側面積。側面積周長的公式＝直徑×3.14。然後用此周長再乘上寬，得到長方形的面積。

假定一個圓形的半徑為4，那麼圓形面積：4×4×3.14 ＝ 50.24。表面積：50.24×2 ＋ 150.72 ＝ 251.2，是圓形面積的 5 倍。倘若要算圓柱體更驚人，用底面積 × 高。

想想看，當自己的人生圓結束時，子子孫孫的圓，綿延不絕，創造出來的，何止千百倍？

個人的生命有限，家庭的生命比較長久，每當有家人新婚、每個新生命的誕生，都使家庭充滿動能。家族的生命更可綿延乃至永續，代代相傳。家庭在大時代的轉輪之中，持續向前。各時代、各世代都有一些基本的又有些特殊的，影響著人們與家庭。第一節說明基本概念，又呈現當前家庭裡的世代面貌。第二節介紹瞭解生命週期的理論，尤其是社會學、心理學的經典概念。第三節用各種分類的方法，包括歐美常常以子女的成長階段為分期，以及我國在高齡化趨勢中，子女照顧長輩的生命歷程。

第一節　概念

　　西方歷史上以有智慧著稱的所羅門王說：「凡事都有定期，天下萬務都有定時；生有時，死有時。栽種有時，拔出所栽種的也有時……。」（《聖經》傳道書三章一至二節）。一年四季隨著一定的軌道走，春耕、夏耘、秋收、冬藏，春天通常是播種的季節，夏天是成長和培育的季節，秋天是收割的季節，冬天則應該是圓滿的季節[①]。人生有季節（the season's of a man's life），同樣地，小家庭也有定期，有開始，也有結束的一天，家庭隨著大致的軌道演變。在時間的演變中，一個又一個家庭持續進行，代代相傳。

　　由代間傳承的觀點來看，不同代的家庭成員有相近的生命軌跡，同一代的人彼此影響，每個人也與其他家庭成員的成長相互關連。

一、與時間有關的

（一）**世代（generation）**：通常是 30 年。相關的概念為「代溝」（generation gap）。

（二）**○世代**：指在某一段時期內出生的一批人群，比較短，通常十幾年一個世代。按照出生年，在臺灣，民國 39 年到 53 年的為「嬰兒潮世代」，民國 54 年到 65 年的為「X 世代」，民國 66 年到 77 年的為「Y 世代」，民國 78 年到 89 年的屬於「千禧世代」（Millennials），因為民國 89 年是西元 2000 年，另有網際世代、N 世代（The Net Generation）、回聲潮世代（Echo Boomers，二戰後嬰兒潮的下一代）等說法[②]。

（三）**科夥（cohort）**：有共同特點（通常指年齡）的一群人，一般以 10 年為同一個科夥[③]。

（四）**幾年級生**：如民國四十幾年生的稱為四年級生，民國五十幾年生的為五年級生等。進一步可以說民國四十五年的為四年五班，民

國五十三年的為五年三班。

（五）**年齡組（age sets）**：根據年齡所形成的一種「集合群」，一個人出生在哪一年就一直屬於該年齡組。

（六）**年齡級（age grade，也可以翻譯為「年齡等級」）**：以年齡為根據的社會範疇，人生經歷一連串的年齡級，由嬰孩→幼兒→兒童→少年→青年→中年→老年。

（七）**平均餘命（life expectancy）**：又稱預期壽命、期望壽命、生命期望，是衡量單一生命存活平均長度的統計量。假設一出生嬰兒遭遇到某一時期之每一年齡組所經驗的死亡風險後，所能活存的預期壽命，即到達 x 歲以後平均尚可期待生存之年數稱為 x 歲之平均餘命。零歲之平均餘命稱「平均壽命」。2021 年時，國人的平均壽命為 80.86 歲，其中男性 77.67 歲、女性 84.25 歲；與聯合國公布 2019 年全球平均壽命比較，我國男、女性平均壽命分別高於全球平均水準 7.5 歲及 9.3 歲。

（八）**簡易生命表**：生命表將特定範圍之全體人口，因年齡而異所產生之死亡狀況，以各種函數表示的統計表。各種函數包括：1. 生存機率（probability of surviving）；2. 死亡機率（probability of death）；3. 生存數（number of survivors）；4. 死亡數（numbers of death）；5. 定常人口（stationary population）6. 平均餘命。簡易生命表之編算根據戶籍統計之年中人口按年齡分組：（1）1、2、3、4 歲為單一年齡組。（2）5 歲以上至 84 歲為 5 歲一組。（3）85 歲以上者合併為一組。出生數則根據當年及前一年按發生日期登記之月別出生數。

在表 14-1 中呈現簡易生命表與平均餘命，包括死亡機率、生存數、死亡數、定常人口，以及最重要的「平均餘命」。其中 0-75 歲，每 5 歲為一組，超過 75 歲，則年年呈現。超過 85 歲，則為同一組。

表 14-1 ▶ 簡易生命表與平均餘命

年齡	死亡機率	生存數	死亡數	定常人口 L_x	定常人口 T_x	平均餘命
0	0.00412	100000	412	99653	8085995	80.86
5	0.00011	99519	11	99514	7588146	76.25
10	0.00008	99478	8	99474	7090662	71.28
15	0.00026	99410	26	99397	6593413	66.33
20	0.00049	99233	48	99209	6096760	61.44
25	0.00051	98976	50	98951	5601230	56.59
30	0.00057	98725	57	98696	5106973	51.73
35	0.00084	98394	83	98352	4614128	46.89
40	0.00147	97878	144	97805	4123338	42.13
45	0.00242	96981	235	96863	3636014	37.49
50	0.00369	95587	353	95410	3154366	33.00
55	0.00516	93560	483	93319	2681239	28.66
60	0.00719	90836	653	90509	2219924	24.44
65	0.01022	87145	890	86700	1774529	20.36
70	0.01604	81937	1314	81280	1351022	16.49
75	0.02622	74160	1945	73188	959538	12.94
76	0.02879	72216	2079	71176	886350	12.27
77	0.03157	70137	2214	69030	815174	11.62
78	0.03461	67923	2351	66747	746144	10.99
79	0.03794	65572	2488	64328	679397	10.36
80	0.04158	63085	2623	61773	615069	9.75
81	0.04556	60462	2755	59084	553296	9.15
82	0.04991	57707	2880	56267	494211	8.56
83	0.05467	54827	2998	53328	437944	7.99
84	0.05987	51829	3103	50278	384616	7.42

年齡	死亡機率	生存數	死亡數	定常人口		平均餘命
				L_x	T_x	
85+	1.00000	48726	48726	334339	334339	6.86

說明：定常人口指假定死亡秩序不變，經過一段時間人口年齡結構並未因此變動，此種狀態的人口。L_x 指 X 至 X+n 歲年齡組的定常人口數。T_x 指 X 歲至所有以後各歲的定常人口數。

資料來源：內政部（2022）。台閩地區簡易生命表。網址：https://ws.moi.gov.tw/Download.ashx?u=LzAwMS9VcGxvYWQvNDAwL3JlbGZpbGUvMC8xNTkyNy8yMDlmMGJkZi03NGE1LTQ1OGEtYTUwMS0yMGNmYzBjMTNiZWMueGxzeA%3d%3d&n=MTEw5bm05YWo5ZyLd2ViLnhsc3g%3d&icon=..xlsx

二、與生命歷程有關的[4]

（一）**生命週期（life cycle）**：對個人來說，指從出生到老死所面對的各階段變化，代代重演。

（二）**生命歷程（life course）**：一個人從幼年到老年和死亡的變化過程，是個人事件與社會事件相互作用的結果。有些學者採用生命歷程一詞而不用生命週期，因為人的生活並非嚴格按年齡經歷，生命歷程著重社會歷史的過程，形成了人生旅途的背景。

（三）**生活機運（life momentum）**：特定社會中一群體或階級的典型成員期望的物質利益或損失（例如擁有物質報酬和社會與文化機會，或缺乏這樣的機會）。它的重點在分析不平等上，生活機會中最突出的是保健醫療服務的不平等，因而平均壽命不平等。

（四）**生活史和生活史法（life history and life history method）**：個人的社會歷史或心理的紀錄，可從面對面的訪問、信件或文件中獲得。

（五）**生活世界（life-world）**：指日常對現實的看法中的「態度」，社會現象（social phenomenology）的主要任務揭示了社會生活的「自然情境」（natural habitat）（行為者的社會能力）。

（六）**生活形式（form of life）**：指一定範圍內，以語言為基礎的多樣性社會實踐，構成了社會生活的特徵。

（七）**生活水準（standard of living）**：個人或家戶的實際購買力，為各種收入的平均數，可以決定一個國家的生活水準的上升或下降。但這個概念有一些限制，因為同一水平的購買力，在家屬人數不同的家庭中，會產生不同的生活水準。

綜合上述概念，家庭生命週期說明家庭如何隨著時間而變遷，特徵是以一種循環的模式進行。特別注意家庭受到個別成員的生命軌道如何因為不同的角色和經驗而改變。

家庭有定期，家有生有始，也有死有終。在時間的演變中，一個又一個家庭持續進行，代代相傳。同一代的人會彼此影響，每個人也與其他家庭成員的成長相互關連。家庭所依照轉變的軌道，就是家庭生命週期，也可稱之為家庭生命循環，用來描述家庭的結構、組成及行為的改變。以夫妻結婚開始，之後分幾個階段，最後以雙方均死亡為循環的終結[⑤]。戈登伯格（Goldenberg）認定家庭生命週期為一連串的階段或事件，可以提供人們辨認家庭這系統在時間的演變中，一個清楚的分析架構[⑥]。

家庭是一個充滿生命力的有機體，家庭的發展是一進化的過程，通常包含形成（formation）、發展（development）、擴大（augmentation）與衰弱（decline）等階段，每一個階段都循序漸近、可預知。每個階段都有特定的重大生活事件，不同階段所面臨的挑戰與危機不同，各有其發展任務。家庭中的成員需在不同階段中發展出不同的互動方式，以因應各階段的需要。家庭生命週期理論以成長的架構來看家庭與問題，以瞭解家庭問題及相關階段的壓力與任務[⑦]。

根據家庭不同的發展過程劃分為不同的階段，家庭生命週期的樣貌就產生了，家庭如何適當地處理每個階段的轉變，將影響其是否能成功地完成下一個階段的任務。

三、與家庭有關的現象[⑧]

個人有生命軌跡，家庭也有。個人在不同的生命階段各有特別需要面對及處理的考驗，家庭也是如此。21 世紀第三個 10 年，臺灣的家庭

普遍出現了一些現象，反映眾多家庭正面對的考驗：

（一）**雙老家庭和老老照顧**：大多數居住在社區的身心障礙者，由父母擔任主要照顧者角色，身心障礙者因身體的特殊性，隨著年齡增長，在超過 35 歲就逐漸老化，而照顧的父母亦逐步踏入老年階段。老化的身障者加上高齡親人的組合，稱為「雙老家庭」。另有「老老照顧」現象，子女為剛過 65 歲的老人，照顧已經 85 歲以上的父母，比一般成人更艱辛。年長的照顧者因年紀增長，加上身體健康問題，除體力高負荷之外，精神層面處於緊繃狀態；因此容易導致身心失衡，也增加罹患憂鬱、焦慮與失眠的風險。

（二）**80/50**：先出現在日本，臺灣也越來越明顯的 80/50 現象，指年紀超過 80 歲的年邁父母，仍須扶養 50 來歲的中年子女。根據 2017 年臺灣地區的老人生活狀況調查資料顯示，65 歲以上長者，有 7.3% 家裡不但有需要照顧的親人，更承擔主要照顧的角色責任，其中的 13.2% 所照顧的對象是子女。以 2021 年 1 月底有 385 萬以上的老年人口數進行換算推估，那麼，國內約有 28 萬名的長者，屬於家裡的主要照顧者，其中又有 3.68 萬人照顧的對象是有所狀況的成年子女。在越來越高齡的時代，未來可能變成「90/60」，90 歲的長輩與 60 歲接近老年的子女居住，年邁父母還要想辦法多負擔一些家庭開銷的費用。

（三）**迴力鏢世代**：原本已經離開家的成年人，因為經濟環境差、失業率高、房價更高等原因，需節省生活費而搬回家與父母同住，有時還得仰賴父母的經濟援助，出現「老養小」的現象。也有些成年子女認為搬回家方便照顧父母，自稱「全職兒女」。某些成年子女不與家人以外的人互動，被稱為「繭居族」，不積極重新投入職場、融入社會。

（四）**啃老族、尼特族**：指已經成年，年齡在 20-30 歲之間，並有謀生能力，卻仍得靠父母供養的年輕人，又稱「吃老族」或「傍老族」或「新失業群體」。他們並非找不到工作，而是主動放棄了就業的機會，賦閒在家。尼特族是 NEET 在臺灣的譯音，

NEET 的全稱是（not currently engaged in employment, education or training），指不升學、不就業、不進修或參加就業輔導，終日無所事事的族群。在香港稱為雙失青年（失學又失業的青年）；在中國大陸稱為啃老族（依靠啃食父母的老本過日子的族群）；在美國稱為歸巢族（boomerang kids），指孩子畢業又回歸家庭，繼續依靠父母的照顧及經濟支援。

（五）**三明治世代、流沙中年、下流老人**：「三明治世代」指夾在上有年邁父母、下有兒女需要照養的青壯年族群。流沙中年指 40-59 歲之間的中年人，為了照養家中退化的老人而收入銳減，又得撫養嗷嗷待哺的子女，使生活上、經濟上或心理上，如同陷入流沙漩渦中，載浮載沉，無法掙脫。有些被迫中年離職，照顧長輩，不斷透支健康、金錢。生活就像流沙般漩渦下沉，等盡完照護責任，想重返職場，已時不我予。

三明治世代並不完全等同於流沙中年，這個族群仍有能力保全自身經濟收入，並可以透過財務分配過上有規劃的生活。相較之下，「流沙中年」往往是成為「下流老人」的潛在族群。「下流老人」源自日本社會學者藤田孝典於其 2015 年著作《下流老人：一億総老後崩壊の衝撃》中所提出，指中下階層生活的老人，失去所有安全網絡，處在困窘狀態[9]。

（六）**青貧族**：指 21 至 39 歲的低薪族，又稱「零存族」、「窮忙族」，年輕人初出校園，揹負學貸進入低薪又低晉升機會的勞動環境，有固定工作但相對貧窮，工資不足以維持一個合理的生活品質。面對物價飛漲、薪資又跟不上漲價幅度的狀態之下，臺灣的「青貧族」越來越多。

第二節　理論

生命週期意味著一個不斷更新變化的過程，「季節週期」包含了必

然性、相似性和決定論的意味，實際上只是多數人的狀況。社會學和心理學近年來對於生命歷程關注，先介紹偏向社會學的解釋，再以心理學角度最有名的艾力克遜所提架構來說明。由於高齡化的趨勢明顯，針對兩大學科對老年階段的生命週期，進一步探討。

一、社會面

懷特（White）與克萊因（Klein）歸納各種理論，提出對家庭生命週期的假定有六[⑩]：

（一）家庭的發展受到社會的時間概念及相關規範所約束。

（二）假如一個家庭或個人不遵守有關家庭生命事件一定的歷程，日後生活被破壞、被打亂次序的機會增高。

（三）在家庭之內，家庭成員創造內在的規範。

（四）家庭成員間的互動被社會有關家庭角色的規範所影響。

（五）從一個家庭階段轉換到另一個階段的情況，可經由目前階段的情況加以預測。

（六）個人和家庭可能試著脫離社會對家庭規範的限制，而以就業市場或教育機構中的規範為優先考慮。

大部分的家庭在演變的過程中，都經歷一些可預測的事件或階段，例如：結婚、第一個孩子的出生、孩子進入青少年階段、孩子離家、子女照顧年老雙親等等。當把家庭視為一個發展的系統時，每個家庭在各階段都需去處理不同的「發展任務」；每個家庭都在持續發展的脈絡中，而一些轉變的關鍵點普遍存在，絕大多數家庭都可能遇到。

當然，有些家庭也會面對一些突發的事件（如新生兒有發展障礙、財務危機、子女未婚懷孕等），這會破壞家庭的正常發展，也改變原有的家庭系統[⑪]。有些重大的改變使原有的家庭系統大亂，甚至變形，無法恢復原有的型態及功能。這些突發事件有時會搞亂家庭原來的生命節奏，最常見的事件如離婚、喪偶。

社會對多數人認定人生上半場主題是「成家立業」，成家代表離

開原生的家庭，與心愛的人組成新生的家庭。下半場的主題反而是「回家」，當一個人靠近老年階段，靠近人生的終點，對生命週期最後階段的老人，社會學提出不同理論：

（一）**生命週期理論**：認為瞭解老人需掌握老人在各生命週期所遇到的重要社會或心理因素。此理論廣受重視，注意到各社會與心理層面的因素，兼顧總人口群與特定個人。基於此理論的研究嘗試解釋：1. 關於老化的動力、相關因素與過程；2. 人生軌道中與年齡有關的因素；3. 年齡是如何受到社會與文化所影響；4. 時間、時期、年齡層如何改變年齡的意義[12]。

（二）**退隱理論**：隨著老人健康與體力的衰退，越來越少參與組織化的社會活動，逐漸退出社交生活是老化所必經的過程，也是人類代代相傳、生生不息的道理。以老人來說，由於無法在社會中找到新的機會，在角色、人際關係、價值體系等方面都應該保守，唯有採取退隱的策略來保護自己，始能得到自我的成熟與滿足。從功能學派觀點而言，認為老人已無力對社會有所貢獻，便須退出社會，安心地接受與扮演「無角色的角色」，讓年輕人取而代之，有助於維持社會的新陳代謝與均衡[13]。

（三）**隔離理論**：與「退隱理論」類似，認為老年不一定是中年期的延長，而需從現存的社會角色、人際關係及價值體系中後退與撤離，此種撤退並非社會力量壓迫的結果，而是老化現象中內在本質的過程。也同意社會必淘汰那些失能和隨時可能死亡的人[14]。

（四）**喪失理論**：強調老年在喪失各種功能與角色，包括喪失工作角色及職業認同、喪失親密的聯繫、喪失性方面的興趣、喪失身體方面的能力、智力的喪失以及社會地位的喪失等[15]。

（五）**社會權能減退理論，又稱責任解除理論**：社會權能反映個人日常的人際互動與其特有的職責，也是心理與生理的整合。老年的社會成熟與社會效果的降低，即是社會權能式微的現象[16]。

由（二）至（五）這四個理論基本上認為「老人要逐步從社會撤

退」，減少對社會的參與。但以下兩個理論提出截然不同的看法：

（六）**活動理論**：認為老人雖然面臨生理、健康狀況的改變，但與中年期一樣，有從事各種活動的心理性和社會性需求，高度的活動可為老人帶來較為滿意的生活。從事活動和生活滿足感之間存在正相關，成功老化鼓勵老人盡量活得像中年人，不間斷的社會參與能使一個人獲得不同的社會地位以及社會角色。老人之所以逐漸喪失與社會互動的機會，乃是社會拋棄了老人，而非老人自願與社會脫離。強調老人應該努力去維持自己的社會地位，因為老人若放棄了他們從前的角色時，會感到失落、被排除、自尊消失等[17]。此論述幫助老年人成功的適應，屬於成功老化的理論。

（七）**持續理論**：也稱為「連續理論」。一個人會為了適應人生不同階段的生活而適時改變人格，如此較能成功適應老化過程。人從成熟期至老人期間會發展較安定的價值觀態度標準及習慣，形成個性的一部分，老人依照一般生活型態而老化，隨著適應而繼續到人生的終點。隨著年齡增長，個人面對老化時應維持穩定的生活型態，並積極尋找相似的角色，這是老人於環境中適應的方式。若老化時變化不大，而且人格與成年生活相似，個人的生活滿意度會提高。愉快的感受是由當前的活動或生活型態與其生活經驗的一致性所決定[18]。

二、心理面

艾力克遜描述了八個接續的心理發展階段，說明了個體一生持續發展的過程。對於人的一生，從嬰兒期一直到老年期都有詳細周延的解釋，分析一連串、橫跨一生中的各種不同發展議題。心理社會發展有次序性及階段性，說明個體在不同人生發展階段有各自的任務、人格特質與危機。任何一個時期的發展順利與否，皆與前一時期有關；若前一時期能順利發展，將有助於後續的發展。人生每一個發展階段都又各有「危機與轉機」[19]。

　　人格發展是個體以自我為基礎的心理社會發展（psychosocial development）的歷程。主要概念有：發展階段（stage of development）；發展任務（developmental task）和心理社會危機（psychosocial crisis）。解決心理社會危機的核心議題有：重要關係的範圍（radius of significant relationship）和因應行為（coping behavior），可從發展順利或障礙的特徵加以瞭解，包含解決壓力的積極努力和對每一個發展階段考驗的解決方法。詳細說明八個階段如表 14-2：

表 14-2 ▶ 艾力克遜心理社會發展的八個階段

階段	年齡	發展任務與危機	發展順利的特徵	發展障礙的特徵
1	0-1 歲（嬰兒期）	信任與不信任	對人信任，有安全感	面對新環境時特別焦慮
2	2-3 歲（幼兒期）	自主行動（自律）與羞怯懷疑（害羞）	能按社會行為要求有所表現	缺乏信心，畏首畏尾
3	4-6 歲（學齡前兒童期）	自動自發（主動）與退縮愧疚（罪惡感）	主動好奇，行動有方向，開始有責任感	畏懼退縮，缺少自我價值感
4	7-11 歲（學齡兒童期）	勤奮進取與自貶自卑	累積求學、做事、待人等基本能力	缺乏生活基本能力，充滿失敗感
5	12-18 歲（青少年期－青春期）	自我統整（認同）與角色混淆	有了明確的自我觀念與自我追尋的方向	生活無目的、無方向，時常感到徬徨迷失
6	19-30 歲（成年早期）	友愛親密與孤癖疏離（親密與孤立）	與人相處時有親密感	與社會疏離，時常感到寂寞孤獨
7	31-50 歲（成年中期）	精力充沛（生產）與停滯頹廢	熱愛家庭，關懷社會，有責任心和正義感	不關心別人，不在乎社會，缺少生活意義

階段	年齡	發展任務與危機	發展順利的特徵	發展障礙的特徵
8	51歲-生命終點（成年晚期－老年期）	自我榮耀（統整）與悲觀絕望	隨心所欲，安享餘年	悔恨舊事，徒呼負負

根據此理論，「統整」（integrity）相對於「絕望」（despair）是老年期重要的心理社會發展任務。統整指心靈狀態及情緒上的統合，個人將過去的感受與現實狀況加以整理，並對結果感到滿意。當個體發展至老年階段，老年人會對自己的人生，亦即前面七個發展階段進行「人生回顧」（life review）與整理。

老年人若能接受人生中的不完美，仍然肯定自己的人生與生命價值，在老年期可獲得較好的適應。統整的特徵包括：（一）深信生活之井然有序與意義；（二）超越個人的限制，全然接納個人經歷過的生活；（三）接受死亡是人生無可避免的終點。

艾力克遜認為：在人生過程中某些時候會有絕望感是在所難免的。一個人很難能完全擁有統整，而不必為自己生活中的某些事或人狀況感到絕望。眼見許多人受傷害、被漠視的事實，也會讓自己產生絕望感。老年時要有統整感，需對本身生活的意義進行深入的思考，對生活事件進行內省（introspect），評價每件事對人格的重要意義。此統整狀態唯有透過個體的努力才能達到，而這也是個人一生中心理社會發展之最高極致。實現統整感的老年人會整理自己的過去，能接受事實現狀，而不會試圖抹殺或過分強調某些事情。

對老年人而言，有統整感的長輩是家人的祝福。統整良好者能從自己的生活經歷和自己的成敗中汲取智慧；反之未獲得統整性者，在生命的最終階段便會經驗到絕望、痛苦與恐懼[20]。因此，如何在「統整」與「絕望」之衝突中達成平衡，以獲得良好的適應，為老年期最主要之發展任務。對家庭來說，有統整感的長輩是家人的祝福。

很有趣的是中年以後出現的性別交叉現象。一般而言，成年人的人

格傾向穩定，不會有太大的變化。但容格（Jung）發現：中年以後的男人出現明顯的女性成分，而同年齡的女性則漸漸男性化。在人格特質的某些層面上出現「性別交叉」（gender crossover），亦即男性在中老年時會變得溫柔體貼、感情豐富、關心他人等不同於以往的特質；而女性則在中老年期變得較有主張、果斷、自信，對工作也較積極[21]。男性會逐漸回歸家庭生活；反觀女性在兒女長大成人後，會在家庭角色之外，積極尋找個人生涯上的發展，例如：參與進修學習或從事社會服務等工作，中年之後的女性變得進取、比較不感情用事，更渴望支配。

第三節 分類

一、影響要素

無論在美國或臺灣，都有「醫生世家」，父親是醫生，幾個兒女都是醫生，可能爸爸的專長是內兒科、大哥是外科、二哥是皮膚科、姐姐是牙科、小弟又是內兒科。有句成語「耳濡目染」，表明每個人的生命週期有意無意地被家庭所影響，戶長的社會經濟地位、身分背景、種族、性別等因素左右了家庭的生命週期。

社會經濟地位（social economic status，簡稱 SES）是一個人因教育、職業、所得等因素造成生活條件、政治影響力及社會地位的差異[22]。戶長的社會經濟地位高低，全家的生命週期就不同。例如：失業及無家可歸者，通常結婚率低且容易有非婚生子女，家庭生命週期也混亂。

無父親家庭中的孩子其生理和心理的成長較緩慢。在吸毒或性規範較亂的家中，可能有十多歲就懷孕之青少年，縮短了家庭生命週期。有些家中貧困，年輕人向外求生存，年紀很輕就懷孕生子，家庭生命週期也縮短。這些家庭中可能有年輕的外祖母和母親，因此會延伸為三代甚至四代的複雜家族網路。

種族也是重要因素，每個種族都有不同的建立家庭的方法，有不同

的社會化方式,可能增強某些價值、態度、行為及情緒表達方式,對個人生命週期和家庭生命週期有不同的規範。例如中國社會特有的「童養媳」及「貞節牌坊」都造成特殊的家庭生命週期型式。

美國為多元種族的國家,不同種族也有不同的家庭生命週期。如墨西哥人,兒童階段較長,青少年階段較短。義大利裔,比較注重喪葬儀式;波蘭裔特別看重結婚的儀式;猶太人比較注重割禮及成人的儀式。不同種族有不同的子女撫養分工,例如白人是母親負主要的責任;黑人可能由祖父母負主要的責任;波多黎各人則較彈性[23]。

在性別方面,男性和女性在家庭中會經歷不同的生涯發展,無論是在原生家庭或經由婚姻而組成的家庭。費正清指出:中國自古就把世界看作是「陰」、「陽」這兩個互補元素的產物,凡男性、光亮、強壯、主動都屬「陽」,凡女性、隱暗、柔弱、被動都屬「陰」,表示男女雖是互補的,女性須被動順從,女性的生命週期主要是配合的[24]。如今獨立的年輕女性已呈現出新的風貌;例如在過去,單身女性通常與她的原生家庭成員一起生活,直到她結婚。但現在進入工作領域的女性可能選擇獨居或同居,再進入婚姻,開始新的生命週期。

傳統以來,男主外、女主內,時至今日,雖因女性工作角色的變化而使男女性別角色有所改變,然而實質上性別刻板印象的期待仍存在。例如對照顧孩童、處理家務等認為是女性基本的責任,男性的協助被視為幫忙性質而不是基本責任。

由於女性比男性長壽,在丈夫死去之後,可能陷入孤單的處境,尋求子女的支持與照顧,年長女性常須孤獨走完人生最後的生命週期。要瞭解家庭發展過程,必須考慮到男性與女性家庭生活不同,此家庭生活包含其原生家庭及婚後家庭。由於他們有不同的角色期望、信仰、價值觀及機會,生命週期也大不相同。

二、以子女為中心的區分

家庭生命週期的分期也可應用到一個家庭的財務分配、住宅安排、健康維護、教育計畫、休閒娛樂、家庭管理等方面。例如探討消費趨勢，可分為單身消遙期、新婚築巢期、滿巢育兒期、空巢孝子期、銀髮閒適期，每個階段都有其消費特徵，各期間彼此有很大差異。但精明的商人正努力設計「全齡商機」，跨越年齡的限制[25]。以下列出常見的階段區分：

（一）**依據家庭的大小（family size）的改變，分為六個階段**：1. 第一次穩定階段：無子女。2. 擴大階段：開始扶養子女。3. 第二次穩定階段：繼續扶養子女。4. 收縮階段：子女陸續自原生家庭中遷出。5. 第三次穩定階段：空巢（empty nest）。6. 家人陸續死亡[25]。

（二）**依據家庭成立到結束**：1. 家庭建立期：男女雙方剛走入婚姻，此階段著重於新關係的適應、協調，開始建立家庭規則，替未來為人父母做準備。2. 家庭擴展期：開始撫育子女，家庭關係從夫妻關係擴大到包含親子關係，學習與親子關係的建立、調整及適應。3. 家庭收縮期：子女開始自力更生，步入中老年的夫妻重新調整及適應，對於退休生活著手安排[26]。

（三）**依據最大的子女的年齡，可分為**：1. 子女為學前的階段（preschool children）。2. 子女為學齡的階段（school age children）。3. 子女為青少年的階段（adolescents）。4. 子女為少年的階段（young adults）。通常是以孩子做關鍵人物，以孩子的出生及成長去觀察一個家的改變。杜瓦爾（Duvall）對一個完整的、中產階級的美國家庭的生命週期提出八階段論的說法[27]：

1. 第一階段：平均為 2 年的「新婚期」，剛結婚，尚無小孩。

2. 第二階段：期間 2 年半，老大出生至老大 2 歲半。

3. 第三階段：期間 3 年半，屬「混亂期」。家中有學齡前的小孩，老大 2 歲半至 6 歲。

4. 第四階段：期間 7 年，家中有就讀小學的子女，老大 7 到 13 歲。

5. 第五階段：期間 7 年，家中有青少年階段的小孩，老大 14 到 20 歲。

6. 第六階段：期間 8 年，俗稱「發射中心期」，孩子陸續離開家庭。

7. 第七階段：期間 15 年左右，「中年危機期」，由家庭空巢期到退休。

8. 第八階段：期間 10 到 15 年，由退休到夫婦兩人都死亡。

前四期在時間上僅佔四分之一，前六期也不過共佔一半強的時間，後兩期則佔了全家庭生命週期的近一半時光。這後半時光，兒女已長大，主要是父母自己獨自過。

（四）**生命旅程或冒險**：生命都要有固定軌跡嗎？當然不是！家庭生命也不一定有固定的軌跡。可以用「生命旅程」（life journey）來形容包含求學、成家和生老病死的人生。這樣的人生不一定有固定的走法，可以先成家再讀書，可以先就業再求學，也可以 40、50 歲再結婚，更可以 60、70 歲重新就業。隨著社會的多元化，人的生命不一定要依固定的先後順序，幾件人生大事都要經過，但旅程不盡相同。更有人主張大膽一點，勇於突破，用「生命冒險」（life adventure）來經營。

在表 14-3 整理了 21 世紀我國再婚人數與再婚率，這些人在第二段婚姻所經歷的家庭生命週期與第一次結婚時當然不同。若是第一次婚姻的子女在第二婚姻所組成的家庭，與新的父或母，與手足，都可能面對較多的考驗。

表 14-3　再婚人數與再婚率

年分	再婚人數		再婚率	
	男	女	男	女
2001	27,982	17,101	48.4	15.0
2006	22,186	17,686	29.5	12.4
2011	24,233	22,486	26.65	13.20
2012	22,198	21,207	23.71	12.10
2013	22,718	21,909	23.61	12.17
2014	23,139	22,665	23.47	12.28
2015	23,792	23,594	23.60	12.49
2016	23,420	23,488	22.75	12.16
2017	22,471	22,863	21.39	11.58
2018	21,979	22,848	20.49	11.34
2019	21,380	22,943	19.53	11.16
2020	18,444	21,388	16.52	10.21
2021	17,686	20,597	15.61	9.69

資料來源：內政部（2023）。初婚率與再婚率。網址：https://ws.moi.gov.tw/001/Upload/400/relfile/0/4405/48349492-6f8c-453b-a9d1-4a8f0593b979/year.html

　　由表看出一些現象，首先是男性原本多於女性，2001 年時超出 10,000 人，2006 年多出 4,000 多人，2015、2016 年均相近。然後女性多於男性，到 2021 年女性多出男性近 3,000 人。換言之，勇於離婚又再婚的女性，漸漸多了，但增幅並不明顯。相對的，再婚的男性明顯減少。再婚率方面，男性顯著下降，20 年之間由 48.4 降至 15.61，女性也緩降，由 15.0 降至 9.69。

　　家庭的生命也不一定要有固定的軌跡，家庭生命週期早就多元化了。詹姆士（James）指出美國有四種主要家庭生命週期的變異（life cycle diversity），分別是：（一）利用同居來走類似家庭生命週期的路；（二）同性戀家庭；（三）單身家庭；（四）沒有子女的家庭。這四種家庭與一般概念中的完整家庭有不同的軌跡，逐漸普遍[28]。

三、以老年為中心區分

西方的家庭優先考慮子女，所以各種家庭生命週期的區分多以孩子的生命成長為主，對老人則有意無意抗拒，排斥老人。在文化中處處有害怕老的說法，彷彿年齡漸漸增長是一種咒詛。有些人的口頭禪是「我老了，好可怕！」、「超過某種年紀就無法做什麼了！」。

社會上因此拒絕老人的參與，例如求才廣告裡限制超過某種年齡者申請。除了個別的歧視外，歧視可能成為制度性的（institutionalized），例如在各種表格中要填寫年齡，然後超過某種年齡者就無法參加。在商業性的保險中，常見到「限幾歲可以投保」。超過某種年齡就不能申請貸款。在臺灣，好些年長者連租房子都遭到拒絕，遇到年長者（尤其是男性）要租屋，不願意出租的房東居多，迫使長輩無處可去。又如廣告中總是見到老人是虛弱、無助、醜陋的。對年輕歌頌，對年長貶抑。

性別歧視（sexism）與老年歧視（ageism）有時同時發生，使老年女性同時承受[29]。對於性別歧視，許多女性主義者反擊；對於族群歧視，各種反制的行動都有。但對於老人的歧視，長輩鮮少反擊。如此一來，年齡歧視持續存在，更加惡化。在許多社會運動中，很少看到老人，老人更加孤立。

老化是在社會的環境之中，如果社會主要是年輕導向的，老年就比較辛苦。有些歧視的說法，如認為老人是衰老的、虛弱的、貧困的、沒有吸引力的、寂寞的、老古板、嚴肅的、乏味的、無用的、社會的負擔、不受歡迎的、是家人的羞恥等等。各種關於老人的居住描述多偏向負面，如獨居老人、安養機構、護理機構等[30]。老人被歧視的情況普遍，而某些老人更是辛苦，例如原本貧困、原本是身心障礙、原本就生病、原本是弱勢族群，再加上「老化」的因素，更為艱困。這些人口容易承受「雙重歧視」甚至是「三重歧視」的壓力[31]。

在學術的研究中也存在歧視的現象，在各種年齡層中，專門以老年人為對象的研究很少。在發展心理學的論述中，3歲、5歲、13歲、20歲都是不同的，都屬於不同的人生階段。但對年長者，彷彿過了某個年

紀就都相同，欠缺進一步年齡層的深入比較。其實，65、75 乃至 95 歲的人，一定有很大的差異。

高齡人口數量龐大，單單按照年齡區分，就可分為幾大人口群，在表 14-4 中呈現，表 14-4 則說明 65 歲以上各年齡組人口，表 14-5 呈現各年齡人口組佔總人口比例：

表 14-4 65 歲以上各年齡組人口數

年分	65-69 歲	70-74 歲	75-79 歲	80-84 歲	85-89 歲	90-94 歲	95-99 歲	100 歲以上
1991	571,441	376,177	232,334	111,908	41,650	11,919		
1996	671,468	490,537	293,422	156,180	60,055	16,336	3,027	583
2001	656,027	591,347	398,637	207,848	88,205	25,222	4,948	1,123
2006	737,193	586,672	491,500	294,363	126,836	40,384	8,137	1,944
2011	724,538	669,950	498,980	373,442	186,330	60,206	12,662	2,141
2012	747,480	682,956	509,783	378,576	198,883	66,290	13,585	2,599
2013	792,163	696,464	523,185	380,160	213,004	71,974	14,618	2,838
2014	865,881	698,691	540,390	382,442	224,961	77,567	15,763	2,995
2015	977,014	674,500	560,559	385,340	235,563	84,923	17,613	3,067
2016	1,118,221	663,987	579,794	387,717	241,771	91,542	20,005	3,068
2017	1,222,156	686,478	592,390	398,232	245,808	97,452	22,171	3,326
2018	1,308,576	729,554	605,485	410,054	247,734	104,766	23,848	3,500
2019	1,379,517	800,166	609,634	426,615	250,664	111,099	25,626	3,806
2020	1,445,839	902,349	588,493	445,423	255,428	117,104	28,437	4,242
2021	1,465,460	1,022,956	575,598	460,369	258,508	120,495	30,909	4,738
2022	1,489,738	1,115,706	593,730	468,252	262,833	119,210	31,423	4,901

資料來源：中華民國統計資訊網總體統計資料庫（2023）。戶籍登記現住人口數 - 按五歲年齡組分。網址：https://nstatdb.dgbas.gov.tw/dgbasall/webMain.aspx?sys=100&funid=qryout&funid2=A130204010&outmode=8&ym=10701&ymt=11206&cycle=41&outkind=11&compmode=0&ratenm=%u7D71%u8A08%u503C&fldlst=10000000-00000011111111&compmode=0&rr=q9872x&&rdm=R307460

　　單以進入 21 世紀之後來分析，65-69 歲的由 65.6 萬增加至 148.9
萬，增幅 227%；70-74 歲組的由 59.1 萬增加至 111.5 萬，增幅 181%；
75-79 歲的，由 39.8 萬增加到 59.3 萬，增幅 149%；80-84 歲組由 20.7
萬增加至 46.8 萬，增幅 226%；85-89 歲組由 8.8 萬增加至 26.2 萬，增
幅 299%；90-94 歲組由 2.5 萬增加至 11.9 萬，477%；95-99 歲組的由 0.5
萬增加至 3.14 萬，增幅 641%；100 歲以上由 1,123 人增加至 4,901 人，
增幅 436%。

　　各組都明顯增加，增幅最大的，為 95-99 歲組，其次為 90-94 歲。

　　透過 65 歲以上每 5 歲一個年齡組來看，可進一步統計各年齡組佔
總人口比的變化，如表 14-5。

表 14-5　65 歲以上各年齡組佔總人口比

年分	65-69 歲	70-74 歲	75-79 歲	80-84 歲	85-89 歲	90-94 歲	95-99 歲	100 歲以上
1991	2.77	1.83	1.13	0.54	0.20	0.06		
1996	3.12	2.28	1.36	0.73	0.28	0.08	0.01	0.00
2001	2.93	2.64	1.78	0.93	0.39	0.11	0.02	0.01
2006	3.22	2.56	2.15	1.29	0.55	0.18	0.04	0.01
2011	3.12	2.88	2.15	1.61	0.80	0.26	0.05	0.01
2012	3.21	2.93	2.19	1.62	0.85	0.28	0.06	0.01
2013	3.39	2.98	2.24	1.63	0.91	0.31	0.06	0.01
2014	3.70	2.98	2.31	1.63	0.96	0.33	0.07	0.01
2015	4.16	2.87	2.39	1.64	1.00	0.36	0.07	0.01
2016	4.75	2.82	2.46	1.65	1.03	0.39	0.08	0.01
2017	5.18	2.91	2.51	1.69	1.04	0.41	0.09	0.01
2018	5.55	3.09	2.57	1.74	1.05	0.44	0.10	0.01
2019	5.84	3.39	2.58	1.81	1.06	0.47	0.11	0.02
2020	6.14	3.83	2.50	1.89	1.08	0.50	0.12	0.02

| 2021 | 6.27 | 4.38 | 2.46 | 1.97 | 1.11 | 0.52 | 0.13 | 0.02 |
| 2022 | 6.40 | 4.80 | 2.55 | 2.01 | 1.13 | 0.51 | 0.14 | 0.02 |

資料來源：中華民國統計資訊網總體統計資料庫（2023）。戶籍登記現住人口數 - 按五歲年齡組分。網址：https://nstatdb.dgbas.gov.tw/dgbasall/webMain.aspx?sys=100&funid=qryout&funid2=A130204010&outmode=8&ym=10701&ymt=11206&cycle=41&outkind=11&compmode=0&ratenm=%u7D71%u8A08%u503C&fldlst=10000000-00000011111111&compmode=0&rr=q9872x&&rdm=R307460

　　佔總人口比，比較 2001 年和 2022 年的數據，65-69 歲的由 2.93% 增加至 6.40%；70-74 歲組的由 2.64% 增加至 4.8%；75-79 歲組的由 1.78% 增加至 2.55%；80-84 歲組的由 0.93% 增加至 2.01%；85-89 歲組的由 0.39% 增加至 1.13%；90-94 歲組的由 0.11% 到 0.51%；95-99 歲組的由 0.02% 增加至 0.14%；100 歲以上由 0.01% 略升到 0.02%。

　　老年人數眾多，因此對生命週期有另一種區分：44 歲以下為青年，45-59 歲為中年，60-74 歲為年輕老年人，75-89 歲為老年人，90 歲以上為長壽老人。但在社會學中，仍以政府的各項統計為準。

　　不同時代出生的當然有不同的成長經驗，老年人都經歷了劇烈的社會變遷。至 2023 年，1958 年（這一年發生了八二三炮戰）之前出生的，都已經進入老年階段。大致說來，可以分為三個年齡層：

（一）**1949–1958 年出生的**：65-74 歲的 260.5 萬，屬於「初老」。生在戰後嬰兒潮，家庭子女數平均三個。

（二）**1939–1948 年出生的**：75-84 歲的 89.5 萬人，屬於「中老」。出生在二次大戰與戰後動盪時期，童年多數在不富裕的生活環境中，但進入就業市場後，通常有很好的機會，容易儲蓄與累積財富。結婚後生育率高，平均子女數超過 4 人，能夠活到 75 歲是少數了。

（三）**1939 年以前出生的**：都超過 85 歲，有 28.9 萬，屬於「老老」。那時生在中國的，正面對日本的侵擾，生在臺灣的則屬於日據階段，多數家庭都艱困，環境情況差，接受正規教育很不容易。生育子女數多，同輩多數已經過世，本人與配偶的健康多數不理想，需要更多的照顧與協助。

　　綜合父母的健康情形和子女照顧的狀況，從子女，尤其是單身，與父母同住的家庭來分析。老人大致可分成健康、亞健康（或輕度失能）與失智失能三個階段，分別佔 7 成、2 成與 1 成，在現有的長照服務，資源大多集中在 1 成的失智失能老人身上。其實即使算是健康的 7 成長輩，也需子女各種協助。更何況父親、母親的健康情況很可能不同，常見狀況有：

（一）父母均健康。

（二）父母一方有重大疾病，屬於「亞健康」。

（三）父母一方失智失能。

（四）父母一方亞健康，另一方失智失能。

（五）父母均失智失能。

　　一位過了中年的子女，很可能要經歷上述的照顧週期。臺灣失智盛行率為 4.97%，即 65 歲以上老年人二十分之一罹患失智症。若依 5 歲年齡區分，65-69 歲人口失智症盛行率為 2.98%，70-74 歲為 2.85%，75-79 歲為 6.72%，80-84 歲為 11.6%，85-89 歲為 20.31%，90 歲以上為 34.08%。失智臨床病程，通常 8 到 10 年。失能，平均 8.5 年。

　　行政院主計處《110 年人力運用調查報告》顯示：25-64 歲無就業意願的非勞動力人口中，近 7 成是因家事和照顧家人，這些人之中有 71.96% 為女性。以往以照顧子女為多，在少子化與高齡化的大環境中，越來越多人是長期照顧父母、公婆。

實踐、研究和推廣，更幸福

　　1999 年東海社工系選系主任，包含我有三位競爭，另兩位都有幼年子女，校長最後圈選我。不知道當時那位學物理的校長是否考慮了「家庭生命週期」？另兩位同事讀完博士，三十好幾，結婚成家生育兒女，四十幾歲時孩子都還在念小學。我那一年兒子上大學，有足夠的時間處理繁忙的系務，包括因應那一年 921 大地震的各種衝擊，使東海社工系成為更好的系，影響力更大。

　　「先立業，再成家」是當代多數人的生涯路徑。可見古人鼓勵「成家立業」，早些成家，家庭生命週期快些轉動。

　　我父親有各種成就，最大也至今最為人知的是他有六個孩子。父親 27 歲時有第一個兒子，52 歲時成為爺爺，83 歲時晉升曾祖父。

　　我母親，23 歲生頭胎，48 歲時為祖母，可惜她沒有看到第四代。

　　我呢，21 歲做父親，49 歲做祖父，按照平均餘命，2021 年「簡易生命表」顯示 65 歲的男性，還有 18.43 年。倘若上帝憐憫，給我 18 年，到 2041 年，兒子超過 60 歲，女兒將近 60 歲。孫子 34 歲，孫女剛過 30 歲，按照美國的平均結婚年齡，可能都成家了，也許能讓我看到第四代。我的妻子比我大一點，今年 67 歲，按照簡易生命表，還有 21.41 年，她比我有更大的機率看到孫子女輩的成家，進而被尊稱為曾祖母。

　　父母的病重乃至安息主懷，都是我家庭生命週期裡的大事。2011 年，當時的東海校長邀請我擔任學校的一個主管，我以要守父喪為理由，婉拒！因而在父親過世 1 年時，我將父親所寫的書新編修為《老年學概論》；他過世 2 週年時，又將父親 82 歲時所寫的《老年心理學》全面修正出版，然後繼續寫《老年社會學》。在寫作時，持續與父親、母親，對話。

我 50 歲起就準備迎接「進入老人國」的日子，因為妻子比我年紀稍長，更早一點「成為老人」。對於家庭生命週期的變化，用心做研究。我也爭取到經費，邀請了一些專家撰寫《中壯年生涯規劃手冊》和《老年生涯規劃手冊》，後者特別用大字本，方便長輩閱讀。

第 *15* 章

系統

家人間的關係千絲萬縷，進而形成系統，「系」和「統」的部首都是「系」。新婚的兩人訂了「約」，「結」了婚，彼此接「納」。「組」成家庭，要細心「維」持，用心「經」營，處理「糾」「紛」，直到生命的「終」了。

系統，英文 system，最好的系統是其中的成員有共同的理想（shared vision），然而每個人都有自己的風格（style），能尊重差異，營造鼓勵大家各自發揮專長（skills）的氣氛，如此家和萬事興。家庭面對外界挑戰時，須採取適當的策略（strategy），家庭組成更是一種結構（structure）。

家中每個人，因為年齡、性別、生涯任務，有時還加上族群、教育程度等的差異，相處不容易。大家生活在同一空間，如同雞兔同籠。雞兩隻腳、兔子四隻腳。假如某個籠子雞和兔共有六十隻，腳多達一百六十隻，請問雞和兔各有幾隻？答案是：雞四十隻、兔子二十隻。公式第一步，假如全部是兔子：$4 \times 60 = 240$，第二步 $240 - 160 = 80$，第三步 $80 \div (4 - 2) = 40$，這是雞的數目，$60 - 40 = 20$ 為兔子數目。

家裡要分配有限的資源，就像處理這一類的難題。想像每隻腳如同 300 元，1 個月有 48,000 元收入，父、母、子、女四個人都要用錢，誰可以多花一些，誰又得少支出？

家庭動態，牽一髮動全身，彼此相連在系統之中，第一節介紹系統理論、家庭系統的核心概念。第二節從連結理論、生態觀點與家庭圖剖析家庭。第三節說明各種異常、有傷害性的系統，包括三角化、聯盟等。

第一節 全家關連

一、系統理論

近年來的聖嬰現象對全球氣候產生很大影響，東太平洋的氣候變化衝擊到全球的氣候，2023 年夏天天氣酷熱，甚至熱死人。2020 年起，新冠疫情肆虐，有一陣子如果某人是「確診者」，他的家人都得要隔離。這些都是系統理論中新的實例。《辭彙》對系統的解釋是：「同類的事物，按一定的秩序相聯屬。」《社會學辭典》對系統的解釋是：「形成一整體之各個部分相關且互賴的組織，系統絕非是穩定、全然均衡或能預測的。[①]」巴克利（Buckley）對系統定義：「包含一些複雜的要素，要素間有直接或間接的因果關係，而每一要素至少和其他部分維持一穩定的關係。[②]」

例如王先生的家庭是一個系統，他們或姓王，或嫁給姓王的，這是「同類」的部分，彼此間的互動形成生活裡的秩序。一家人緊密關連、相互依賴、喜怒與共。王家不是靜止的、均衡的，經常有變化。每位成員基於婚姻、生育或領養建立了關係，每個人都與其他人有所連帶。

王先生的家庭，並非只是王先生、王太太和孩子的集合，這個家庭系統間的關係動態又複雜，存在著結黨、聯盟、壓力，每個家庭或家人事件都可能產生多方面的影響。每個成員的改變無可避免會與其相關成員的改變產生關連，譬如兒子準備升大學的指考，全家跟著備戰；父親可能因此減少應酬，母親則要多準備進補的東西。

家庭系統理論源自德國生物學家貝特蘭非（Ludwing Von Bertalanffy）於 1960 年代所提出來的一般系統理論。1979 年，柏德瑞克（Broderick）與史密斯（Smith）認為一般系統理論中所主張的概念可以用來解釋家庭中的各種行為與現象，因而廣泛地被應用於家庭研究的領域中[③]。

一般系統理論的主要內涵主要來自生物學上的有機體概念，強調把

有機體當作一個整體、一個系統來考量。基本假設如下[④]：

（一）系統與系統之間存在互動與互賴。

（二）系統中的部分被牽動，其他部分跟著被影響。

（三）所有的有機體都是獨立自主的，同時存在層級，系統內某個部分特別重要，具有發號司令的領導地位，其他部分則服從指令、從事活動，稱之為「集中化趨勢」；但系統內部的次系統也可以自主地單獨完成其功能，稱之為「分散化趨勢」。

（四）系統會自我調整（self-regulation），若有不良因素存在，此系統會朝好的方向努力，具有自我修正的功能。系統可滲透，內在與環境交換物質、資源與資訊，但它也兼顧到足以抗拒過多或過大的外界刺激之侵入，以避免被環境消滅。

（五）系統透過輸入、運作、輸出、回饋環的循環過程，維持系統內的流動與平衡，產生「動態的平衡」（dynamic homeostasis）。輸入影響輸出，輸出亦影響輸入，系統存在自我修正的機制，出現循環的因果關係（recursive causality），設法維持動態的平衡。外界的干擾固然導致短暫的失衡，但很快地，會找到新的平衡、維持新的動態平衡。

家庭系統理論（family systems theory）以一般系統理論（general system theory）為基礎，可應用於解釋家庭中的各種行為與現象，以個人與家庭成員的互動為重心，範圍包括家庭動態、組織及過程[⑤]。由此觀點看家庭，比起只探究單一或片面家庭因子更深入，可避免過度簡化或特定化等問題。俗話說：「見樹不見林」，意思是缺乏廣泛而整體的瞭解。同樣地，只注意到一個人的個別狀況，忽略了他的家庭，必然不周全。

全家是關連在一起的生命體，從系統的觀點看家庭，瞭解家庭系統要比只看某一個家庭成員、某一個家人關係或某一種家庭問題來得深入，也不至於誤認為某種問題或症狀，只源於單一原因，不至於簡化問題到特定的人身上。

關於家庭系統理論，有七個核心概念：

（一）系統按照高低層級（hierarchy）組成 [⑥]

由一個人擴大來看，是從「個人→核心家庭→擴大家庭→家族→同事、朋友和鄰里→社區→社會→國家→世界」，由一個人縮小看，則是從「個人→器官系統→器官→細胞→分子→原子→粒子」。每個較低層次的要素是高一層的一環，依此類推，影響鏈（chain of influence）形成。系統中有高低層次，每一較高層次的系統都包含較低層次的系統，並提供低層次系統生存的環境。

譬如：做父親的回家做晚餐，不只是解決自己的肚子餓（器官），也不只是要靠著這些食物維持身體的運作（器官系統），因而與妻子兒女共餐（核心家庭），有兩道菜也許是住在樓下的父母所提供（擴大家庭）。他的餐桌禮儀來自社會習俗，吃完飯是否洗碗也與社會文化對男性角色的期待有關。若這男人遇到某一層級要素出了問題，如他胃痛、他兒子頂撞、父母沒提供菜……，都產生一些影響，某些地方出了問題會形成壓力，在這個父親和全家人身上亂竄。

（二）家庭規則（family rules）

家庭是規則管理（rule-governed）的系統。每個人均學習什麼被允許，什麼被期待，此觀念是傑克遜（Jackson）觀察夫妻之間互動提出的[⑦]。家庭的規則決定了行為的模式，提供互動模式的準則，並可能成為家庭形成的傳統。

規則有幾個特性：1. 人是規則的動物，人在群體中習慣依規則來行動；2. 規則形成後有正當性，約束人們的生活；3. 規則會趨中，不偏向極端，所以有保守性，在家庭中的規則往往也如此。

家庭規則分為描述性（descriptive，描述交換的模式）和指示性（prescriptive，指導成員什麼是可以或不可以做的），所有的家庭成員都學習，這些規則建構和維持家庭成員關係[⑧]。在家庭中多由年齡、性

別、輩分來決定個人的權力和責任。

大部分的家庭規則並沒有被寫下或明顯的口說出來，雖然這些家庭規則沒有具體陳列出來，但成員多半瞭解。規則中最清楚的是決定權通常在父母，孩子僅能聽命行事；有些情形孩子可自由地表達意見，父母也清楚要堅持某些原則。

在健全的家庭中，規則可幫助家庭形成次序和穩定，同時允許家中成員在變動的環境中小幅度改變。薩提爾（Satir）提醒家庭去認清那些沒有經過溝通卻被遵循的規則，認為功能失調的家庭往往遵循一些反功能的規則，所以她建議運用家族治療，協助家庭瞭解阻礙成長、妨礙成熟又沒有明示的規則，設法加以改變、修正家庭系統的運作[9]。

傑克遜（Jackson）提出「婚姻的給與取」（marital guid pro quo），指出夫妻在給與取中形成某種規則，並依此生活互動，婚姻關係得以維持。他另提出勉強原則（redundancy principle），指出在家庭生活中常有重複的互動行為，成員依循重複的原則來運作；整個家庭體系是由一些小的法則所管制。若能瞭解這些規則，有助於判斷成員間如何界定彼此的關係。規則決定各個成員的行為，有時比個人的需求、驅力或人格特質更重要[10]。

（三）家庭恆定作用（family homeostasis）[11]

恆定作用表示不管外在環境如何改變，個體總是會維持一種穩定、平衡的狀態。在家庭中的恆定作用指發生在家庭中，協助內在平衡的持續和動力過程。一但家庭面臨威脅時，就會運作以回復它的均衡。若是發諸內在、持續性的、支持性的、動態的互動過程，有利於內部的平衡，亦即恆定。

通常在某種範圍內，系統本身會維持平衡，但當改變來得太突然，或超過系統所能忍受的極限，會產生對抗性的反應。某些病態家庭面臨了必要的改變，卻仍固執於原先的家庭型態，專業人員的輔導治療就是要幫助這些家庭走向更有彈性和開放，否則成員將會覺得深陷在困境中，充滿無力感。

（四）回饋（feedback）[12]

回饋指過去行為的結果再次進入系統，產生影響系統運作的一種情況。回饋圈（loops）指引進入與系統結果有關的資訊，以改變、調整及管理系統的功能。回饋可分為正向（positive）和負向（negative），前者指增加改變的力量，後者指減少改變的力量。與一般人對「正向」和「負向」的看法正好相反，正向回饋力量越大，刺激越強，恆定作用越小，系統趨於不穩定；負向回饋則使系統趨於穩定。

每個家庭對改變的程度都有一定的容忍度，可以透過刻度檢查（calibration），標示出家中衝突或改變的容忍範圍。

（五）訊息（information）[13]

貝特森（Bateson）對訊息下了一個簡單的定義：「a difference that makes a difference」，當新訊息的接收者改變其對環境的知覺，修正其行為時，這些差異回過頭來影響原本的環境。

家庭中、家庭間和外在世界之間或多或少的訊息交換，有助於減少不確定性，可避免失序。訊息的交換對每個進行中的系統都是必要的，當新的訊息輸入，再回饋，最後改變輸出。同時，對訊息的定義會因環境的情況而有不同。

（六）副系統（subsystems）[14]

副系統指在一整體的系統中，具有執行特殊功能或過程的部分。最主要有五方面：生活價值、關係組合、權力運作、生活規則及家庭氣氛。

家庭中有很多共存的副系統，由世代、性別、利益、功能等因素構成，如夫妻、父子、母女、孩子的組合。每個家庭成員同時屬於數個副系統，彼此間可能互補。

家庭中最持久的副系統是夫妻、父母和手足。進一步說明如下[15]：

第一，夫妻的：最基本，此副系統中的任何失功能會連帶影響全家，兒女常成為代罪羔羊，或與任一父母聯盟，以對抗父母間衝突的關係；

夫妻若有好的關係，則幫助兒女學習親密關係和人際承諾。

第二，父母與子女的：在對子女的撫育、指導、設限、管教上扮演重要角色和責任。透過與父母的互動，子女可學習如何與長輩相處、增強自我決策和指導的能力。如果運作不順利，此副系統可能會發生代間衝突等問題。

第三，手足間的：是子女第一個同儕團體。如果此副系統運作良好，有助子女發展合作協商、相互扶持、人際社交等技巧。

（七）領域（boundary）[16]

也稱為「界限」，指將系統、次級系統或個人與外界環境分離的界限，也許隱而不見。其功能有如足球場上的守門員，限制並保護系統的完整性。與領域有關的指標是其「滲透性」（permeable），依此可區分為：

1. 開放系統（open system）：高度容許訊息自由進出的系統，與外界界限不清楚。

2. 封閉系統（closed system）：指與外在環境沒有交換關係，不准訊息進出。

家庭系統多數是開放系統，少數家庭傾向封閉系統。開放的家庭系統能適應和願意改變，此種家庭不僅易存活更容易發展，願開放面對新經驗和改變，放棄無效的互動模式。完全封閉的系統則要冒許多危險，並面對適應不良、喪失功能等問題。

總之，每個家都是「一個完整體」（a whole），以其獨特的結構、規則和目標來運作。每個家也都是「一個系統」（a system），由一群互異卻互賴的分子組成，並盡可能保持平衡。每個家都有「動力歷程」（dynamic process），以某種特殊方法維持運作，共同面對自己家庭的問題。有時，他們面對的方法可能會使問題愈發複雜，使全家越陷越深，不易脫困。

瞭解家庭組成分子的動力關係比僅僅將這些成分集合起來有意義[17]。戈登堡（Goldenberg）指明組織（organization）與整體（wholeness）

的概念是瞭解系統如何運作之鑰。組織指組成分子以可預測的（predicted）、有組織的（organized）方式彼此互動。若一個系統被打破成為部分時，則無法被完全地解釋與瞭解；沒有一個因素可以孤立於系統之外而獨立地產生功能[18]。

家庭非存在於真空中，家必須和較大的社會體系互動。如：健康照護、宗教、福利服務、學校等。家庭也可能由於成員的身心障礙疾病，家庭的貧窮或暴力等，與較大社會福利系統互動。近年來，由於政府的法令對家人關係有許多的規定，使家庭受外界的影響更加明顯。

第二節 連結、生態、家庭圖

一、連結

「連結」（solidarity）就是社會連帶，指一社會組成的各部分具有密切聯繫與關係。家族之間的連結形式可以分為六種[19]，在表 15-1 中進一步說明這些連結的意義與相關實證研究的指標：

表 15-1 家族間連結的要項及指標

連結的類型	定義	實證研究的相關指標
associational（社交連結）	不同世代成員共同參加社交網絡的模式與頻率。	1. 世代間面對面、用電話或網路聯繫的頻率。 2. 家族成員參與共同活動的情形（如娛樂、度假）。
affectual（情感連結）	家族成員之間親密，對家人成員給予正面情緒的類型與程度。	1. 家族成員間情感、溫暖、親密、瞭解、信任、尊重的程度。 2. 家族成員感受到其他成員給予正面回應的狀況。
consensual（共識連結）	不同世代在意見、價值、態度、信念、取向等方面有一致性	1. 家族成員關於特殊價值、態度、信念的相近程度。 2. 與其他家族成員在價值、態度、信念等的相似程度。

連結的類型	定義	實證研究的相關指標
functional （功能連結）	成員之間彼此幫助與支持，願意提供也願意接受其他成員包括工具性或情緒性的支持。	1. 家族成員之間給予經濟、物質、情緒等支持的程度。 2. 家族成員間相互交換資源。
normative （規範連結）	關於家族的價值、子女孝順、父母期待等有共同規範與期望的承諾程度。	1. 對於家族和代間角色的重要性評量。 2. 對孝順父母看重的程度。
structural （結構連結）	因為居住區域接近使互動更為方便。	1. 家族成員間居住地點接近。 2. 家族成員的數目。 3. 家族成員健康的狀況。

資料來源：1. Giarrusso 等人；2. Izuhara, Misa 編[20]。

連結觀點從正面的角度看待家族成員的關係，但親人之間如同各種人際關係，也會有衝突。各種的壓力與緊張使彼此疏遠，甚至使家庭分裂[21]。兩代之間強化連結之時，固然有正面的力量，也會產生負面的影響。互動密切導致角色的壓力加大，角色衝突因而增多。所以，上述連結模式應該加上第七種連結：衝突連結。雖然未必明講或公開化，家人之間的關係緊張，對事情有不同的看法。因此互動的雙方都可能帶著矛盾（ambivalence）的心理，又想要強化連結，又擔心增加了對立。

二、生態系統

生態系統理論（ecological system theory）強調人與社會環境的互動，以人與環境介面間關係的特質為架構。每個人終其一生的過程中，不斷受到環境的影響，生命隨著與社會環境的互動而發展[22]。互動模式不只在同一層環境中，而是多層環境系統中交互作用。每個系統直接或間接與其他系統互動，因此探究個人行為時，需要由個人、家庭、同儕、學校與社區等各系統來探討。

　　從個體的生命循環（life cycle）來探討，歸納生態系統理論的核心概念有以下幾項[23]：

（一）**生命週期（life course）**：重大的生活事件（life events）在生命歷程上某個時間點發生，深深影響自己，衝擊到家庭。透過運用時間線的方法可以收集許多在個人生命週期所發生的大大小小事件。

（二）**人際關聯（relatedness）**：指與人群建立關係或產生連結的能力，主要發生在熟悉的團體，尤其是家庭。人際連帶的能力源自於父母親的照顧關係，培養與他人的互惠行為。

（三）**勝任能力（competence）**：指一個人有能力且有效因應，瞭解並適應，甚至掌握環境的變動。

（四）**角色（role）**：個人與他人關係有如角色的扮演，呈現了社會面向發展的內涵。角色表現是社會角色的互惠性期待，每個人的內在歷程和社會參與，受到個人感受、情感與信念所影響。

（五）**棲息地與利基（habitat and niche）**：棲息地指個人在文化脈絡中的生理及社會情境（social setting）。利基涉及到個人在社區中當前的環境或地位，展現個人所在環境區域的特色，可藉此分析有利或不利於個人的特定發展任務，如此有助於瞭解形成個人目前處境的因素。

（六）**適應力（adaptive）**：在個人與環境的交流過程當中，個人與環境間彼此相互影響，以達成調和。個人適應狀況常常是與個人需求和環境提供資源之間配合的結果。

　　從生態系統理論看高風險家庭等有問題的家庭，注意到家庭在社區棲息地，還有生命週期上發生足以影響家庭生活的事件。倘若這些家庭本身所擁有的人際關聯與勝任能力在因應上有所困難，外在資源也無法滿足所需，會造成適應力之不足。

　　影響個人發展的環境分成四個生態系統，此四系統層層相扣，分別為[24]：

（一）**微視系統**：生態系統最核心的內圈，個人與環境直接互動，此系統涵蓋家庭成員本身、手足、父母，互動最頻繁。

（二）**中間系統**：在更多的微視系統之間，影響個人和家庭。例如：家庭與社區中的支持人員。各微視系統在價值觀念產生衝突時，容易造成家庭成員適應問題。

（三）**外部系統**：由家庭成員外圍所構成，個人不直接參與但卻間接有影響的系統，例如社區組織、法律服務、傳播媒體等力量。

（四）**鉅視系統**：更廣泛的文化環境或族群團體，還包括廣泛層面的意識型態、文化、政治、經濟等。

從生態系統觀點來看家庭，家庭的發展是經歷生態環境系統中動態運作而成，為這四個系統直接或間接交互作用後產生的結果，系統中的各項因素皆對家庭產生影響力，種種影響力透過微視系統直接傳遞給家庭。針對整個生態系統加以瞭解，從微視系統的家庭成員個人因素到鉅視系統大環境的變遷與變革，皆會造成家庭生活的變動。

三、家庭圖

綜合首創家庭圖概念及系統理論的包文（Murry Bowen），麥戈德里克（Monica McGoldrick）標準化家庭圖形式，有助於呈現整個家庭的面貌，更可以說明父母子女、兄弟姐妹等的關係[25]。

生活故事、家族歷史、家庭圖都能夠幫助一個人發現自己在家庭脈絡中的身分，家庭成員明顯的共通性，也可認識人、事件、關係。家庭圖描述家族遺傳，畫一份家庭圖的連結能初步理解家庭的形式、家人的關係。

繪製家庭圖，說明家庭腳本的目的主要有[26]：

（一）瞭解自己的家族，認識家庭準則，探詢與家庭有關的線索。必要時可改變既定的傾向，中斷不快樂或破壞的情況。

（二）傳遞家族歷史給孩子：知道家庭的優勢，學習信任，瞭解勇氣、忠誠及愛的傳統。

（三）剖析問題與病痛、指出家族問題、證實家族歷史中的脈絡、家族
　　　檢驗，有助自我瞭解及確認。

（四）分析家族是正常或失能的。瞭解酒精濫用、生理疾病、暴力等問
　　　題，有助於解釋家人的行為。更可以理解家族成員常為維護家族
　　　完整而隱藏問題、家庭組織的失能有時是為了維持家族的運作。

　　家庭圖的根本來自於有血緣關係的，從祖父母那一代到自己，乃至
兒女，有關年齡、職業及其他必要的描述。重點包括姓名、年齡、出生
日期、死亡日期和原因、職業、宗教。若在外國出生則註明到達本國的
日期，還有結婚、分居、離婚的日期、孩子的出生日期等。

　　接著呈現核心主角與家人的關係，包括情感的連結、關係緊密的程
度。焦點在於最有趣的或是最重要的。接著按照要去學習的重點來加碼：
如父女關係、手足關係、為何常寂寞等。透過家庭圖上能夠追蹤許多事
情，包括日期、事件、名字，還有感覺、態度、信念、社交型態、價值
觀、行為等。

　　家庭圖有各種「腳本」，例如女人、男人、孩子的腳本；生涯腳
本；宗教信仰的腳本；金錢的腳本；自我控制的腳本；親密關係與信任
的腳本；受教育情況的腳本等。也可呈現家族的祕密，古老的故事照樣
有生命力，腳本使我們認識家人關係的形式及行為並非巧合。如同每個
人有人格的腳本，能夠編輯、修正、改進。家族悲劇可以不重複，例如
自己與父母對於金錢有衝突，可以透過檢視家庭圖關於金錢在家族中的
意義，然後發展出較好的處理方法。

　　材料的來源有家譜、相片、日記、雜誌、剪貼簿、網路資料等。也
可以到戶政事務所等政府單位，透過財產紀錄、地方法院紀錄、報紙檔
案、圖書館網等找尋。還可以請教親屬有關問題。

　　重點在於描述家庭系統中個人內在的關係，包括地理距離與情感的
距離，顯示家人如何聯絡或為何不聯絡。也可包括一些細節或瑣事，如
醫療問題、不尋常的環境、特別的生活事件。又如家庭話題、角色、傳
統、信念和情感。

家族圖（genogram）又稱家族樹（family tree）或家系圖、家庭圖，以符號及圖形的形式對家庭結構、成員之間的關係加以描述，摘記家族成員基本相關資料。透過不同的線條說明成員與成員之間的互動關係，可以迅速瞭解家族成員狀況和家庭生活週期等資料。為系統性、完整、詳盡的評估及解釋工具，是高效率的摘要圖示，更是從事家庭實務工作者的重要方法[27]。

繪製一般包含三代。長輩在上，晚輩在下；同輩中，年紀長在左，幼者在右，依長幼次序排列；夫妻中，男在左，女在右。如果結婚不止一次，第一伴侶最靠近，依序二、三……。

通常從自己開始繪製，向上下延伸，在代表每個人的符號旁邊，可再標上家中所有成員的姓名及出生年月日或年齡、重大生活事件發生的時間（如結婚或離婚），任何成員死亡（如日期及死因），家中成員的重要疾病或問題等。以下分別說明：

圖 15-1 ▶ 家系圖的基本架構

家系圖基本架構	
男性	⬜
女性	⭕
自己	⬛ ⚫
死亡	⊠ ⊗
某某	△
填歲數	3X 3X
填歲數	3X 3X

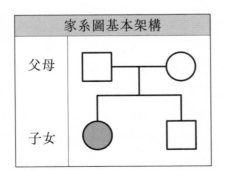

家系圖基本架構	
父母	⬜—⭕
子女	⚫ ⬜

進一步可以標示互動關係。

利用線條顯示雙方的互動關係：包括親密度、衝突或是不正常關係。方式如下[23]：

圖 15-2 家系圖呈現連結關係

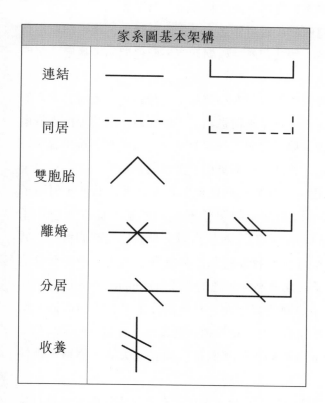

家系圖基本架構	
連結	
同居	
雙胞胎	
離婚	
分居	
收養	

四、檢視系統

透過家庭系統檢視最重要，Bowen 的「家庭系統理論」提供了有效工具，包含八個基本的概念[29]：

（一）**自我分化不足**：自我分化的程度反映了一個人對情感系統分離處理狀況，分化的程度在早期生命經驗就已建立，透過紀律訓練效

能延伸至以後的生命歷程，如處理不佳，自我的分化無法完整。

（二）**三角關係**：三角關係在日常生活中自動發生而常不自覺。當緊張或焦慮時，兩人的關係本質上不穩定，當焦慮超過個人可忍受的範圍時，可能轉向重要的第三者。當狀況平靜時，這個對象設法安排兩人在一個想要的位置上。但當個體未分化的程度越高時，家庭的緊張和焦慮就增加，產生越多組三角關係。

（三）**核心家庭的情緒歷程**：每對伴侶企圖去處理關係，透過四種常見的心理防衛機轉：情感距離、婚姻衝突、配偶間的不適應、將問題轉向孩子身上。

（四）**投射歷程**：父母問題被投射在小孩身上，母親或父親將其本身的焦慮傳到孩子身上，孩子因而退縮，不敢面對。父母可能過於嚴厲，使孩子恐懼。雖然這個歷程源於父母，孩子也很快學習、扮演不適當的角色，伴隨的行為更引發父母的焦慮。

（五）**多世代傳遞歷程**：家庭世代的連續，若有適當的強度，對孩子的成長比較好。因為父母的關係不佳，可能出現投資型孩子（invested child），這些孩子發展出對父母高度敏感的情緒，其他的孩子則在較具分離程度的想法和感覺中長大，學到父母的行為。也有些子女成為易受牽連的孩子（compromised child），學到父母情感不成熟的那一面，有較高分化的孩子傾向過一個深思熟慮和有目標的生活。結婚後，與另一半有類似的未分化，強烈未分化造成各種的不適應狀況，如思覺失調、酒癮、慢性生理疾病等。

（六）**手足位置**：婚姻伴侶是否互補，常按照在原生家庭的手足排行位置而定。如兩個老大或兩個老么比較容易有衝突，手足中只有男孩或只有女孩的也可能比較容易衝突。部分的互補關係常見於中間的手足位置，自己是老大而配偶是老么的容易互補。配偶若非互補，則衝突的機會比較大，婚姻裡的溝通問題較多。

（七）**情緒截斷**：是人們試圖處理對他們父母情緒依附的方法，在心理或從家庭中保持身體上的分離。高度心靈截斷的孩子可能被孤立，出現心理疾病，子女刻意保持疏離。情緒截斷的子女容易責備父母親。以截斷來處理對父母和原生家庭依附的人，在現實關係中容易出現激烈情緒，也比較可能受傷及受責難。

（八）**社會情緒過程**：焦慮到達一定強度會製造心理問題，資源變少更會產生各種對社會的焦慮。

　　Bowen 注意到人們心理不健康的基本關鍵問題為對母親未解決象徵性依附，涉入越深，問題的嚴重度越大。和睦相處（togetherness）和個體化（individuation）的趨力須平衡，和睦相處啟動了愛和忠誠。個體化則有助於發展個人的責任、自我決定、個人的原則[30]。

第三節　異常、有傷害性

一、容易有傷害的

　　家庭系統的觀念提醒：家庭可能是愛之窩，也可能是傷心地；家庭可以給人避風寧靜，卻也是折磨人傷害人最嚴重的地方。容易傷害其中成員的家庭系統有幾種狀況[31]：

（一）家中成員沒有適當的角色定位，不能稱職地執行每個人的角色職責，如父不父、母不母、子不子。

（二）家人間的關係不理想，如過分黏結、界限混亂、關係緊張、界限過於嚴密而無法親密。

（三）某些個別成員喪失自由自主，只為別人存在、為別人而活。例如受丈夫虐待的妻子，被父母折磨的孩子，都常出現貶損自己的現象。相對的，也可能有另一些人不斷控制約束其他家人。

（四）鮮少溝通，或沒有良好、正向、積極的溝通。某些成員對於惡劣的家庭環境緘默不語，另一些人則為所欲為，持續情緒勒索。此

種家庭當然容易培養製造敵意和仇恨的成員。

溝通是家庭動力的重要指標，從溝通的角度看家庭系統，可歸納出較容易出問題的五種類型[32]：

(一)**喧囂的**：家人間彼此互動頻繁，但多屬「負向的接觸」（negative contract），他們害怕親密，欠缺「正向的經驗」（positive felling）。每個人都忙著說、激烈地說，但沒有真誠表達關懷。

(二)**壓抑的**：每個人似乎都很明理，但只是不斷講道理，依照道德教條來互動，並未表現真正的感情。

(三)**消沉的**：家庭中氣氛沉重、死氣沉沉，彼此傳送的訊息是無助的、無望的。

(四)**精神分裂的**：家庭中的溝通毫無組織、不明朗、不清楚、混亂。

(五)**「懷柔者－責備者」的**：有些成員經常被攻擊及指責，彷彿是家中所有錯誤的代罪羔羊。另一些人則負責調和安撫，其實只是避免把全家的問題爆發出來。

家庭屬上述任一種狀況，其家庭系統的運作都出現嚴重問題，家庭中的溝通習慣就需要加以調整。家庭社工、家族治療者等的專業工作就希望協助家庭成員多用「正向的回饋」、「主動的回饋」與其他成員多互動，使溝通更正向、流暢。

二、暴力因子

家庭暴力往往因為家人之間的衝突，導致嚴重的傷害，暴力是許多內、外在的潛在或直接要素交互作用的結果，家庭暴力行為並非偶發事件，而是有其背景條件及觸發關鍵。暴力的發生循序漸進，經過一定程度的衝突累積，藉由導火線的引發而釋放出能量。婚姻暴力是日積月累的結果，婚姻衝突常發生在一連串的連鎖反應與累積許多不滿的情緒之後[33]。

以社會結構、社會系統為出發點，探究家庭內的暴力，尤其是婚姻暴力發生的原因[34]：

（一）**人權說（human rights perspective）**：傳統上家庭暴力被認定是「家庭隱私」，家庭有權拒絕外來的干涉，而「家庭隱私」存在一些錯誤的觀念：1. 父權是家庭關係的維持力量，男人在此是一家之主，其他人必須聽命指揮。2. 父權有絕對的權力（power），凌駕妻子和小孩之上。3. 人們接受父權為社會正常規範，視父權家庭結構是「對的」。其實，將家庭隱私建立在歷史傳統上的父權婚姻觀之上，有必要加以矯正，介入家庭隱私權的理由是基於法律上人權的保障。

（二）**權力差異說（power differentials）**：家庭暴力和「權力」直接相關，是有權力者對另一方的強制、威脅以獲得屈從的過程。家庭成員不平等的地位關係，源自角色、體力、資源可用性、性別、年齡的差異，造成「權力差異」而產生暴力。妻子、兒女、老人往往無酬勞動市場，在家庭中沒有地位，也沒有權力。權力差距越大，虐待關係越可能發生。

（三）**無權力說（powerlessness）**：暴力的可能來源是施暴者充滿「無權力」的失落感，為達到自己的「控制感（sense of control）」，使出暴力來主宰和控制家人[35]。若是無法改變此種無權力的控制感，可能會一再施以暴力。有些男性在工作場所或社會關係領域中，覺得缺乏權力，包括無法控制工作、同事、經濟地位或環境，為補償其無權力的感覺，可能從家庭成員關係中展現自己的權力控制。

（四）**社會隔離說（social isolation）**：越是和社區缺乏互動、越少參與社區的家庭，容易成為社會邊緣人或社會邊緣家庭，越可能發生婚姻暴力。越是缺乏親屬關係及朋友關係網絡或社區關係者，越可能產生婚姻暴力[36]。家庭的孤立或隔離並非止於地理性，居住於都市密集區者並非沒有高孤立感的家庭，而居住於鄉下地區者，也未必表示孤立與隔離，有許多是社會性和心理性的孤立與隔離。家庭連帶（family tie）和社區連帶（community tie）缺乏

的家庭易發生暴力，例如常搬家。因此和社區較少互動的家庭，相較其他家庭更易發生暴力問題。丈夫或許有朋友圈和社交圈，其社會網絡還算豐富，然而妻子、老人則經常被隔離於家庭之內，缺乏社會網絡關係，因此不易尋求協助，容易受暴。

（五）**結構不公平論（structural inequality）**：社會中存在的結構不公平，包括了經濟上、教育上、政治上和性別上、種族、倫理上的不公平，也包括了可運用的醫療及社會服務上資源的不公平，強化了家庭暴力。暴力部分源自結構不公平或制度上的障礙，最主要有下列幾種：1. 教育機會不公平；2. 就業機會不公平；3. 性別歧視；4. 種族歧視；5. 年齡歧視。女性、老人長期處在這些不公平社會制度和結構之下，可使用資源少，無法經濟自主、財務獨立，若想要尋找替代的兒童照顧也因經濟上的困窘而無法實現，於是無法也不願脫離施虐的丈夫。老人家也可能因為必須仰賴成年兒女的照顧，而無法脫離受虐的環境。

（六）**父權論（patriarchy）**：婚姻暴力和其他權力不均的家庭暴力（如兒童虐待）可能來自階層化的父權結構。換句話說，父權是婚姻暴力中看不見的一隻黑手[37]。父權要求權力屬於男性，女性則附屬於男人的地位之下，男人對女人施暴，是父權觀所致[38]。父權關係維護家庭中的男人權威，在資源分配不公平和資源稀少的情況下，衝突是難免的。父權結構的代代相傳，更是婚姻暴力代代相襲的主因。依社會學習理論的觀點，學習傳統的性別角色——家庭的父權結構，男性繼續藉由家庭的階層結構，將權力歸屬於自己，用以控制他人，造成普遍存在不平等的兩性關係。

（七）**文化接納暴力論（cultural approval of violence）**：社會文化默許婚姻暴力，視男性的攻擊性為正常現象，默許男性優越主義的歧視與身體暴力行為。既有的社會文化價值觀提供了婚姻暴力的存在環境，也助長婚姻暴力的「家庭暴力學習」。社會中的性別歧視，塑造了「家庭是男人的城堡，所有事情由他主宰；女人則

是婚姻的俘虜，完全聽命於家庭（尤其是丈夫）」，這種男人主宰的文化規範（cultural norm），是眾多婚姻暴力的來源[39]。

婚姻暴力受許多因素交互作用影響所致。在許多家庭中，夫妻都不斷試圖影響對方，但其中有許多企圖在暗地裡進行，而且經常不自覺。外在型態常是偽裝的，一個看似堅強、支配的夫（妻）經常只在掩飾自己缺乏安全感；而看似柔弱、畏懼的一方或許透過暗中、間接的方式，產生強大的影響力[40]。因此，為探究婚姻暴力發生的原因，需深入瞭解夫妻權力之分配與衝突事件之關鍵點。

三、三角化和聯盟

每個人在系統中有位置，有該扮演的角色。角色理論嘗試去解釋人們在特別的位置上被期待有怎樣的行為舉止，或佔有某個位置時如何表現特殊的行為。在家庭方面，角色與親屬、世代、性別等密切關連，也就有了各種角色行為。

家庭角色之中，最值得留意的是「三角化關係」（triangulation），尤其是父母與子女間的互動。三角關係指權力一向均衡的雙方發生權力失衡的狀況，當事人因而心頭焦慮，為了降低此種焦慮，權力稍低的一方設法將子女拉進失衡的父母關係中，試圖取得權力的平衡。若三角關係稀釋原本的焦慮後，父母面對壓力的容忍度提高。

當然，三角關係並非總是能夠降低焦慮。在三角關係中，被拉進三角關係中的子女有如「第三者」，如果這個第三者一直是同一個子女，可能出現「病態的三角關係」。這位子女無故被扯進父母的權力拉扯中，陷入兩難，支持任何一方都會被另一方視為背叛，總是處於「必輸」的狀態，背負著父母的情緒，干擾其原本該扮演的角色。

更嚴重的，許多家庭都有不只一組三角關係，三角關係可能維持家庭互動的穩定，但如果呈現僵化，所有在三角關係中的人都可能因此受害。

同盟關係指某些家庭成員為抵制其中一位成員而形成的關係，在情

緒或心理方面連結，例如：父母同盟嚴厲處罰孩子。通常父母間的強力同盟對親職教養是好的[41]。家庭的基本權力運作來自成員間的同盟關係，包括以下的三角關係形式，都是從同盟關係中發展出來的[42]：

（一）**跨代聯盟（cross-coalition）**：當家庭成員不再被動地抵抗，而是聯合起來反抗其他的成員時，就產生聯盟關係。跨代聯盟是父母其中一方與子女聯盟對抗另一方，以維持彼此權力的均衡。跨代聯盟常造成家庭關係的衝突與失功能，尤其對處於青春期的子女來說，跨代聯盟常阻礙個性的分化，進而妨礙原本該有的成長。

（二）**迂迴聯盟（detouring coalition）**：指父母將彼此的衝突迂迴到子女身上，以減輕壓力，此時子女變成了代罪羔羊。表面上，父母間衝突少了，而代罪羔羊則呈現問題行為，此問題行為具有症狀功能，可轉移父母間的問題衝突，將父母「團結」起來，一起解決子女的問題行為。此時，父母的焦點都在代罪羔羊身上，真正的問題就被擱置了，也就是說，子女的問題行為其實是父母間衝突的顯性反應。

　　許多專業人員希望幫助案主減輕症狀，但這些事業人員都發現「案主的症狀與家人有密切關係」。例如：有一思覺失調症患者的母親來醫院精神科探病，這患者就會出現急性的反應和明顯的沮喪，因為他母親每回來看他，嘴上總是說想他愛他，但實際上肢體語言常冷淡，讓兒子不知所措，陷在母親相互矛盾的訊息中[43]。專業人員要改善案主的症狀，必須從改善案主與他母親的關係著手，甚至要試著改善全家的家庭系統。

　　不單是有精神病、偏差行為、犯罪、學業成就低落等問題的個人，與家庭系統關係密切。另一些有傑出成就的人，也可能要放在家庭系統中才可以瞭解他們為何如此狂熱地在工作上努力。

　　在百孔千瘡的家庭中，有期待關懷協助的案主，相反地，在人們心目中完美的家庭，也可能有需加以協助的成員。因為一個完美的家庭可

能建立在某些成員痛苦的犧牲之上。犯罪者、精神病患、成績差者、酗酒藥癮者等等，需要社會工作或心理輔導等的專業服務，同樣地，模範生、賢慧的妻子、能幹的工作狂老公，模範母親等等，也同樣需要被瞭解和幫助，因為他們可能正承擔著超過自己能力的壓力。

從社會工作、心理輔導、精神醫學等專業領域的角度來看，某些特定的案主往往只是全家人有意無意認定的病人（identified patient），這位「病人」是生病的家庭系統中先出現問題的人，是他扛著全家的問題在生活，因而有各式各樣的症狀和複雜的困擾[44]。

被認定的病人，不論是逃學偷竊的兒子、精神異常的女兒、肥胖懶惰的母親、酗酒藥癮的父親……，其實可能都是整個家庭系統的代罪羔羊。這些代罪羔羊存在的意義是[45]：

（一）呈現出家庭的不平衡和反功能。

（二）承擔了家庭的壓力，協助家庭維持下去。

（三）是全家病症的背負者（bearer）。

（四）吸引了全家的注意，使大家暫時忽略和逃避更重要的問題。

（五）其症狀可被視為減輕緩和家庭壓力的工具。

（六）大家推卸責任的藉口。

這樣的實例，到處可見。在許多兒童虐待（child abuse）的案例中，受害的案主是父母紓解個人壓力的洩憤現象。在某些亂倫案例中，案主則可能是父母性生活問題的替代者，亦即是替代目標。在一些單親家庭中，兒子因為外貌和父親比較像，無緣無故地被母親格外敵視仇恨。在單親爸爸家庭中，女兒不自主地晉升到母親的位置。許多過胖的人所多吃的東西，可能是為了維持家庭系統穩定才吃的。許多孩子的精神疾病與母親婚姻衝突息息相關，一旦父母激烈衝突，子女就發病，以生病做為維持家庭穩定的滅火劑[46]。甚至，有時夫妻一方的外遇可能是家庭中成員所共同刺激的，藉著怪罪一個外遇的人，周圍的人都詭異地成為無罪又無辜的人[47]。在外遇的案例中，也出現夫妻共同導演「外遇事件」的情況，藉一方的出軌使婚姻關係重回穩定狀態。

　　若是整個家庭系統的扭曲造成問題的複雜化，問題並不會靜止或消失，有時即使其中一個成員狀況改善了、症狀減輕了，隔一段時間，另一位成員又可能出現新的問題。有時候，某一組關係有所進展，另一組關係卻又惡化。唯有對症下藥，持續給予協助，否則很難奏效。除了經濟等方面的支援外，宜考慮運用「家庭系統的家族治療」以發揮整體的效果。應特別注意到一家人之間的相互牽引和影響，比起單獨治療一位家庭成員要來得有效，家族治療具有以下的優點[48]：

（一）在家族團體中的經驗與平日家中生活較為類似。

（二）減少被治療者的社會孤立。

（三）每位成員能獲得家人較直接的支持與關懷。

（四）能學習和模仿較好的適應技巧。

（五）在家族的會談中從他人身上分享到正向的感受。

（六）經由互動增進領悟洞察及反省的機會。

（七）能觀察影響個別成員的家庭結構及權力現象，從而提供較好的輔導治療。

　　社會工作、諮商輔導、精神醫療等專業人員介入一個家庭，不只是要幫助某一個個人，更關心整個家，藉由協助這個家庭進而協助更多的人。一方面，專業人員期盼透過各種專業的努力使家人能更懂得彼此善待、彼此扶持，使家成為激發生命潛能的場所。另一方面，專業人員也希望不僅減少兒童虐待、婚姻暴力、精神疾病、酒癮藥癮等各種問題，更經由對整個家的介入，輔導和治療有問題的成員，並預防新問題的發生。

　　某些家庭系統較有效、有較強的能力，能彈性處理各系統內在外在的問題。另有一些系統欠缺足夠的能力去化解問題，專業服務設法增強家庭系統的功能，讓系統更有效地運作。當系統的運作改善了，個別成員的問題容易獲得適當處理[49]。

實踐、研究和推廣，更幸福

　　我在大專任教的第一門課是二哥請我幫忙教當時的世界新專編採科五年級的「評論文寫作」，我在東海任教的第一門課則是「社會問題」。因此累積對於各種社會問題掌握與評論的能力，需把握：事實瞭解、原因分析、實際面對、未來預測等四大重點。一方面要由小看大，從個案注意到相關的現象；也要由大看小，從整體分析細節。

　　對性別關係、婚姻、家庭的探究，最有用的概念正是「系統」。處處可透過生物學「界→門→綱→目→科→屬→種」的架構去分析。要推動政策，也須有此觀念，留意每一環節的改變對整體的影響。

　　我一直對「頭痛醫頭，腳痛醫腳」的政府措施不以為然，多次對行政院過於細碎的福利服務提出改進建議。1994 年撰寫〈運用家庭系統強化專業服務〉，並在各種政府委員會中有所提醒。2017 年發表了〈家庭服務體系的全盤改進──兩度向監察委員的建言〉，分析該如何以系統觀念和做法加以改進。當年，日本 NHK 特別採訪小組製作了《老後兩代同垮：相支持的家人，為何變成了破產危機？》專題，天下文化翻譯此書並請我寫序。的確，家中有任何成員出問題，都可能造成全家同垮，必須設法預防。

　　2018 年我進入政府，有機會全面實現自己的理想。在 1,201 天的臺中市社會局局長任內，我特別注意與性別、與婚姻、與家庭有關的業務，邀請熱心有行動力的同仁擔任主管或專案負責人，更到處找經費、爭取預算，協助成千上萬的家庭。對兒少、婦女、年長者、身障者等相對弱勢的人口群，處處關心。臺中運用在兒少與老人這最依賴家庭的兩大人口群的預算都在 3 年內倍增甚至三倍增。對於身障者、貧困者的預算也明顯增加，以減輕無數家庭的負擔。對特殊境遇家庭、脆弱家庭、

危機家庭、雙老家庭、LGBTQ等，動員專業社工及大筆預算，設法協助。

　　社會局透過廣設公托、親子館、關懷據點、身障小作所、長青學苑，幫助無數家庭，照顧孩子、身障者、老人。在現金給付方面，提高生育津貼、育兒津貼、托育補助、老人健保補助、擴大敬老愛心卡功能等，確實造福各家庭 。

　　因為擔任局長，我得以進入各種家庭、面對許多夫妻伴侶、參加超過幾百項與家庭有關的活動，經由實際的接觸，和四面八方的朋友交談，我更瞭解婚姻的豐富面貌、家庭的眾多需求。民眾總是鼓舞我，使我充滿動能。

第 *16* 章
暴力和防治

家的運作，需自助人助，「助」的部首是「力」。兩人相「加」總是比孤單一人要強，成員用心「努」力，互相「勉」「勵」，處理家「務」，「動」作積極，「勤」儉為要，卻要杜絕暴「力」。

家人相處，彼此有同理心（empathy），家庭的經濟（economy）需開源節流。開源方面，更有績效（effectiveness），在物價持續上漲的時代更得有效率（efficiency）。然而，家庭的力量有限，需外界充權（empowerment）。

「收入－支出＝結餘」沒有結餘，家裡如何有儲蓄，進而投資，產生財產所得？結餘要多，得靠收入增多和支出減少。俗話說：「大富由勤，小富由儉。」節儉在家裡就可以累積，從小處做起，食衣住行育樂都省一點。然而這樣的效果畢竟有限，家裡的資源太有限，總是得到家外去找，爭取更多資源。

家，應該爭取經濟力的協助，家人積極投入就業市場賺取所得。家，應該融入社會力，在宗教組織、教育組織、慈善組織等的幫助下，使家裡的資源寬裕。家，也應瞭解政治力提供的各種資源，依法申請爭取，避免「貧賤夫妻百事哀」。

家庭暴力對家庭的影響非常巨大，暴力對孩子的傷害是一輩子的。聯合國在 2011 年決議由所屬的世界衛生組織（WHO）協助各國處理 ACEs，這是「童年負面經驗」（Adverse Childhood Experiences）的縮寫，可見童年負面經驗的廣泛及嚴重。美國疾病控制與預防中心（CDC）提出 ACEs 三大類，十項指標。第一大類與虐待有關，包括：身體虐待、情緒虐待、性侵害。第二大類與疏於照顧有關，包括：缺乏生活照料、缺乏愛與關懷。第三大類與家庭失去功能有關，包括：家人罹患精神疾病、親人坐牢、家人遭受暴力對待、藥物濫用、父母離婚等。

家庭怎麼會從愛之窩演變成暴力的空間，造成無數人因而身心受傷，甚至要國家政府介入來保護家中的成員？第一節說明《家庭暴力防治法》等規定，經由統計數據呈現兒童、配偶、老人等的受虐。第二節進一步探討兒童虐待、配偶虐待、虐待尊親屬等問題。第三節說明公權力的介入與各種協助。

第一節 家庭竟有暴力？

　　家庭彷彿小型社會，家庭問題往往是社會問題的縮影，也是許多社會問題的原因。家庭型態與功能正在面對急遽變遷的考驗，婚姻不穩定、配偶間暴力、對兒童及老人虐待都持續增加。

　　國際疾病傷害及死因分類標準第九版（International Classification of Disease, ICD-9），診斷（N Code）虐待包含 995.80（養護欠妥）、995.81（身體受虐）、995.82（情緒或心理受虐）、995.83（性受虐）、995.84（疏於照顧）、995.85（其他受虐和疏於照顧）。外因補充分類碼為 E967.0（被父親、繼父或男友迫害）、E967.1（被其他特定之人迫害）、E967.2（被母親、繼母或女友迫害）、E967.3（被配偶或夥伴迫害）、E967.4（被子女迫害）、E967.5（被手足迫害）、E967.6（被祖父母迫害）、E967.7（被其他親戚迫害）、E967.8（被非親屬之照護者迫害）及 E967.9（被人迫害）等[①]。由此可知，各種虐待所造成的傷害情況多元，甚至可能導致受虐者的死亡。

　　〈甜蜜的家庭〉這首歌許多人都會唱，也為其中的歌詞所感動。家庭原本應該是最甜蜜的地方，但很不幸的，家人間朝夕相處，難免有摩擦有衝突，某些家庭裡甚至發生暴力，導致許多悲劇。家庭暴力與兒童虐待是家庭問題中最嚴重的，對受虐者的傷害甚至會影響一輩子，更是嚴重的社會問題，也是社會大眾所關注的問題之一。

　　在表 16-1 呈現歷年各類型的暴力，因為同婚合法化，以及將老年虐待分為對 65 歲以上或 65 歲以下尊親屬的虐待，2018 年前後，表格分類有所差異。

表 16-1　家庭暴力類型統計（2018 年以前）

年度	合計	婚姻、離婚或同居關係暴力	兒少虐待	老人虐待	其他
2006	66,635	41,517	10,952	1,573	12,593
2011	104,315	56,734	25,740	3,193	18,648

年度	合計	婚姻、離婚或同居關係暴力	兒少虐待	老人虐待	其他
2012	115,203	61,309	31,353	3,625	18,916
2013	130,829	60,916	40,597	3,624	25,692
2014	114,609	60,816	22,140	3,375	28,278
2015	116,742	61,947	21,360	5,971	27,464
2016	117,550	64,978	16,198	7,046	29,328
2017	118,586	64,898	15,779	7,473	30,436
2018	120,002	65,021	15,188	7,745	32,048

資料來源：衛生福利部（2023）。家庭暴力事件通報案件統計。網址：https://www.mohw.gov.tw/dl-22334-37cdd105-2256-420c-995f-42e8684c13f6.html

表 16-2 ▶ 家庭暴力類型統計（2019-2022 年）

年度	合計	案件類型別					
		婚姻、離婚或同居關係暴力		兒少虐待	直系血（姻）親卑親屬虐待尊親屬		其他家庭成員間暴力
		同性伴侶	異性伴侶		被害人年齡65歲以上	被害人年齡未滿65歲	
2019	128,198		63,902	20,989	6,935	7,649	28,723
2020	141,872		67,957	25,181	8,520	9,645	30,569
2021	149,198	1,351	68,977	24,481	9,821	11,147	33,421
2022	156,864	1,515	73,537	25,193	10,443	11,459	34,717

資料來源：衛生福利部（2023）。家庭暴力事件通報案件統計。網址：https://www.mohw.gov.tw/dl-22334-37cdd105-2256-420c-995f-42e8684c13f6.html

　　由這兩個表可知：家庭暴力通報案件持續且快速增加，從 2006 年總共 66,000 多件，到 2022 年已多達 156,000 多件，增幅達 235%。在三大類型中，與婚姻有關的，增加 181%；與兒少有關的，增加 230%；虐待尊親屬的，增加 1392%，接近 14 倍。

　　上述資料存在大量的「犯罪黑數」，數字遠低於實際發生的，無數

人受到暴力卻未報案，包括許多男性。許多人受限於傳統觀念——家醜不外揚、面子問題之影響，受暴者（不論男性或女性）選擇咬緊牙根、默默忍受與暴力共存，因而衍生許多難以估算的犯罪黑數②。

上個世紀，社會大眾普遍存在著「家醜不外揚」、「夫妻床頭吵、床尾和」、「法不入家門」、及「清官難斷家務事」等觀念，對於家庭暴力案件，大多數人都是睜一隻眼、閉一隻眼。為了防治家庭暴力行為及保護家庭暴力被害人的權益，政府在 1998 年制定公布了《家庭暴力防治法》，以公權力宣示對家庭暴力防治的決心。該法在 2021 年 1 月修正。依照該法的第 2 條所定義的重點有：

一、**家庭暴力**：指家庭成員間實施身體、精神或經濟上之騷擾、控制、脅迫或其他不法侵害之行為。

二、**家庭暴力罪**：指家庭成員間故意實施家庭暴力行為而成立其他法律所規定之犯罪。

三、**目睹家庭暴力**：指看見或直接聽聞家庭暴力。

四、**騷擾**：指任何打擾、警告、嘲弄或辱罵他人之言語、動作或製造使人心生畏怖情境之行為。

五、**跟蹤**：指任何以人員、車輛、工具、設備、電子通訊或其他方法持續性監視、跟追或掌控他人行蹤及活動之行為。

六、**加害人處遇計畫**：指對於加害人實施之認知教育輔導、親職教育輔導、心理輔導、精神治療、戒癮治療或其他輔導、治療。

暴力行為指身體或精神上不法侵害之行為，如推、踹、踢、捶、拉、甩、扯、綁、撞擊、掌摑、咬、抓、揪頭髮、扭曲肢體、扼喉、使用器械攻擊、強迫性交、以言詞恐嚇、威脅、辱罵、諷刺、鄙視、侮辱、不實指控、冷漠等。

《家庭暴力防治法》修正適用範圍，已擴及未婚同居或同性戀者，法律規定符合現代社會的家庭多元型態。家庭暴力所指的範圍比一般認為的家庭要廣，按照第 3 條所規定家庭成員，包括下列各員及其未成年子女：

一、配偶或前配偶。

二、現有或曾有同居關係、家長家屬或家屬間關係者。

三、現為或曾為直系血親或直系姻親。

四、現為或曾為四親等以內之旁系血親或旁系姻親。

《兒童及少年福利與權益保障法》及《老人福利法》也有相關的規定，禁止對兒童、對老人疏忽、虐待。

第二節　受虐的主要人口群

家庭暴力按照表 16-1 可知有不同的對象，其中以兒童、配偶、老人居多，依序進一步說明。

一、兒童

兒童因為身體狀況及年幼，被人口學歸類為「依賴人口」，是受到身體虐待、精神虐待、性虐待、疏忽的高危險人口群[③]。

最嚴重的為兒童遭受性侵害。2016 年性侵害被害人達 8,141 人，其中 955 人是身心障礙者，佔總數的 11.73%。2015 年身心障礙者人數是 1,116 人，佔總數的 10.67%。也就是說，大約有九分之一的性侵害案件被害人是身心障礙者。

根據性侵害事件的統計，兩造關係方面，直系血親 482 人，旁系血親 396 人，相加為 878 人，佔總數 10.78%。2015 年的總數 10,454 人，直系血親 532 人，旁系血親 486 人，合計 1,018 人，佔總數 9.73%，整理在表 16-3。也就是說，大約有十分之一的性侵害案件是被親人加害。社工等專業人士在處理時，特別棘手。

表 16-3 ▶ 性侵害事件兩造關係的親人狀態

性侵害兩造關係別	直系血親	旁系親屬
2011 年	974	669
2012 年	1,052	743
2013 年	849	721
2014 年	886	715
2015 年	693	673
2016 年	663	541
2017 年	739	667
2018 年	753	718
2019 年	-	-
2020 年	-	-
2021 年	514	-

資料來源：行政院性別平等會（2023）。性侵害案件統計。網址：https://www.gender.ey.gov.tw/gecdb/Stat_Statistics_Query.aspx?sn=gf3WynP6rAPKkY5hP%24kPAg%40%40&statsn=MQZTmSHUmk!S6zy0iQEyUQ%40%40

　　在家中的性侵害，令人髮指，又觸犯倫理最根本的近親禁忌。性侵家中幼年子女的行為，牽涉到的問題極為廣泛，狀況分歧[④]。有時父親是家中主要的經濟來源，母親須倚靠父親的收入，明明知道丈夫是狼人卻忍氣吞聲；有時母親自己外遇，帶綠帽子的丈夫以性侵女兒為報復；有時單身母親身邊的同居人性侵沒有血緣的女孩……。

　　性交的發生可分為合意性交與非合意性交（如強制性交、乘機性交等準強制性交犯罪行為）。如非合意性交，必屬非法，為多數現代文化的道德觀無法接受，於重視人倫的中華文化圈，近親性交實屬亂倫。「亂倫」與「近親性交」常被混為一談。然而實際上，兩者是有程度上的差異。近親禁忌指近親性交，指在近親之間所發生的性行為，被視為是亂倫禁忌。

　　亂倫指傳統文化的倫理關係因為性行為而發生紊亂，不管是血親還是姻親，若發生性行為都屬於亂倫，不管是合意性交或非合意性交。「親

密型的、互相願意的」不足以説明「準強制性交」與「權勢性交罪」等性侵害的樣態。世界上大多數的國家處以重刑是針對性侵害而發生的近親性交。

傳統定義家內性侵害多指有血緣關係之間發生性行為。陳慧女、廖鳳池[5]針對家庭內性侵害受害者進行研究，加害人的身分則以父親與繼父最多，佔 70.8%，餘者依次為手足、母親、叔舅、母親之同居人，其中有些案主除了遭受家人的侵犯之外，也併有被家外人，如父親友人、堂姐友人侵犯。

亂倫受害兒童的非加害人父母常是隱形次級的受害者，除要面對家人受害事件的衝擊，也得承受家庭系統的變動與危機，若又同時是家庭亂倫事件的舉發者，也可能面對來自家人的指責[6]。

二、伴侶

親密關係暴力是家庭暴力中最主要的類型，加害人（也稱相對人）對受暴者所施予的控制行為，包含身體的、心理的、語言的、經濟、社交、性、靈性等各方面的虐待與控制。除了外顯的身體傷害外，其他如威脅、恐嚇、孤立、羞恥、貶抑等，對受害者所造成的心理傷害亦包含在內。

謝克特（Schecter）與甘利（Ganley）對於伴侶暴力定義為：一種攻擊與強制行為的型態，包括身體的、性方面的、心理上的攻擊，以及經濟上的強制，由成年人或青少年對其親密伴侶所採用的行為。強制行為分成身體的、性方面的、心理的攻擊、經濟上的控制等，這些強制型態被運用來控制另外一個人[7]。

李宜靜將「婚姻暴力」、「配偶虐待」、「毆妻」做一區隔：（一）「婚姻暴力」指在同居或婚姻等親密關係中，一方對他方出現身體攻擊的暴力行為，通常包含一種以上，如打、摑、推，且常是在一方主動攻擊的情況下發生，另一方即使有反擊，也是因為擔心、害怕，或出自於自衛的情況下被迫反擊。（二）「配偶虐待」雖然亦指親密關係中所發

生的暴力行為，不過與「婚姻暴力」的差別在於除了身體攻擊的暴力行為外，還包括妒忌、極端的口語傷害、具有貶低性的評論、威脅要懲罰對方、搶奪對方的所有物、丟東西等心理上的暴力和無外傷的性攻擊行為。（三）「毆妻」的重點則在於女性是否被毆打，不論她在衝突中的角色為何。婦女受虐待則指一個女人被她住在一起或曾住在一起，即現在或過去有過親密關係的男人，可能是她們的已婚或離婚的丈夫、同居人或男友，對身體上毆打或施以性暴力[⑧]。

達頓（Dutton）運用生態網絡模式來解釋婦女受虐原因，從四系統來加以探討[⑨]：

（一）**鉅視系統（macrosystem）**：個人所在之社會文化、信念對沙文主義的看法，如是否男人認為暴力是可以被接受的？是否對男女有雙重行為標準？

（二）**中間系統（exosystem）**：指個人所互動的工作場所，如男人是否有固定職業？工作壓力的狀態？是否有支持團體？

（三）**微視系統（microsystem）**：家庭是個人的微視系統，看重家庭成員的互動情形。是以男人或女人為主？是否有衝突或支持？其溝通模式為何？

（四）**個體層次（ontogenetic level）**：指個人在微視、中間及鉅視系統中的反應，如個人心理反應或行為傾向，對男女衝突是否隱忍？在成長家庭是否目睹暴力？如何對其暴力行為找藉口？

生態學觀點強調個體與環境關係，以此觀點檢視婚姻暴力，加害人暴力行為之發生，可能是個人與環境因素共同影響所造成。

婚姻暴力的基本歷程包含三個階段，（一）累積壓力階段：無法解決長期的衝突形成的緊張；（二）暴力爆發階段：當衝突繼續增加而爆發激烈的爭吵，而後產生毆打；（三）悔罪階段：通常在毆打後，男性悔悟並請求原諒，女性則又回到男性身邊，這時有段和諧甜蜜的日子，因此第三階段又稱為蜜月期。但隨著蜜月期的過去，衝突緊張又開始升高，因此又回到第一期，展開婚姻暴力的循環[⑩]。

陳高德的研究發現，臺灣加害人在婚姻暴力循環中從「累積壓力期」、「暴力爆發期」到「平靜期」的一段暴力休止時間之後，又再從累積壓力期開始循環，重複相同的暴力情境。但國內加害人在「平靜期」的表現有別於國外的蜜月期，加害人大多是傾向不處理，以為隨著時間過去就沒事了，也許他們會表示抱歉、帶太太看醫生或主動說話，覺得這樣的表現就可以彌補暴力的傷害，而妻子也應該接受，因此暴力循環下去[11]。李宜靜發現，臺灣的男性加害人未出現明顯的第三階段蜜月期的行為表現，加害者他們不會對被害者有愧疚之意、不會道歉、也不想理會受害者，有的甚至考慮以離婚收場[12]。

盧昱嘉的研究發現：婚姻暴力的發生有共通之歷程：婚姻成型期、問題蟄伏期、婚姻調適期、暴力衝突期、暴力承受期及自我覺醒期等六個階段，前三個階段為婚姻暴力發生的「因」，後三個階段為暴力發生的「果」，可能呈現重複循環的現象，在被害人與加害人之間不斷上演[13]。

在婚姻暴力的衝突點上，主要原因有金錢問題、外遇問題、喝酒問題、賭博問題、子女教養問題、婆媳問題等。還有經濟與生活上的壓力、對妻子的角色期待有落差、夫妻觀念不同、婚姻不幸福感、大男人主義、沒面子、低自尊、不被尊重及對權力的欲求等。陳高德歸納婚姻衝突的主要原因為經濟資源與權力問題、子女教養問題、人際關係與外遇問題、家務分工問題、婆媳問題與妻子心向娘家等[14]。鄭秀津的研究發現婚姻衝突原因不只一個，同時併有多個原因互相影響，如金錢、個性、外遇、性生活、教養、不良習慣等[15]。

黃維仁將施暴者歸納為三種類型（一）普通型：施暴者偶而會失控，拉扯、大吼、打耳光，但不嚴重。（二）惡犬型：施暴者經常怪罪對方卻看不見自己的缺失，嫉妒心與控制慾都強，用高壓的方式遮掩心理上的軟弱。（三）眼鏡蛇型：施暴者會控制自己，善於冷靜觀望，仔細觀察狀況，採取最快速而有效的方式去打擊對方；崇尚暴力與權威；喜歡刺激與掌控[16]。惡犬型的施暴者有時因為配偶的批評觸動了「心

理按鈕」，激發出強烈的情緒反應。但之後又充滿悔意，希望能被原諒。直到下一次又被激怒，又產生了暴力行為。眼鏡蛇型者則極度自信，老謀深算，施虐殘忍而又重複。他們不但傷害配偶，也可能傷害配偶身邊的人。

從心理面，一個人會對原本親密的人施加暴力，存在複雜的心理，各種處置計畫應該針對心理狀態充分瞭解。對婚姻暴力加害人之類型與心理特質之研究可歸納出毆妻犯之分類有三個主要向度：（一）施暴之嚴重程度、（二）施暴者只對其妻或亦對其他人、（三）有無心理病理或人格異常。依此向度而提出婚暴犯之三個分類：（一）只打家人型：其施暴行為只及家人。（二）煩躁／邊緣型：情緒易變且常煩躁，容易有自殺及殺妻之毀滅行為。（三）暴力／反社會型：家外暴力行為很多，可能有犯罪前科紀錄[17]。

三、老人

媒體報導：孫子拿著安全帽和菜刀攻擊爺爺奶奶，為了要錢，讓長輩身心都受傷。兒子、媳婦、女兒、女婿、孫輩虐待老人等事件，層出不窮，棄養事件處處可見，還有無數家庭的長期照護成為「忍無可忍」。長壽，原本是讓人羨慕的祝福，如今成為很多老人的無奈，又成為他們子女、媳婦、女婿的強大壓力。

WHO（2002）將老人虐待定義為：單一或重複發生行為，因為缺乏應採取的適當行動，造成老人的傷害或困擾，而且發生在原本被期待是信任的關係中。虐待對老人的身體、精神、財務上造成不當之損傷或剝奪，或者忽略其需要[18]。強生（Johnson）研究老人不當對待（elder mistreatment），提出概念層次架構如下，可根據這個層次定義發展出一套由接案、評估到處遇的計畫，並且以老人及其家庭為核心的老人保護個案處理模式[19]：

（一）**第一層（文義定義）**：老人處於一種自己或他人造成的受苦的狀態，不利於生活品質。

（二）**第二層（行為定義）**：出現身體、心理、社會或法律面的受虐徵兆。

（三）**第三層（操作型定義）**：依據受虐行為徵兆的強度（單一類別受虐程度）與密度（多重受虐類別）來測量。

（四）**第四層（對應定義）**：受虐原因區分為主動疏忽、被動疏忽、主動虐待或被動虐待，各自予以對應處遇。

在受虐類型方面，老人虐待指標分為：身體虐待、醫療虐待、心理／情緒虐待、濫用金錢、照顧者疏忽、自我疏忽及性侵害。整理老人福利推動聯盟及黃志忠的資料，細分為以下幾類[21]。

（一）**身體虐待**：如打、踢、刺、揮拳、刀割、鞭打或約束行動自由等，受虐者身體上出現瘀青、紅腫、傷口及裂傷的情形。

（二）**心理虐待**：如口語攻擊、侮辱或威脅恐嚇等，使老人心生畏懼，感覺沮喪、焦慮甚至有自殺意念與行動。

（三）**性虐待**：任何形式未經老人同意的性接觸、強迫裸露、拍淫照等，或與無行為能力的老人發生性關係，未經老人同意而任意撫摸其身體等。

（四）**疏忽**：不提供足夠的物質需要、照顧或服務，或環境衛生條件不良，缺乏輔具的協助或支持等，使老人暴露於危險環境。

（五）**財產上的剝奪**：不提供老人必要的財務協助，未經老人同意而非法或不當地使用老人的財物等。

（六）**物質剝奪**：剝奪老年人處理財務的權利或對老年人的金錢與財產做不當的處置。

（七）**自我疏忽**：老年人拒絕生活所需的食物、個人衛生或醫療服務。可再分為刻意自我疏忽及非刻意自我疏忽，較嚴重者甚至自我虐待。

（八）**遺棄**：有扶養義務的親人故意離開或拋棄老年人。

整體而言，以身心虐待最多，疏於照顧、遺棄、失依也很常見。邱鈺鸞、鍾其祥、高森永、楊聰財、簡戊鑑使用 1997-2008 年全民健保資料庫，串連「住院醫療費用清單明細檔」與「醫事機構基本資料檔」，

選取老人受虐個案進行分析。發現因遭受虐待而住院的老人計 342 人，病患平均年齡為 74.1 歲，男女比例為 52.3% 及 47.7%。平均每位受虐老人患有 1.4 個慢性疾病、2.2 個急性傷害。傷害類型以顱內損傷比例最高（34.2%）；受虐患者多至地區醫院就醫（56.7%），以 65-74 歲年齡族群住院比例最高（59.1%）；平均住院天數為 8.33 天，平均住院費用約 40,000 元。12 年整體住院率趨勢無顯著變化[22]。

楊培珊分析：財務虐待及性虐待在臺灣是較難評估的虐待類型。對長輩的肢體暴力，多半與經濟相關。常見的是照顧者有藥癮、酒癮，屢次跟長輩要錢，要不到就暴力相向。長輩若長期生病，也容易引來照顧者不當的言語攻擊。例如已經中風的長輩需要子女長時間照顧，子女顧得很煩心，對老人家說「怎麼不去死」之類的話[23]。

受虐老人的高危險人口群是：年齡大、慢性疾病纏身、認知功能障礙、缺乏社會支持、低收入、低教育程度、酒精成癮或物質濫用、罹患精神疾病、有家庭暴力的家族史；而家中照顧者因有經濟負擔、對老化有負向的看法、承受高度的生活壓力、有家庭暴力史、有酒精成癮問題、經濟依賴老人等，較可能對老人施暴。

各類機構的照護品質也和老人受虐相關，老人被虐的可疑徵狀，包括看似因過度被約束所造成的手腕或腳踝皮膚損傷，或非疾病引起的營養不良、體重減輕或脫水，或老人顯得很害怕照顧者，或照顧者對老人表現冷淡，或對傷者漫罵。除身體上的傷害外，受害人常有生理或心理症狀，如慢性腹痛、頭痛、肌肉骨骼症狀或焦慮憂鬱，出現酒精或藥物依賴等失調現象[24]。

老人虐待的黑數相當高，數字背後可能隱藏的問題很多，以相關人員來分析：

（一）老人本身：隱忍不報、資訊不足、與外界接觸有限。

（二）社會一般民眾對於老人虐待及老人保護瞭解不夠。

（三）照顧系統專業人員的敏感度不足。

（四）保護性社會工作人力不足。

（五）老人受虐徵兆易與老人疾病症狀混淆，導致錯誤診斷等。

　　莊秀美、姜琴音整理出六點臺灣老人保護工作執行的困境[25]：

（一）**親子關係的糾葛**：法律規定子女有扶養父母之義務，但曾受到父母不當對待之子女，對此感到不平衡。《民法》規定若父母未盡扶養子女之義務，或曾對子女有虐待、重大侮辱等身體或精神上不法侵害行為時，法院可免除子女扶養父母的義務。

（二）**對老人認知觀念的偏差**：由於身體機能減退，老人容易被標籤為家庭的累贅；部分員警對老人保護，抱著「清官難斷家務事」觀念，採取息事寧人心態，而非積極介入。

（三）**老人虐待、老人保護界限的模糊**：許多通報進家暴中心之案件並非虐待案件，僅需一般的社會福利服務。應明確界定老人虐待、保護的範圍。

（四）**社工角色的兩難局面**：施虐者通常對社工採取敵對態度，使社工事倍功半。受虐者與施虐者或家人間的矛盾關係，也常讓社工在處理時感到兩難。

（五）**老人相關福利資源的不足**：被依賴者若經濟或照顧能力不足，造成心理壓力，須發展多元化的社會福利服務。缺乏經濟能力者則希望政府依其經濟能力提供全額或部分補助之服務。

（六）**專業人力的不足。**

　　老人虐待發生前有兩個因素必須被考量，第一，受虐對象的狀況；第二，有觸發事件（triggering event），如某些危機促使虐待的發生。老人出現失能現象或健康問題惡化，造成危機事件而導致虐待的發生。當照顧需求超出照顧者的負荷或能力時，虐待也可能發生，有時被照顧者本身行為引發成衝突事件[26]。

四、老婦人承受雙重虐待

　　老人虐待受到關注的程度遠不如婚姻暴力和兒童虐待等議題來得大。其實，無數老人被虐，尤其是老太太。老人為何受虐？不能只是看

施虐者的個性，更應注意社會與文化的力量，從社會結構為出發點，探究發生的原因[27]：

（一）傳統上家庭暴力被認定是「家庭隱私」，家庭拒絕外來的干涉。

（二）虐待和「權力」密切關連，是有權力者對另一方的強制、威脅以獲得屈從的過程。家庭成員不平等的地位關係，可能來自於角色、體力、資源可用性、性別、年齡的差異因「權力差異」而產生暴力。老人往往是無酬勞動市場的殘存者，在家庭中沒有地位，也沒有權力。權力差距越大，其虐待關係越可能發生。

（三）施暴者因「無權力」的失落感，為達到自己的控制感使出暴力來對付老人。有些男性在工作場所或社會關係領域中，覺得缺乏權力，包括無法控制工作、同事、經濟地位、或其他環境因素的滿足感，為補償其無權力的感覺，可能對老人施暴以展現自己的權力。所以許多虐待案件的加害者是在職場中充滿挫折感的子女。

（四）和社區缺乏互動或越少參與社區的家庭，可能是社會邊緣人或社會邊緣家庭，越可能發生婚姻暴力。越是缺乏親屬關係及朋友關係網絡或社區關係者，越可能產生虐待。家庭的孤立或隔離並非地理性的意涵，居住於都市密集區者並非沒有高孤立感的家庭，而居住於鄉下地區者，也未必表示孤立與隔離，有許多社會性和心理性的孤立與隔離。家族連帶和社區連帶缺乏的家庭易發生暴力，例如常搬家。

（五）社會中存在的結構不公平，其內涵包括了經濟上、教育上、政治上、性別上、種族上、倫理上的不公平，尤其是可運用的醫療及社會服務上資源的不公平。

（六）父權是家庭暴力中看不見的一隻黑手，權力屬於男性，女性則附屬於男人的地位之下。

（七）依社會學習理論的觀點，學習傳統的性別角色——家庭的父權結構，男性繼續藉由家庭的階層結構，將權力歸屬於自己，用以控制他人。

（八）社會文化默許婚姻暴力，且視男性的攻擊性行為為正常現象，默
　　　許男性優越主義的歧視與身體暴力行為。從社會結構或文化接納
　　　論的觀點，既有的社會文化價值觀提供了家庭內暴力的存在環
　　　境，助長「家庭暴力學習」。社會中的性別歧視，塑造了「家庭
　　　是男人的城堡，所有事情由他主宰；女人則是婚姻的俘虜，完全
　　　聽命於家庭（尤其是丈夫）」，男人主宰的文化規範成為虐待與
　　　暴力的來源。

第三節　介入協助

一、立即處理

　　《家庭暴力防治法》，使「法得以入家門」，任何人如果受到家
庭暴力的侵害，都可以依法向法院申請保護令。目前全國警察機關各分
駐派出所都已設有「社區家庭暴力防治官」專責人員，提供民眾必要協
助；如遇到家暴案件，包含身體暴力或言語暴力，都可以撥打113專線，
請求專人提供相關協助與諮詢服務。「113」為全國婦幼保護專線，是
二十四小時免付費的專線，民眾撥打電話求助，專線就轉接到當事人在
地的家暴防治中心，由專人提供各種諮詢服務，包括：（一）提供心理
諮詢；（二）討論安全計畫；（三）提供法律諮詢；（四）提供緊急救
援；（五）提供緊急庇護。如果遇到緊急狀況，則應先撥打「110」，
通知警方至現場處理。當情況緊急時，打110報警處理是安全妥善的應
變方式，隨時保護人身安全。

　　配合《家庭暴力防治法》與相關行政命令的公布，遭受家庭暴力的
受暴者可申請保護令，免除暴力的威脅。民事保護令分為通常保護令、
暫時保護令及緊急保護令（該法第9條）。按照該法第14條，法院於
審理終結後，認有家庭暴力之事實且有必要者，應依聲請或依職權核發
包括下列一款或數款之通常保護令：

（一）禁止相對人對於被害人、目睹家庭暴力兒童及少年或其特定家庭成員實施家庭暴力。

（二）禁止相對人對於被害人、目睹家庭暴力兒童及少年或其特定家庭成員為騷擾、接觸、跟蹤、通話、通信或其他非必要之聯絡行為。

（三）命相對人遷出被害人、目睹家庭暴力兒童及少年或其特定家庭成員之住居所；必要時，並得禁止相對人就該不動產為使用、收益或處分行為。

（四）命相對人遠離下列場所特定距離：被害人、目睹家庭暴力兒童及少年或其特定家庭成員之住居所、學校、工作場所或其他經常出入之特定場所。

（五）定汽車、機車及其他個人生活上、職業上或教育上必需品之使用權；必要時，並得命交付之。

（六）定暫時對未成年子女權利義務之行使或負擔，由當事人之一方或雙方共同任之、行使或負擔之內容及方法；必要時，並得命交付子女。

（七）定相對人對未成年子女會面交往之時間、地點及方式；必要時，並得禁止會面交往。

（八）命相對人給付被害人住居所之租金或被害人及其未成年子女之扶養費。

（九）命相對人交付被害人或特定家庭成員之醫療、輔導、庇護所或財物損害等費用。

（十）命相對人完成加害人處遇計畫。

（十一）命相對人負擔相當之律師費用。

（十二）禁止相對人查閱被害人及受其暫時監護之未成年子女戶籍、學籍、所得來源相關資訊。

（十三）命其他保護被害人、目睹家庭暴力兒童及少年或其特定家庭成員之必要命令。

　　法院進行裁定前，應考量未成年子女之最佳利益，必要時並得徵詢

未成年子女或社會工作人員之意見。

關於第 1 項第 10 款之加害人處遇計畫，法院得逕命相對人接受認知教育輔導、親職教育輔導及其他輔導，並得命相對人接受有無必要施以其他處遇計畫之鑑定；直轄市、縣（市）主管機關得於法院裁定前，對處遇計畫之實施方式提出建議。

若狀況危急，依照該法第 16 條：「法院核發暫時保護令或緊急保護令，得不經審理程序。法院為保護被害人，得於通常保護令審理終結前，依聲請或依職權核發暫時保護令。法院核發暫時保護令或緊急保護令時，得依聲請或依職權核發第 14 條第 1 項第 1 款至第 6 款、第 12 款及第 13 款之命令。

法院於受理緊急保護令之聲請後，依聲請人到庭或電話陳述家庭暴力之事實，足以認定被害人有受家庭暴力之急迫危險者，應於四小時內以書面核發緊急保護令，並得以電信傳真或其他科技設備傳送緊急保護令予警察機關。聲請人於聲請通常保護令前聲請暫時保護令或緊急保護令，其經法院准許核發者，視為已有通常保護令之聲請。」

政府有權利也必須保護任何公民，如果任何人遭遇下列狀況，按照該法第 30 條，積極介入：

（一）被告或犯罪嫌疑人之暴力行為已造成被害人身體或精神上傷害或騷擾，不立即隔離者，被害人或其家庭成員生命、身體或自由有遭受侵害之危險。

（二）被告或犯罪嫌疑人有長期連續實施家庭暴力或有違反保護令之行為、酗酒、施用毒品或濫用藥物之習慣。

（三）被告或犯罪嫌疑人有利用兇器或其他危險物品恐嚇或施暴行於被害人之紀錄，被害人有再度遭受侵害之虞者。

（四）被害人為兒童、少年、老人、身心障礙或具有其他無法保護自身安全之情形。則檢察官、司法警察官或司法警察逕行拘提或簽發拘票。

對加害者，該法規範了強制的作為，依照第 29 條：「警察人員發

現家庭暴力罪之現行犯時，應逕行逮捕之，並依刑事訴訟法第 92 條規定處理。

檢察官、司法警察官或司法警察偵查犯罪認被告或犯罪嫌疑人犯家庭暴力罪或違反保護令罪嫌疑重大，且有繼續侵害家庭成員生命、身體或自由之危險，而情況急迫者，得逕行拘提之。」

該法有明確的罰則，按照第 61 條規定：「違反法院依第 14 條第 1 項、第 16 條第 3 項所為之下列裁定者，為本法所稱違反保護令罪，處三年以下有期徒刑、拘役或科或併科新臺幣 100,000 元以下罰金：
（一）禁止實施家庭暴力。
（二）禁止騷擾、接觸、跟蹤、通話、通信或其他非必要之聯絡行為。
（三）遷出住居所。
（四）遠離住居所、工作場所、學校或其他特定場所。
（五）完成加害人處遇計畫。」

當家庭暴力防治中心介入，被傷害的人可以得到救援，短期內可協助診療、驗傷、採證及緊急安置。家防中心也提供或轉介被害人心理輔導、經濟扶助、法律服務、就學服務、職業訓練、就業服務、中長期安置、住宅輔導等服務。

對加害人（相對人），依據《家庭暴力防治法》第 13 條第 10 項之規定：「法院於審理終結後，認有家庭暴力之事實且有必要者，應職權得命相對人接受認知教育輔導、親職教育輔導及其他輔導，並得命相對人接受有無必要施以其他處遇計畫之鑑定。」常見的處遇計畫還包括：戒癮治療、精神治療、心理輔導或其他治療、輔導。

二、對被害人的協助

該法第 41 條規定：

「醫事人員、社工人員、臨床心理人員、教育人員、保育人員、警察人員及其他執行家庭暴力防治人員，在執行職務時知有家庭暴力之犯罪嫌疑者，應通報當地主管機關。主管機關接獲通報後，必要時得自行

或委託其他機關或防治家庭暴力有關機構、團體進行訪視、調查。醫院、診所對於家庭暴力之被害人，不得無故拒絕診療及開立驗傷診斷書。衛生主管機關應擬訂及推廣有關家庭暴力防治之衛生教育宣導計畫。」

家庭暴力防治中心接獲各單位處理家庭暴力被害人或自行申請緊急安置事件應依各項程序辦理。緊急安置輔導服務包含個案管理、生活照顧、心理輔導、就業輔導、法律扶助、子女就學、托育安排及申請經濟補助等。

家庭暴力目睹兒童少年比較容易出現情緒困擾、急躁脾氣、沮喪、懼怕及壓抑行為問題，嚴重者至會出現較低的自尊心與社交能力或侵略性行為。所以，政府也需對目睹家庭暴力的兒童青少年予以協助。

家暴被害人可依法申請協助，為加強照顧婦女福利，扶助特殊境遇婦女解決生活困難，給與緊急照顧，協助其自立自強及改善生活環境，政府制定《特殊境遇婦女家庭扶助條例》於 2000 年 5 月公布施行，在地方，由社會局（處）主責。後來擴大範圍，修正為《特殊境遇家庭扶助條例》。按照 2021 年 1 月修正的第 4 條規定，所列符合款項共七款：

（一）65 歲以下，其配偶死亡，或失蹤經向警察機關報案協尋未獲達 6 個月以上。

（二）因配偶惡意遺棄或受配偶不堪同居之虐待，經判決離婚確定或已完成協議離婚登記。

（三）家庭暴力受害。

（四）未婚懷孕婦女，懷胎 3 個月以上至分娩 2 個月內。

（五）因離婚、喪偶、未婚生子獨自扶養 18 歲以下子女或祖父母扶養 18 歲以下父母無力扶養之孫子女，其無工作能力，或雖有工作能力，因遭遇重大傷病或照顧 6 歲以下子女或孫子女致不能工作。

（六）配偶處 1 年以上之徒刑或受拘束人身自由之保安處分 1 年以上，且在執行中。

（七）其他經直轄市、縣市政府評估因 3 個月內生活發生重大變故導致

生活、經濟困難者，且其重大變故非因個人責任、債務、非因自願性失業等事由。

2020 年申請扶助的狀況，依衛生福利部統計，共 1.9 萬戶申請（較 2019 年減 806 戶，-4.0％），其中女性家長 1.7 萬戶，佔 88.3％（近 5 年佔比維持在 88.2％與 89.3％之間）；平均每戶扶養子女、孫子女人數 1.4 人，較 2019 年減 0.1 人。

家庭扶助內容包含社政部門之緊急生活扶助、傷病醫療補助、法律訴訟補助、子女生活津貼、兒童托育津貼、教育部門之子女教育補助及職訓部門之創業貸款補助利息。受扶助者 13.1 萬人次，扶助金額 4.6 億元，較 2019 年分別減 0.1％及增 0.4％。依扶助項目觀察，2020 年以子女生活津貼 2.7 億元（佔 59.6％）最多，其次為緊急生活扶助。

實踐、研究和推廣，更幸福

按照權責，也按照字面，家庭教育應該是教育體系多負責。我在1990 年代擔任教育部相關委員之時卻協助處理了許多婚姻暴力、兒童虐待、性侵害的案件，因為那時還沒有《家庭暴力防治法》，也沒有《性侵害防治法》，社會福利行政還沒有法令可以依循，無法介入處理。

我不斷在報章雜誌上呼籲政府正視這些悲劇。1997 年我寫了《用真情救婚姻》，先以 27 個案例將自己實際處理過的案例，配合各婚姻諮商輔導的學派，加以說明，其中包含了婚姻暴力。1998 年，在《皇冠雜誌》撰寫一連串有關婚姻暴力及處遇的文章，製作成專題。接著出版《婚姻會傷人：27 個真實的婚姻暴力故事》。配合此書，將各種社會資源整理，編寫《婚姻傷痕救援手冊》。

所幸，《性侵害防治法》、《家庭暴力防治法》等陸續上路，我也被聘為第一屆性侵害防治委員會的委員，還負責編輯對性侵害加害人輔導教育的材料。臺中市政府社會局按照法令，成立家庭暴力暨性侵害防治中心，但人力不足、專業有限。各項方案還是要靠民間有經驗的社會福利組織，我帶著幸福家庭促進協會的夥伴執行了一些方案：

- 監所裡的心理輔導工作
- 未成年子女監督會面方案
- 強制性親職教育輔導方案
- 臺中地方法院家庭暴力事件服務處
- 街友訪查與輔導就業
- 目睹家庭暴力兒童及少年創傷治療輔導計畫
- Ｃ型行為人（網路援交）輔導處遇計畫

協會也與勞工局合作，幫助吸毒者出獄後的就業，幫家庭暴力和性侵害的受害者找工作。好些服務的對象都屬於「非自願性案主」，心不

甘情不願接受協助，我為此從事研究，分析「非自願性案主對社會工作教育的挑戰」，自己也在學校開設家庭暴力、性侵害等課程，培育更多專業人才。我更注意到性別議題是造成家庭暴力等問題的關鍵，發表了〈對性侵害、婚姻暴力、兒童虐待加害人的探究——偏向性別的反思〉，又撰寫專文，提醒喝酒與雄性暴力的密切關聯。

政府介入家庭的情況越來越明顯，各種法令、政策、計畫、方案，越來越多。政府有更多資源和權力，既有胡蘿蔔，例如各項補助、津貼、措施，又有各種棍子，例如違反者處以罰款，甚至課以刑期。家裡的人在扮演原本角色之時，不能隨興隨意，必須要考慮國家的各種規定。

註釋和參考書目

說明：

1. 本書廣泛引用各種書目，在此列出。為了全書閱讀方便，版面更清楚，針對直接引述或採用的按照順序標號，按照標號可以查出該參考書目。

2. 引用方式基本上參考 APA 格式。國外和中國大陸的出版社，不列城市名稱。

第一章

① 張德勝（1986）。《社會學原理》。臺北：巨流。

② Macionis, John. J. (2000). *Sociology*. Prentice Hall.

③ 林義男（編譯）（1991）。《社會學詞彙》。臺北：巨流。

④ 1. Calhoun, Craig J., Donald Light, Jr., and Suzanne Keller, Craig (1996). *Sociology*. McGraw-Hill, Inc.

2. 秦亮（1986）。〈陰錯陽差——性與性別認同〉，《心靈雜誌》，56，38-41。

⑤ Popenoe, David (1989). *Sociology*. Aldine de Gruyter.

⑥ Parsons, Talcott (1968). *Sociological Theory and Modern Society*. Rainbow-Bridge Book Co.

⑦ Butler, Edgar W. (1979). *Traditional Marriage and Emerging Alternatives*. Harper and Row, Publishers.

⑧ 張春興（1989）。《張氏心理學辭典》。臺北：臺灣東華。

⑨ 彭懷真等（譯）（1991）。《社會學辭典》。臺北：五南。

⑩ 同 ⑧

⑪ 劉惠琴（1992）。《從心理學看女人》。臺北：張老師。

⑫ 蔡佳玲譯（2002）。《都是基因惹的禍》（原作者：Terry Burnham and Jay Phelan）。臺北：天下文化。

⑬ 宋南辛（1986）。〈來自蠻荒的訊息——男女角色與文化〉。《心靈雜誌》，62，30-34。

⑭ 同 ⑥

⑮ Ackerman, N. J. (1984). *A Theory of Family System.* Gardner Press.

⑯ Popenoe, David (1991). Family decline in the Swedish welfare state. *The Public Interest,* 102 (Winter), 65-77.

⑰ 同 ⑦

⑱ Schaefer, Richard T. and Robert P. Lamm (2001). *Sociology.* McGraw-Hill, Inc.

⑲ 同 ②

⑳ 瞿海源（1989）。《社會心理學新論》。臺北：巨流。

㉑ 楊庸一（1981）。《佛洛依德》。臺北：允晨。

㉒ Klemer, Richard H. (1970). *Marriage and Family Relations.* Harper and Row, Publishers.

㉓ 李美枝（1979）。《社會心理學》。臺北：大洋。

㉔ Chadee, Derek (ed.) (2011). *Theories in Social Psychology.* Wiley-Blackwell.

㉕ Maccoby, E., and C. Jacklin (1974). *The Psychology of Sex Differences.* Stanford University.

㉖ 潘正德（1993）。〈新男性的感情世界〉。收錄在謝瀛華等，《男人、難──新男性研討會論文集》，57-66。臺北：宇宙光。

㉗ 彭懷真（1988）。《婚姻之前的愛與性》。臺北：洞察。

㉘ https://www.simplypsychology.org/maslow.html

㉙ Goode, William J. (1963). *World Revolution and Family Patterns.* The Free Press.

㉚ Garrett. William R. (1982). *Seasons of Marriage and Family Life.* CBS College Publishing.

㉛ 林明德（1982）。《跨出詩的邊疆──唐宋詞選》。臺北：時報。

㉜ 同⑧

㉝ 1. Winch, R. F. (1958). *Mate-selection: A Study of Complementary Needs.* Harper & Brothers Publishers.

2. 林蕙瑛（2000）。〈約會與戀愛〉。收錄在江漢聲、晏涵文（主編），《性教育》，153-174。臺北：性林。

3. Schaefer, Richard T. and Robert P. Lamm (2001). *Sociology.* McGraw-Hill, Inc.

㉞ 彭駕騂（1994）。《婚姻輔導》。臺北：巨流。

㉟ Murstein, B. I. (1986). *Paths to Marriage.* SAGE Publications.

㊱ Orthner, Dennis K. (1981). *Intimate Relationships: An Introduction to Marriage and the Family.* Addison-Wesley Publishing Company.

㊲ 葉怡君（2019）。《少子高齡社會下臺灣公辦聯誼政策與日本「婚活」支援政策之分析》。臺中：東海大學日本文學研究所碩士論文。

㊳ 山田昌弘、白河桃子（2008）。《「婚活」時代》。ディスカヴァー・トゥエンティワン。山東人民出版社。

㊴ 自由時報（2021/03/27）。〈爸媽好著急！銀髮族媒人養成班 退休校長盼為兒女覓良緣〉。取自 https://news.ltn.com.tw/news/life/breakingnews/3480890

第二章

① Robert Greene (2004). *The Art of Seduction.* Profile Books Ltd.

② Garrett. William R. (1982). *Seasons of Marriage and Family Life.* CBS College Publishing.

③ 張美惠（譯）（1996）。《EQ》（原作者：Daniel Goleman）。臺北：時報。

④ 1. 張淑茹、劉慧玉（譯）（1998）。《約會暴力》（原作者：Barrie Levy）。臺北：遠流。
　2. 無糖律師（2023）。《誰說只是約會，你就不用懂法律？》。臺北：遠流。

⑤ 彭懷真等（編譯）（1983）。《為什麼要結婚》（原作者：David Knox）。臺北：允晨。

⑥ 何道寬（譯）（2010）。《親密行為》（原作者：Desmond Morris）。復旦大學出版社。

⑦ 江漢聲、晏涵文（主編）（2000）。《性教育》。臺北：性林。

⑧ Sternberg, R. J. (1987). Liking versus loving: A comparative evaluation of theories. *Psychological Bulletin*, 102, 311-345.

⑨ 1. 陳惠馨（1993）。《親屬法諸問題研究》。臺北：月旦。
　2. 郭欽銘（2022）。《親屬案例式》。臺北：五南。

⑩ 彭懷真等（譯）（1991）。《社會學辭典》。臺北：五南。

⑪ 龍冠海（主編）（1971）。《雲五社會科學大辭典第一冊——社會學》。臺北：臺灣商務。

⑫ 轉引自 Ellen, Nicolas (2021). *Marriage and Family: Basic Training Course.* Expository Counseling Center.

⑬ Stephens, William N. (1963). *The Family in Cross-cultural Perspective.* Holt, Rinehart and Winston.

⑭ Garrett. William R. (1982). *Seasons of Marriage and Family Life.* CBS College Publishing.

⑮ Giddens, Antonony (1993). *Sociology.* Polity Press.

⑯ Calhoun, Craig J., Donald Light, Jr., and Suzanne Keller, Craig (1996). *Sociology.* McGraw-Hill, Inc.

⑰ Macionis, John. J. (2000). *Sociology.* Prentice Hall.

⑱ 蔡文輝（1993）。《社會學》。臺北：三民。

⑲ Schaefer, Richard T. and Robert P. Lamm (2001). *Sociology.* McGraw-Hill, Inc.

⑳ Leslie, Gerald R. (1976). *The Family in Social Context.* Oxford University Press.

㉑ Murdock, George P. (1949). *Social Structure.* Macmillian.

㉒ 王瑞琪、莊雅旭、莊弘毅、張鳳琴（譯）（1995）。《金賽性學報告》（原作者：June M. Reinisch and Ruth Beasley）。臺北：張老師。

㉓ Trowbridge C. L.(1994). Mortality Rates by Martial Status, Transaction. *Society of Actuaries*, Vol XLVI, 99-122.

㉔ 余清祥（1998）。〈婚姻能延長壽命嗎？——臺灣與美國的實證研究資料〉。《壽險季刊》，107，91-104。

㉕ 孟汶靜（譯）（1994）。《新世界啟示錄》（原作者：Robert N. Bellah 等）。臺北：正中。

㉖ 馬之驌（1981）。《中國的婚俗》。臺北：允晨。

第三章

① 蔡文輝（1987）。《家庭社會學》。臺北：五南。

② Cheal, David (ed.) (2003). *Family: Critical Concepts in Sociology.* Rouledge.

③ 謝雨生、陳儀倩（2012）。〈臺灣外籍新娘之空間分布〉。《人口學刊》，38，67-113。

④ 何穎怡（譯）（2003）。《太太的歷史》（原作者：Yalom, Marilyn）。臺北：心靈工坊。

⑤ 李紹嶸、蔡文輝（譯）（1984）。《婚姻與家庭》（原作者：Mary Ann Lamanna and Agnes, Riedmann）。臺北：巨流。

⑥ Knox, David H. (1975). *Marriage: Who? When? Why?* Pentice Hall.

⑦ 彭懷真（1989）。《台灣企業業主的關係及其轉變——一個社會學的分析》。臺中：東海大學社會學研究所博士論文。

⑧ 彭琳松（1988）。〈我國家族組織分析單位的討論〉。《思與言》，26(44)，32-60。

⑨ 陳其南（1986）。《婚姻、家庭與社會》。臺北：允晨。

⑩ Granovetter, Mark (1995). *Getting a Job: A Study of Contacts and Careers.* University of Chicago Press.

⑪ O'Neill, Nean, and George O'Neill (1973). *Open Marriage.* Avon Books.

⑫ 鄭慧玲（譯）（1974）。《開放的婚姻》（原作者：O'Neill, Nena and George O'Neill）。臺北：遠景。

⑬ 王瑞琪、楊冬青（譯）（1995）。《馬斯特與瓊生性學報告》（原作者：William H. Masters, Virginia E. Johnson, and Robert C. Kolodny）。臺北：張老師。

第四章

① 1. 林照真（2004）。〈傾聽沈默的聲音：新臺灣之子的心聲〉。《中國時報》A11版。

2. 張瓊芳（2004）。〈條條道路通幸福——新臺灣家庭〉。《台灣光華雜誌》，29(2)。

②葉郁青（2010）。《家庭社會學：婚姻移民人權的推動與實踐》。臺北：巨流。

③胡守仁（譯）（2003）。《連結》（原作者：Mark Buchanan）。臺北：天下文化。

④費孝通（1948）。《鄉土中國》。上海觀察社。

⑤沈恆德、符霜葉（2002）。《愛情登「陸」計畫——兩岸婚姻 A～Z》。臺北：寶瓶。

⑥朱岑樓（譯）（1967）。《社會學》（原作者：Leonard Broom and Philip Selznick）。臺北：新陸。

⑦財團法人促進中國現代化學術研究基金會（2003）。《中國現代化研究》（上、下）。臺北：黎明。

⑧林和（譯）（1991）。《混沌——不可測風雲的背後》（原作者：James Gleick）。臺北：天下文化。

⑨王建民（2003）。〈臺海觀察：透視兩岸通婚潮〉。取自：www.people.com.cn

⑩王春益（1997）。《兩岸人民通婚之調查研究》。新北市：淡江大學中國大陸研究所碩士論文。

⑪林萬億（2002）。〈台灣家庭的變遷與家庭政策〉。《臺大社會工作學刊》，6，35-88。

第五章

①陳燕珩（2023）。〈揭開催生政策 20 年失靈的真相〉。《今周刊》，1371，48-71。

② Stein, A. H. and Bailey M. M. (1973). The socialization of achievement orientation in females. *Psychological Bulletin*, 80, 345-366.

③ Calhoun, Craig J., Donald Light, Jr., and Suzanne Keller, Craig (1996). *Sociology*. McGraw-Hill, Inc.

④同②

⑤謝佩珊（1995）。《國中未婚女教師婚姻態度及生活適應之研究》。

臺北：國立臺灣師範大學家政教育研究所碩士論文。

⑥ Mead, Margaret (1970). Anomalies in America Postdivorce relationships. In Paul Bohannan (ed.), *Divorce and After,* 107-125.

⑦ Zastrow, Charles (1993). *Social Problems: Issues and Solutions.* Nelson-Hall Publishers.

⑧ Knox, David H. (1975). *Marriage: Who? When? Why?* Prentice Hall.

⑨ 1. 彭懷真等（編譯）（1983）。《為什麼要結婚》（原作者：David Knox）。臺北：允晨。

2. 無糖律師（2023）。《誰說只是約會，你就不用懂法律？》。臺北：遠流。

⑩ 同 ⑦

⑪ Browder (1992). The Effects of Self-Monitoring on Teacher's Data-Based Decisions and on the Progress of Adults with Severe Mental Retardation. APA PsycNet.

⑫ 余宜芳（1987）。〈男女關係中「舶來品」——分偶〉。收錄在秦慧珠（主編），《開放的婚姻市場》，147-157。臺北：聯經。

⑬ 同 ⑦

⑭ Lewis, Judith and Michael D. Lewis (1986). *Counseling Programs for Employees in the Workplace.* Brooks/Cole Publishing Company.

第六章

① 轉引自彭駕騂（1993）。《且營造幸福婚姻》。臺中：東海大學幸福家庭研究推廣中心。

② Ludwig L. Geismar and Michael Camasso (1993). *The Family Functioning Scale.* The Springer Publishing Company, Inc.

③ 吳就君、鄭玉英（1993）。《家庭與婚姻諮商》。臺北：空大。

④ 劉瓊英、黃漢耀（譯）（2003）。《學習家族治療》（原作者：Salvador Minuchin, Wai-Yung Lee, and George M. Simon）。臺北：心靈工坊。

⑤ 葉肅科、董旭英（合著）（2002）。《社會學概論》。臺北：學富。

⑥ Lamann, Mary Ann. and Agnes Riedman (1981). *Marriage and Families: Making Choices Throughout the Life Cycle.* Wadsworth Publishing Company.

⑦ 藍采風（1996）。《婚姻與家庭》。臺北：幼獅。

⑧ 1. Macionis, John. J. (2000). *Sociology.* Prentice Hall.

2. Welbourne, Penelope (2012). *Social Work with Children and Families.* Rouledge.

⑨ 李瑞玲（譯）（1992）。《熱鍋上的家庭》（原作者：Augustus Y. Napier and Carl A. Whitaker）。臺北：張老師。

⑩ Becker, Gary S. (1991). *A Treatise to the Family.* Harvard University Press.

第七章

① 顏陳靜慧譯（1991）。《跟壓力說再見》（原作者：Martha David, etc）。臺北：哈佛企管。

② McCubbin, Hamilton I. and Charles R. Figley (eds.) (1983). *Stress and the Family.* Brunner/Mazel Publishers.

③ 同上

④ Boss, P. G. (1987). Family stress: perception context. In M. Sussman and S. Steinmetz (eds.), *Handbook on Marriage and the Family*, 295-323. Plenum.

⑤ 周月清等（譯）（1994）。《家庭壓力管理》（原作者：Pauline Boss）。臺北：桂冠。

⑥ 吳就君（2002）。《婚姻與家庭》。臺北：華藤。

⑦ 彭駕騂（1994）。《婚姻輔導》。臺北：巨流。

⑧ Garrett. William R. (1982). *Seasons of Marriage and Family Life.* CBS College Publishing.

⑨ 藍采風（1986）。《婚姻關係與適應》。臺北：張老師。

⑩ 吳就君、鄭玉英（1993）。《家庭與婚姻諮商》。臺北：空大。

⑪ 彭懷真等（譯）（1991）。《社會學辭典》。臺北：五南。

⑫ 王瑞琪、楊冬青（譯）（1995）。《馬斯特與瓊生性學報告》（原作者：William H. Masters, Virginia E. Johnson, and Robert C. Kolodny）。臺北：張老師。

⑬ 蔡文輝（1987）。《家庭社會學》。臺北：五南。

⑭ 楊幼蘭（譯）（1995）。《新婚姻報告》（原作者：Carol Botwin）。臺北：牛頓。

⑮ Linquist, Luann (1989). *Secret Lovers*. Lexington Books.

⑯ 簡春安（1991）。《外遇的分析與處理》。臺北：張老師。

⑰ 同 ⑫

⑱ 同 ⑮

⑲ 同 ⑰

⑳ 同 ⑮

㉑ 武自珍（1994）。《配偶外遇個案信念與處理行為之相關研究——以全國生命線婦女個案為例》。臺北：力行。

㉒ 張春興（1989）。《張氏心理學辭典》。臺北：東華。

㉓ 同 ㉑

㉔ 同 ㉑

㉕ 1. 無糖律師（2023）。《誰說只是約會，你就不用懂法律？》。臺北：遠流。

2. 林秋芬、鄧學仁、潘雅惠（2023）。《關於離婚，你必須知道的事：諮商心理師和家事法專家給的處方箋》。臺北：商周。

㉖ 游琬娟（譯）（1994）。《婚姻神話》（原作者：Arnold A. Lazarus）。臺北：張老師。

㉗ Botwin, Carol (1994). *Tempted Women: The Passions, Perils, and Agonies of Female Infidelity*. Lowenstein Associates Inc.

㉘ 同 ㉑

㉙ 同 ㉑

㉚ Zola, Mauion (1981). *All the Good Ones are Married*. Time Book.

㉛ Page, Susan (1988). *If I'm so Wonderful, Why am I Still Single: Ten Strategies That Will Change Your Love Forever*. Sandra Dijkstra.

㉜ 同 ㉖

㉝ 陳冠貴（譯）（2017）。《卒婚：不離婚的幸福選擇》（原作者：杉山由美子）。臺北：時報。

第八章

① Goode, William J. (1963). *World Revolution and Family Patterns*. The Free Press.

② 轉引自李美玲（1984）。〈台灣地區離婚的社會性狀差異研究〉。《中國社會學刊》，8，23-46。

③ Mazur, Denis P. (1969). Correlates of divorce in the U.S.S.R. *Demography*, 6(3), 279-286.

④ Ryder, Norman B. (1974). The Family in Developed Countries. *Scientific America*, 231(3), 123-132.

⑤ 同 ②

⑥ 1. Melville, Keith (1977). *Marriage and Family Today*. Random House. ；
   2. 徐蓮蔭（譯）（1997）。《離婚》（原作者：Sharin J. Price and Patrick C. Mckenry）。臺北：揚智。

⑦ Calhoun, Craig J., Donald Light, Jr., and Suzanne Keller, Craig (1996). *Sociology*. McGraw-Hill, Inc.

⑧ Schaefer, Richard T. and Robert P. Lamm (2001). *Sociology*. McGraw-Hill, Inc.

⑨ 1. Bohannan, Paul (ed.) (1970). *Divorce and After*. Doubleday.
   2. 林秋芬、鄧學仁、潘雅惠（2023）。《關於離婚，你必須知道的事：諮商心理師和家事法專家給的處方箋》。臺北：商周。

⑩ 顏陳靜惠（譯）（1991）。《跟壓力說再見》（原作者：Martha David, etc）。臺北：哈佛企管。

⑪ Wallerstein, Judith S., and Sandra Blakeslee (1989). *Second Chances: Men, Women, and Children a Decade After Divorce*. Ticknor & Fields.

⑫ 林蕙瑛（1990）。《當你離婚後》。臺北：聯經。

⑬ 同上

⑭ 1. 彭駕騂（1994）。《婚姻輔導》。臺北：巨流。

2. 常以方（譯）（2016）。《離去？留下？重新協商家庭關係》（原作者：Robert E. Emery）。臺北：張老師。

⑮ Adler, Patricia A., Steven J. Kless, and Peter Adler (1992). Socialization to gender role: Popularity among elementary school boys and girls. *Sociology of Education*, 65, 169-187.

⑯ 林秋芬、鄧學仁、潘雅惠（2023）。《關於離婚，你必須知道的事：諮商心理師和家事法專家給的處方箋》。臺北：商周。

⑰ Ahrons, Constance (1983). Divorce: before, during, and after. In McCubbin and Figley (eds.), *Stress and Family*. Brunner/Mazel Publishers.

⑱ Goode, William J. (1963). *World Revolution and Family Patterns*. The Free Press.

第九章

① 孫本文（1964）。《社會學原理》。臺北：臺灣商務。

② 1. 龍冠海（1967）。《社會學》。臺北：三民。

2. 詹火生、張苙雲、林瑞穗（1987）。《社會學》。臺北：空大。

③ 1. 龍冠海（主編）（1971）。《雲五社會科學大辭典第一冊——社會學》。臺北：臺灣商務。

2. 朱岑樓（譯）（1967）。《社會學》（原作者：Leonard Broom and Philip Selznick）。臺北：新陸。

④ 沙依仁（1986）。《婚姻與家庭》。作者自印。

⑤ 謝秀芬（1986）。《家庭與家庭服務》。臺北：五南。

⑥ 黃迺毓（1988）。《家庭教育》。臺北：五南。

⑦ Popenoe, David (1989). *Sociology*. Aldine de Gruyter.

⑧ 張苙雲等（1993）。《社會組織》。臺北：空大。

⑨ Butler, Edgar W. (1979). *Traditional Marriage and Emerging Alternatives*. Harper and Row, Publishers.

⑩ 轉引自 ④

⑪ 楊懋春（著），高淑貴、王瑞禎（編）（1995）。《家庭學》。臺北：楊懋春基金會。

⑫ Giddens, Antonony (1993). *Sociology*. Polity Press.

⑬ 1. Goodman, Norman (1993). *Marriage and the Family*. Harper-Collins Publishers.Inc.

2. Macionis, John. J. (2000). *Sociology.* Prentice Hall.

⑭ 轉引自林義男（編譯）（1991）。《社會學詞彙》。臺北：巨流。

⑮ Schaefer, Richard T. and Robert P. Lamm (2001). *Sociology*. McGraw-Hill, Inc.

⑯ Newman, David M. (1995). *Sociology: Exploring the Architecture of Everyday Life*. Pine Forge Press.

⑰ Butler, Edgar W. (1979). *Traditional Marriage and Emerging Alternatives*. Harper and Row, Publishers.

⑱ 孟汶靜（譯）（1994）。《新世界啟示錄》（原作者：Robert N. Bellah）。臺北：正中。

⑲ Olson, David H. L., DeFrain, John D., and Skogrand, Linda (2003). *Marriages and Families: Intimacy, Diversity, and Strengths*. McGraw Hill.

⑳ Moore, Tami James and Asay, Sylvia M. (2013). *Family Resource Management*. SAGE Publications.

㉑ Rand D. Conger, Frederick O. Lorenz, and K. A. S. Wickrama (eds.) (2004). *Continuity and Change in Family Relations: Theory, Methods, and Empirical Findings*. Lawrence Erlbaum.

㉒ 王文娟等（譯）（1997）。《家庭論》（原作者：Gary S. Becker）。臺北：立緒。

㉓ Cohen, Myron L. (1970). Development process in the Chinese domestic group. In Maurice Freedman (ed.), *Family and Kinship in Chinese Society*, 21-36. Stanford University Press.

㉔ 張憶純、古允文（1999）。〈家庭壓力、家庭資源與家庭危機形成之研究──以台灣省立台中育幼院院童家庭為例〉。《社會政策與

社會工作學刊》，1，95-140。

㉕ White, James M. and David M. Klein (2007). *Family Theories*. SAGE Publication.

第十章

① Cohen, Myron L. (1970). Development process in the Chinese domestic group. In Maurice Freedman (ed.), *Family and Kinship in Chinese Society*, 21-36. Stanford University Press.

② 莊英章（1994）。《家族與婚姻——台灣北部兩個閩客村落之研究》。臺北：中央研究院民族學研究所。

③ 1. 朱岑樓（1969）。《家庭與婚姻名詞解釋》。作者自印。

2. 朱岑樓（1981）。〈我國家庭組織的演變〉。收錄在朱岑樓（主編），《我國社會的變遷與發展》，255-287。臺北：東大。

④ 李亦園（1991）。〈臺灣漢人家庭的傳統與現代適應〉。收錄在喬健（主編），《中國家庭及其變遷》，53-68。香港中文大學社會科學院暨香港亞太研究所。

⑤ Murdock, George P. (1949). *Social Structure*. Macmillian.

⑥ Ember, Carol R. and Melvin Ember (1988). *Anthropology*. Prentice-Hall.

⑦ 1. 高淑貴（1991）。《家庭社會學》。臺北：黎明。

2. 高淑貴（1987）。〈已婚就業女性的職業角色觀〉。《社區發展季刊》，37，40-47。

⑧ 郭靜晃（2008）。《兒童少年與家庭社會工作》。臺北：揚智。

⑨ 胡幼慧（1995）。《三代同堂——迷思與陷阱》。臺北：巨流。

⑩ 林松齡（2000）。《台灣社會的婚姻與家庭——社會學的實徵研究》。臺北：五南。

⑪ 莊英章（1994）。《家族與婚姻——台灣北部兩個閩客村落之研究》。臺北：中央研究院民族學研究所。

⑫ 朱岑樓（1991）。《婚姻研究》。臺北：東大。

⑬ 張承漢（譯）（1993）。《社會學》（原作者：Leonard Broom, Charles M. Bonjean, and Dorothy H. Broom）。臺北：巨流。

⑭ 1. 嘉義大學家庭教育研究所（著）、林淑玲（校閱）（2002）。《婚姻與家庭》。嘉義：濤石。

2. 徐光國（2004）。《婚姻與家庭》。臺北：揚智。

⑮ 龍冠海（主編）（1971）。《雲五社會科學大辭典第一冊——社會學》。臺北：臺灣商務。

⑯ 王順民（2023）。〈關於單人家戶躍居成為社會形態主流之一的延伸性思考〉。財團法人國家政策研究基金會國政評論。

⑰ 陳信木、林佳瑩（2017）。《我國家庭結構發展推計（106年至115年）》。臺北：國家發展委員會委託研究報告。

⑱ 許雅惠（2017）。〈高風險通報系統中的隔代教養樣貌〉。《社區發展季刊》，159，168-184。

⑲ 鄭清榮、諶悠文（譯）（1997）。《另類家庭——多樣的親情面貌》（原作者：Susan Ahern and Kent G. Bailey）。臺北：天下文化。

⑳ 郭靜晃、徐蓮蔭（譯）（1997）。《家庭研究方法》（原作者：Brent C. Miller）。臺北：揚智。

第十一章

① 鄭凱芸（2010）。《當父母罹癌時——青少女承擔親職之經驗》。臺中：東海大學社會工作研究所博士論文。

② Kobak, R. R. and Sceery, A. (1988). Attachment in late adolescence: Working models, affect regulation and representations of self and others. *Child Development*, 59, 135-146.

③ 同①

④ Quinn-Beers, J. (2001). Attachment needs of adolescent daughters of women with cancer. *Journal of Psychosocial Oncology*, 19(1), 35-47.

⑤ Sander, J. B. and McCarty, C. A. (2005). Youth and Depression in the family context: Familial risks factors and models of treatment. *Clinical Child and Family Psychology Review*, 8(3), 203-219.

⑥ Byng-Hall, J. (2002). Relieving parentified children's burdens in families with insecure attachment patterns. *Family Process*, 41(3), 375-388.

⑦ 1. Baker, Hugh (1979). *Chinese Family and Kinship*. Columbia University Press.

2. 謝延仁（2004）。《兒童保護案件中施虐父親其父職角色之研究——以身體虐待或疏忽者為例》。臺中：東海大學社會工作學系碩士論文。

⑧ Annice D. Yarber and Paul M. Sharp (eds.) (2010). *Focus on Single-parent Families: Past, Present, and Future*. Praeger.

⑨ 張定綺（譯）（1998）。《天生反骨》（原作者：Frank J. Sulloway）。臺北：平安。

⑩ Kevin Leman (2009). *The Birth Order Book: Why You Are the Way You Are*. Revell.

⑪ 同 ⑨

⑫ 同 ⑨

⑬ 台灣資訊社會研究學會（2023）。《2022 台灣網路報告》。財團法人台灣網路資訊中心。

⑭ 洪蘭（2023/05/03）。〈3C 產品 無法代替父母育兒〉。聯合報 A11 版名人堂。

第十二章

① 莊英章（1994）。《家族與婚姻——台灣北部兩個閩客村落之研究》。臺北：中央研究院民族學研究所。

② 陳其南（1985）。《文化、結構與神話》。臺北：允晨。

③ 莊英章（1994）。《家族與婚姻——台灣北部兩個閩客村落之研究》。臺北：中央研究院民族學研究所。

④ 1. 陳其南（1990）。《家庭與社會——台灣和中國社會研究的基礎理念》。臺北：聯經。

2. Lin, Phylis Lan, Ko-wang Mei, and Huai-chen Peng (eds.) (1994). *Marriage and the Family in Chinese Societies*. University of Indianapolis Press.

⑤ 徐德隆（譯）（1988）。《中國人與美國人》（原作者：許烺光）。

臺北：巨流。

⑥ 同 ④

⑦ 同 ⑤

⑧ 李亦園（1992）。《文化與行為》。臺北：商務。

⑨ 費孝通（2012）。《鄉土中國》。北京大學出版社。

⑩ 1. 薛珣（譯）。《費正清論中國》（原作者：費正清）。臺北：正中。

    2. Baker, Hugh (1979). *Chinese Family and Kinship*. Columbia University Press.

⑪ 李亦園（1993）。〈變遷中的家庭──問題與挑戰〉。發表在中華民國幸福家庭促進協會第五屆年會暨第二屆家庭生活教育研討會，1993 年 4 月 15 日。

⑫ 胡幼慧（1995）。《三代同堂──迷思與陷阱》。臺北：巨流。

⑬ 高淑貴（1991）。《家庭社會學》。臺北：黎明。

⑭ 1. 教育部（2021）。我國少子女畫對策計畫（107-113 年）。

    2. 行政院（2021）。少子女化對策堂──建構安心懷孕友善生養環境。

⑮ 1. 李太正（2015）。《家事事件法之理論與實務》。臺北：元照。

    2. 李淑明（2016）。《民法入門》。臺北：元照。

⑯ 邱宇（2013）。《解構家事事件法》。臺北：高點。

⑰ 同 ⑮

第十三章

① 孫本文（1964）。《社會學原理》。臺北：臺灣商務。

② 1. 張苙雲等（1993）。《社會組織》。臺北：空大。

    2. 曾端真（1993）。〈家庭功能〉。《諮商與輔導》，91，16-21。

③ 周榮謙、周光淦（譯）（1998）。《社會學辭典》（原作者：David Jary and Julia Jary）。臺北：貓頭鷹。

④ 林顯宗（1985）。《家庭社會學》。臺北：五南。

⑤ 葉蕭科、董旭英（2002）。《社會學概論》。臺北：學富。

⑥ 龍冠海（1967）。《社會學》。臺北：三民。

⑦ 王維林（1977）。《社會學》。臺北：金鼎。

⑧ 1. 謝高橋（1982）。《社會學》。臺北：巨流。

2. 張苙雲等（1993）。《社會組織》。臺北：空大。

3. 龍冠海（1967）。《社會學》。臺北：三民。

⑨ 黃堅厚（1993）。〈天下有「養不教」的父母嗎？〉。收錄在黃堅厚等，《陪你走過——如何幫助有問題的孩子》，3-9。臺中：東海大學幸福家庭研究推廣中心。

⑩ Macionis, John. J. (2000). *Sociology*. Prentice Hall.

⑪ 周月清（2001）。《家庭社會工作——理論與方法》。臺北：五南。

⑫ Welbourne, Penelope (2012). *Social Work with Children and Families*. Rouledge.

⑬ White, J. M. and Klein, D. M. (2002). *Family Theories*. SAGE Publications.

⑭ 余漢儀（1995）。《兒童虐待——現象檢視與問題反思》。臺北：巨流。

⑮ 王麗容（1995）。《婦女與社會政策》。臺北：巨流。

⑯ 彭淑華等（譯）（1999）。《家庭暴力》（原作者：Alan Kemp）。臺北：洪葉。

⑰ 蕭金菊（1995）。《家屬長期照顧慢性病人對支持性服務需求之探究》。臺中：東海大學社會工作研究所碩士論文。

⑱ 1. 胡幼慧（1995）。《三代同堂——迷思與陷阱》。臺北：巨流。

2. 黃碧珠（1995）。《家屬對精神病患「基本人權」、「健康照護權利」、「福利權利」態度之研究》。臺中：東海大學社會工作研究所碩士論文。

⑲ 陳明璋（1985）。《企業升級之經營管理》。臺北：聯經。

⑳ 同 ⑭

㉑ Conn,P. Michael (2006). *Handbook of Models for Human Aging*. Elsevier Academic Press.

㉒ Goodman, Norman (1993). *Marriage and the Family*. Harper-Collins Publishers. Inc.

㉓ 1. 鄭淑君、郭麗安（2008）。〈夫妻婚姻滿意度與獨生子／女三角關係運作之分析研究〉。《教育心理學報》，40(2)，199-220。

2. 鄭凱芸（2000）。〈從生命週期觀點談癌症病人之社會心理調適〉。收錄在臺北榮民總醫院一般外科（編著），《胃癌之診斷與治療》，

405-412。臺北：九州。

㉔ 吳嘉瑜（2005）。〈倒轉的親子位置——「親職化」兒童之相關文獻探討〉。《輔導季刊》，41(1)，21-28。

㉕ 張虹雯、郭麗安（2000）。〈父母爭吵時的三角關係運作與兒童行為問題之相關研究〉。《中華輔導學報》，8，77-110。

㉖ Jung, M. (1996). Family-centered practice with single-parent families. *Families in Society*, 77(9), 583-591.

㉗ Glenwick, D. S. and Mowrey, J. D. (1986). When parent becomes peer: Loss of intergenerational boundaries in single parent families. *Family Relations*, 35(1), 57-62.

㉘ 郭孟瑜（2003）。《青少年的親子三角關係類型與人際行為之研究》。臺北：國立政治大學心理學研究所碩士論文。

㉙ 王大維（1995）。〈從 Minuchin 的結構家族治療理論談家庭系統中的權力關係〉。《諮商與輔導》，115，5-10。

第十四章

① 朱偉雄（譯）（1994）。《扣準時機的節奏》（原作者：Denis Waitley）。臺北：天下文化。

② Andersen, Margaret L. and Howard F. Taylor (2000). *Sociology: Understanding a Diverse Society*. Waasworth.

③ Macionis, John. J. (2000). *Sociology*. Prentice Hall.

④ 周葉謙、周光淦（譯）（1998）。《社會學辭典》（原作者：David Jary and Julia Jary）。臺北：貓頭鷹。

⑤ 彭懷真等（譯）（1991）。《社會學辭典》（原作者：Peter J. O'Connell）。臺北：五南。

⑥ Goldenberg, Irene and Herbert Goldenberg (1991). *Family Therapy: An Overview*. Brooks/Cole Publishing Company.

⑦ White, J. M. and Klein, D. M. (2002). *Family Theories*. SAGE Publications.

⑧ 陳令嫻（譯）（2021）。《80/50 兩代相纏的家庭困境》（原作者：

　　川北稔）。臺北：遠流。

⑨ 吳怡雯（譯）（2016）。《下流老人：即使月薪 5 萬，我們仍將又老又窮又孤獨》（原作者：藤田孝典）。臺北：如果。

⑩ 同 ⑦

⑪ 黃迺毓（1998）。《家政高等教育》。臺北：五南。

⑫ Schaefer, Richard T. and Robert P. Lamm (2001). *Sociology*. McGraw-Hill, Inc.

⑬ Izuhara, Misa (2010). *Ageing and Intergenerational Relations: Family Reciprocity from a Global Perspective*. Polity Press.

⑭ Hooyman, Nanc. R. and Kiyak, H. Asuman (2011). *Social Gerontology*. Allyn and Bacon.

⑮ Harris, Diana K. (1985). *The sociology of Aging: An Annotated Bibliography and Sourcebook*. Garland Pub.

⑯ Johnson, Malcolm L. (2005). *The Cambridge Handbook of Age and Ageing*. Cambridge university Press.

⑰ Harper, Sarah (2006). *Ageing Societies: Myths, Challenges and Opportunities*. Oxford University Press.

⑱ Lloyd-Sherlock, Peter (2010). *Population Ageing and International Development: From Generalization to Evidence*. Policy.

⑲ 1. Erikson, E. H. (1976). Reflections on Dr. Borg's life cycle. *Daedalus*, 105(2), 1-28.

　　2. 張春興（1989）。《張氏心理學辭典》。臺北：東華。

⑳ 孫得雄（1997）。《人口老化與老年照護》。臺北：巨流。

㉑ 黃富順（2002）。《老化與健康》。臺北：師大書苑。

㉒ 張承漢（譯）（1993）。《社會學》（原作者：Leonard Broom, Charles M. Bonjean, and Dorothy H. Broom）。臺北：巨流。

㉓ Goldenberg, Irene and Herbert Goldenberg (1991). *Family Therapy: An Overview*. Brooks/Cole Publishing Company.

㉔ Baker, Hugh (1979). *Chinese Family and Kinship*. Columbia University Press.

㉕ 1. 余素珠、夏心華（1995）。〈從家庭生命周期看消費趨勢〉。《突

破雜誌》，117，82-87。

2. 吳和懋（2023）。〈全齡商機來了〉。《商業周刊》，1861，33-40。

㉖ Ruspini, Elisabetta (2013). *Diversity in Family Life: Gender, Relationships and Social Change*. Policy Press.

㉗ 周麗端、吳明華、唐先梅、李淑娟（1999）。《婚姻與家人關係》。臺北：空大。

㉘ Duvall, E. M. (1977). *Marriage and Family Development*. Lippincott.

㉙ James, M. (ed.) (1992). *Marriage and Family in a Changing Society*. The Free Press-A Division of Macmillan, Inc.

㉚ Palmore, Erdman B. (2001). Sexism and Ageism. In Coyle, Jean M. (ed.), *Handbook on Women and Aging*, 3-13. Praeger.

㉛ Coyle, Jean M. (2001). *Handbook on Women and Aging*. Praeger.

㉜ Calasanti, Tony (2008). Feminist Gerontology and Old Men. In McDaniel, Susan A. (ed.), *Ageing*, Vol I 323-343. SAGE Publications.

㉝ Lamann, Mary Ann. and Agnes Riedman (1981). *Marriage and Families: Making Choices Throughout the Life Cycle*. Wadsworth Publishing Company.

第十五章

① 林義男（編譯）（1991）。《社會學詞彙》。臺北：巨流。

② Buckley, W. Q. (1967). *Sociology and Modern System Therapy*. Prentice-Hall.

③ White, James M. and David M. Klein (2002). *Family Theories*. SAGE Publications.

④ Hennon, Charles B. and Wilson, Stephan M. (2008). *Families in a Global Context*. Rouledge.

⑤ Ackerman, N. J. (1984). *A Theory of Family System*. Gardner Press.

⑥ Bengtson, Vern L. (2005). *Sourcebook of Family Theory & Research*. Thousand Oaks, Calif press.

⑦ Jackson, K. K. (1965). Family rules: Marital guid pro quo. *Archives of General Psychiatry*, 12(6), 589-594.

⑧ Featherstone, Bird (2004). *Family Life and Family Support: A Feminist Analysis*. J. W. Arrowsmith Ltd., S. Bristol.

⑨ Satir, V. M. (1972). *People Making*. Science and Behavior Books.

⑩ 同 ⑦

⑪ Stahmann, R. F. and Salts, C. J. (1993). *Handbook of Family Life Education*. SAGE Publication.

⑫ 鄭玉英、王行（編譯）（1989）。《家庭重塑——探尋根源之旅》（原作者：Bill Nerin）。臺北：心理。

⑬ Bateson, G. (1972). *Step to an Ecology of Mind*. E. P. Dutton.

⑭ 鄭玉英、趙家玉（譯）（1993）。《家庭會傷人：自我重生的新契機》（原作者：John Bradshaw）。臺北：心理。

⑮ Van Hook, Mary Patricia (2019). *Social Work Practice with Families: A Resiliency-Based Approach*. Oxford University Press.

⑯ 楊連謙、董秀珠（1997）。《結構——策略取向家族治療》。臺北：心理。

⑰ 1. 同 ⑤

2. Goldenberg, Irene and Herbert Goldenberg (1991). *Family Therapy: An Overview*. Brooks & Cole Publishing Company.

⑱ 鄭慧玲（譯）（1984）。《家庭溝通》（原作者：Suem Wahlroos）。臺北：桂冠。

⑲ 田育慈、江文賢（譯）（2016）。《解決關係焦慮：Bowen 家庭系統理論的理想關係藍圖》（原作者：Roberta M. Gilbert）。臺北：張老師。

⑳ Grotevant, H. D. and Carlson, C. I. (1989). *Family Assessment: A guide to Methods and Measures*. Guilford Press.

㉑ McCubbin, Hamilton I. and Charles R. Figley (eds.) (1983). *Stress and the Family*. Brunner/Mazel Publishers.

㉒ Cheal, David (ed.) (2003). *Family: Critical concepts in Sociology*. Rouledge.

㉓ McKie, Linda and Sarah Cunningham-Burley (ed.) (2005). *Families in Society*.

The Policy Press.

㉔ 鄭麗珍（2001）。〈家庭結構與青少年的生活適應——以台北市為例〉。《臺大社工學刊》，5，197-270。

㉕ 同 ㉑

㉖ 鄭玉英、王行（編譯）（1989）。《家庭重塑——探尋根源之旅》（原作者：Bill Nerin）。臺北：心理。

㉗ Welbourne, Penelope (2012). *Social Work with Children and Families*. Rouledge.

㉘ 1. 葉肅科（2010）。《一樣的婚姻、多樣的家庭》。臺北：學富。
2. 張盈堃、方岷譯（1998）。《積極性家庭維繫服務》（原作者：James K. Whittaker etc.）。臺北：揚智。

㉙ 江文賢等（2012）。《Bowen 家庭系統理論之八大概念：一種思考個人與團體的新方式》。臺北：台灣婚姻與家庭輔導學會。

㉚ 同 ⑨

㉛ 同 ⑭

㉜ 林沈明瀅、陳登義、楊蓓（譯）（1998）。《薩提爾的家族治療方式》（原作者：Virginia Satir, John Banmen, Jane Gerber and Maria Gomori）。臺北：張老師。

㉝ Satir, V. M. (1967). *Conjoint Family Therapy*. Science and Behavior Books.

㉞ 王麗容（1995）。《婦女與社會政策》。臺北：巨流。

㉟ Kuronen, Marjo, Elina Virokannas and Ulla Salovaara (2021). *Women, Vulerabilities and Welfare Service Systems*. Rouledge.

㊱ Kelly, Kristin(2003). *Domestic Violence and the Policy of Privacy*. Cornell University.

㊲ 陳若璋（1993）。《家庭暴力防治與輔導手冊》。臺北：張老師。

㊳ Bello, Margaret (2019). *Welfare and Development of Women*. Society Publishing.

㊴ Skinner, Tina, Marianne Hester and Ellen Malos (eds.) (2005). *Researching Gender Violence*. Willan Publishing.

㊵ 李瑞玲（譯）（1992）。《熱鍋上的家庭》（原作者：Augustus Y.

Napier and Carl A. Whitaker）。臺北：張老師。

㊶ 楊連謙、董秀珠（2008）。《主體實踐婚姻／家庭治療──在關係和脈絡中共購主體性》。臺北：心理。

㊷ 王大維（1995）。〈從 Minuchin 的結構家族治療理論談家庭系統中的權力關係〉。《諮商與輔導》，115，5-10。

㊸ 同 ㊵

㊹ Van Hook, Mary Patricia (2019). *Social Work Practice with Families: A Resiliency-Based Approach*. Oxford University Press.

㊺ Kuronen, Marjo, Elina Virokannas and Ulla Salovaara (2021). *Women, Vulerabilities and Welfare Service Systems*. Rouledge.

㊻ 同 ㊵

㊼ 同 ④

㊽ 翁澍樹、王大維（譯）（1999）。《家族治療理論與技術》（原作者：Goldenberg, I. and Goldengerg, H.）。臺北：揚智。

㊾ 謝秀芬（2011）。《家庭社會工作》。臺北：雙葉。

第十六章

① 鍾其祥、邱鈺鸞、白璐、簡戊鑑（2010）。〈台灣 2006-2007 年家暴受虐住院者流行病學特性〉。《亞洲家庭暴力與性侵害期刊》，6(1)，65-86。

② 謝臥龍（主編）（2018）。《性別暴力多角習題的解析》。高雄：高雄師範大學性別教育研究所。

③ 王文秀等（譯）（2009）。《性侵害兒童的處遇策略》（原作者：Karp, Cheryl Karp and Butler, Traci L.）。臺北：心理。

④ 王秀絨（2005）。〈兒童性侵害工作之「英雄」旅程──神話學之理念與應用〉。《當代社會工作學刊》，5，47-102。

⑤ 陳慧女（2020）。《法律社會工作》。臺北：心理。

⑥ 柯麗評、王珮玲、張錦麗（2005）。《家庭暴力──理論政策與實務》。臺北：巨流。

⑦ 彭淑華（2006）。《兒童及少年保護個案家庭處遇服務方案評估報告》。內政部兒童局。

⑧ 林秀梅（譯）（2007）。《雄性暴力》（原作者：Wrangham, Richard and Peterson, Dale）。臺北：胡桃木。

⑨ 彭淑華、黃詩喬等（2013）。《家庭支持系統服務模式建構與行動研究》。內政部兒童局委託研究。臺北：國立臺灣師範大學。

⑩ Walker（1996）轉引自 Kuronen, Marjo, Elina Virokannas, and Ulla Salovaara (2021). *Women, Vulerabilities and Welfare Service Systems*. Rouledge.

⑪ 陳高德（2003）。《臺灣婚姻暴力之男性加害人》。臺北：臺北醫學大學醫學研究所碩士論文。

⑫ 李宜靜（2001）。《家庭暴力加害人心理經驗之研究》。高雄：高雄師範大學輔導研究所碩士論文。

⑬ 盧昱嘉（2000）。《婚姻暴力被害人與加害人互動關係之研究》。桃園：中央警察大學犯罪防治研究所碩士論文。

⑭ 同 ⑪

⑮ 趙葳（2003）。《婚姻暴力受虐婦女的依附及習得的無助感之研究》。臺中：東海大學社會工作學系碩士論文。

⑯ 黃維仁（2002）。《窗外依然有藍天》。臺北：愛家基金會。

⑰ 蔡毓瑄（2005）。《接受家庭暴力防治法處遇計畫之婚姻暴力民事保護令相對人對夫妻權力的認知——以高雄縣個案為例》。臺中：東海大學社會工作學系碩士論文。

⑱ 謝秀芬（2007）。《家庭與家庭服務：家庭整體為中心的福利服務之研究》。臺北：五南。

⑲ Johnson, Malcolm L. (2005). *The Cambridge Handbook of Age and Ageing*. Cambridge university Press.

⑳ 李瑞金、孫炳焱（1997）。《老人福利產業開發與建立之研究》。臺北：內政部社會司委託研究。

㉑ 黃志忠（2020）。〈從老人保護事件看高齡照顧困境〉。臺北：家庭照顧者關懷總會年度研討會。

㉒ 同 ①

㉓ 楊培珊、梅陳玉嬋（2016）。《臺灣老人社會工作：理論與實務》。臺北：雙葉。

㉔ 洪明月（譯）（2011）。《老人社會工作——生理、心理及社會的評估與介入》（原作者：Kathleen, M. Dittrich）。臺北：五南。

㉕ 莊秀美、姜琴音（2000）。〈從老人虐待狀況探討老人保護工作：以臺北市家庭暴力暨性侵害防治中心之老人受虐個案為例〉。《社區發展季刊》，91，269-285。

㉖ 謝秀芬（2011）。《家庭社會工作》。臺北：雙葉。

㉗ Miller, M., J. Reichelstein, C. Salas, and B. Zia. (2015). *Can You Help Someone Become Financially Capable? A Meta-analysis of the Literature*. The World Bank Research Observer. doi: 10.1093/wbro/IKV009

作者著作

說明：

1. 屬於教科書，在年代之前標註 ※。
2. 如果是我自己獨力完成的，就不列作者，如果與人合著，才呈現。
3. 在報紙、網路上發表的，不列出。

(1981)。〈「校門口的徬徨」專題——寫給跨出校門口的一群〉。《綜合月刊》，150，96-115。

(1981)。〈我國高等教育的演進與代價〉。《社會導進》，4(1)，31-36。

(1981)。〈世界展望會與台灣山地〉。《綜合月刊》，152，77-86。

(1981)。〈忍聽林表杜鵑啼？——精神病探討〉。《綜合月刊》，154，113-139。

(1981)。〈同性戀〉。《綜合月刊》，156，134-149。

(1981)。〈自殺的綜合面〉。《綜合月刊》，160-171。

(1982)。〈年輕人的性活動〉。《大學雜誌》，157，28-30。

(1983)。《同性戀、自殺、精神病》。臺北：橄欖基金會。

(1983)。《我國的工業化與社會福利的演變》。臺北：臺灣大學應用社會學研究所碩士論文。

彭懷真等（編譯）(1983)。《為什麼要結婚》（原作者：David Knox）。臺北：允晨。

(1984)。〈台灣地區老人休閒活動型態之研究與檢討〉。《社區發展季刊》，27，77-87。

(1985)。《推行民生主義社會發展方法之研究》。內政部委託研究。

(1986)。〈台灣地區老年人口壓力及其問題之研究〉。《社會福利》，38，14-19。

(1986)。《選擇你的婚姻方式》。臺北：洞察。

(1987)。《同性戀者的愛與性》。臺北：洞察。

(1987)。《結婚有什麼好？》。收錄在秦慧珠（主編），《開放的婚姻市場》，21-35。臺北：聯經。

(1987)。《婚姻之前的愛與性》。臺北：洞察。

※(1987)。《進入社會學的世界》。臺北：洞察。

彭懷真等(1987)。《白手起家的故事：台灣青年的創業歷程》。臺北：
　　洞察。

(1987)。《台灣經驗的難題：工業化、新興問題與福利需求》。臺北：
　　洞察。

(1988)。〈愛、性與婚姻〉。收錄在《婚姻輔導研討會論文集》，17-
　　33。臺北：宇宙光。

(1988)。《婚姻的危機與轉機》。臺北：洞察。

(1988)。《掌握愛的發展》。臺北：洞察。

(1989)。《台灣企業領導人密檔》。臺北：洞察。

(1989)。《台灣企業業主的關係及其轉變──一個社會學的分析》。臺
　　中：東海大學社會學研究所博士論文。

(1992)。《社會變遷中青少年輔導工作之角色及定位之研究》。行政院
　　青年輔導委員會委託研究。

彭懷真等（譯）(1991)。《社會學辭典》。臺北：五南。

(1992)。〈現階段親職教育之個別輔導〉。收錄在《邁向 21 世紀親職
　　教育研討會論文集》，20-29。

(1993)。〈男人何去何從〉，收錄在《男人，難──新男性專題研討會
　　論文集》，79-84。臺北：宇宙光。

(1993)。〈兩性性別角色的現代化〉。發表在「第一屆中國現代化學術
　　研討會」。臺北：財團法人促進中國現代化學術研究基金會。

彭懷真等(1993)。《活潑有效的親子管教方案》。臺中：東海大學幸福
　　家庭研究推廣中心。

(1993)。〈由訓練規劃與執行強化社會工作教育成果〉。《中國社會工
　　作教育學刊》，1，149-166。

(1993)。《台灣地區家庭教育服務中心訓練工作之評估》。教育部委託
　　研究。

(1994). Lin, Phylis Lan, Ko-Wang, Mei, and Huai-Chen, Peng (eds.). *Marriage
　　and the Family in Chinese Societies.* University of Indiapolis Press.

(1994)。〈兩性角色的變遷與婚姻制度的意義〉。收錄在救國團社會
　　研究院編印，《與全球同步跨越世紀系列研討會實錄（下）》，

25-40。臺北：救國團社會研究院。

(1994)。〈性別角色及其現代化問題〉。發表在世界教育課程與教學會議亞太地區年會。高雄：高雄醫學院。

(1994)。〈現代社會的家庭變遷與因應之道〉。收錄在千代文教基金會（編），《愛家手冊》，137-141。

(1994)。〈現代家庭變遷、問題、資源與責任〉。《教師天地》，72，27-31。

(1994)。〈單親家庭的資源與責任〉。收錄在中華兒童福利基金會編印，《單親家庭——福利需求與因應對策》，129-140。

(1994)。〈運用家庭系統強化專業服務〉。《社會福利》，113，11-13。

(1994)。〈為良好募款法規慶生〉。《社會福利》，114，10-14。

(1994)。〈父母的成長教育〉。《學生輔導通訊》，35，58-63。

(1994)。〈台灣地區專職社工員接受訓練情況之研究〉。《中國社會工作教育學刊》，2，105-129。

(1994)。《台灣地區社會福利機構專職人員參與訓練工作狀況之研究》。行政院國家科學委員會委託之專題研究成果報告。

※(1994)。《社會學概論》。臺北：洪葉。

(1994)。《家庭新包裝》。臺中：東海大學幸福家庭研究推廣中心。

彭懷真、翁慧圓、黃志忠(1994)。《落實兒童福利法成長性親職（輔導）教育研究方案》。臺中：中華民國幸福家庭促進協會。

彭懷真、陶蕃瀛(1994)。《公益勸募條例草案》。臺北：中華社會福利聯合勸募協會委託研究。

彭懷真、郭筱雯、謝佩珊(1995)。《夫妻關係手冊》。臺中：中華民國幸福家庭促進協會。

(1995)。〈社會工作員的自我管理〉。《社會福利》，117，30-35。

(1995)。〈輔導工作網絡的建立與策略：以關懷受虐兒童和中輟生為例〉。《輔導季刊》，31(2)，14-16。

(1995)。〈我所看到的兩代家庭變遷〉。收錄在千代文教基金會（編），《愛家手冊續集》，159-161。

(1995)。〈陪她走過——管理者如何面對同仁未婚懷孕〉。《管理雜誌》，

249，112-113。

彭懷真等 (1995)。《成長性親職（輔導）教育教材》。臺中：中華民國幸福家庭促進協會。

※ (1995)。〈同性戀〉。收錄在江漢聲、晏涵文（主編），《性教育》，第十三章。臺北：性林。

(1995)。〈男性角色的變遷與困境〉。發表在「第三屆促進中國現代化學術研討會」。臺北：財團法人促進中國現代化學術研究基金會。

(1996)。〈社區中常見青少年問題及休閒挑戰〉。臺北：社區發展研討會。

(1996)。〈女性主義及其對台灣婚姻家庭之挑戰〉。香港：第五屆華人福音研討會。

(1996)。〈男性角色的變遷與困境〉。《現代化研究》，7，16-26。

(1996)。〈社區能否成為青少年的朋友〉。《社會服務》，123，11-16。

(1996)。《十全十美兩性溝通》。臺北：平氏。

(1996)。《女人難為》。臺北：平氏。

※ (1996)。《婚姻與家庭》。臺北：巨流。

(1996)。《男人難人》。臺北：平氏。

(1996)。《新新人類新話題》。臺北：希代。

(1997)。《婚姻會傷人：真實的婚姻暴力故事》。臺北：平安。

(1997)。《上班族 EQ 與 IQ》。臺北：希代。

(1997)。《溝通無障礙》。臺北：希代。

(1997)。《用真情救婚姻》。臺北：平氏。

(1997)。《如何混青春》。臺北：皇冠。

(1997)。《相愛久久》。臺北：平氏。

(1997)。《領導有策略》。臺北：希代。

(1998)。《二十一世紀青年生活新主張》。行政院青年輔導委員會委託研究。

(1998)。〈愛情的科學分析〉。《理論與政策》，12(3)，183-202。

(1998)。《時間好經營》。臺北：希代。

(1998)。《自我能超越》。臺北：希代。

(1998)。《You Don't Tiger Me!：Y 世代性心事》。臺北：皇冠。

(1998)。《About 愛情學問》。臺北：天下文化。

(1998)。《婚姻傷痕救援手冊》。臺北：平安。

(1998)。《婚姻會傷人》。臺北：平氏。

(1999)。《愛情下課了》。臺北：平安。

彭懷真等 (1998)。《單親資源手冊》。臺中：中華民國幸福家庭促進協會。

彭懷真等 (1998)。《豐富你的單親人生》。臺中：中華民國幸福家庭促進協會。

(1999)。《團隊高績效》。臺北：希代。

彭懷真、簡良育 (1999)。《社會福利基本法草案研究》。內政部委託研究。

彭懷真、林淑芳 (1999)。《對面的朋友看過來》。臺北：幼獅。

(2000)。《對性侵害、婚姻暴力、兒童虐待加害人的探究——偏向性別的反思》。東海大學社會工作系第九屆社會工作論文發表會論文集。臺中：東海大學。

※ (2000)。〈從社會學上談同性戀〉。收錄在江漢聲、晏涵文（主編），《性教育》，242-258。臺北：性林。

(2000)。《愛情 Manager》。臺北：平安。

(2000)。《彭懷真談自在成功》。臺北：希代。

(2000)。《激勵與輔導》。臺北：希代。

彭懷真等 (2000)。《性侵害犯罪加害人輔導教育內涵之研究》。內政部性侵害防治委員會委託研究。

(2000)。〈啟蒙管理照亮組織〉。《管理雜誌》，307，64-65。

(2000)。〈績效管理有極限〉。《管理雜誌》，311，120-121。

(2001)。〈萬一人資主管被裁員〉。《管理雜誌》，320，26-27。

(2001)。〈透過實習，追求專業成長〉。《教育博覽家》，10，92-93。

(2001)。〈校園學領導，輕鬆中成長〉。《教育博覽家》，6，96-97。

(2001)。《最近有點煩：About 男人心事》。臺北：天下文化。

(2001)。《就業不愁，成長有望》。臺北：希代。

※ (2001)。《婚姻與家庭》（高職版）。臺北：三民。

※（2001）。《社會學概論》（高職版）。臺北：三民。

（2002）。〈低估教育與訓練等人力因素的社工運作〉。《社區發展季刊》，99，84-89。

（2003）。〈重大災情對社會工作教育的影響〉。《社區發展季刊》，104，77-88。

（2003）。《拼戰權力職場》。臺北：九歌。

（2003）。《教育真心話》。臺北：天下文化。

※（2003）。《婚姻與家庭》。臺北：巨流。

（2003）。〈為什麼沒有男性福利服務〉。《社區發展季刊》，101，129-134。

（2003）。〈一個社會工作教育的實驗計畫〉。發表於「實踐大學社會工作教育研討會」。

（2004）。〈兩岸通婚與中國現代化：從文化角度思考社會工作服務〉。《社區發展季刊》，105，298-308。

（2004）。《賣力別賣命》。臺北：九歌。

彭懷真（合著）（2006）。《打開大門，讓世界進來──給大學新鮮人的一封信。臺北：天下文化。

（2007）。〈非自願性案主與社會工作教育〉。《社區發展季刊》，120，191-207。

※（2007）。《21世紀社會學》。臺北：風雲論壇。

（2008）。《非營利組織從事社會工作人力派遣之經驗》。臺中市政府委託研究。

（2008）。〈工作與男人：女人要嫁給哪一個？〉。《婦女就業與經濟安全研討會論文集》。5-14。

※（2009）。《婚姻與家庭》。臺北：巨流。

※（2009）。《公民與社會》（高職版）。臺北：東大圖書。

（2009）。《台中縣強制性親職教育執行成效調查》。臺中縣政府委託研究。

※（2009）。《社會學概論》。臺北：洪葉。

（2009）。〈雙重的臨時勞動力：遊民與服務遊民的人〉。臺中：東海大學社工系第十三屆社會工作論文發表會。

Huai-Chen, Peng (2009). Dual temporary work: homeless and services for homeless people. UK: Sixth EASP international conference.

(2010)。〈社會福利直接服務採用人力派遣的理論與實務——以台中縣市的三個方案為例〉。《社區發展季刊》，129，295-313。

(2010)。〈社區活動的強化與志工人力的充權——三個台灣實踐的例子〉。發表在「第八屆促進中國現代化學術研討會」。臺北：財團法人促進中國現代化學術研究基金會。

(2011)。《台中市身心障礙者小型復康巴士交通服務滿意度調查暨考核評估計畫》。臺中市政府委託研究。

※ (2012)。《工作與組織行為》。臺北：巨流。

※ (2012)。《社工管理學》。臺北：洪葉。

※ (2012)。《社會學》。臺北：洪葉。

※ 彭駕騂、彭懷真 (2012)。《老年學概論》。臺北：威仕曼。

※ (2012)。《多元人力資源管理》。臺北：巨流。

※ 彭懷真、彭駕騂 (2013)。《老人心理學》。臺北：揚智。

(2013)。〈全球化趨勢下的關懷與學習——對台北舉辦 2017 世界大學運動會志工管理體系的建議〉。《朝陽學報》，17，1-17。

(2013)。《多元就業開發方案人員留用情形調查》。行政院勞工委員會職業訓練局中彰投區就業服務中心委託研究。

(2013)。〈喝酒——被低估的雄性暴力〉。《社區發展季刊》，142，251-263。

彭懷真、黃寶中 (2013)。《台中市身心障礙者支持性就業服務資源網絡及需求調查》。臺中市政府委託研究。

※ (2013)。《社會問題》。臺北：洪葉。

※ (2014)。《老年社會學》。臺北：揚智。

※ (2015)。《社會學導論》。臺北：三民。

※ (2015)。《社會心理學》。臺北：巨流。

※ (2015)。《家庭與家人關係》。臺北：洪葉。

※ (2015)。《非營利組織：12 理》。臺北：洪葉。

(2015)。〈平台、平衡、平實——家庭福利服務組織合作新思維〉。《社會企業與資產脫貧——平民銀行實驗方案產官學研討會》。新北市：輔仁大學。

(2016)。〈認同社會價值嗎？透過對社工系一二年級學生的調查來檢視〉。《社區發展季刊》，155，33-50。

(2016)。〈透過多方合作，搭造對貧困與身障家庭的經濟社會協助平台〉。發表在「社會正義與社會創新‧多元發展的社會工作實務學術研討會」。臺中：東海大學。

※ (2016)。《志願服務與志工管理》。臺北：揚智。

(2016)。《比人生更真實的是電影啊！》。臺北：天下生活。

彭懷真、白琇璧 (2017)。〈經濟弱勢家庭的資產累積與社會工作〉。收錄在王永慈（主編），《家庭經濟安全與社會工作實務手冊》，81-98。臺北：巨流。

吳家慧、彭懷真 (2016)。〈孤獨、愛、學習、與傳承：0206 災變社會工作者教會我們有關生命的四件事〉。《當代社工學刊》，9，104-139。

(2017)。〈不僅兩代同垮，家庭也在垮〉。NHK 特別採訪小組（原著），龐惠潔（譯），《老後兩代同垮：相支持的家人，為何變成了破產危機？》序言。臺北：天下文化。

※ (2017)。《社會工作概論》。臺北：洪葉。

(2017)。〈家庭服務體系的全盤改進──兩度向監察委員的建言〉。《社區發展季刊》，159，19-33。

彭懷真、林瓊嘉 (2017)。〈透過科際整合，提供身心障礙者財產保障──以臺中市身心障礙信託方案為例〉。《社區發展季刊》，160，147-161。

彭懷真、王媄慧 (2018)。《以共生社區概念探討臺中市身心障礙者多元發展之可能性》。臺中市政府委託研究。

※ (2018)。《家庭社會工作》。臺北：揚智。

※ (2019)。《社會福利行政》。臺北：揚智。

※ (2020)。《社會工作管理》。臺北：洪葉。

彭懷真、陳曉茵、陳品元 (2021)。〈如何創造三贏好薪情：樓地板薪資能使社工「安」嗎？年資帶著走能使社工「樂」嗎？〉。《社區發展季刊》，173，303-315。